나두공 직렬별 써머리 동영상 강의 5만원 가격파괴

국어+영어+한국사 행정법총론+행정학개론	국어+영어+한국사 행정법총론+교육학개론	국어+영어+한국사 행정법총론+노동법개론
일반행정직(5만원)	교육행정직(5만원)	고용노동직(5만원)

국어+영어+한국사 노동법개론+직업상담심리학개론	국어+영어+한국사 교정학개론+형사소송법개론	국어+영어+한국사 행정법총론+사회복지학개론
직업상담직(5만원)	교정직(5만원)	사회복지직(5만원)

구성 및 특징

핵심이론
시험에 출제되는 핵심 내용만을 모아 효율적인 학습이 가능하도록 구성하였습니다. 반드시 알아야 할 내용에 대한 충실한 이해와 체계적 정리가 가능합니다.

빈출개념
시험에서 자주 출제되는 개념들을 표시하여 중요한 부분을 한 눈에 들어올 수 있도록 하였습니다. 합격에 필요한 핵심이론을 깔끔하게 학습하시기 바랍니다.

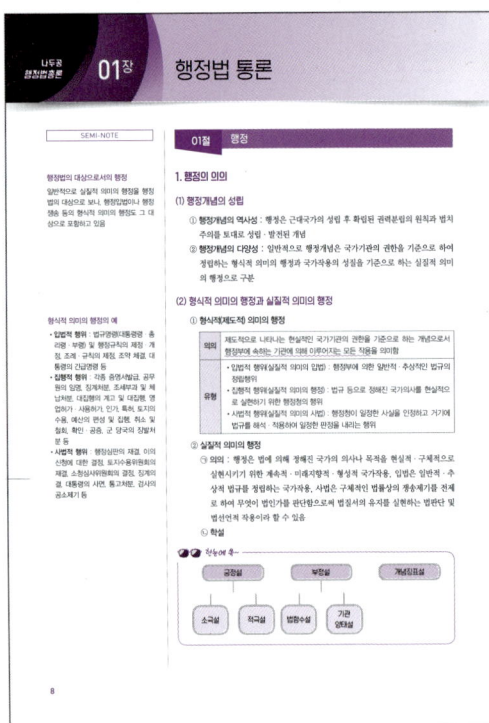

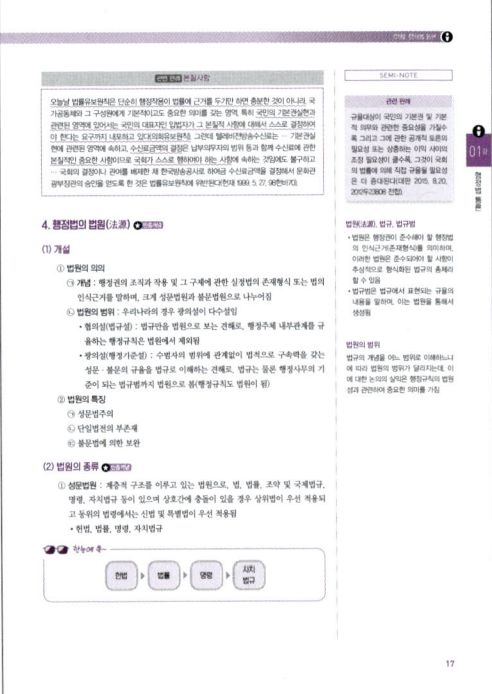

한눈에 쏙~

흐름이나 중요 개념들이 한눈에 쏙 들어올 수 있도록 도표로 정리하여 수록하였습니다. 한눈에 키워드와 흐름을 파악하여 수험에 도움이 되도록 하였습니다.

실력 up

더 알아두면 좋을 내용을 실력 up에 배치하고, 보조단에는 SEMI – NOTE를 배치하여 본문에 관련된 내용이나 중요한 개념들을 수록하였습니다.

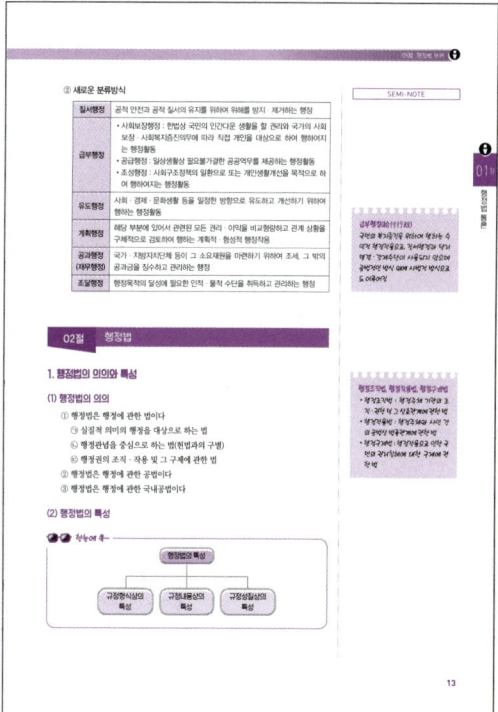

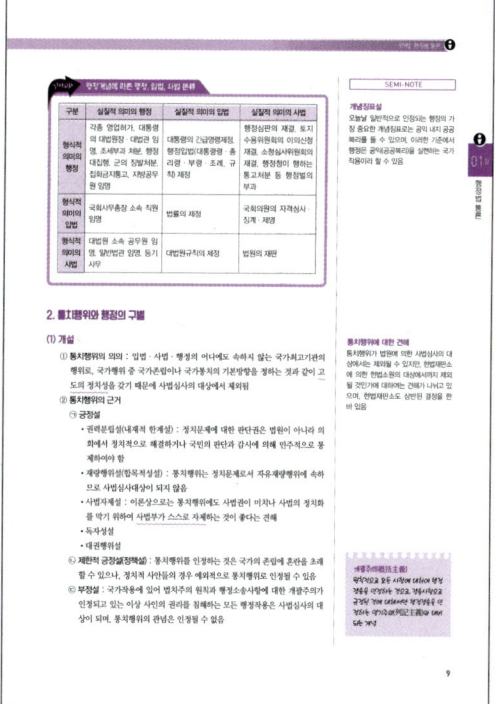

목 차

01장

행정법 통론
- 01절 행정 ··· 8
- 02절 행정법 ·· 13
- 03절 행정법관계 ·· 27
- 04절 행정법상의 법률요건과 법률사실 ························· 37

02장

행정작용법
- 01절 행정상 입법 ·· 50
- 02절 행정행위 ··· 62
- 03절 비권력적 행정작용 ·· 99
- 04절 행정계획 ··· 109
- 05절 정보공개 및 개인정보보호제도 ···························· 114

03장 행정법상의 의무이행확보수단

- 01절 　행정강제 ·· 126
- 02절 　행정벌 ··· 140
- 03절 　새로운 의무이행확보수단 ······························ 146

04장 행정구제법

- 01절 　총설 ··· 152
- 02절 　사전적 구제제도 ··· 152
- 03절 　행정상 손해전보 ··· 164
- 04절 　행정쟁송 ·· 182

9급공무원
행정법총론

나두공

01장 행정법 통론

01절 행정

02절 행정법

03절 행정법관계

04절 행정법상의 법률요건과 법률사실

01장 행정법 통론

01절 행정

1. 행정의 의의

(1) 행정개념의 성립
① **행정개념의 역사성** : 행정은 근대국가의 성립 후 확립된 권력분립의 원칙과 법치주의를 토대로 성립·발전된 개념
② **행정개념의 다양성** : 일반적으로 행정개념은 국가기관의 권한을 기준으로 하여 정립하는 형식적 의미의 행정과 국가작용의 성질을 기준으로 하는 실질적 의미의 행정으로 구분

(2) 형식적 의미의 행정과 실질적 의미의 행정
① 형식적(제도적) 의미의 행정

의의	제도적으로 나타나는 현실적인 국가기관의 권한을 기준으로 하는 개념으로서 행정부에 속하는 기관에 의해 이루어지는 모든 작용을 의미함
유형	• 입법적 행위(실질적 의미의 입법) : 행정부에 의한 일반적·추상적인 법규의 정립행위 • 집행적 행위(실질적 의미의 행정) : 법규 등으로 정해진 국가의사를 현실적으로 실현하기 위한 행정청의 행위 • 사법적 행위(실질적 의미의 사법) : 행정청이 일정한 사실을 인정하고 거기에 법규를 해석·적용하여 일정한 판정을 내리는 행위

② 실질적 의미의 행정
  ㉠ 의의 : 행정은 법에 의해 정해진 국가의 의사나 목적을 현실적·구체적으로 실현시키기 위한 계속적·미래지향적·형성적 국가작용, 입법은 일반적·추상적 법규를 정립하는 국가작용, 사법은 구체적인 법률상의 쟁송제기를 전제로 하여 무엇이 법인가를 판단함으로써 법질서의 유지를 실현하는 법판단 및 법선언적 작용이라 할 수 있음
  ㉡ 학설

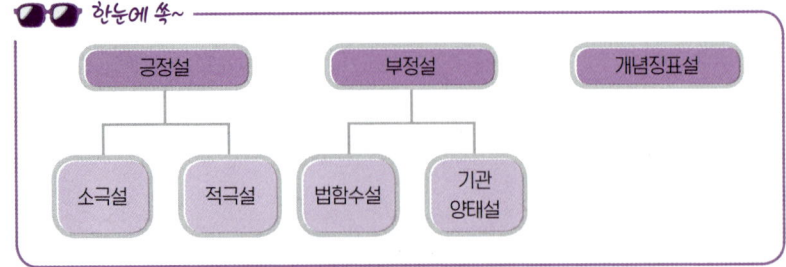

SEMI-NOTE

행정법의 대상으로서의 행정
일반적으로 실질적 의미의 행정을 행정법의 대상으로 보나, 행정입법이나 행정쟁송 등의 형식적 의미의 행정도 그 대상으로 포함하고 있음

형식적 의미의 행정의 예
- **입법적 행위** : 법규명령(대통령령·총리령·부령) 및 행정규칙의 제정·개정, 조례·규칙의 제정, 조약 체결, 대통령의 긴급명령 등
- **집행적 행위** : 각종 증명서발급, 공무원의 임명, 징계처분, 조세부과 및 체납처분, 대집행의 계고 및 대집행, 영업허가·사용허가, 인가, 특허, 토지의 수용, 예산의 편성 및 집행, 취소 및 철회, 확인·공증, 군 당국의 징발처분 등
- **사법적 행위** : 행정심판의 재결, 이의신청에 대한 결정, 토지수용위원회의 재결, 소청심사위원회의 결정, 징계의결, 대통령의 사면, 통고처분, 검사의 공소제기 등

실력 UP 행정개념에 따른 행정, 입법, 사법 분류

구분	실질적 의미의 행정	실질적 의미의 입법	실질적 의미의 사법
형식적 의미의 행정	각종 영업허가, 대통령의 대법원장·대법관 임명, 조세부과 처분, 행정대집행, 군의 징발처분, 집회금지통고, 지방공무원 임명	대통령의 긴급명령제정, 행정입법(대통령령·총리령·부령·조례, 규칙) 제정	행정심판의 재결, 토지수용위원회의 이의신청 재결, 소청심사위원회의 재결, 행정청이 행하는 통고처분 등 행정벌의 부과
형식적 의미의 입법	국회사무총장 소속 직원 임명	법률의 제정	국회의원의 자격심사·징계·제명
형식적 의미의 사법	대법원 소속 공무원 임명, 일반법관 임명, 등기사무	대법원규칙의 제정	법원의 재판

SEMI-NOTE

개념징표설

오늘날 일반적으로 인정되는 행정의 가장 중요한 개념징표로는 공익 내지 공공복리를 들 수 있으며, 이러한 기준에서 행정은 공익(공공복리)을 실현하는 국가작용이라 할 수 있음

2. 통치행위와 행정의 구별

(1) 개설

① **통치행위의 의의** : 입법·사법·행정의 어디에도 속하지 않는 국가최고기관의 행위로, 국가행위 중 국가존립이나 국가통치의 기본방향을 정하는 것과 같이 고도의 정치성을 갖기 때문에 사법심사의 대상에서 제외됨

② **통치행위의 근거**

㉠ 긍정설
- 권력분립설(내재적 한계설) : 정치문제에 대한 판단권은 법원이 아니라 의회에서 정치적으로 해결하거나 국민의 판단과 감시에 의해 민주적으로 통제하여야 함
- 재량행위설(합목적성설) : 통치행위는 정치문제로서 자유재량행위에 속하므로 사법심사대상이 되지 않음
- 사법자제설 : 이론상으로는 통치행위에도 사법권이 미치나 사법의 정치화를 막기 위하여 사법부가 스스로 자제하는 것이 좋다는 견해
- 독자성설
- 대권행위설

㉡ **제한적 긍정설(정책설)** : 통치행위를 인정하는 것은 국가의 존립에 혼란을 초래할 수 있으나, 정치적 사안들의 경우 예외적으로 통치행위로 인정될 수 있음

㉢ **부정설** : 국가작용에 있어 법치주의 원칙과 행정소송사항에 대한 개괄주의가 인정되고 있는 이상 사인의 권리를 침해하는 모든 행정작용은 사법심사의 대상이 되며, 통치행위의 관념은 인정될 수 없음

통치행위에 대한 견해

통치행위가 법원에 의한 사법심사의 대상에서는 제외될 수 있지만, 헌법재판소에 의한 헌법소원의 대상에서까지 제외될 것인가에 대하여는 견해가 나뉘고 있으며, 헌법재판소도 상반된 결정을 한 바 있음

개괄주의(概括主義)

원칙적으로 모든 사항에 대하여 행정쟁송을 인정하는 것으로, 쟁송사항으로 규정된 것에 대해서만 행정쟁송을 인정하는 열기주의(列記主義)와 대비되는 개념

(2) 우리나라의 통치행위

① 학설 : 권력분립설(내재적 한계설)과 사법자제설을 토대로 통치행위의 관념을 긍정하는 것이 통설적 입장
② 판례

대법원	권력분립설과 사법자제설의 입장에서 통치행위를 긍정하고 있음
헌법재판소	통치행위를 긍정하고, 사법자제설의 입장에 따라 통치행위를 판단한 예가 있음(헌재 2004. 4. 29, 2003헌마814). 다만, 국민의 기본권 침해와 직접 관련되는 경우 헌법재판소의 심판대상이 된다고 함(헌재 93헌마186)

③ 통치행위에 대한 판례

통치행위 인정	• 대통령의 비상계엄선포행위 • 국회의 입법상의 자율권 → 삼권분립의 원칙상 위헌법률심사권이 인정되지 않음(대판 1972. 1. 18, 71도1845) • 군사시설보호법에 의한 군사시설보호구역의 설정·변경 또는 해제 행위(대판 1983. 6. 14, 83누43) • 남북정상회담의 개최 → 다만 개최과정에서의 대북송금행위는 사법심사의 대상이 됨(대판 2004. 3. 26, 2003도7878) • 금융실명제 실시를 위한 대통령의 긴급재정·경제명령 → 통치행위이나 헌법소원의 대상임(헌재 1996. 2. 29, 93헌마186) • 대통령의 사면(헌재 2000. 6. 1, 97헌바74) • 대통령의 자이툰부대 이라크 파병결정 → 통치행위로서 헌법소원의 대상이 아님(헌재 2004. 4. 29, 2003헌마814) • 신행정수도건설이나 수도이전의 결정 → 통치행위이나 헌법소원의 대상이 됨(헌재 2004. 10. 21, 2004헌마554·566)
통치행위 인정 ×	• 비상계엄의 선포나 확대가 국헌문란의 목적을 달성하기 위하여 행하여진 경우(대판 1997. 4. 17, 96도3376) • 지방의회의 의원징계의결(대판 1993. 11. 26, 93누7341) • 서훈취소(대판 2015. 4. 23, 2012두26920) • 군인들의 군사반란 및 내란행위(대판 1997. 4. 17, 96도3376) • 남북정상회담의 개최과정에서 사업권의 대가명목으로 이루어진 대북송금행위(대판 2004. 3. 26, 2003도7878) • 대통령의 2007년 전시증원연습결정(헌재 2009. 5. 28, 2007헌마369)

관련 판례 통치행위 인정

- 대통령의 긴급재정경제명령은 … 일종의 국가긴급권으로서 대통령이 고도의 정치적 결단을 요하고 가급적 그 결단이 존중되어야 할 것임은 법무부장관의 의견과 같다. 그러나 … 비록 고도의 정치적 결단에 의하여 행해지는 국가작용이라고 할지라도 그것이 국민의 기본권 침해와 직접 관련되는 경우에는 당연히 헌법재판소의 심판대상이 될 수 있는 것일 뿐만 아니라, 긴급재정경제명령은 법률의 효력을 갖는 것이므로 마땅히 헌법에 기속되어야 할 것이다(헌재 1996. 2. 29, 93헌마186).
- 외국에의 국군의 파견결정은 … 고도의 정치적 결단이 요구되는 사안이다 … 현행 헌법이 채택하고 있는 대의민주제 통치구조 하에서 대의기관인 대통령과 국회의 그와 같은 고도의 정치적 결단은 가급적 존중되어야 한다(헌재 2004. 4. 29, 2003헌마814).

SEMI-NOTE

관련 판례

- 사면은 … 국가원수의 고유한 권한을 의미하며 … 권력분립의 원리에 대한 예외가 된다(헌재 2000. 6. 1, 97헌바74).
- 남북정상회담의 개최는 고도의 정치적 성격을 지니고 있는 행위라 할 것이므로 특별한 사정이 없는 한 그 당부를 심판하는 것은 사법권의 내재적·본질적 한계를 넘어서는 것이 되어 적절하지 못하지만 … (대판 2004. 3. 26, 2003도7878)

관련 판례

비상계엄의 선포나 확대가 국헌문란의 목적을 달성하기 위하여 행하여진 경우에는 법원은 그 자체가 범죄행위에 해당하는지의 여부에 관하여 심사할 수 있다(대판 1997. 4. 17, 96도3376).

관련 판례

통치행위의 개념을 인정한다고 하더라도 과도한 사법심사의 자제가 기본권을 보장하고 법치주의 이념을 구현하여야 할 법원의 책무를 태만히 하거나 포기하는 것이 되지 않도록 그 인정을 지극히 신중하게 하여야 하며, 그 판단은 오로지 사법부만에 의하여 이루어져야 한다(대판 2004. 3. 26, 2003도7878).

| 관련 판례 | 통치행위 인정 x |

- 지방의회의 의원징계의결은 그로 인해 의원의 권리에 직접 법률효과를 미치는 행정처분의 일종으로서 행정소송의 대상이 되고 … (대판 1993. 11. 26, 93누7341)
- 남북정상회담의 개최과정에서 재정경제부장관에게 신고하지 아니하거나 통일부장관의 협력사업 승인을 얻지 아니한 채 북한측에 사업권의 대가 명목으로 송금한 행위 자체는 헌법상 법치국가의 원리와 법 앞에 평등원칙 등에 비추어 볼 때 사법심사의 대상이 된다(대판 2004. 3. 26, 2003도7878).

(3) 통치행위의 범위 및 통제

① 통치행위의 범위
  ㉠ 통치행위의 축소 경향 : 국민의 기본권 보장이나 실정법 규정과 관련하여 제한적으로 인정
  ㉡ 통치행위의 일반적 범위

정부의 행위	• 외교행위, 사면 및 복권, 영전수여 등 국가원수의 지위에서 행하는 국가작용 • 국무총리 · 국무위원의 임면 등 조직법상 행위 • 긴급명령, 긴급재정 · 명령, 계엄선포, 국민투표회부, 임시국회소집 요구, 법률안거부 등
국회의 행위	국무총리 · 국무위원의 해임건의, 국회의 의사자율권, 국회의원의 자격심사 · 징계 · 제명, 국회의 조직행위 등

② 통치행위의 통제
  ㉠ 통치행위에 대한 구속

합목적성의 구속	합목적적인 수단을 선택하고, 공공의 의사에 구속될 것이 요구됨
헌법에의 구속	통치행위는 헌법형성의 기본결단에 구속되고, 법치국가의 원리에 합당하여야 함
법률에 의한 구속	통치행위에 관해 개별적으로 정한 법률이 있는 경우 그 법률에 구속되어야 함

  ㉡ 통치행위의 법적 한계 : 통치행위가 모두 정치적 문제라고 하여 사법심사의 대상에서 배제되는 것은 아니며, 헌법의 기본결단 및 법치국가의 원리(평등의 원칙, 비례의 원칙, 최소제한의 원칙 등)에 의한 제한을 받음. 또한 진정한 의미의 정치적 분쟁은 법원의 심사대상에서 제외될 것이지만, 정치적 법률분쟁은 법원의 심사대상이 되어야 함
  ㉢ 국가배상청구권의 인정 여부 : 다수설은 통치행위에 대한 위법성 여부가 사법심사의 대상에서 제외되므로 인정될 수 없다고 봄

SEMI-NOTE

통치행위에 해당되지 않는 행위
법률안 제출행위(헌재 92헌마174), 비정치적 공무원의 징계 · 파면, 대법원장의 법관인사조치, 국회 소속공무원의 임면, 대통령 국회의원 선거, 지방자치단체장 선거연기, 도시계획확정공고, 법규명령 및 행정규칙의 제정, 서울시장의 국제협약 체결 행위, 헌법재판소의 위헌법률심사, 계엄관련 집행행위, 서훈취소 등

통치행위의 주체
- **행위주체** : 일반적으로는 정부(대통령), 국회도 가능
- **판단주체** : 오직 사법부만 가능

3. 행정의 분류

(1) 주체에 의한 분류

국가행정	국가가 직접 그 기관을 통하여 하는 행정
자치행정	지방자치단체, 그 밖의 공공단체가 주체가 되어 행하는 행정
위임(위탁) 행정	국가나 공공단체가 자기 사무를 다른 공공단체나 그 기관 또는 수권사인 (공무수탁사인)에게 위임하여 처리하게 하는 행정

> **SEMI-NOTE**
>
> **행정주체로서의 공무수탁사인**
> 사인은 행정객체의 지위에서는 것이 보통이지만, 국가나 공공단체로부터 수임한 행정사무를 집행하는 경우에 그 수임한 범위 내에서는 행정주체가 됨

(2) 법형식에 따른 분류

공법상 행정 (고권행정)	행정법(공법)에 따라 이루어지는 행정을 말하며, 행정주체에게 사인보다 우월한 지위를 부여. 권력행정(협의의 고권행정)과 관리행정(단순 고권행정)으로 구분
사법상 행정 (국고행정)	공행정작용이기는 하나, 행정주체가 공권력의 주체로서가 아니라 공기업·공물 등의 경영관리주체로서 국민과 대등한 지위에서 행하는 작용

(3) 수단에 의한 분류

권력행정	행정주체가 우월한 지위에서 행정행위 또는 행정강제 등의 형식으로 개인의 자유와 재산을 침해하거나 구속하는 것을 주된 내용으로 행하는 행정
비권력행정	• 관리작용 : 강제성이 없는 공법상 행정 • 국고작용(사경제적 작용) : 행정사법작용과 협의의 사법행정(국고행정)으로 분류

> **기타 분류**
> - 사무의 성질에 따른 분류 : 입법적 행위(법규명령의 제정행위 등), 집행적 행위(하명, 허가, 인가 등), 사법적 행위(행정심판재결 등)
> - 행정의 대상에 따른 분류 : 교육행정, 문화행정, 경제행정, 사회행정 등으로 구분

(4) 법적 기속의 정도에 따른 분류

기속행정	법률상의 규정에 구속되어 행하여지는 행정작용
재량행정	행정청이 자신의 고유한 판단에 따라 행하는 행정작용

(5) 상대방에 대한 법적 효과에 따른 분류

수익적 행정	국민에게 권리나 이익을 주는 행정
침익적 행정 (부담적 행정)	국민의 권리나 이익을 박탈 또는 제한하거나 의무를 부과하는 것을 내용으로 하여 국민에게 불이익을 주는 행정
복효적 행정 (이중효과적 행정)	• 수익적 효과가 발생하나 동시에 침익적 효과가 발생하는 행정 • 혼합적 행정과 제3자효 행정이 있음

(6) 내용에 따른 분류(Stein의 분류)

① 전통적 분류방식
  ㉠ 행정조직(대내적 조직관계)
  ㉡ 행정작용(대외적 활동관계)

> **행정작용(대외적 활동관계)**
> - 사회목적적 행정(내무행정) : 질서행정, 복리행정, 규제행정, 공용부담행정
> - 국가목적적 행정 : 재무행정, 군사행정, 외무행정, 사법행정

② 새로운 분류방식

질서행정	공적 안전과 공적 질서의 유지를 위하여 위해를 방지 · 제거하는 행정
급부행정	• 사회보장행정 : 헌법상 국민의 인간다운 생활을 할 권리와 국가의 사회보장 · 사회복지증진의무에 따라 직접 개인을 대상으로 하여 행하여지는 행정활동 • 공급행정 : 일상생활상 필요불가결한 공공역무를 제공하는 행정활동 • 조성행정 : 사회구조정책의 일환으로 또는 개인생활개선을 목적으로 하여 행하여지는 행정활동
유도행정	사회 · 경제 · 문화생활 등을 일정한 방향으로 유도하고 개선하기 위하여 행하는 행정활동
계획행정	해당 부분에 있어서 관련된 모든 권리 · 이익을 비교형량하고 관계 상황을 구체적으로 검토하여 행하는 계획적 · 형성적 행정작용
공과행정 (재무행정)	국가 · 지방자치단체 등이 그 소요재원을 마련하기 위하여 조세, 그 밖의 공과금을 징수하고 관리하는 행정
조달행정	행정목적의 달성에 필요한 인적 · 물적 수단을 취득하고 관리하는 행정

SEMI-NOTE

급부행정(給付行政)
국민의 복지증진을 위하여 행하는 수익적 행정작용으로, 질서행정과 달리 명령·강제수단이 사용되지 않으며 공법적인 방식 외에 사법적 방식으로도 이루어짐

02절 행정법

1. 행정법의 의의와 특성

(1) 행정법의 의의
① 행정법은 행정에 관한 법이다
  ㉠ 실질적 의미의 행정을 대상으로 하는 법
  ㉡ 행정관념을 중심으로 하는 법(헌법과의 구별)
  ㉢ 행정권의 조직 · 작용 및 그 구제에 관한 법
② 행정법은 행정에 관한 공법이다
③ 행정법은 행정에 관한 국내공법이다

행정조직법, 행정작용법, 행정구제법
• 행정조직법 : 행정주체 기관의 조직·권한 및 그 상호관계에 관한 법
• 행정작용법 : 행정주체와 사인 간의 공법상 법률관계에 관한 법
• 행정구제법 : 행정작용으로 인한 국민의 권리침해에 대한 구제에 관한 법

(2) 행정법의 특성

한눈에 쏙~

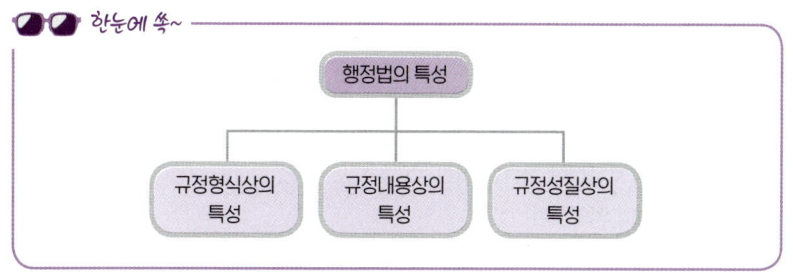

> SEMI-NOTE
>
> **행정주체의 우월성**
> 행정주체의 우월성은 행정주체의 고유한 본성에서 나오는 것이 아니라 법률이 인정하는 범위 내에서만 인정됨
>
> **재판규범, 행위규범**
> - 재판규범 : 재판의 적용 근거나 준칙이 되는 법규범
> - 행위규범 : 개인의 행위에 대한 명령 또는 금지를 통해 행위를 직접 규율하는 법규범
>
> **대륙법계·영미법계 국가의 행정법**
> - **대륙법계 국가** : 법치국가사상의 확립하였으며, 행정에 특수한 법체계를 구성하고 그에 관한 문제를 일반법원과는 다른 행정재판소를 설치함. 프랑스혁명 이후 제고된 자유주의적·개인주의적 사상을 배경으로 행정에 대한 사법권의 간섭을 배제하고 행정권의 독립성을 보장하기 위하여 행정권 내부에 설치된 국참사원의 판례를 통하여 행정법이 성립·발달
> - **영미법계 국가** : 행정위원회의 조직과 권한행사의 절차 및 사법심사 등을 규율하기 위한 수단으로 행정법이 성립·발달하였으며, 보통법과의 조화 내지 보통법에 대한 예외(특별법)로서 발전함. 행정구제법과 법원에 의한 사법통제를 중심내용으로 하고 있음
>
> **법치행정의 3요소**
> 법률의 법규창조력, 법률의 우위, 법률의 유보

① 규정형식상의 특성
  ㉠ **성문성** : 국민의 법적 안정성을 도모하기 위해서는 그 규율의 내용을 보다 명확히 하여 국민들의 행정작용에 대한 예측가능성을 보장할 수 있도록 하여야 함
  ㉡ **법원(法源)의 다양성** : 행정법을 구성하는 법의 존재형식이 헌법과 법률외에 매우 다양하게 존재함
② **규정내용상의 특성** : 공익목적성, 행정주체의 우월성, 집단성·평등성
③ **규정성질상의 특성**
  ㉠ 획일성·강행성
  ㉡ 재량성
  ㉢ 기술성·수단성
  ㉣ 명령규정성(단속규정성)
  ㉤ 행위규범성

2. 우리나라 행정법의 성립과 유형

(1) 행정법의 성립

우리나라 근대 행정법은 일제에 의하여 비민주적 경찰권 중심의 행정법으로 성립하였으나, 광복 이후 민주주의 이념과 영미법의 영향으로 혼합적 성격의 행정법으로 발전함

(2) 행정법의 유형

① **사법국가원칙** : 우리나라는 독일·프랑스 등의 대륙법계의 영향으로 공법·사법의 이원적 법체계를 전제로 한 행정의 특유한 공법으로서의 성격을 강조하고 있으나, 모든 법률적 쟁송을 별도의 독립된 행정법원이 아닌 사법(司法)법원이 관할하는 영미식의 사법국가원칙을 취하고 있음
② **행정국가요소의 가미** : 사법국가원칙을 취하면서도 대륙법계의 행정국가적 요소를 가미하여 행정법의 독립적 체계가 형성되어 있으며, 행정사건에 고유하게 적용되는 절차법(행정소송법)을 두고 일반 민사사건과 구별되는 특수성을 인정

3. 행정과 법치주의(법치행정)

(1) 법치주의와 법치행정

① **법치주의의 의의** : 인권보장을 목적으로 한 권력분립의 원칙하에 모든 국가작용은 국회가 제정한 법률에 기하여 행해져야 하고, 재판제도를 통해 사법적 구제절차를 확보하여야 한다는 원리
② **법치행정의 의의**
  ㉠ **개념** : 행정은 법률의 근거에 따라 법률의 기속을 받아서 행해져야 하며, 이를 위반하여 개인에게 피해가 생기면 이에 대해 사법적인 구제가 확보되어야 하는 원리

ⓒ 목적 : 행정권의 자의적 행사로부터 개인의 권리를 보호하고 행정작용에 대한 예측가능성을 확보

(2) 형식적 법치주의

① 형식적 법치주의의 내용
  ㉠ 법률의 법규창조력
  ㉡ 법률의 우위
  ㉢ 법률의 유보
② 형식적 법치주의의 특징 및 한계
  ㉠ 실질적 인권보장의 미흡(형식적 인권보장)
  ㉡ 소송과 재판상의 권익구제 기회의 축소
  ㉢ 법률우위의 지나친 강조
  ㉣ 법률로부터 자유로운 행정의 인정
  ㉤ 인권탄압의 수단으로 악용

형식적 법치주의의 의의
- 19세기 후반 독일에서 확립된 이론으로, Mayer 등에 의해 체계화되어 제2차 세계대전 이후 독일에서 인정됨
- 법치주의를 의회가 제정한 형식적 의미의 법률에 의한 행정의 지배로 이해함
- 법률의 목적이나 내용적 정당성은 고려되지 않으며, 행정의 합법성이 곧 행정의 정당성이 됨

(3) 실질적 법치주의

① 실질적 법치주의의 의의 : 형식적인 측면은 물론 법의 실질적 내용에서도 기본권 침해가 없도록 하려는 원리(법의 지배원리)를 말하며, 합헌적 법률의 지배와 기본권의 실질적 보장을 그 이념으로 함
② 현대적 법치주의 : 실질적 법치주의 확립
  ㉠ 현대는 행정조직이나 특별권력관계의 내부행위, 통치행위, 행정재량행위 등에 법치주의가 적용되어 법에 의한 지배범위가 확대되고 있음
  ㉡ 새로운 이론적 경향으로 법치주의 원리의 보장을 위한 제도를 강화하고 있음
  ㉢ 법률유보의 확대
③ 실질적 법치주의의 내용(행정의 법률적합성 원리)

관련 판례
국가의 보호의무를 입법자가 어떻게 실현하여야 할 것인가 하는 문제는 입법자의 책임범위에 속하므로, 헌법재판소는 권력분립의 관점에서 소위 과소보호금지원칙을, 즉 국가 국민의 법익보호를 위하여 적어도 적절하고 효율적인 최소한의 보호조치를 취했는가를 기준으로 심사하게 되어 … (헌재 1997. 1. 16, 90헌마110·136 병합)

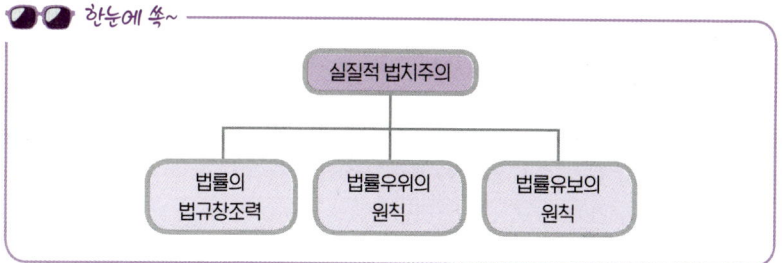

㉠ **법률의 법규창조력** : 국민의 권리제한과 의무부담에 관해 규율하는 법규는 의회의 제정에 의해서만 창조할 수 있으며, 의회가 정립한 형식적 법률만이 법규로서 구속력을 가짐

법률의 법규창조력
행정권에는 독자적이고 시원적인 법규창조력이 인정되지 않으므로, 의회의 수권 없이 독자적으로 법규를 창조할 수 없음

SEMI-NOTE

ⓛ 법률우위의 원칙

의의	행정은 합헌적 절차에 따라 제정된 법률에 위반하여서는 안 된다는 원칙
적용 범위	행정의 모든 영역, 즉 공법형식이든 사법형식이든 구분 없이 모든 국가작용에 적용된다는 점에서 학설에 따라 제한적으로 적용되는 법률유보의 원칙과 차이가 있음
위반의 효과	법률에 위반한 국가작용의 효과에 대해서는 달리 정함이 없는 한 무효라 볼 수 있음. 따라서 그 행정행위 하자의 중대성과 명백성 여하에 따라 무효 또는 취소의 대상이 될 수 있어 사법심사의 대상이 됨

ⓒ 법률유보의 원칙

법률유보의 원칙
국민의 권리·의무에 관한 규율은 모두 의회의 입법, 즉 법률의 권한에 유보되고, 행정은 법률이 이미 규율하고 있는 경우 그에 따라서만 행하여져야 한다는 것을 의미함

- 의의 : 행정작용은 반드시 법률이나 법률의 위임에 의한 법규명령 등 법적 근거에 의해서만 행하여진다는 원칙. 적극적 의미의 법률적합성의 원칙(법치주의의 적극적 측면)이라 함
- 적용범위 : 헌법에서 입법사항으로 규정하고 있지 않은 행정영역에 법률유보의 원칙이 적용되는가의 여부와 관련하여 다음과 같이 견해가 대립됨

침해유보설	국민의 자유와 권리를 제한하거나 새로운 의무를 부과하는 침해적 행정작용은 법률의 근거를 요하나, 국민의 권리와 의무에 직접 관계없는 행정작용은 법률의 근거를 요하지 아니한다는 견해
권력행정유보설	모든 권력적 국가작용은 법률의 근거를 요한다는 것으로, 법률의 법규창조력을 근거로 함
사회유보설 (급부유보설)	• 침해행정뿐만 아니라 수익적 행정인 급부행정 전반에 대해서도 법률의 수권이 필요하다는 견해로서 사회국가이념과 법 앞에 평등원칙에 기초함 • 침해유보설이 국가(행정)에 대한 자유를 강조한 데 비해, 급부행정유보설은 급부에 대한 공평한 참여와 수익을 의미하는 국가(행정)를 통한 자유의 중요성을 강조
본질사항유보설	• 독일의 연방헌법재판소의 판례(Kalkar 결정, 1978)에 의해 정립된 것으로, 각 행정부문에 있어 중요하고도 본질적인 사항에 관한 규율은 법률에 유보되어야 한다는 견해 • 중요사항유보설, 단계설, 의회유보설이라고도 함
신침해유보설	원칙적으로 침해유보설의 기본 입장을 유지하면서 급부행정유보설과 전부유보설에 대해 반내하며 세기된 견해
전부유보설	• 국민주권주의와 의회민주사상을 기초로 하여 모든 행정작용은 법률의 근거가 필요하다는 견해 • 입법자가 법률을 제정하지 않는 한 국민에게 필요한 급부를 할 수 없는 문제가 있으며, 규범의 결여로 인하여 행정청의 활동영역이 좁아지게 되어 권력분립원칙을 저해하는 결과를 초래할 수 있다는 비판이 제기됨
개별적·단계별 검토설	행정의 행위형식과 행정유형별로 법률유보의 범위를 개별적·단계적으로 결정하여야 한다는 것으로, 다수설의 입장

본질사항유보설에 대한 비판
- 본질적 사항은 법률에 유보되어야 하고, 비본질적인 사항은 법률 근거 없이도 가능하다고 보는데, 이에 대해 본질사항(중요사항)과 비본질사항의 구별기준이 불명확하다는 비판이 있음
- 이러한 비판에 대해 국민의 기본권 관련성을 기준으로 본질사항을 결정하므로 불명확하다고 단정할 수 없다는 점을 들어 반박함

관련 판례 본질사항

오늘날 법률유보원칙은 단순히 행정작용이 법률에 근거를 두기만 하면 충분한 것이 아니라, 국가공동체와 그 구성원에게 기본적이고도 중요한 의미를 갖는 영역, 특히 국민의 기본권실현과 관련된 영역에 있어서는 국민의 대표자인 입법자가 그 본질적 사항에 대해서 스스로 결정하여야 한다는 요구까지 내포하고 있다(의회유보원칙). 그런데 텔레비전방송수신료는 … 기본권실현에 관련된 영역에 속하고, 수신료금액의 결정은 납부의무자의 범위 등과 함께 수신료에 관한 본질적인 중요한 사항이므로 국회가 스스로 행하여야 하는 사항에 속하는 것임에도 불구하고 … 국회의 결정이나 관여를 배제한 채 한국방송공사로 하여금 수신료금액을 결정해서 문화관광부장관의 승인을 얻도록 한 것은 법률유보원칙에 위반된다(헌재 1999. 5. 27, 98헌바70).

4. 행정법의 법원(法源) ★빈출개념

(1) 개설

① 법원의 의의
- ㉠ 개념 : 행정권의 조직과 작용 및 그 구제에 관한 실정법의 존재형식 또는 법의 인식근거를 말하며, 크게 성문법원과 불문법원으로 나누어짐
- ㉡ 법원의 범위 : 우리나라의 경우 광의설이 다수설임
  - 협의설(법규설) : 법규만을 법원으로 보는 견해로, 행정주체 내부관계를 규율하는 행정규칙은 법원에서 제외됨
  - 광의설(행정기준설) : 수범자의 범위에 관계없이 법적으로 구속력을 갖는 성문·불문의 규율을 법규로 이해하는 견해로, 법규는 물론 행정사무의 기준이 되는 법규범까지 법원으로 봄(행정규칙도 법원이 됨)

② 법원의 특징
- ㉠ 성문법주의
- ㉡ 단일법전의 부존재
- ㉢ 불문법에 의한 보완

(2) 법원의 종류 ★빈출개념

① 성문법원 : 계층적 구조를 이루고 있는 법원으로, 법, 법률, 조약 및 국제법규, 명령, 자치법규 등이 있으며 상호간에 충돌이 있을 경우 상위법이 우선 적용되고 동위의 법령에서는 신법 및 특별법이 우선 적용됨
- 헌법, 법률, 명령, 자치법규

한눈에 쏙~

헌법 → 법률 → 명령 → 자치법규

SEMI-NOTE

관련 판례

규율대상이 국민의 기본권 및 기본적 의무와 관련한 중요성을 가질수록 그리고 그에 관한 공개적 토론의 필요성 또는 상충하는 이익 사이의 조정 필요성이 클수록, 그것이 국회의 법률에 의해 직접 규율될 필요성은 더 증대된다(대판 2015. 8.20, 2012두23808 전합).

법원(法源), 법규, 법규범

- 법원은 행정권이 준수해야 할 행정법의 인식근거(존재형식)를 의미하며, 이러한 법원은 준수되어야 할 사항이 추상적으로 형식화된 법규의 총체라 할 수 있음
- 법규범은 법규에서 표현되는 규율의 내용을 말하며, 이는 법원을 통해서 생성됨

법원의 범위

법규의 개념을 어느 범위로 이해하느냐에 따라 법원의 범위가 달라지는데, 이에 대한 논의의 실익은 행정규칙의 법원성과 관련하여 중요한 의미를 가짐

헌법	국가의 조직과 작용 및 구제에 관한 사항과 관련된 근본적인 사항을 규정하고 있는 국가의 기본법으로 행정법의 법원 중 가장 기본적인 법원이며 최고 법원이 됨
법률	• 행정법의 가장 중요한 시원적 법원 • 형식적 의미의 법률, 즉 의회가 헌법이 정한 절차에 따라 제정한 법률만을 의미함. 또한 전래적 법원인 명령(행정입법)이나 조례·규칙보다 우월한 상위의 효력을 가지는데, 헌법은 예외적으로 법률과 같은 효력을 갖는 명령(긴급명령, 긴급재정·경제명령)을 규정하고 있음 • 일반적으로 동위의 효력을 갖는 법률 상호 간에 있어서는 신법 우선의 원칙과 특별법 우선의 원칙과 같은 법해석원칙이 적용됨
명령 (행정 입법)	• 행정권에 의하여 제정된 법형식을 의미함 • 법규명령 : 법규의 성질을 가짐 • 행정규칙 : 법규에 해당되지 않는 것으로, 행정기관 내부에서만 효력을 가질 뿐 국민에게는 구속력이 없음(법규성×)
자치 법규	지방자치단체가 자치입법권에 의하여 헌법과 법령의 범위 내에서 정립하는 법규. 지방의회의 의결로 제정하는 조례와 지방자치단체의 장이 제정하는 규칙, 교육감이 제정하는 교육규칙이 있음

SEMI-NOTE

법규명령

법률의 위임 여부에 따라 위임명령과 집행명령으로 구분되며, 그 주체에 따라 대통령령·총리령·부령, 중앙선거관리위원회규칙, 대법원규칙, 헌법재판소규칙 등으로 구분

신법 우선의 원칙과 특별법 우선의 원칙
• 신법 우선의 원칙 : 동일 사안에 적용되는 복수의 법률이 존재하는 경우 신법(新法)이 우선하여 적용
• 특별법 우선의 원칙 : 특별법과 일반법이 존재하는 경우 특별법이 우선 적용

• 조약 및 국제법규
 – 조약(협정·협약)이란 국가와 국가 사이 또는 국가와 국제기구 사이의 법적 구속력이 있는 합의를 말하며, 국제법규란 우리나라가 당사국이 아닌 국제조약으로서 국제사회에서 일반적으로 승인된 것과 국제관습법 등을 말함
 – 조약과 국제법규의 효력에 관해서는 국내법과 동위의 효력을 지닌다고 할 수 있으므로 국내법과 충돌 시 그 적용에 있어 특별법 우선의 원칙과 신법 우선의 원칙과 같은 법해석 원칙에 따름
 – 조약과 일반적으로 승인된 국제법규는 국내행정에 관한 사항이면 그 자체로 국내법과 동위의 효력을 지닌 행정법의 법원이 되며 의회에 의한 별도의 국내법 제정절차를 거치지 않고 직접 적용됨

관련 판례

국회의 비준동의를 얻어 발효된 '1994년 국제무역기구 설립을 위한 마라케쉬협정'의 일부이'1994년 관세 및 무역에 관한 일반협정 제6조의 이행에 관한 협정' 중 … 위 협정에 따른 회원국 정부의 반덤핑부과 처분이 WTO 협정위반이라는 이유만으로 사인이 직접 국내 법원에 회원국 정부를 상대로 그 처분의 취소를 구하는 소를 제기하거나 위 협정 위반을 처분의 독립된 취소사유로 주장할 수는 없다(대판 2009. 1. 30, 2008두17936).

관련 판례 조약 및 국제법규

관세 및 무역에 관한 일반협정(General Agreement on Tariffs and Trade), 정부조달에 관한 협정(Agreement on Government Procurement)은 국회의 동의를 얻어 공포시행된 조약으로서 각 헌법 제6조 제1항에 의하여 국내법령과 동일한 효력을 가지므로 지방자치단체가 제정한 조례가 GATT나 AGP에 위반되는 경우에는 그 효력이 없다 … 학교급식을 위해 위 지방자치단체에서 생산되는 우수 농수축산물과 이를 재료로 사용하는 가공식품('우수농산물')을 우선적으로 사용하도록 하고 그러한 우수농산물을 사용하는 자를 선별하여 식재료나 식재료 구입비의 일부를 지원하며 지원을 받은 학교는 지원금을 반드시 우수농산물을 구입하는 데 사용하도록 하는 것을 내용으로 하는 위 지방자치단체의 조례안이 내국민대우원칙을 규정한 '1994년 관세 및 무역에 관한 일반협정'(GATT 1994)에 위반되어 그 효력이 없다(대판 2005. 9. 9, 2004추10).

② **불문법원** : 행정법은 성문법주의가 원칙이지만, 성문법이 정비되지 아니한 행정분야에 있어서는 불문법이 보충적 법원이 됨
  ㉠ **관습법** : 행정영역에서 국민 사이에 계속적·장기적으로 관행이 반복되고, 그 관행이 국민 일반의 법적 확신을 얻어 법규범으로서 승인된 것
    - 성립요건 : 통설과 판례에 의하면, 객관적 요소로서 장기적이고 일반적인 관행·관습이 있으며 주관적 요소로서 민중의 법적 확신이 있다면 관습법이 인정됨
    - 법원성(행정관습법의 성립 여부) : 법규에서 명문으로 관습법에 의한다는 규정을 두는 경우(민법 제1조)에는 행정관습법의 성립에 의문의 여지가 없으나, 이러한 명문규정이 없는 경우에는 견해가 대립됨. 이에 대해 법규에 명문규정이 없는 경우에도 행정관습법의 성립을 긍정하는 적극설이 통설
    - 효력(적용범위) : 성문법의 결여 시 성문법을 보충하는 범위에서 효력을 갖는다는 것이 통설과 판례의 태도
    - 종류

행정 선례법	행정청의 선례가 계속 반복되어 형성되는 관습법을 말함. 행정선례법이 구체화된 대표적인 법으로는 국세기본법을 들 수 있는데, 국세기본법 제18조 제3항에서 "세법의 해석 또는 국세행정의 관행이 일반적으로 납세자에게 받아들여진 후에는 그 해석 또는 관행에 의한 행위 또는 계산은 정당한 것으로 보며, 새로운 해석 또는 관행에 의하여 소급하여 과세되지 아니한다"고 하여 행정선례법의 존재를 명시적으로 인정함
민중적 관습법	민중 사이에 행정법관계에 관한 관행이 장기적으로 계속됨으로써 형성된 관습법으로, 주로 공물 등의 이용관계에서 주로 나타나는데, 입어권(수산업법 제2조, 제46조), 하천용수에 관한 관습법(유수사용권, 음용용수권, 관개용수이용권) 등이 구체적 예

  ㉡ **판례법**
    - 의의 : 행정사건에 대한 법원의 판결이 동종사건에 대한 재판의 준거가 될 때 법원으로서의 효력을 가지게 되는 것
    - 법원성

입법례	영미법계에서는 선례구속성원칙이 확립되어 판례의 법원으로서의 지위가 인정되지만, 성문법주의를 취하는 대륙법계에서는 판례에 대한 법적 구속력은 없고 단지 사실상의 구속력만을 가지며 판례도 변경된다는 점에서 법원성에 대하여 논란이 있음(법원성 긍정설과 법원성 부정설)
우리나라의 태도 (절충설)	상급법원의 판단은 당해 사건에 관하여 하급심을 기속하는 효력을 가진다는 법원조직법(제8조)과 민사소송법(제436조)의 규정 등을 토대로 형식적으로는 판례법의 법원성이 부정되어 법적구속력이 없으나, 실질적인 관점에서 대법원의 판례는 하급심을 구속하므로 (사실상의 구속력을 지님). 판례는 어느 정도 법원성이 인정된다는 것이 통설의 입장

SEMI-NOTE

관련 판례
가족의례준칙 제13조의 규정과 배치되는 관습법의 효력을 인정하는 것은 관습법의 제정법에 대한 열후적, 보충적 성격에 비추어 민법 제1조의 취지에 어긋나는 것이다(대판 1983. 6. 14, 80다3231).

관련 판례
비과세의 사실상태가 장기간에 걸쳐 계속되고 있으며, 이러한 상황이 당해 사항에 대하여 과세의 대상으로 삼지 아니한다는 과세관청의 묵시적인 의향표시로 볼 수 있는 경우에는, 이를 국세행정의 관행이라고 인정할 수 있다(대판 1987. 2. 24, 86누571).

관련 판례
- 대법원의 … 판례가 사안이 서로 다른 사건을 재판하는 하급심법원을 직접 기속하는 효력이 있는 것은 아니다(대판 1996. 10. 25, 96다31307).
- 헌법재판소가 법률의 위헌 여부를 판단하기 위하여 불가피하게 법원의 최종적인 법률해석에 앞서 법령을 해석하거나 그 적용범위를 판단하더라도 헌법재판소의 법률해석에 대법원이나 각급법원이 구속되는 것은 아니다(대판 2009. 2. 12, 2004두10289).

SEMI-NOTE

조리
시대가 변함에도 불구하고 변하지 않는 사물의 본질적인 법칙 또는 법의 일반원칙

ⓒ 조리법(행정법의 일반원칙)

의의	재량의 영역에서 큰 의미를 가지는 조리란 '사물의 본질적 법칙' 또는 '일반 사회의 정의감에 비추어 보았을 때 반드시 그렇게 하여야 할 것이라고 인정되는 것'
기능	행정법 해석의 기본원리로서 성문법·관습법·판례법이 모두 부재할 경우 최후의 보충적 법원으로서 중요한 기능을 가짐
지위	조리는 헌법을 포함한 여러 법규들로부터 발현되나, 대부분은 판례법의 형태를 취함. 조리가 어떤 형식을 취하든 간에 헌법차원으로서 의의를 갖는 조리에 위반한 행정작용은 위헌·위법한 행정작용이 됨
내용	학설과 판례에서는 평등의 원칙, 비례의 원칙, 신뢰보호의 원칙, 부당결부금지의 원칙 등을 들고 있음

일반법 원칙과 행정법의 일반원칙
- **일반법 원칙**: 법적 공동체로서 당연히 도출되는 윤리적 기초를 통한 최소한의 원칙으로 정의의 원칙을 말하며, 기본적인 법규범으로서 법원의 성격을 가짐
- **행정법의 일반원칙**: 일반법 원칙의 행정법에서의 표현이라 할 수 있으며, 행정법의 모든 분야에 적용되고 지배되는 일반적 원리로서 행정은 이러한 행정법의 일반원칙에도 구속된다고 볼 수 있음

(3) 행정법의 일반원칙 ★빈출개념

한눈에 쏙~

행정법의 일반원칙
- 신의성실의 원칙
- 평등의 원칙
- 자기구속의 원칙
- 비례의 원칙
- 신뢰보호의 원칙
- 부당결부금지의 원칙

① 신의성실의 원칙
  ㉠ 의의 : 모든 사람은 공동체의 일원으로서 상대방에 대한 신의를 지켜야 함. 신의성실의 원칙에 반하는 행정작용은 위법함
  ㉡ 실정법상의 근거
   • 행정절차법 제4조 제1항("행정청은 직무를 수행할 때 신의에 따라 성실히 하여야 한다.")
   • 국세기본법 제15조("납세자가 그 의무를 이행할 때에는 신의에 따라 성실하게 하여야 한다. 세무공무원이 그 직무를 수행할 때에도 또한 같다.")

관련 판례

조례안이 지방의회의 감사 또는 조사를 위하여 출석요구를 받은 증인이 5급 이상 공무원인지 여부, 기관(법인)의 대표나 임원인지 여부 등 증인의 사회적 신분에 따라 미리부터 과태료의 액수에 차등을 두고 있는 경우 … 평등의 원칙에 위배되어 무효이다(대판 1997. 2. 25. 96추213).

관련 판례 신의성실의 원칙

지방공무원 임용신청 당시 잘못 기재된 호적상 출생연월일을 생년월일로 기재하고, 이에 근거한 공무원인사기록카드의 생년월일 기재에 대하여 처음 임용된 때부터 약 36년 동안 전혀 이의를 제기하지 않다가, 정년을 1년 3개월 앞두고 호적상 출생연월일을 정정한 후 그 출생연월일을 기준으로 정년의 연장을 요구하는 것이 신의성실의 원칙에 반하지 않는다(대판 2009. 3. 26. 2008두21300).

② 평등의 원칙

의의	행정기관이 행정작용을 함에 있어서 정당한 사유가 없는 한 상대방인 국민을 평등하게 대우하여야 한다는 원칙으로, 행정법 영역에서 재량권 행사의 한계를 설정하는 중요한 의미를 가짐
법적 성격	평등원칙은 헌법 제11조("누구든지 성별·종교 또는 사회적 신분에 의하여 정치적·경제적·사회적·문화적 생활의 모든 영역에 있어서 차별을 받지 아니한다.")에 명시된 법원칙으로 보는 견해도 있으나, 이는 어디까지나 법 앞의 평등원칙만을 규정하고 있는 것이고 행정법상 평등원칙의 내용을 이루고 있는 공공부담 앞의 평등원칙, 공역무 앞의 평등원칙 등이 모두 규정된 것이 아닌 것으로 보아 평등의 원칙을 헌법 제11조의 기본이념에서 도출되는 불문법원이라고 보는 견해도 있음
효력	평등원칙에 위반한 행정작용은 위헌·위법이 됨. 평등원칙은 행정 내부의 규정에 불과한 재량준칙(행정규칙)을 국민에 대해 간접적인 구속력을 발생하게 하는 전환규범의 역할을 함

관련 판례 평등원칙 위반

원심은 원고가 원판시와 같이 부산시 영도구청의 당직 근무 대기중 약 25분간 같은 근무조원 3명과 함께 시민 과장실에서 심심풀이로 돈을 걸지 않고 점수따기 화투놀이를 한 사실을 확정한 다음 이것이 국가공무원법 제78조 1. 3호 규정의 징계사유에 해당한다 할지라도 당직 근무시간이 아닌 그 대기중에 불과 약25분간 심심풀이로 한 것이고 또 돈을 걸지 아니하고 점수따기를 한데 불과하며 원고와 함께 화투놀이를 한 3명(지방공무원)은 부산시 소청심사위원회에서 견책에 처하기로 의결된 사실이 인정되는 점 등 제반 사정을 고려하면 피고가 원고에 대한 징계처분으로 파면을 택한 것은 당직근무 대기자의 실정이나 공평의 원칙상 그 재량의 범위를 벗어난 위법한 것이라고 하였는바 … (대판 1972. 12. 26. 72누194)

관련 판례 평등원칙 위반 x

같은 정도의 비위를 저지른 자들 사이에 있어서도 그 직무의 특성 등에 비추어, 개전의 정이 있는지 여부에 따라 징계의 종류 선택과 양정에 있어서 차별적으로 취급하는 것은, 사안의 성질에 따른 합리적 차별로서 이를 자의적 취급이라고 할 수 없는 것이어서 평등원칙 내지 형평에 반하지 아니한다(대판 1999. 8. 20. 99두2611).

③ 행정의 자기구속의 원칙

의의	행정권의 행사를 통해 이미 행한 행정결정 또는 행정규칙에 근거하여 미래에 예견되는 행정결정의 체계에 행정청이 구속받는다는 원칙
인정 근거	• 신뢰보호원칙 내지 신의성실원칙에서 찾는 견해와 평등의 원칙에서 찾는 견해가 있으나, 평등의 원칙에서 찾는 견해가 다수설 • 판례는 평등원칙과 신뢰보호원칙을 그 근거로 하고 있음(대판 2009두7967 등)
기능	재량권 행사에 있어서 행정권의 자의를 방지하여 국민의 권리보호 및 행정통제(사후적 사법통제)를 확대시키는 기능을 함

SEMI-NOTE

행정의 자기구속의 원칙을 평등의 원칙에서 찾는 견해

행정의 자기구속이 자유로운 판단이 가능한 영역에서 스스로 제시한 기준에 따라 자신이 행한 그간 행위로부터 정당한 사유 없이 이탈할 수 없으며, 이를 이탈하는 경우 신뢰유무를 불문하고 불합리한 차별에 해당되어 평등의 원칙에 위반된다는 것을 논거로 함

관련 판례

청원경찰의 인원감축을 위한 면직처분대상자를 선정함에 있어서 초등학교 졸업 이하 학력소지자 집단과 중학교 중퇴 이상 학력소지자 집단으로 나누어 각 집단별로 같은 감원비율 상당의 인원을 선정한 것은 합리성과 공정성을 결여하고, 평등의 원칙에 위배하여 그 하자가 중대하다 할 것이나 … 그 하자가 객관적으로 명백하다고 보기는 어렵다(대판 2002. 2. 8. 2000두4057).

SEMI-NOTE

관련 판례

행정규칙이 법령의 규정에 의하여 행정관청에 법령의 구체적 내용을 보충할 권한을 부여한 경우, 또는 재량권행사의 준칙인 규칙이 그 정한 바에 따라 되풀이 시행되어 행정관행(行政慣行)이 이룩되게 되면, 평등의 원칙이나 신뢰보호의 원칙에 따라 행정기관은 그 상대방에 대한 관계에서 그 규칙에 따라야 할 자기구속을 당하게 되고, 그러한 경우에는 대외적인 구속력을 가지게 된다 할 것이다(헌재 1990. 9. 3, 90헌마3).

헌법 제37조 제2항

국민의 모든 자유와 권리는 국가안전보장·질서유지 또는 공공복리를 위하여 필요한 경우에 한하여 법률로써 제한할 수 있으며, 제한하는 경우에도 자유와 권리의 본질적인 내용을 침해할 수 없다.

비례의 원칙(과잉금지의 원칙)

판례는 비례의 원칙에 대하여 '행정목적과 그 목적을 실현하기 위한 수단은 그 행정목적을 실현하는 데에 적합하여야 하고 또한 최소 침해를 가져오는 것이어야 할 뿐만 아니라 아울러 그 수단의 도입으로 인해 생겨나는 침해가 의도하는 이익·효과를 능가하여서는 안 된다는 원칙'이라 판시함(대판 1997. 9. 26, 96누10096)

적용 영역	행정의 자기구속의 법리는 수익적 행위에서의 평등 보장을 위해 발전된 것이지만 침익적 행위에도 적용되며, 재량행위와 판단여지가 인정되는 영역에서도 의미가 있음. 그러나 기속행위에서는 행정청이 어떠한 선택의 자유가 없기 때문에 자기구속의 원칙을 논할 실익이 없음
적용 요건	• 재량행위의 영역이어야 함 • 동종의 사안, 동일한 행정청이어야 함 • 행정의 선례가 존재하여야 함 • 자기구속은 근거가 되는 행정관행이 적법하여야 함
위반의 효과	자기구속의 법리는 일반적으로 법원성이 인정되므로 이에 위배되는 처분 등은 위법으로서 항고소송의 대상이 되거나 손해배상 책임을 짐

관련 판례 행정의 자기구속의 법리 인정

상급행정기관이 하급행정기관에 대하여 업무처리지침이나 법령의 해석적용에 관한 기준을 정하여 발하는 이른바 '행정규칙이나 내부지침'은 일반적으로 행정조직 내부에서만 효력을 가질 뿐 대외적인 구속력을 갖는 것은 아니므로 행정처분이 그에 위반하였다고 하여 그러한 사정만으로 곧바로 위법하게 되는 것은 아니다. 다만, 재량권 행사의 준칙인 행정규칙이 그 정한 바에 따라 되풀이 시행되어 행정관행이 이루어지게 되면 평등의 원칙이나 신뢰보호의 원칙에 따라 행정기관은 그 상대방에 대한 관계에서 그 규칙에 따라야 할 자기구속을 받게 되므로, 이러한 경우에는 특별한 사정이 없는 한 그를 위반하는 처분은 평등의 원칙이나 신뢰보호의 원칙에 위배되어 재량권을 일탈·남용한 위법한 처분이 된다(대판 2009. 12. 24, 2009두7967).

④ 비례의 원칙(과잉금지의 원칙)

의의	넓은 의미의 비례원칙(과잉금지의 원칙)은 행정작용에 있어 목적실현을 위한 수단과 당해 목적 사이에는 합리적인 비례관계가 유지되어야 한다는 원칙
인정 근거	• 헌법상 근거(헌법 제37조 제2항) • 판례 : 헌법재판소와 대법원도 행정법의 법원으로서 비례원칙을 인정하고 있으며, 이는 헌법상 원칙이라고 판시한 바 있음
내용	광의의 비례원칙은 적합성의 원칙, 필요성의 원칙(최소 침해의 원칙), 상당성의 원칙(협의의 비례원칙, 균형성의 원칙)의 3가지 원칙으로 구성되며, 이는 적합한 수단 중에서도 필요한 수단을, 그중에서도 상당성 있는 수단을 선택해야 한다는 단계구조를 이루고 있음. 또한 어느 하나라도 위반되면 비례원칙에 위배되는 효과가 발생됨
적용 영역	비례원칙은 침해행정이든 급부행정이든 관계없이 행정의 전 영역에 적용되는 것을 원칙으로 함. 다만, 사법관계에서는 비례원칙이 적용되지 않음
위반의 효과	항고소송의 대상이 되거나 손해배상책임을 짐

관련 판례 비례원칙 위반

경찰관은 … 필요한 때에는 최소한의 범위 안에서 가스총을 사용할 수 있으나, … 범인을 검거하면서 가스총을 근접 발사하여 가스와 함께 발사된 고무마개가 범인의 눈에 맞아 실명한 경우 국가배상책임을 인정한다(대판 2003. 3. 14, 2002다57218).

관련 판례 비례원칙 위반 x

제재적 행정처분이 재량권의 범위를 일탈하였거나 남용하였는지 여부는 처분사유로 된 위반 행위의 내용과 그 위반의 정도, 당해 처분에 의하여 달성하려는 공익상의 필요와 개인이 입게 될 불이익 및 이에 따르는 제반 사정 등을 객관적으로 심리하여 공익침해의 정도와 그 처분으로 인하여 개인이 입게 될 불이익을 비교교량하여 판단하여야 한다 … 수입 녹용 중 전지 3대를 절단부위로부터 5cm까지의 부분을 절단하여 측정한 회분함량이 기준치를 0.5% 초과하였다는 이유로 수입 녹용 전부에 대하여 전량 폐기 또는 반송처리를 지시한 경우 … 지시처분이 재량권을 일탈·남용한 경우에 해당하지 않는다(대판 2006. 4. 14, 2004두3854).

⑤ **신뢰보호의 원칙** ★ 빈출개념

　㉠ 의의 : 행정기관의 명시적(적극적)·묵시적(소극적) 언동의 정당성 또는 존속성에 대하여 국민이 신뢰를 가지고 행위를 한 경우에는 그 국민의 보호가치 있는 신뢰를 보호해 주어야 하는 원칙

　㉡ 근거

이론상 근거	신뢰보호의 원칙에 대한 논리적인 근거로는 법적 안정성설(다수설), 신의칙설, 사회국가원리설, 기본권설, 독자성설이 논의되고 있음
실정법적 근거	• 행정절차법 제4조 제2항 : 행정청은 법령 등의 해석 또는 행정청의 관행이 일반적으로 국민들에게 받아들여졌을 때에는 공익 또는 제3자의 정당한 이익을 현저히 해칠 우려가 있는 경우를 제외하고는 새로운 해석 또는 관행에 따라 소급하여 불리하게 처리하여서는 아니 된다. • 국세기본법 제18조 제3항 : 세법의 해석이나 국세행정의 관행이 일반적으로 납세자에게 받아들여진 후에는 그 해석 또는 관행에 의한 행위 또는 계산은 정당한 것으로 보며, 새로운 해석이나 관행에 의하여 소급하여 과세되지 아니한다. • 행정심판법 제27조 제5항
판례상 근거	판례는 행정절차법 제정 이전부터 신뢰보호의 원칙을 인정하고 있음

관련 판례 법적 안정성설

국민이 종전의 법률관계나 제도가 장래에도 지속될 것이라는 합리적인 신뢰를 바탕으로 이에 적응하여 법적 지위를 형성하여 온 경우 국가 등은 법치국가의 원칙에 의한 법적 안정성을 위하여 권리의무에 관련된 법규·제도의 개폐에 있어서 국민의 기대와 신뢰를 보호하지 않으면 안 된다(헌재 2014. 4. 24, 2010헌마747).

　㉢ 일반적 요건
　　• 행정청의 선행조치
　　• 보호가치가 있는 사인의 신뢰
　　• 신뢰에 기인한 사인의 처리
　　• 인과관계
　　• 선행조치에 반하는 후행처분과 권익침해
　　• 공익이나 제3자의 정당한 이익을 현저히 해할 우려가 없을 것

SEMI-NOTE

관련 판례

원고가 다른 차들의 통행을 원활히 하기 위하여 … 주차목적으로 자신의 집 앞 약 6m를 운행했다 해도 이는 도로교통법상의 음주운전에 해당하고, 이미 음주운전으로 면허정지처분을 받은 적이 있는데도 혈중알코올 농도 0.182%의 만취상태에서 운전한 것이라면 … 이 사건 운전면허취소는 적법하다(대판 1996. 9. 6, 96누5995).

신뢰보호원칙의 이론상 근거

• **법적 안정성설** : 신뢰보호의 근거를 헌법상 법치국가의 구성요소인 법적 안정성에서 찾는 견해로, 오늘날의 다수설에 해당함
• **신의칙설** : 신뢰보호의 원칙에 대한 이론적 근거를 사법 분야에서 발달된 신의성실의 원칙에서 찾는 견해로, 독일 연방헌법재판소의 '미망인 연금청구권사건'에서 인용된 바 있음(종전의 다수설)

관련 판례

운전면허 취소사유에 해당하는 음주운전을 적발한 경찰관의 소속 경찰서장이 사무착오로 위반자에게 운전면허정지처분을 한 상태에서 위반자의 주소지 관할 지방경찰청장이 위반자에게 운전면허취소처분을 한 것은 선행처분에 대한 당사자의 신뢰 및 법적 안정성을 저해하는 것으로서 허용될 수 없다(대판 2000. 2. 25, 99두10520).

SEMI-NOTE

행정청의 견해표명

판례는 상대방의 질의에 대한 행정청의 회신내용이 일반론적인 견해표명에 그치는 경우 선행조치로 인정하지 않음(대판 90누10384). 또한 '행정청의 공적 견해표명이 있었는지의 여부를 판단하는 데 있어 반드시 행정조직상의 형식적인 권한분장에 구애될 것은 아니고 담당자의 조직상의 지위와 임무, 당해 언동을 하게 된 구체적인 경위 및 그에 대한 상대방의 신뢰가능성에 비추어 실질에 의하여 판단하여야 한다'고 판시하고 있음 (대판 1997. 9. 12, 96누18380)

관련 판례

실권 또는 실효의 법리는 법의 일반원리인 신의성실의 원칙에 바탕을 둔 파생원칙인 것이므로 … (대판 1988. 4. 27, 87누915).

관련 판례 │ 신뢰보호원칙

- **신뢰보호의 요건을 엄격하게 요구하는 판례** : 일반적으로 … 공적인 견해표명을 하여야 하고, 둘째 행정청의 견해표명이 정당하다고 신뢰한 데에 대하여 그 개인에게 귀책사유가 없어야 하며, 셋째 그 개인이 그 견해표명을 신뢰하고 이에 상응하는 어떠한 행위를 하였어야 하고, 넷째 행정청이 위 견해표명에 반하는 처분을 함으로써 그 견해표명을 신뢰한 개인의 이익이 침해되는 결과가 초래되어야 하며, … 공익 또는 제3자의 정당한 이익을 현저히 해할 우려가 있는 경우가 아니어야 한다(대판 2006. 2. 24, 2004두13592).
- **신뢰보호원칙에 반하지 않는다고 본 판례** : 건축허가기준에 관한 개정 전 조례 조항의 존속에 대한 국민의 신뢰가 자연녹지지역 안에서의 난개발 억제라는 개정 후 조례 조항이 추구하는 공익보다 더 보호가치가 있는 것이라고 할 수 없으므로, 건축허가신청에 대하여 개정 후 조례를 적용하는 것이 신뢰보호원칙에 반하지 않는다(대판 2007. 11. 16, 2005두8092).

ⓔ **법적 효과(신뢰보호의 내용)** : 비교형량에 입각한 존속보호를 원칙으로 하고, 그것이 불가능할 경우에는 보상보호를 하는 것이 다수설의 입장

ⓜ **적용영역**
- 수익적 행위의 직권취소나 철회의 제한
- 행정법상의 확약
- 행정법상의 실권(失權)

관련 판례 │ 실권의 법리의 적용 여부

- **실권의 법리가 적용됨** : 행정청이 위 위반행위가 있은 이후에 장기간에 걸쳐 아무런 행정조치를 취하지 않은 채 방치하고 있다가 3년여가 지난 1986. 7. 7에 와서 이를 이유로 행정제재를 하면서 가장 무거운 운전면허를 취소하는 행정처분을 하였다면 이는 행정청이 그간 별다른 행정조치가 없을 것이라고 믿은 신뢰의 이익과 그 법적안정성을 빼앗는 것이 된다(대판 1987. 9. 8, 87누373).
- **실권의 법리가 적용되지 않음** : 교통사고가 일어난지 1년 10개월이 지난 뒤 그 교통사고를 일으킨 택시에 대하여 운송사업면허를 취소하였더라도 … 택시운송사업자로서는 자동차운수사업법의 내용을 잘 알고 있어 교통사고를 낸 택시에 대하여 운송사업면허가 취소될 가능성을 예상할 수도 있었을 터이니, 자신이 별다른 행정조치가 없을 것으로 믿고 있었다 하여 바로 신뢰의 이익을 주장할 수는 없다(대판 1989. 6. 27, 88누6283).

- **소급효**

신성 소급효	법령이 공포·시행되기 전에 종결된 사실에 대하여 적용되지 않음(진정소급효는 인정되지 않음)
행정 법규	신뢰보호원칙과 법적 안정성의 견지에서 원칙적으로 행정법규의 소급 적용은 금지되나, 과거에 시작되어 현재 진행 중인 사실에 대해 신 법령을 소급하여 적용하는 부진정소급의 경우 판례에서 인정하고 있음
행정 처분	원칙적으로 처분시의 법령에 근거하여 행해져야 하고 법령 개정으로 기준이 달라진 경우에도 처분시의 개정법령에서 규정하고 있는 기준이 적용됨

- 처분사유의 추가·변경 : 통설과 판례는 신뢰보호의 원칙을 근거로 하여 당초의 처분사유와 기본적 사실관계의 동일성이 인정되는 범위 안에서만 허용
- 행정계획의 변경 : 행정청의 행정계획의 변경 또는 폐지로 인하여 사인의 신뢰가 침해되는 경우 신뢰보호의 원칙에 의거하더라도 일반적인 계획존 속청구권은 인정되지 않지만, 신뢰보호를 이유로 한 손해전보는 청구할 수 있음
- 개정법령의 적용 : 법령이 개정되는 경우에도 신뢰보호원칙이 적용될 수 있으므로 개정 전 법령에 대한 당사자의 신뢰이익과 개정 후 법령에 대한 공익 간의 이익형량을 따져 해결해야 함

ⓑ 위반의 효과 : 신뢰보호의 원칙에 위반된 행정작용은 위법함. 위법의 정도에 대해서는 취소사유설이 다수설과 판례의 입장

ⓐ 한계(신뢰보호원칙과 법률적합성의 대립문제) : 신뢰보호원칙과 행정의 법률 적합성의 원칙(법률우위)이 충돌하는 경우 통설과 판례는 양자동위설에 입각한 비교형량설(이익형량설, 이익교량설)에 따라 사익과 공익을 비교형량하여 판단하고 있음

⑥ 부당결부금지의 원칙
㉠ 의의 : 행정청이 행정작용을 함에 있어서 그것과 실체적인 관련성이 없는 상 대방의 반대급부를 조건으로 하여서는 안 되다는 원칙
㉡ 법적 근거 : 헌법적 효력설과 법률적 효력설, 별도 근거설이 대립되나 헌법상 의 법치국가원리와 자의금지원칙을 근거로 한다는 헌법적 효력설이 다수설 의 입장
㉢ 적용영역 : 부관, 공법상 계약, 의무이행확보수단
㉣ 위반의 효과 : 헌법상 지위를 가지므로 이 원칙을 위반한 법률은 위헌심판 및 헌법소원의 대상이 될 수 있고 부관부 행정작용은 무효 또는 취소의 대상이 될 수 있음

관련 판례 부당결부금지의 원칙

- 부당결부금지원칙에 반한다고 본 판례 : 한 사람이 여러 종류의 자동차운전면허를 취득하는 경우뿐 아니라 이를 취소 또는 정지하는 경우에도 서로 별개의 것으로 취급하는 것이 원칙 이고, 다만 취소사유가 특정 면허에 관한 것이 아니고 다른 면허와 공통된 것이거나 운전면 허를 받은 사람에 관한 것일 경우에는 여러 면허를 전부 취소할 수도 있다(2012. 5. 24, 2012 두1891).
- 부당결부금지원칙에 반하지 않는다고 본 판례 : 제1종 보통면허로 운전할 수 있는 차량을 음 주운전한 경우에 이와 관련된 면허인 제1종 대형면허와 원동기장치자전거면허까지 취소할 수 있는 것으로 보아야 할 것인바 … (대판 1994. 11. 25, 94누9672)

SEMI-NOTE

신뢰보호원칙의 위반의 구체적 효과

행정입법이나 공법상 계약은 무효로, 행 정행위의 경우에는 하자가 중대하고 명 백할 경우 무효로, 그렇지 아니한 경우 취소유가 됨. 한편, 공무원 행위로 인하 여 발생된 피해는 국가배상법에 따라 국 가가 손해배상책임을 지는 경우도 있음

부당결부금지의 원칙의 요건
- 행정청의 행정작용의 존재. 즉 공권력 의 행사가 있어야 함
- 공권력의 행사가 상대방의 반대급부 와 결부되어야 함
- 공권력의 행사와 상대방의 반대급부 사이에 실질적 관련성이 없어야 함

관련 판례

고속국도 관리청이 고속도로 부지 와 접도구역에 송유관 매설을 허가 하면서 상대방과 체결한 협약에 따 라 송유관 시설을 이전하게 될 경우 그 비용을 상대방에게 부담하도록 하였고, 그 후 도로법 시행규칙이 개정되어 접도구역에는 관리청의 허가 없이도 송유관을 매설할 수 있 게 된 사안에서, 위 협약이 효력을 상실하지 않을 뿐만 아니라 위 협약 에 포함된 부관이 부당결부금지의 원칙에도 반하지 않는다(대판 2009. 2. 12, 2005다65500).

5. 행정법의 효력

(1) 효력의 종류

① 시간적 효력

㉠ 효력발생시기
- 시행일(효력발생일) : 법률과 대통령령·총리령·부령, 조례·규칙 등은 특별한 규정이 없으면 공포한 날부터 20일이 경과함으로써 효력 발생
- 법령의 시행유예기간(주지기간) : 국민의 권리 제한 또는 의무 부과와 직접 관련되는 법률, 대통령령, 총리령 및 부령은 긴급히 시행하여야 할 특별한 사유가 있는 경우를 제외하고는 공포일부터 적어도 30일이 경과한 날부터 시행되도록 하여야 함

㉡ 소급효 금지의 원칙 : 소급효(진정소급효)는 금지되는 것이 원칙이므로 다른 특별한 규정이 없는 한 법령 변경 전에 발생한 사항에 대해서는 변경 전의 구 법령이 적용됨. 다만, 경과규정을 두는 경우는 그에 따르며, 법령을 소급적용 하더라도 일반국민의 이해에 직접 관계가 없는 경우나 오히려 그 이익을 증진하는 경우, 불이익이나 고통을 제거하는 경우 등의 특별한 사정이 있는 경우에 한하여 예외적으로 법령의 소급적용이 허용됨(대판 2005. 5. 13, 2004다8630)

㉢ 효력의 소멸
- 한시법(限時法)인 경우 : 기간(종기)이 도래함으로써 효력이 소멸됨
- 한시법이 아닌 경우 : 당해 법령 또는 그와 동위 또는 상위의 법령에 의한 명시적 개폐가 있거나, 그와 저촉되는 동위 또는 상위의 후법 제정에 의하여 그 효력이 상실됨(상위법·신법 우선의 원칙)

② 지역적(장소적) 효력

원칙	행정법규는 그 법규의 제정권자·제정기관의 권한이 미치는 지역적 범위 내에서 효력을 가짐
예외	• 국가가 제정한 법령이라도 내용에 따라 일부 지역에만 효력이 미치는 경우 • 제정기관의 관할구역을 넘어 영향을 미치는 경우 • 국내 행정법규의 적용이 제한되는 경우

③ 대인적 효력

원칙	• 행정법규는 속지주의를 원칙으로 하여, 그 영토 또는 당해 지역 내에 있는 모든 사람에게 적용되므로 내국인과 외국인, 자연인·법인 여부를 불문하고 적용됨 • 속인주의에 따라 외국에 있는 내국인에게도 행정법규가 적용됨
예외	• 국제법상 치외법권을 가진 외국원수·외교사절의 경우 우리나라의 행정법규가 적용되지 않으며, 주한미군 구성원에게도 적용이 배제·제한됨 • 일반적으로 외국인에게도 우리의 행정법규가 적용되는 것이 원칙이나, 상호주의 유보하에서 적용되거나, 법령상 외국인에 대한 특칙을 두는 경우가 있음

SEMI-NOTE

행정법의 효력의 의의

행정법이 시간적·장소(지역)적·대인적 측면에서 어느 범위까지 관계자에 대한 구속력을 가지는가에 대한 문제임. 행정법의 경우 규율 대상이 자주 변하기 때문에 법령의 개폐가 잦으며, 경우에 따라서는 특정시간이나 특정지역만을 규율하기도 함

관련 판례

- 헌법재판소의 헌법불합치결정에 따른 개선입법의 소급적용 여부와 소급적용의 범위는 입법자의 재량에 해당함(대판 2008. 1. 17, 2007두21563)
- 행정법규의 소급적용이 인정되지 않는 경우(대판 1982. 12. 28, 82누1)
- 예외적으로 행정법규의 소급적용이 인정된 경우(대판 2007. 2. 22, 2004두12957)
- 진정소급효 관련 판례(헌재 1999. 7. 22, 97헌바76)
- 부진정소급효 관련 판례(헌재 1998. 11. 26, 97헌바58)

03절 행정법관계

1. 행정법관계의 관념

(1) 행정상 법률관계의 종류

👓 한눈에 쏙~

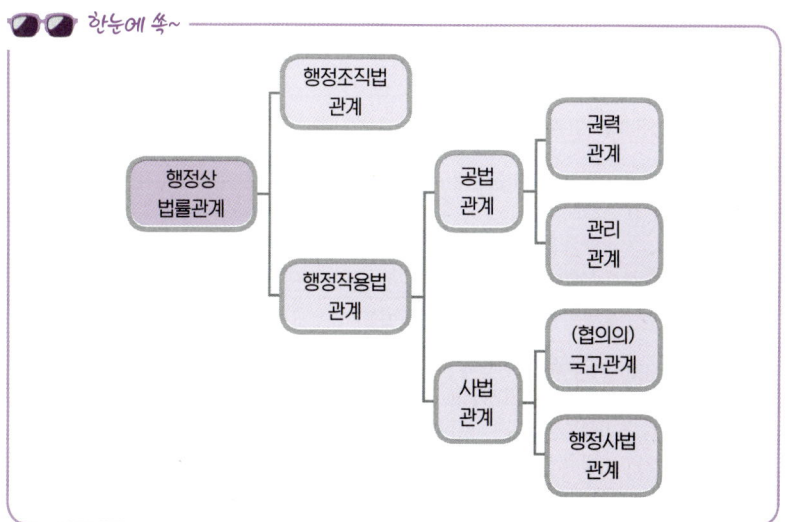

① **행정조직법적 관계** : 행정조직 내부관계, 행정주체 상호 간의 관계
② **행정작용법적 관계** : 행정주체와 국민 간의 권리·의무관계(대외적 관계)
  ㉠ **공법관계**(행정법관계, 고권행정관계)
    • 권력관계(본래적 공법관계, 협의의 고권행정관계)

의의	행정주체가 공권력의 주체로서 우월적 지위에서 국민의 권리와 의무를 명령·강제하거나 국민과의 법률관계를 발생·변경·소멸시키는 관계. 즉 본래적 의미의 행정법관계
구분	국가의 통치권(일반 지배권)에 복종하는 관계로서 모든 국민에게 당연히 성립하는 법률관계인 일반권력관계와 공법상 행정목적을 위해 특별한 법적 원인에 근거하여 성립하는 특별권력관계로 구분
특징	부대등한 지배·복종관계로서 행정주체의 행위에 공정력·확정력·강제력 등 법률상 우월한 효력이 인정되며, 특별한 규정이 없는 한 사법이 아닌 공법원리가 적용됨. 따라서 이에 관한 불복은 항고쟁송(항고심판·항고소송)의 방법에 의해서만 가능함

SEMI-NOTE

행정상 법률관계의 의의
행정에 관한 법률관계, 즉 행정상 관련된 당사자 상호 간의 권리·의무관계

행정작용법적 관계
행정작용으로 인하여 권익이 침해당한 경우 법률에 특별한 규정이 없더라도 법원에 소송을 제기할 수 있는 주관적 쟁송의 대상이 됨

권력관계의 예
하명, 인·허가처분, 과세처분, 환지처분, 토지수용 및 사용, 행정강제, 행정벌 등

SEMI-NOTE

공물
도로나 공원, 유원지, 공공도서관 등과 같이 공익을 위하여 존재하는 유체물

- 관리관계(비권력관계, 전래적 공법관계, 단순고권행정관계)

의의	행정주체가 공권력의 주체로서가 아니라 공적 재산이나 사업의 관리주체로서, 공익목적 달성을 위해 공법상 계약·공법상 합동행위·공물관리·공기업경영 등을 행하는 관계
특징	성질상 사인의 행위와 유사하여 일반적으로 사법이 적용되고, 분쟁은 민사소송에 의함. 다만, 공익목적의 달성에 필요한 한도 내에서만 공법규정 및 공법원리가 적용됨
유형	행정청의 공물 관리, 영조물(공기업)의 경영, 공법상 계약, 공법상 합동행위 등

ⓒ 사법관계(국고관계)

의의	• 행정주체가 공권력 주체로서가 아니라 재산권 주체로서 사인과 맺는 법률관계 • 행정주체가 사인의 자격으로 사인과 대등한 관계에서 사법적 효과를 발생시킬 목적으로 하는 관계
특징	특별히 공공성을 띠지 않는 법률관계로서 원칙적으로 사법이 적용됨
종류	• (협의의) 국고관계 : 행정주체가 공권력의 주체가 아닌 사법상의 재산권주체로서 사인과 맺는 관계 • 행정사법관계 : 행정주체가 공행정 과제를 수행함에 있어 맺는 관계로, 공법과 사법이 혼재하는 법의 관계

사법관계의 예
행정주체의 물품구입·공사도급 계약관계, 국유재산의 불하, 국채 및 지방채 모집, 수표발행, 국가의 회사주식매매, 은행으로부터의 일시차입, 국공립병원 이용관계, 시영버스·식당 이용관계, 지하철승차 및 이용관계, 전화이용관계(단, 전화요금 강제징수관계는 공법관계임)

실력UP 공법관계와 사법관계의 구분(판례)

공법관계로 본 판례	사법관계로 본 판례
상하수도이용관계 및 수도료 강제징수관계, 귀속재산처리관계, 공유재산 관리청의 행정재산 사용·수익의 허가 및 사용·수익자에 대한 사용료 부과처분, 농지개량조합의 조합직원에 대한 징계처분, 도시재개발조합에 대한 조합원자격확인을 구하는 관계, 국가나 지방자치단체에 근무하는 청원경찰에 대한 징계처분	가스·전기·전화의 공급관계, 국가재정법에 의한 입찰보증금 국고귀속조치, 서울지하철공사와 소속 임·직원의 관계, 종합유선방송위원회 직원의 근무관계, 공무원 및 사립학교직원 의료보험관리공단 직원의 근무관계, 조세과오납금 환급청구권의 행사, 행정청의 국유임야 대부·매각행위, 환매권의 행사 등

구별의 필요성
공법과 사법의 구별은 특정 법률관계에 적용할 법규나 법원칙을 결정하거나 행정에 관한 사건의 관할을 결정하기 위해서 필요함

(2) 공법과 사법의 구별

① 의의

공법	국가와 지방자치단체를 당사자로 하거나 국가·지방자치단체와 개인 간의 관계 또는 국가나 지방자치단체의 조직·활동을 정하는 법
사법	사인 간의 사적 생활관계를 규율하는 법

② 공법과 사법의 구별

절차법상 구별	행정청의 처분 등의 절차는 행정절차법이 정하는 바에 따라야 하며, 사적 영역은 사적 자치가 적용됨
실체법상 구별	• 법률관계에서 사인 간에는 사법원리가, 행정청과 사인 간 관계는 공법원리가 적용됨 • 의무 불이행 시 사인은 자력강제를 할 수 없으나 행정청은 자력강제가 가능함 • 손해배상에 있어서 사법은 민법에 의하지만 행정상 손해배상은 공법에 의함 • 법인의 법형식에 대하여 공법인과 사법인으로 구분됨 • 공법의 재판관할은 행정법원, 사법의 재판관할은 지방법원
소송법상 구별	사인 간의 법적 분쟁에 따른 소송은 민사소송법에 의하여 사법적 구제를 받지만 행정청과 사인 간의 법적 분쟁은 행정소송법에 의하여 사법적 구제를 받음

③ 구별기준
  ㉠ 학설
    • 주체설
    • 성질설
    • 이익설
    • 귀속설(신주체설)
    • 구별부인설
    • 복수기준설
  ㉡ 실정법적 구별기준
    • 법규에 규정이 있는 경우 : 법규에서 행정상 강제집행, 행정벌, 손실보상이나 국가배상, 행정상 쟁송제도가 규정되어 있다면 공법관계로 보아야 함
    • 법규에 규정이 없는 경우 : 특정의 법적 문제에 있어서 그에 적용될 법규범이 없는 경우, 개개의 법규가 담고 있는 성질이 공공성·윤리성을 강조하고 있다면 공법으로 보아야 함

(3) 행정법관계의 당사자

① 행정주체
  ㉠ 의의
    • 행정주체의 의의 : 행정권의 담당자로서 행정권을 행사하는 자
    • 행정기관과의 구별 : 행정주체는 법인이므로 행정주체가 공행정 임무를 수행하기 위해서는 행정권을 실제로 행사하는 기관(행정기관, 행정청)이 필요함. 행정기관(행정청)은 행정주체를 구성하는 개개의 법적 단위(대통령, 장관 등)를 말하며, 공무원은 이러한 행정기관을 구성하는 인적 요소로서 행정사무를 직접 담당함

SEMI-NOTE

복수기준설
여러 개의 기준을 통해 공법과 사법을 구분해야 한다는 견해로, 공법과 사법을 구별 짓는 여러 학설 중 통설로 보고 있음

행정기관의 종류
• **행정청** : 행정에 관한 의사를 결정하여 표시하는 국가 또는 지방자치단체의 기관
• **의결기관** : 의사를 결정하는 권한은 있으나 이를 외부에 표시할 권한은 없는 행정기관
• **그 외의 기관** : 보조기관, 보좌기관, 자문기관, 집행기관, 감사기관, 공기업 및 공공시설기관 등

SEMI-NOTE

공공단체의 의의

특정한 국가목적을 위해 설립되어 법인격이 부여된 단체. 광의의 공공단체에는 지방자치단체, 공공조합(공법상 사단법인), 공법상 재단법인, 영조물법인이 있으며, 협의의 공공단체는 공공조합을 의미함

공무수탁사인의 법적 근거
- **일반법적 근거** : 정부조직법과 지방자치법
- **개별법적 근거** : 공익사업을위한토지등의취득및보상에관한법률, 별정우체국법, 선원법, 항공안전및보안에관한법률 등

공무수탁사인의 예

별정우체국장(체신), 경찰임무를 수행 중인 선장 및 기장, 학위를 수여하는 사립대학교 총장, 토지수용에 있어서의 사업시행자, 집달관, 소득세법에 의한 소득세원천징수의무자(다수설이나, 판례는 부정), 방송통신위원회의 위탁을 받은 한국광고자율심의기구(헌재 2005헌마506), 도시및주거환경정비법에 따른 주택재건축정비사업조합(대판 2009마596), 교정업무를 수행하는 교정법인이나 민영교도소

ⓒ 종류
- 국가 : 시원적으로 행정권을 가지고 있는 행정주체
- 공공단체

지방자치단체	국가영토의 일부 지역을 그 구성단위로 하여 그 지역 안의 주민을 통치하는 포괄적 자치권을 가진 공법인으로서 전래적 행정주체
공공조합	특정한 행정목적을 위하여 일정한 법적 자격을 갖춘 사람의 결합으로 설립된 사단법인(공법상 사단법인)
공법상 재단법인	• 국가나 지방자치단체 등 재단설립자가 출연한 재산을 관리하기 위해 설립된 공공단체 • 구성원이나 이용자가 없으며, 수혜자와 운영자, 직원만이 존재
영조물 법인	• 특정한 행정목적을 달성하기 위해 설립된 인적 · 물적 결합체에 공법상 법인격을 부여한 것 • 이용자가 존재하고, 운영자와 직원은 있어도 구성원은 없음

- 공무수탁사인(수권사인, 공권력이 부여된 사인)

의의	자신의 이름으로 공행정 사무를 처리할 수 있는 권한을 법률 또는 법률에 근거한 행위에 의해 위임받아 그 범위 안에서 행정주체로서의 지위에 있는 사인
법적 성질	• 공무수탁사인은 기관에 불과할 뿐 행정주체가 될 수 없다는 행정기관설과 국가의 권력행사를 행하는 자로서의 행정주체라고 보는 설이 있음 • 행정주체의 법적 지위를 가진다는 행정주체설이 다수설임
국가와의 법률관계	• 위탁자인 국가 등과 수탁사인의 관계는 공법상 위임관계 • 관계 법령에 따라 국가와 독립하여 사무를 행하고 위탁자에 비용청구권을 가지나 국가와 지방자치단체의 감독을 받아야 함
권리구제	• 행정쟁송 : 수탁사인의 처분에 의해 권리를 침해당한 자는 행정심판이나 행정소송을 제기할 수 있음. 공무수탁사인은 법률상 행정청에 해당되므로 행정심판의 피청구인이나 항고소송의 피고가 됨 • 손해배상의 청구 : 국가배상법 개정(2009. 10. 21)으로 국가나 지방자치단체를 상대로 국가배상청구를 해야 함

② 행정객체

의의	• 행정주체가 행정권을 행사할 경우에 행사의 대상이 되는 자 • 사인과 공공단체는 행정객체가 될 수 있으나 국가는 행정객체가 될 수 없다고 봄(통설)
종류	• 사인 : 사인에는 자연인과 법인(사법인)이 있는데, 일반적으로 사인은 행정의 상대방, 즉 행정객체가 됨 • 공공단체 : 행정주체인 공공단체도 경우에 따라서는 국가나 다른 공공단체에 대한 관계에서 행정객체가 될 수 있음

2. 행정법관계의 내용

(1) 공권(公權)

① 국가적 공권

의의	국가 또는 공공단체 등 행정주체가 우월적인 의사주체로서 행정객체에 대하여 가지는 권리이며, 이는 행정법규가 행정주체에게 부여한 권한을 의미
특성	공익에 미치는 영향이 크기 때문에 포기가 제한되며, 지배권으로서의 성격을 지니므로 권리자율성(일방적 명령)·자력강제성·확정성·공정성 등의 특수성이 인정됨
종류	• 목적에 따른 분류 : 조직권, 경찰권, 형벌권, 통제(규제)권, 군정권, 재정권, 조세권, 공기업특권, 공용부담특권 등으로 분류 • 내용에 따른 분류 : 하명권, 강제권, 형성권, 공법상 물권 등으로 분류
한계	발동에 있어 법적 근거를 요하며, 법규상·조리상 제한이 따름

② 개인적 공권
  ㉠ 의의 : 개인 또는 단체가 자기의 이익을 위하여 행정주체에게 일정한 행위(작위·부작위·급부 등)를 요구할 수 있는 법률상의 힘. 이는 행정법규가 강행적으로 개인의 이익을 직접 보호함으로써 성립함
  ㉡ 반사적 이익과의 구별
    • 반사적 이익의 의의 : 행정법규가 개인이 아닌 공익목적만을 위해 행정주체에게 일정한 제한과 의무를 부과한 결과 그에 대한 반사적 효과로서 개인이 얻게 되는 이익
    • 구별의 실익 : 반사적 이익은 법의 보호를 받는 이익이 아니므로 공권과 달리 반사적 이익이 침해된 경우에는 행정쟁송을 통해 구제받을 수 없음(원고적격이 인정되지 않음)
    • 원고적격의 인정 여부
      - 법률상 보호이익으로 보아 인근주민·기존업자의 원고적격을 인정한 판례가 있음
      - 반사적 이익으로 보아 인근주민·기존업자·기타 원고적격을 부정한 판례가 있음
  ㉢ 법률규정에 의한 개인적 공권의 성립(2요소)
    • 강행법규성(강행법규에 의한 의무부과) : 개인적 공권이 성립하기 위해서는 강행법규에 의해 국가 기타 행정주체에게 일정한 행위의무가 부과되어야 함
    • 사익보호성(사익보호 목적의 존재)
      - 의의 : 관련 법규의 목적이나 취지가 오로지 공익실현만 있는 때에는 그로부터 개인이 일정한 이익을 받더라도 그것은 법규가 공익목적을 위하여 행정주체에게 의무를 부과한 반사적 효과로 얻는 반사적 이익에 불과하여 공권을 인정할 수 없음

SEMI-NOTE

관련 판례

행정처분의 직접 상대방이 아닌 제3자라 하더라도 당해 행정처분으로 인하여 법률상 보호되는 이익을 침해당한 경우에는 취소소송을 제기하여 그 당부의 판단을 받을 자격이 있다 할 것이고, 여기에서 말하는 법률상 보호되는 이익이라 함은 당해 처분의 근거 법규 및 관련 법규에 의하여 보호되는 개별적·직접적·구체적 이익이 있는 경우를 말하는데 … (대판 2005. 5. 12. 2004두14229)

O. Bühler의 3요소론(공권이 성립하기 위한 요건)

3요소론은 독일행정법에 있어 일반론으로 되어 있으나, 우리나라는 헌법상 재판청구권이 보장되고 행정소송법상 행정소송사항의 개괄주의가 채택되어 있어 공권 성립의 3요소 중 의사력의 존재는 독자적 의의를 인정할 필요가 없어지게 됨. 따라서 강행법규성 및 사익보호성 두 가지 기준에 의해 결정되는 것으로 보고 있음

SEMI-NOTE

공권의 특수성
이전성의 제한, 포기성의 제한, 대행의 제한, 보호의 특수성, 시효제도의 특수성

- 사익보호 목적(법률상 이익)의 존부에 대한 판단기준 : 기본권 규정도 고려해야 한다는 견해(다수설)
- 판례 : 법률상 이익과 관련하여 기본적으로 당해 처분의 근거 법률에 의해 보호되는 직접적·구체적 이익이어야 한다고 봄

③ 개인적 공권의 확대(새로운 공권의 등장)

한눈에 쏙~

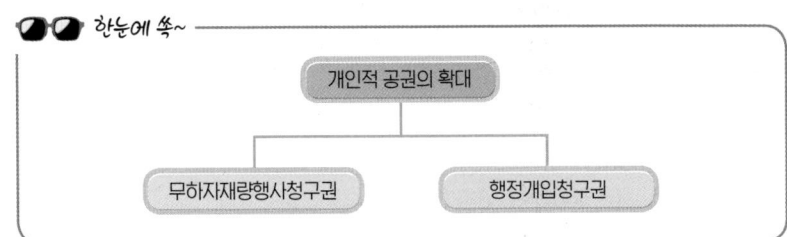

㉠ 개설 : 민주주의 강화와 기본권 보장의 강화를 통한 법치주의 확립, 개인 권리의식의 확대 등에 따라 개인적 공권의 확대를 통한 지위강화의 경향이 나타남. 이러한 경향을 반영하기 위해 행정절차상 개인 참여가 확대되었고, 새로운 공권(무하자재량행사청구권, 행정개입청구권, 행정행위발급청구권)이 등장함

㉡ 무하자재량행사청구권
- 의의 : 사인이 행정청에 대하여 하자 없는 적법한 재량처분을 구하는 공권
- 성질
  - 단순히 위법한 처분을 배제하는 소극적·방어적 권리가 아니라, 행정청에 대해 적법한 재량처분을 구하는 적극적 공권임. 하자있는 행정행위의 취소나 배제를 구하는 권리라는 점에서 소극적 성질도 지님
  - 기속행위에 대한 것과는 달리 특정처분을 구하는 실질적·실체적 공권은 아니며, 특정처분이 아닌 어떤 처분을 요구하는 권리라는 점에서 제한적·절차적·형식적 공권으로서의 성질을 가지고 있음

무하자재량행사청구권의 청구내용
재량권의 일탈·남용, 재량권의 해태·불행사 등의 재량하자를 범하지 말 것을 청구하는 공권

- 형식적 권리설

학설	무하자재량행사청구권은 반드시 행정청이 발령하여야 하는 특정한 행위에 대한 청구권인 실질적 공권이 아니며, 어떤 처분을 요구하는 형식적 공권으로서의 성질을 가짐
판례	검사임용거부처분취소청구사건에 대한 판결(대판 90누5825)에서 무하자재량행사청구권을 독자적인 권리로 인정함(다수설). 다만, 이 판결이 무하자행사재청구권을 원고적격(소권)을 가져다주는 독자적인 권리로 인정한 것은 아니라는 견해도 있음

관련 판례
검사의 임용 여부는 임용권자의 자유재량에 속하는 사항이나, … 적어도 재량권의 한계 일탈이나 남용이 없는 위법하지 않은 응답을 할 의무가 임용권자에게 있고 이에 대응하여 임용신청자로서도 재량권의 한계 일탈이나 남용이 없는 적법한 응답을 요구할 권리가 있다고 할 것이며, 이러한 응답신청권에 기하여 재량권 남용의 위법한 거부처분에 대하여는 항고소송으로서 그 취소를 구할 수 있다고 보아야 하므로 임용신청자가 임용거부처분이 재량권을 남용한 위법한 처분이라고 주장하면서 그 취소를 구하는 경우에는 법원은 재량권남용 여부를 심리하여 본안에 관한 판단으로서 청구의 인용 여부를 가려야 한다(대판 1991. 2. 12, 90누5825).

- 독자성 인정 여부 : 독자성 긍정설(다수설·판례)
- 성립요건 : 재량행위의 영역에서 이 청구권이 성립하기 위해서는 개인적 공권의 성립요건이 충족되어야 함
  - 강행법규성(행정청의 의무의 존재)
  - 사익보호성

- 행사방법 : 관계인이 행정청에 하자 없는 재량처분을 구하고, 행정청이 이를 거부하거나 부작위로 방치할 경우 당사자는 거부처분의 위법을 이유로 행정심판이나 취소소송 또는 부작위위법확인소송을 제기할 수 있음
  - 부담적 행정행위인 경우 : 취소심판이나 취소소송을 제기할 수 있음
  - 수익적 행정행위에 대해 거부처분을 내린 경우 : 의무이행심판이나 취소소송을 제기할 수 있음
  - 부작위인 경우 : 의무이행심판이나 부작위위법확인소송을 제기할 수 있음

ⓒ 행정개입청구권

의의	법률상 행정청에 규제·감독 기타 행정권 발동의무가 부과되어 있는 경우에 그에 대응하여 사인이 행정권 발동을 요구하는 권리. 즉, 행정청의 부작위로 인하여 권익을 침해당한 자가 행정청에 대하여 자기 또는 타인(제3자)에게 일정한 행정권 발동을 청구할 수 있는 권리로서 행정청의 위법한 부작위에 대한 구제수단이 됨
구분	• 자신에 대한 수익적 처분(인·허가 등)을 발해줄 것을 청구할 수 있는 권리(행정행위발급청구권)와 제3자에 대해 규제적 처분을 발해줄 것을 청구할 수 있는 권리(협의의 행정개입청구권)로 구분됨 • 행정행위발급청구권과 협의의 행정개입청구권은 공권력발동청구권이라는 점에서는 같으나, 전자가 자신의 이익을 위해 자신에 대한 행정권 발동을 청구하는 권리인 데 비해, 후자는 자신의 이익을 위해 타인(제3자)에 대한 행정권 발동을 청구하는 권리라는 점에서 차이가 있음
성질	• 행정작용을 구하는 적극적 공권이며, 행정청에 특정한 행위를 요구할 수 있는 실체적 권리. 실체적 권리라는 점에서 무하자재량행사청구권과 구별됨 • 재량권(결정재량)이 0으로 수축되고 선택재량도 부인되는 상황에서 무하자재량행사청구권은 특정행위를 구하는 실체적 권리로 변함(무하자재량행사청구권의 행정개입청구권화). 따라서 행정개입청구권은 결정재량과 관련되어 논의되는 것이며, 선택재량과 관련되어 논의되는 것은 아님 • 행정청의 위법한 부작위에 대한 구제수단으로서 사전예방적·사후시정적 수단으로서의 성질을 지니며, 특히 복효적 행정행위에서 중요한 역할을 수행함

실력up 재량권의 0으로의 수축이론

- **의의** : 재량권의 0으로의 수축이란 재량행위임에도 행정청이 자유영역을 갖지 못하고 오로지 하나의 결정만을 하여야 하는 것을 말함. 여기서 '0'이란 재량영역이 없다는 것을 의미함
- **성질** : 0으로의 재량축소의 경우 행정청은 특정한 행위만을 해야 하므로 기속행위와 같은 결과가 됨. 이 경우 재량이 사인의 법률상 이익과 관련된다면 특정한 결정을 청구할 수 있는 권리를 가지게 되며, 무하자재량행사청구권은 형식적인 권리에서 실질적 권리로 그 성질이 변하게 됨
- **발동요건과 쟁송수단** : 특정인의 신체·생명이 타인에 의해 위협받고 있는 긴급한 상황이어야 하고, 국민의 생명을 구하기 위하여 경찰권 발동 여부에 대하여 결정할 재량의 여지가 없어야 함. 이 경우 국민은 행정청에 행정권의 발동을 청구할 수 있는 권리가 발생하며, 그럼에도 불구하고 행정청이 부작위로 일관하여 손해가 발생한 경우는 위법이 되므로 국가에 대해 손해배상청구나 행정쟁송을 제기할 수 있음

SEMI-NOTE

광의의 행정개입청구권
협의의 행정개입청구권과 행정행위발급청구권을 합하여 광의의 행정개입청구권이라 하는데, 일반적으로 행정개입청구권이라 하면 협의의 행정개입청구권을 의미함

행정개입청구권 논의의 배경
행정에 대한 개인의 의존도가 증대됨에 따라 현대국가에서는 종래의 반사적 이익도 법이 보호하는 이익으로 이해되는 경향에 있으며, 행정권 발동 여부에 있어서도 이것이 행정청의 자유영역에 속하는 것이 아니라는 인식이 확대되고 있음. 이로 인해 기속행위는 물론이고 재량행위의 경우라도 그 재량이 0으로 수축된 때에는 사인의 이익을 위해서 행정권 발동이 의무화된다는 인식이 널리 인정됨

재량권의 0으로의 수축이론 도입배경
종래 재량영역에서는 행정권에게 어떠한 의무도 존재하지 않아 공권의 성립여지가 없었으나 반사적 이익을 공권으로 해석하는 경향이 확대되면서 생명·신체, 재산에 중대한 위해가 발생하여 다른 구제수단이 없는 경우에는 재량권이 0으로 수축되어 행정청이 특정한 처분을 발동하여야 하는 경우가 상정되었고, 여기에서 행정개입청구권이 발생됨. 결국, 재량권의 0으로의 수축이론은 행정청의 부작위에 대한 행정개입청구권과 손해배상청구권을 구성하기 위한 법리로서 성립·발전되어 왔음

- 독자성 인정 여부 : 통설과 판례는 반사적 이익의 보호이익화이론과 재량권의 0으로의 수축이론 등에 근거해 행정개입청구권을 인정
- 성립요건 : 행정개입청구권도 공권의 성질을 가지므로 공권의 요건을 갖추어야 함
  - 긴급성
  - 강행법규성
  - 사익보호성
- 적용영역 : 기속행위뿐만 아니라 재량이 0으로 수축된 경우에 적용됨. 우리나라의 경우에는 행정의 전영역과 관련하여 논의되고 있음
- 행사방법 : 행정청의 부작위로 인하여 권익을 침해당한 자는 국가배상청구나 행정쟁송을 제기할 수 있음
  - 거부처분의 경우 : 거부처분 취소심판이나 취소소송을 할 수 있음
  - 부작위의 경우 : 의무이행심판이나 부작위위법확인소송을 제기할 수 있음
  - 손해가 발생한 경우 : 국가배상법에 의한 배상청구를 할 수 있음

SEMI-NOTE

관련 판례

연탄공장사건에서 인근주민의 '법률상 이익'을 인정한 바 있고(대판 73누96), 김신조무장공비사건에서 재량이 0으로 수축된 경우 행정청의 개입의무가 존재한다고 보아 부작위에 대한 국가의 손해배상책임을 인정한 바 있다(대판 71다124).

행정개입청구권의 행사방법

사실상 행정개입청구권의 실행을 위한 가장 실효적인 소송형식은 의무이행소송이나 우리나라의 법체계에서는 인정되지 않고 있음

실력up 무하자재량행사청구권과 행정개입청구권의 비교

구분	무하자재량행사청구권	행정개입청구권
법적 성질	형식적 · 절차적 권리	실질적 · 실체적 권리 (사전 · 사후적 기능)
내용	법적 한계를 준수하며 처분할 것을 청구	특정처분의 발동청구
적용영역	재량행위	기속행위 + 재량행위
성립요건	강행법규성(처분의무), 사익보호성	강행법규성(개입의무), 사익보호성
관련 이론	재량한계이론	재량권의 0으로의 수축이론

(2) 공의무

① 개념 : 공권에 대응하는 개념으로서 타인의 이익을 위하여 의무자에게 의무가 부과된 공법상의 구속

② 특수성
- 의무자의 의사에 관계없이 법령에 의거한 행정처분에 의하여 과해짐
- 불이행에 대하여는 행정상 제재나 강제집행이 가능하며, 위반 시에는 벌칙이 과하여질 수 있는 경우가 많음
- 공의무는 일신전속권이 대부분이어서 공권과 같이 이전 · 포기가 제한됨. 다만, 금전 기타 경제적 가치의 급부를 내용으로 하는 공의무의 경우 이전이 인정됨(예 납세의무 등에 대한 상속인의 승계)

③ 종류
　㉠ 의무자(주체)에 따른 분류 : 국가적 공의무(봉급지급의무, 배상금지급의무 등), 개인적 공의무(환경보전의 의무, 납세의무 등)
　㉡ 성질(내용)에 따른 분류 : 작위의무, 부작위의무, 급부의무, 수인의무

3. 특별권력관계(특별행정법관계)

(1) 전통적 특별권력관계

① 의의

구분	전통적 특별권력관계	일반권력관계
성립 원인	특별한 법률원인(법률상의 규정)	국민지위로서 당연 성립
지배권	포괄적인 특별권력 (명령권, 징계권 등)	일반통치권(일반적 지배권)
관계	행정주체와 공무원(내부관계)	행정주체와 행정객체(외부관계)
법치주의의 적용	법치주의원칙이 제한됨(법률유보가 적용되지 않으며, 법적 근거 없이 기본권이 제한되는 경우가 많음)	법치주의원칙 적용(법률유보 인정)
사법심사	원칙적으로 제한됨	전면적으로 가능

② 특별권력관계의 특징 : 법률유보 배제(포괄적 지배권), 기본권 제한, 사법심사 배제
③ 종류 및 내용

종류	• 공법상 근무관계 : 특정인이 법률원인에 의하여 국가나 지방자치단체에 포괄적인 근무관계를 지니는 법률관계 • 공법상 영조물이용관계 : 영조물관리자와 영조물이용자 간의 법률관계 • 공법상 특별감독관계 : 국가 또는 공공단체와 특별한 법률관계로 인하여 국가 등에 의하여 감독을 받는 관계 • 공법상 사단관계 : 공공조합과 그 직원(조합원)과의 관계
내용	• 포괄적 명령권 : 특별권력의 주체가 개별적인 법률근거 없이도 그 구성원에게 목적수행상 필요한 명령·강제를 할 수 있는 권한 • 징계권 : 개별적 법률근거 없이도 특별권력관계 내부질서유지나 의무이행을 위하여 일정한 제재나 강제를 할 수 있는 권한
한계	법규상·조리상의 한계 내에서 발동되어야 하며, 이를 벗어날 경우 위법이 될 수 있음

(2) 특별권력관계론(일반권력관계와의 구별)

① 특별권력관계론과 그 성립배경 : 독일 특유의 공법이론으로 19세기 후반 독일 입헌군주제하의 법치주의 형성과정에서 군주의 특권적 지위, 즉 법으로부터 자유로운 영역을 확보해 주기 위해 구성된 이론
② 특별권력관계 부정설 : 전면적·형식적 부정설, 개별적·실질적 부정설, 기능적 재구성설

SEMI-NOTE

특별권력관계론의 성립 및 체계화
특별권력관계이론은 19세기 후반 독일의 P. Laband에 의해 성립해, O. Mayer 등에 의해 체계화된 독일 특유의 공법이론이라 할 수 있음

특별권력관계의 성립과 소멸
• 성립 : 법률규정이나 당사자의 동의에 의하여 성립
• 소멸 : 목적의 달성(국·공립학교 졸업, 병역의무 완수), 탈퇴(국·공립학생의 자퇴, 공무원·조합원 등의 사임), 일방적 배제 등

특별권력의 종류
특별권력관계의 내용으로서의 특별권력은 특별권력관계의 종류에 따라 직무상 권력, 영조물권력, 감독권력, 사단권력으로 구분됨

특별권력관계 긍정설
일반권력관계와 특별권력관계는 그 성립원인이나 지배권의 성질에서 본질적 차이가 있으므로 특별권력관계에는 법치주의가 적용되지 않는다는 견해로, 오늘날 이러한 견해를 주장하는 학자는 없음

③ 특별권력관계 수정설(내부 · 외부관계 수정설)

의의	특별권력관계의 관념은 인정하지만 종래 내부 · 외부관계의 개괄적 구별을 지양하며 법치주의 적용이 배제되는 내부관계의 범위를 축소하고 외부관계에 대하여는 법치주의 적용을 확대시키려는 수정이론으로, 오늘날 독일에서 유력한 견해로 부각되어 있음
기본관계	• 특별권력관계 자체의 발생 · 변경 · 종료 또는 구성원의 법적 지위의 본질적 사항에 관한 법률관계이며, 기본관계에서 이루어지는 행정작용은 법치주의와 사법심사가 적용됨 • 군인의 입대 · 제대, 수형자의 형 집행, 공무원의 임명 · 전직 · 파면, 국 · 공립학교학생의 입학허가 · 제적 · 정학 · 전과 등이 해당됨
경영수행 관계 (업무관계)	• 방위근무관계 : 군인에 대한 훈련 · 관리 등 • 공무원관계(구성원의 직무관계) : 공무원에 대한 직무명령 등(사법심사 배제) • 영조물이용관계 : 폐쇄적 이용관계(격리병원재원관계, 교도소재소관계 등), 개방적 이용관계(국 · 공립학교 재학관계, 국 · 공립병원 재원관계, 학생에 대한 통상적인 수업, 시험평가 등)

④ 제한적 긍정설 : 특별권력관계에서는 법치주의가 완화되어 적용될 수 있다는 견해로, 특별권력관계의 주체에게 폭넓은 재량권이 부여되어 있다는 점에서 제한적으로 긍정

⑤ 특별권력의 한계와 법치주의

학설	원칙적으로 전면적 사법심사가 인정되나, 특별권력관계 내의 행위를 재량행위로 보고 그 재량권의 일탈 · 남용이 있는 경우에 사법심사가 인정된다고 보는 것이 다수설
판례	• 공법상 근무관계나 국 · 공립학교 재학관계 등에 있어 이를 재량행위로 보면서 그 징계권 행사에 대하여는 전면적인 사법심사를 인정함 • 국 · 공립대학의 퇴학처분 • 농지개량조합의 임 · 직원의 징계처분 • 국립 교육대학 학생에 대한 퇴학처분(행정처분에 해당) • 구속된 피고인 또는 피의자와 타인 간의 필요 이상의 접견권 제한 • 구청장의 면직처분(구청장과 동장의 관계는 특별권력관계)

SEMI-NOTE

기본관계 · 경영관계론(C. H. Ule의 이론)

특별권력관계 수정설의 대표적 이론으로, 특별권력관계를 기본관계와 경영수행관계로 구분하고 있음. 경영수행관계 중 공무원관계와 개방적 영조물이용관계만을 사법심사가 배제되는 내부관계로 보고, 나머지 법률관계는 모두 외부관계로서 사법심사가 인정된다고 보는 이론

관련 판례

수형자의 서신을 교도소장이 검열하는 행위는 이른바 권력적 사실행위로서 행정심판이나 행정소송의 대상이 되는 행정처분으로 볼 수 있으나, 위 검열행위가 이미 완료되어 행정심판이나 행정소송을 제기하더라도 소의 이익이 부정될 수밖에 없으므로 헌법소원심판을 청구하는 외에 다른 효과적인 구제방법이 있다고 보기 어렵기 때문에 보충성의 원칙에 대한 예외에 해당한다고 보는 것이 상당하다(헌재 1998. 8. 27. 96헌마398).

관련 판례 특별권력관계의 행위

• 학생에 대한 징계권의 발동이나 징계의 양정이 징계권자의 교육적 재량에 맡겨져 있음은 소론과 같다 할지라도 법원이 심리한 결과 그 징계처분에 위법사유가 있다고 판단되는 경우에는 이를 취소할 수 있는 것이고, 징계처분이 교육적 재량행위라는 이유만으로 사법심사의 대상에서 당연히 제외되는 것은 아니라 할 것이므로 원심이 원고에 대한 퇴학처분의 적법여부가 다투어지고 있는 이 사건을 행정소송의 대상으로 하여 심리판단한 것은 옳고, 거기에 소론과 같은 사법심사의 한계에 관한 법리를 오해한 위법은 없다(대판 1991. 11. 22. 91누2144).
• 특별권력관계에 있어서도 위법, 부당한 특별권력의 발동으로 말미암아 권리를 침해당한자는 행정소송법 제1조에 따라 그 위법, 부당한 처분의 취소를 구할 수 있다(대판 1982. 7. 27. 80누86).

4. 행정법관계에 대한 사법규정의 적용

(1) 개설

① 의의 : 행정법은 통일법전이 없고 그 역사도 짧아서 공법이론이 완벽하게 확립되지 않아 법적 흠결이 발생하게 되는데, 공법관계(행정법관계)에 그 보충으로서 사법규정을 적용할 수 있느냐 하는 문제가 발생함

② 학설
  ㉠ 소극설(적용부정설)
  ㉡ 적극설(적용설) : 일반적 적용설(특별사법설), 제한적 적용설(한정적 유추적용설)

(2) 사법규정의 적용과 한계

① 사법규정의 성질
  ㉠ 일반법원리적 규정과 법기술적 규정 : 신의성실의 원칙, 권리남용금지의 원칙, 자연인과 법인, 물건 등의 총칙적 규정, 사무관리 · 부당이득 · 불법행위에 관한 채권적 규정과 같은 일반법원리적 규정과 기간 · 시효 · 주소와 같은 법기술적 규정은 공법과 사법관계에 모두 적용될 수 있음
  ㉡ 기타의 사법규정 : 일반법원리적 규정을 제외한 사적 자치적 규정, 이해조정적 규정 등은 공법관계 중 관리관계에만 적용되며, 권력관계에는 적용되지 않음

② 행정법관계의 종류에 따른 적용 여부

권력관계	부대등관계 · 종속관계이므로 일반법원리적 규정과 법기술적 규정을 제외하고는 사법규정이 적용되지 않는 것이 원칙
관리관계	비권력관계라는 점에서 사법관계와 성질상 동일하므로 다른 특별한 규정이 없는 한 사법규정이 적용되는 것이 원칙

> **SEMI-NOTE**
>
> **행정법관계에 사법규정을 적용하는 경우**
>
> 사법규정의 성질과 법률관계의 내용을 검토하여 적용여부를 결정하여야 함

04절 행정법상의 법률요건과 법률사실

1. 개설

(1) 의의 및 종류

① 의의
  ㉠ 행정법상의 법률요건 : 행정법관계의 발생 · 변경 · 소멸이라는 행정법상 법률효과를 발생시키는 원인이 되는 사실
  ㉡ 행정법상 법률사실 : 법률요건을 이루는 개개의 사실. 법률요건은 한 개의 법률사실로 이루어지는 경우가 있고, 여러 개의 법률사실로 이루어지는 경우도 있으며, 법률사실이 모여서 법률요건을 이루고, 법률요건이 갖추어지면 법률효과가 발생됨

> **한 개의 법률사실, 여러 개의 법률사실**
>
> - 한 개의 법률사실로 이루어지는 경우 : 권리포기, 실효, 시효완성, 상계 등
> - 여러 개의 법률사실로 이루어지는 경우 : 공법상 계약행위에서 청약과 승낙, 건축허가에서의 신청과 허가

② 법률사실의 종류
  ㉠ 사건(事件)

의의	사람의 정신작용을 요소로 하지 않는 법률사실
분류	• 자연적 사실 : 사람의 출생·사망, 시간의 경과(기간, 시효, 제척기간), 일정한 연령에의 도달(취학의무, 선거권·피선거권 발생), 목적물의 멸실 등 • 사실행위 : 공법상 사무관리, 부당이득, 물건의 소유·점유, 거주행위, 행정기관의 도로공사, 분뇨처리장 설치 등

  ㉡ 용태(容態)

의의	사람의 정신작용을 요소로 하는 법률사실
외부적 용태	• 사람의 정신작용이 외부에 표시되어 일정한 행정법상의 법률효과를 발생시키는 것 • 공법행위(적법행위, 위법행위, 부당행위), 사법행위
내부적 용태	외부에 표시되지 않은 의식내용, 즉 외부에 표시되지 않는 내부적 정신작용으로 행정법상 효과를 발생시키는 것(내심적 의식)

(2) 행정법관계의 변동(발생·변경·소멸)원인
① 행정법관계의 발생원인 : 가장 중요한 원인은 행정주체에 의한 공법행위와 사인의 공법행위이며, 행정법상의 사건(시효 등)도 행정법관계의 발생원인이 됨
② 행정법관계의 소멸원인 : 급부의 이행, 상계, 소멸시효의 완성, 기간의 경과, 대상의 소멸, 사망, 권리의 포기 등 다양한 원인으로 종료됨

2. 공법상의 사건

(1) 시간의 경과(자연적 사실)
① 기간
  ㉠ 의의 : 한 시점에서 다른 시점까지의 시간적 간격을 말함. 기간의 계산방법에 대해서 공법에 특별한 규정이 없는 한 민법의 기간계산에 관한 규정(법기술적 규정)이 적용됨(민법 제155조)
  ㉡ 민법상의 기간계산방법

기간의 기산점 (초일불산입의 원칙)	• 기간을 시·분·초로 정한 때에는 즉시로부터 기산(제156조) • 기간을 일·주·월·연으로 정한 때에는 기간의 초일은 산입하지 않음. 그러나 그 기간이 오전 0시로부터 시작하는 때에는 초일을 산입함(제157조)
기간의 만료점	기간을 일·주·월·연으로 정한 때에는 기간 말일의 종료로 기간이 만료함(제159조)

SEMI-NOTE

사법행위 중 공법적 효과를 발생시키는 경우
사법행위도 공법상 법률사실이 됨(예 매매·증여가 납세의무를 발생시키는 경우)

내부적 용태의 예
고의·과실, 선의·악의, 선량한 관리자의 주의의무 등

민법 제155조(본 장의 적용범위)
기간의 계산은 법령, 재판상의 처분 또는 법률행위에 다른 정한 바가 없으면 본 장(제6장 기간)의 규정에 의한다.

역(曆)에 의한 계산 (제160조)	• 기간을 주·월·연으로 정한 때에는 역에 의하여 계산함 • 주·월·연의 처음으로부터 기간을 기산하지 아니하는 때에는 최후의 주·월·연에서 그 기산일에 해당한 날의 전일로 기간이 만료함 • 월·연으로 정한 경우에 최종의 월에 해당일이 없는 때에는 그 월의 말일로 기간이 만료함
공휴일 등과 기간의 만료점	기간의 말일이 토요일 또는 공휴일에 해당한 때에는 기간은 그 익일로 만료함(제161조)

② 시효

㉠ 의의 : 일정한 사실상태가 일정기간 계속된 경우에 그 사실상태가 진실한 법률관계와 합치되는가 여부를 불문하고 계속된 사실상태를 존중하여 그것을 진실한 법률관계로 인정하는 것

㉡ 공물의 취득시효

- 사물(私物)의 경우 원칙적으로 시효취득의 대상이 되지만, 공물(公物)의 경우 학설상의 대립에도 불구하고 국유재산법 제7조 제2항의 규정에 따라 시효취득의 대상이 되지 않음
- 공용폐지
  - 공물의 성질을 소멸시키는 행정청의 의사표시
  - 판례에 따르면 명시적 의사표시에 의한 폐지 외에 묵시적 의사표시에 의한 폐지도 가능하지만, 단순히 행정재산이 본래의 용도에 사용되지 않고 있다는 사실만으로 묵시적 공용폐지 의사를 인정할 수는 없다고 하여 묵시적 공용폐지가 인정되는 범위를 좁힘
- 국유재산 중 행정재산만이 시효취득의 대상에서 제외되므로 일반재산(종전의 잡종재산)은 시효취득의 대상이 됨. 잡종재산을 시효취득의 대상에서 제외하던 구 국유재산법의 관련 규정에 헌법재판소가 위헌결정(헌재 89헌가97)을 내린바 있음

㉢ 소멸시효

- 소멸시효의 기간 : 시효기간에 대한 공법상의 특별규정에 따라 민법의 시효기간보다 단축되는 경우가 있음
- 소멸시효의 기산점 : 소멸시효는 권리를 행사할 수 있는 때부터 진행함 (민법 제166조 제1항)
- 시효의 중단 및 정지 : 다른 법률의 규정이 없는 때에는 민법의 규정을 적용하나, 민법에 대한 특별규정으로 국가가 행하는 납입고지의 시효중단 효력을 인정하고 있음(국가재정법 제96조, 지방재정법 제83조, 국세기본법 제28조 등)

SEMI-NOTE

관련 판례

행정재산은 공용이 폐지되지 않는 한 사법상 거래의 대상이 될 수 없으므로 취득시효의 대상이 되지 않는 것이고 … 공용폐지의 의사표시는 명시적이든 묵시적이든 상관이 없으나 적법한 의사표시가 있어야 하고 … 원래의 행정재산이 공용폐지되어 취득시효의 대상이 된다는 사실에 대한 입증책임은 시효취득을 주장하는 자에게 있다(대판 1994. 3. 22, 93다56220).

소멸시효의 기간

- 금전채권의 소멸시효 기간 : 5년(국가재정법 제96조, 지방재정법 제82조)
- 관세징수권, 관세과오납반환청구권 : 5년(관세법 제22조)
- 국가배상청구권 : 3년
- 공무원 단기급여지급청구권 : 3년(단, 장기급여는 5년)
- 공무원징계권 : 3년(단, 금품의 향응·수수, 공금의 유용·횡령의 경우는 5년)

SEMI-NOTE

시효의 중단과 정지
- **시효의 중단** : 시효의 기초가 되는 계속된 사실상태와 일치되지 않는 사실이 발생한 경우 시효기간의 진행을 중단시키는 것으로, 시효 중단의 경우 진행된 시효기간은 효력이 상실되어 중단이 끝난 후부터 다시 시효기간을 계산하게 됨
- **시효의 정지** : 일정한 사유의 발생으로 시효기간의 진행이 일정기간 정지되는 것으로, 정지기간이 경과하면 기존에 진행 중인 시효가 다시 계속하여 진행됨

제척기간
일정한 권리에 관해 법률이 정하는 존속기간, 즉 권리를 행사할 수 있는 법정기간을 말하며, 행정심판청구기간이나 행정소송제소기간 등이 여기에 해당함

소멸시효와 제척기간의 공통점
기간 만료 시 그 권리가 소멸

관련 판례 시효의 중단·정지

- 예산회계법 제98조에서 법령의 규정에 의한 납입고지를 시효중단 사유로 규정하고 있는 바, 이러한 납입고지에 의한 시효중단의 효력은 그 납입고지에 의한 부과처분이 취소되더라도 상실되지 않는다(대판 2000. 9. 8, 98두19933).
- 세무공무원이 국세징수법 제26조에 의하여 체납자의 가옥·선박·창고 기타의 장소를 수색하였으나 압류할 목적물을 찾아내지 못하여 압류를 실행하지 못하고 수색조서를 작성하는 데 그친 경우에도 소멸시효 중단의 효력이 있다(대판 2001. 8. 21, 2000다12419).

- **소멸시효 완성의 효력** : 소멸시효기간의 경과로 권리는 당연히 소멸한다는 절대적 소멸설이 다수설의 견해. 판례는 절대적 소멸설을 취하면서도 시효이익을 받는 당사자의 원용이 필요하다고 봄

실력UP 소멸시효와 제척기간의 비교

구분	소멸시효	제척기간
목적	사실상태의 보호를 통한 법적 안정 도모	법률관계의 신속한 확정 (소멸시효기간보다 단기)
중단 및 정지	인정	불인정
입증책임	시효취득의 이익을 주장하는 자	법원이 직권으로 참작
시효이익의 포기	시효완성 후 포기 가능 (시효완성 전 포기 불가)	포기제도 없음
기간	장기(원칙상 5년)	단기(통상 1년 이내)
기간 기산점	권리행사를 할 수 있는 때부터	권리가 발생한 때부터
소급효	소급하여 권리소멸(소급효)	장래에 향하여 권리소멸(비소급효)
재판상 원용 (주장)	당사자의 원용 필요 (변론주의)	당사자의 원용 불필요 (법원의 직권조사사항)
일반적 규정	있음(국가재정법 제96조 등)	없음(개별적 규정)

(2) 사실행위

① 공법상의 주소·거소

주소	거소
• 사법(민법 제18조)에서는 생활의 근거가 되는 곳을 주소로 보고 있으나, 공법(주민등록법)의 경우 다른 특별한 규정이 없는 한 '주민등록지'를 주소로 봄 • 주소의 수에 있어서 민법은 객관주의를 전제로 복수주의를 취하고 있으나, 공법관계에서는 이중등록을 금하고 있으므로(주민등록법 제10조) 다른 특별한 규정이 없는 한 1개소만 가능	• 사람이 일정기간 동안 거주하는 장소를 말하며, 이는 생활의 본거지로 하고 있으나 주민등록을 하지 않은 경우로 그 장소와의 밀접도가 주소보다 낮음 • 민법에서는 거소 또한 주소로 보나, 공법에서는 소득세법에서와 같이 일정한 법률효과를 부여하는 경우도 있음 • 거소에 대한 다른 특별한 규정이 없는 한 민법의 규정을 준용함

② 공법상의 사무관리
　㉠ 의의 : 법률상의 의무 없이 타인을 위하여 그 사무를 관리하는 행위로, 사법상 관념에 해당되지만, 공법분야에서도 인정된다는 것이 일반적 견해
　㉡ 인정 여부 : 행정법의 영역은 법치주의의 요청에 따라 행정청의 권한과 의무가 법정되어 있기 때문에 공법분야에 대해서도 인정되느냐 여부에 대해 견해의 대립이 있음
　㉢ 종류

강제관리	공기업 등 국가의 특별감독 아래에 있는 사업에 대한 강제관리
보호관리	수난구호, 행려병자의 유류품관리, 행려병자·사망자보호관리 등
역무제공	사인이 비상재해 등의 경우 국가사무의 일부를 관리

　㉣ 적용법규 : 사무관리에 관해서는 다른 법률(수난구호법, 항로표지법 등)에 특별한 규정이 없는 한 민법(제734조 ~ 제740조)의 사무관리의 규정을 준용함
　㉤ 법적 효과 : 공법상 특별한 규정이 없는 한 민법을 적용하므로, 관리인은 가장 이익이 되는 방법으로 관리하여야 하며, 이에 위반하면 과실이 없는 때에도 손해를 배상하여야 함

③ 공법상의 부당이득
　㉠ 의의 : 법률상 원인 없이 타인의 재산 또는 노무로 인하여 이익을 얻고 이로 인하여 타인에게 손해를 가하는 것(민법 제741조)을 말하며 형평이념에 입각한 것으로, 재산관계의 불공정을 조정하기 위한 제도
　㉡ 성립요건 : 부당이득의 법률상 원인이 무효이거나 실효이어야 하며, 타인의 재산 또는 노무로 인하여 법률관계의 한 당사자에게는 이익이 발생함과 동시에 다른 당사자에게는 손실이 발생해야 함
　㉢ 적용법규 : 다른 법률에 특별한 규정이 없는 한 민법의 부당이득 규정이 직접 또는 유추적용되므로, 반환범위는 선의·악의를 불문하고 전액을 반환하여야 함
　㉣ 부당이득반환청구권의 성질

사권설 (판례)	민사사건과 마찬가지로 경제적 견지에서 인정되는 이해조정제도이므로 사권으로 보아야 하며, 이에 관한 소송은 민사소송에 의하여 한다는 견해
공권설 (다수설)	공법상의 원인에 기하여 발생한 결과를 조정하기 위한 제도이므로 공권으로 보아야 하며, 이에 관한 소송은 당사자소송으로 하여야 한다는 견해

　㉤ 종류
　　• 행정주체의 부당이득
　　　- 행정행위로 인한 경우 : 행정행위가 무효이거나 실효 또는 취소되어 기존의 이득의 근거가 없어지는 경우 법률상 특별한 규정이 없는 한 부당이득이 성립됨
　　　- 행정행위 이외의 행정작용으로 인한 경우 : 행정주체가 정당한 권한 없이 착오에 의하여 사유지를 국유지로 편입하거나 개인토지를 불법으로 도로로 점용하는 것과 같은 경우 법률상 특별한 규정이 없는 한 부당이득이 성립됨

SEMI-NOTE

사무관리의 인정 여부
• 부정설 : 공법상 사무관리가 인정되는 경우에는 대부분 공법상의 의무가 존재하기에 공법영역의 사무관리는 성립될 여지가 없다는 견해
• 긍정설(통설) : 공법상 의무는 국가에 대한 것이고 피관리자에 대한 것이 아니므로, 피관리자에 대한 관계에서는 사무관리를 인정하여야 한다는 견해

부당이득의 예
무효인 조세부과처분에 따른 세금 납부와 재산의 공매, 조세나 공공요금의 과오납, 착오에 의한 국유지 편입, 공무원의 봉급과액수령, 무자격자의 연금수령 등

관련 판례
조세부과처분이 당연무효임을 전제로 하여 이미 납부한 세금의 반환을 청구하는 것은 민사상의 부당이득반환청구로서 민사소송절차에 따라야 한다(대판 1995. 4. 28, 94다55019).

SEMI-NOTE

- 사인의 부당이득
  - 행정행위로 인한 경우 : 처분이 무효 또는 소급 취소된 무자격자의 기초 생활보장금 및 연금수령, 봉급의 과액수령 등
  - 행정행위 외의 작용으로 인한 경우 : 사인이 국유지를 무단 경작하거나 사적 목적으로 사용하는 경우 등
  ⓑ 부당이득반환청구권의 소멸시효 : 다른 특별한 규정이 없으면 국가재정법 제96조와 국세기본법 제54조 등의 규정에 의하여 그 시효는 5년임

3. 공법행위

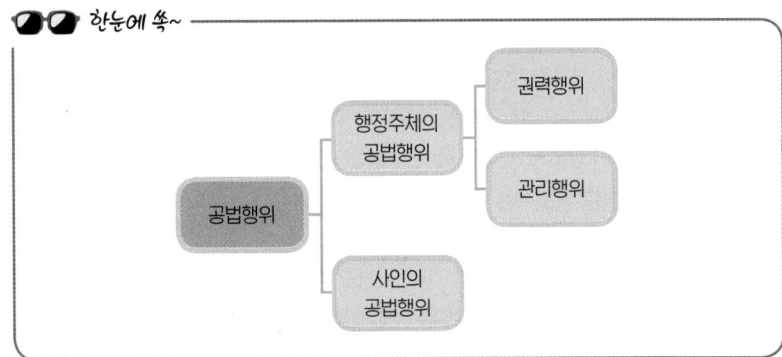
한눈에 쏙~

(1) 의의

개념	• 공법관계에서의 행위로서 공법적 효과를 형성(발생·변경·소멸)하는 모든 행위 • 강학상의 개념으로, 넓게는 입법행위·사법행위 및 행정법관계에서의 행위를 모두 포함하나 행정법상의 공법행위는 공법관계에서의 행위만을 의미함

종류	• 내용에 따른 종류 : 적법행위, 위법행위, 부당행위로 구분
	• 주체에 따른 종류
	  - 행정주체의 공법행위 : 권력행위(행정입법, 행정행위, 행정강제 등)와 관리행위(공법상 계약, 공법상 합동행위, 행정지도 등)
	  - 사인의 공법행위

권력행위와 관리행위
• 권력행위 : 행정주체가 우월적 지위에서 행함
• 관리행위 : 상대방과의 대등한 지위에서 행함

(2) 사인의 공법행위

① 의의

개념	공법관계에서 공법적 효과발생을 목적으로 하는 행정주체에 대하여 행하는 사인의 모든 행위를 말함. 이는 사인의 의사표시를 요소로 하는 행위(행정행위의 신청 등)이든, 의사표시 이외의 정신작용을 요소로 하는 행위(사망신고 등)이든 불문함
법적 성질	사인의 공법행위는 공법적 효과를 발생한다는 점에서 사법규정이 적용되지 않음(통설·판례)

일반적 특성	공법적 효과가 나타나는 점에서는 행정청의 행정행위와 같지만, 권력작용이 아니므로 공정력·확정력·강제력·집행력 등의 우월적 효력은 인정되지 않음. 다만, 사법행위에 비해 공공성·객관성·형식성·획일성이 더 요구됨

② **적용법규** : 원칙적으로는 적용할 일반적·통칙적 규정이 없어 다른 특별규정이 없는 한 민법상의 법원칙이나 법률행위에 대한 규정을 유추적용함. 다만, 행정심판법(심판대상·절차)이나 행정절차법(신고 등), 민원처리에관한법률(민원의 처리 등) 등의 개별법에서 특별규정을 두고 있음

㉠ **의사능력과 행위능력**
- 의사능력이 없는 자의 공법행위는 민법과 같이 무효
- 행위무능력자(현 제한능력자)의 공법행위의 경우, 재산법관계에서는 민법 규정을 유추적용하므로 취소사유가 되지만 민법규정과는 다른 공법상 명문규정을 두는 경우도 있음

㉡ **대리** : 금지규정(병역법 등)을 두거나 일신전속성상 금지되는 경우를 제외하고는 대리가 인정됨. 일반적으로, 소송대리·등기신청대리 등은 일신전속성이 없어 대리가 인정되나 선거·사직원제출·귀화신청 등은 일신전속적 행위에 해당되어 대리가 인정되지 않음

㉢ **행위의 형식** : 사인의 공법행위는 원칙적으로 요식행위가 아니지만, 공법적 효과가 발생하므로 행위의 존재를 명백히 하기 위해 법령 등에서 문서나 서식을 요하는 요식행위인 경우가 많음

㉣ **효력발생시기** : 민법에서와 같이 도달주의에 의함이 원칙이나, 예외적으로 행정의 필요성이나 상대방보호의 견지에서 발신주의를 규정하는 경우도 있음 (국세기본법 제5조의2 등)

㉤ **의사표시의 하자**
- 다른 특별한 규정이 없는 한 민법(제107조 내지 제110조)규정이 원칙적으로 유추적용되므로, 착오·사기·강박에 의한 행위는 취소사유가 됨. 다만, 투표행위와 같은 합성행위는 단체적·형식적 성질이 강하여 착오로 취소될 수 없음
- 판례에서는 민법상 비진의 의사표시의 무효에 관한 규정(민법 제107조 제1항 단서)은 사인의 공법행위에 적용되지 않는다는 입장을 취하고 있음

관련 판례 비진의 의사표시의 무효에 관한 규정

전역지원의 의사표시가 진의 아닌 의사표시라 하더라도 그 무효에 관한 법리를 선언한 민법 제107조 제1항 단서의 규정은 그 성질상 사인의 공법행위에는 적용되지 않는다 할 것이므로 그 표시된 대로 유효한 것으로 보아야 한다(대판 1994. 1. 11. 93누10057).

㉥ **부관** : 사인의 공법행위는 명확성과 법률관계의 신속한 확정을 위해서 부관이 허용되지 않는 것이 원칙

㉦ **철회·보정** : 행정법관계에서는 행정행위가 행하여질 때까지 사인의 공법행위가 행정주체에 도달되더라도 그에 의거하여 행정행위가 행해지기 전까지는 철회·보정할 수 있음

SEMI-NOTE

제한능력자에 대한 명문규정

우편법 제10조, 도로교통법 제82조에서는 제한능력자의 행위도 능력자의 행위로 의제한다는 규정을 두고 있음

민법 제107조(진의 아닌 의사표시)

① 의사표시는 표의자가 진의 아님을 알고 한 것이라도 그 효력이 있다. 그러나 상대방이 표의자의 진의 아님을 알았거나 이를 알 수 있었을 경우에는 무효로 한다.
② 전 항의 의사표시의 무효는 선의의 제3자에게 대항하지 못한다.

관련 판례

공무원이 한 사직 의사표시의 철회나 취소는 그에 터잡은 의원면직처분이 있을 때까지 할 수 있는 것이고, 일단 면직처분이 있고 난 이후에는 철회나 취소할 여지가 없다(대판 2001. 8. 24. 99두9971).

SEMI-NOTE

사인의 지위에 따른 분류
- 행정주체의 지위에서 행하는 행위 : 선거나 국민투표행위 등
- 행정객체의 지위에서 행하는 행위 : 행정쟁송제기, 각종 신고·신청 등

행위의 성질에 따른 분류
- 의사표시를 요소로 하는지 여부 : 의사표시의 통지(이혼신고 등), 관념·사실의 통지(출생신고, 사망신고 등)
- 의사표시의 수 : 단순행위, 합성행위
- 의사표시의 방향 : 단독행위, 계약행위, 합동행위

③ 법적 효과의 완성 여부에 따른 분류

구분	자기완결적 공법행위	행정요건적 공법행위
의의	투표, 혼인, 출생 및 사망신고와 같이 사인의 공법행위가 있으면, 그 행위자체만으로 일정한 법률효과가 발생하는 행위	행정행위 일방당사자로서 의사표시에 지나지 아니하여 그 자체만으로는 법률효과가 발생되지 않으며, 행정주체의 행위와 결합해서야 비로소 법적 효과가 발생하는 행위
종류	• 행정청의 일정한 사실·관념의 통지행위로서의 신고(혼인신고, 퇴거신고, 출생신고, 사망신고 등) • 합성행위인 투표행위 • 합동행위(각종 조합의 설립행위 등)	• 신청에 의한 경우 : 국·공립학교 학생의 수업료 납부신청, 입학원서의 제출, 공기업 특허신청, 각종 인·허가 신청, 국고보조금 신청, 행정쟁송제기, 청원서 제출 등 • 동의·승낙에 의한 경우 : 공무원임명에 있어서의 동의, 공법상 계약에서의 승낙 등

④ 효과
  ㉠ 법규에 의한 효력발생 : 사인의 공법행위는 원칙적으로 그 행위의 내용과 각 해당법규가 정하는 바에 따름
  ㉡ 자기완결적 사인의 공법행위

신고	법령에서 행정청에 대하여 일정한 사항을 통지함으로써 의무가 끝나는 신고를 규정한 경우, 당해 신고서의 기재사항에 하자가 없고 필요한 구비서류가 첨부되었으며, 법령 등에 규정된 형식상 요건에 적합하면, 신고서가 접수기관에 도달한 시점에 신고의무가 이행된 것으로 봄
반려	행정청은 신고서의 적법요건을 구비하지 못한 신고서가 제출된 경우 지체없이 상당한 기간을 정하여 신고인에게 보완을 요구하여야 하고, 보완기간 내에 보완을 하지 않은 경우에는 그 이유를 구체적으로 밝혀 해당 신고서를 되돌려 보내야 함
확인 행위	투표와 같은 합성행위는 그 자체로서 완성되는 것이나, 객관적 명확성 확보를 위해 행정청이 공적 권위로 합성행위에 의해 구성된 의사를 확인하는 것이 보통임

  ㉢ 행정행위의 전제요건적인 사인의 공법행위
  • 행정청의 수리·처리의무
    – 당해 행위에 대해서 청구권이 있는 경우 : 사인의 공법행위가 적법한 경우에는 행정청은 이를 수리하여 처리할 의무가 있으며, 행정청의 거부나 부작위에 대하여 사인은 거부처분취소소송이나 부작위위법확인소송을 제기할 수 있음
    – 당해 행위에 대해서 청구권이 없는 경우 : 행정청은 수리·처리해야 할 의무가 없음
  • 수정인가의 가부 : 법률에 특별한 규정이 없는 한 수정인가는 허용되지 않음
  • 재신청의 가부 : 당해 행위의 성질에 반하지 않는 한 사정변경 등의 이유로 재신청이 가능함

- ㉣ 사인의 공법행위에서의 하자의 효과
  - 사인의 공법행위가 행정행위의 단순한 동기에 불과한 경우 : 행정권의 발동 여부는 행정청의 재량에 속하는 것이므로, 행정행위의 효력에는 아무런 영향을 미치지 못함
  - 사인의 공법행위가 행정행위의 전제요건이 되는 경우
    - 무효인 경우 : 행정행위도 무효가 되며, 판례도 같은 입장을 취하고 있음
    - 취소사유인 경우 : 행정행위는 원칙적으로 유효하지만, 그 하자가 치유되는 것은 아니며, 행정청은 이를 취소할 수 있음
- ⑤ 사인의 공법행위로서의 신고 ★ 빈출개념
  - ㉠ 신고의 의의 : 사인이 공법적 효과의 발생을 목적으로 행정주체에 대하여 일정한 사실·관념을 알리거나 의사를 표시하는 행위
  - ㉡ 신고의 종류

구분	수리를 요하지 않는 신고 (자기완결적 신고)	수리를 요하는 신고 (행정요건적 신고)
내용	• 접수된 때에 법적 효과 발생 • 신고필증은 단순한 사실적 의미 • 접수거부는 항고소송의 대상인 처분 × • 본래적 의미의 신고	• 수리가 있어야 법적 효과 발생 • 신고필증은 법적 의미 • 접수(수리)거부는 항고소송의 대상인 처분 • 완화된 허가제의 성질
예	• 체육시설업(당구장업) 신고 • 체육시설의 변경신고(골프연습장 등) • 건축법상의 신고(대문·담장설치) • 국세환급금결정의 신청 • 수산업법상의 수산제조업 신고 • 골프연습장 이용료 변경신고 • 의원·치과·한의원·조산소 개설신고 • 숙박업·목욕장업·이용업·미용업·세탁업의 영업신고 • 출생·사망·이혼·국적이탈·납세신고 • 종교단체의 납골탑 주변시설 신고 • 옥외집회 및 시위의 신고, 수산제조업신고	• 학교보건법상 학교환경위생정화구역 내 체육시설업(당구장업) 신고 • 개발제한구역 내 골프연습장 신고 • 체육시설업(볼링장업) 신고 • 건축법상(건축대장상) 건축주 명의변경신고, 건축법상의 인·허가 의제 효과를 수반하는 건축신고 • 사업양도에 의한 지위승계신고(액화석유가스사업, 주유소사업, 관광사업 등) • 식품위생법에 따른 영업허가명의 변경신고 • 수산업법에 의한 어업신고 • 사설납골시설의 설치신고 • 주민등록신고, 사회단체등록

관련 판례 자기완결적 신고

체육시설의설치·이용에관한법률 제18조에 의한 변경신고서는 그 신고 자체가 위법하거나 그 신고에 무효사유가 없는 한 이것이 도지사에게 제출하여 접수된 때에 신고가 있었다고 볼 것이고, 도지사의 수리행위가 있어야만 신고가 있었다고 볼 것은 아니다(대결 1993. 7. 6, 93마635).

SEMI-NOTE

사인의 공법행위에서의 하자의 효과

사인의 공법행위에 하자가 있는 경우 이를 기초로 하여 행하여진 행정행위의 법적 효과에 영향을 미칠 수 있는가와 관련하여, 사인의 공법행위가 행정행위를 행하기 위한 단순한 동기인 경우에는 공법행위의 흠결(하자)은 행정행위의 효력에 아무런 영향을 미치지 않으며, 사인의 공법행위가 행정행위의 전제요건인 경우에는 그 하자가 무효·부존재라면 행정행위도 무효이고, 하자가 취소사유라면 행정행위는 원칙적으로 유효하다고 봄

신고의 종류

- 자기완결적 신고 : 법령 등에서 사인이 행정청에 대하여 일정한 사항을 통지함으로써 신고의무가 이행되는 신고로, 행정청의 수리를 요하지 않음 (일방적 통고행위의 성격)
- 행정요건적 신고 : 사인이 행정청에 일정한 사항을 통지하고 행정청이 이를 수리함으로써 법적 효과가 발생하는 신고

관련 판례

액화석유가스의안전및사업관리법 제7조 제2항에 의한 사업양수에 의한 지위승계신고를 수리하는 허가관청의 행위는 … 행정처분에 해당한다(대판 1993. 6. 8, 91누11544).

SEMI-NOTE

관련 판례

식품위생법에 따른 식품접객업(일반음식점영업)의 영업신고의 요건을 갖춘 자라고 하더라도, 그 영업신고를 한 당해 건축물이 건축법 소정의 허가를 받지 아니한 무허가건물이라면 적법한 신고를 할 수 없다(대판 2009. 4. 23, 2008도6829).

관련 판례

납골당 설치신고는 이른바 '수리를 요하는 신고'라 할 것이므로 … 이에 대한 행정청의 수리처분이 있어야만 신고한 대로 납골당을 설치할 수 있다. 한편 수리란 신고를 유효한 것으로 판단하고 법령에 의하여 처리할 의사로 이를 수령하는 수동적 행위이므로 수리행위에 신고필증 교부 등 행위가 꼭 필요한 것은 아니다(대판 2011. 9. 8, 2009두6766).

행정절차법 제17조 제4항

행정청은 신청을 받았을 때에는 다른 법령등에 특별한 규정이 있는 경우를 제외하고는 그 접수를 보류 또는 거부하거나 부당하게 되돌려 보내서는 아니 되며, 신청을 접수한 경우에는 신청인에게 접수증을 주어야 한다. 다만, 대통령령으로 정하는 경우에는 접수증을 주지 아니할 수 있다.

관련 판례

의료법 시행규칙에 의하면 의원개설신고서를 수리한 행정관청이 소정의 신고필증을 교부하도록 되어 있다 하여도 이는 신고사실의 확인 행위로서 … 신고필증의 교부가 없다 하여 개설신고의 효력을 부정할 수 없다 할 것이다(대판 1985. 4. 23, 84도2953).

관련 판례 | 행정요건적 신고

구 유통산업발전법 제12조의2 제1항, 제2항, 제3항은 기존의 대규모점포의 등록된 유형 구분을 전제로 '대형마트로 등록된 대규모점포'를 일체로서 규제 대상으로 삼고자 하는 데 취지가 있는 점, 대규모점포의 개설 등록은 이른바 '수리를 요하는 신고'로서 행정처분에 해당하고 … (대판 2015. 11. 19, 2015두295 전합)

ⓒ 신고의 요건

요건의 내용	개별법률에서 구체적으로 정하는 바에 의함. 행정절차법은 자기완결적 사인의 공법행위로서의 신고 중에서 의무적인 성질을 갖는 신고요건으로, 당해 신고서의 기재사항에 하자가 없고 필요한 구비서류가 첨부되는 등 형식상 요건에 적합하여야 한다고 함
요건의 심사	행정절차법은 자기완결적 사인의 공법행위로서의 신고 중에서 의무적인 성질을 갖는 신고의 경우에 기술적 요건을 구비하지 못한 신고서가 제출된 경우 지체 없이 상당한 기간을 정하여 신고인에게 구체적 보완을 요구하여야 하고, 보완기간 내에 보완을 하지 않은 경우에는 그 이유를 명시하여 당해 신고서를 돌려보내야 한다고 규정

관련 판례 | 행정요건적 신고의 심사

법 제33조 제2항에 의한 유료노인복지주택의 설치신고를 받은 행정관청으로서는 그 유료노인복지주택의 시설 및 운영기준이 위 법령에 부합하는지와 아울러 그 유료노인복지주택이 적법한 입소대상자에게 분양되었는지와 설치신고 당시 부적격자들이 입소하고 있지는 않은지 여부까지 심사하여 그 신고의 수리 여부를 결정할 수 있다(대판 2007. 1. 11, 2006두14537).

ⓔ 신고의 수리, 신고·수리거부의 효과 비교

구분	수리를 요하지 않는 신고 (자기완결적 신고)	수리를 요하는 신고 (행정요건적 신고)
신고의 수리	• 신고필증은 행정기관에 알렸다는 사실을 확인해 주는 의미만 가짐 • 신고필증 교부행위는 신고 사실의 확인 행위에 해당하며, 이 경우 신고필증이 교부가 없다 하여 개설 신고의 효력을 부정할 수 없음(대판 84도2953)	• 법령이 정한 요건을 구비한 적법한 신고가 있으면 행정청은 의무적으로 수리하여야 함 • 주어지는 신고필증에서 그 서면에 나타나고 있는 수리는 신고한 사인에게 새로운 법적 효과를 발생시키는 직접적인 원인행위가 됨
적법한 신고의 효과	신고가 행정청에 도달할 때 효력이 발생	행정청이 수리함으로써 신고의 효과가 발생

부적법한 신고의 효과	부적법한 신고를 행정청이 수리하였다 하더라도 신고의 효과가 발생되지 않음	행정청이 부적법한 신고를 수리하였다면 그 수리행위는 위법한 행위가 되며, 그 하자가 중대하고 명백하였다면 그 수리행위는 무효가 됨
수리 거부의 효과	거부처분취소소송의 대상에서 제외됨	거부처분취소소송의 대상이 됨

⑥ 신청

㉠ 의의 : 사인이 행정청에 대해 어떠한 조치를 취해 줄 것을 요구하는 공법상 의사표시

㉡ 요건 : 신청이 적법하기 위해서는 우선 신청인에게 신청권이 있어야 하고, 법령상 요구되는 기타 서류 등을 준비하여야 함. 신청을 할 때에는 원칙적으로는 문서로 하여야 하며, 행정청의 컴퓨터 등에 입력된 때에는 전자문서로 할 수도 있음

㉢ 효과
- 접수의 의무
- 처리의 의무(응답의무)
- 처리의 의무 불이행과 권리 보호
- 부적법한 신청의 효과

보완요구	행정청은 신청에 부족함이 있는 경우 곧바로 접수 거부를 하면 안되고 보완에 필요한 일정 기간을 정해 신청인에게 보완을 요구하여야 함
보완 대상	보완의 대상이 되려면 그 내용이 형식적·절차적 요건이어야 함

㉣ 권리구제
- 행정청이 신청에 대해 응답을 하지 않는 경우 : 부작위위법확인소송 또는 의무이행심판을 제기할 수 있음
- 신청에 대해 거부처분이 있는 경우 : 거부처분취소소송 또는 의무이행심판 등을 제기할 수 있음
- 보완하지 아니한 것을 이유로 신청서를 반려한 경우 : 항고소송 가능
- 손해가 있는 경우 : 국가배상 청구가능

SEMI-NOTE

관련 판례

건축주명의변경신고수리거부행위는 … 취소소송의 대상이 되는 처분이라고 하지 않을 수 없다(대판 1992. 3. 31, 91누4911).

관련 판례

건축불허가처분을 하면서 그 사유의 하나로 소방시설과 관련된 소방서장의 건축부동의 의견을 들고 있으나 그 보완이 가능한 경우, 보완을 요구하지 아니한 채 곧바로 건축허가신청을 거부한 것은 재량권의 범위를 벗어난 것이다(대판 2004. 10. 15, 2003두6373).

9급공무원

행정법총론

02장 행정작용법

01절 행정상 입법

02절 행정행위

03절 비권력적 행정작용

04절 행정계획

05절 정보공개 및 개인정보보호제도

02장 행정작용법

01절 행정상 입법

1. 개설

(1) 행정입법의 관념
- ① 의의 : 행정주체가 법조의 형식으로 일반적·추상적 법규범을 정립하는 작용. 행정입법은 학문상 용어이며, 위임입법·종속입법·준입법이라 하기도 함
- ② 성질
  - ㉠ 실질적 의미 : 법규범의 정립작용이라는 점에서 입법작용에 속함
  - ㉡ 형식적 의미 : 행정권의 의사표시라는 점에서 행정작용에 해당됨

(2) 행정입법의 종류

> 한눈에 쏙~
>
> 행정입법
> ├─ 법규명령
> └─ 행정규칙

- ① 주체를 기준으로 한 분류
  - ㉠ 국가행정권에 의한 행정입법 : 법규명령(대통령령, 총리령, 부령)과 행정규칙
  - ㉡ 지방자치단체에 의한 행정입법 : 자치입법(조례, 규칙, 교육규칙)
- ② 성질(법규성의 유무)을 기준으로 한 분류
  - ㉠ 법규명령 : 행정청과 일반국민에 법적 구속력(대외적 구속력)이 발생
  - ㉠ 행정규칙 : 특별권력관계 내부에만 효력이 있고, 일반국민에 대하여는 구속력이 없음

2. 법규명령

(1) 법규명령의 관념
- ① 의의 : 법령상의 수권에 근거하여 행정권이 정립하는 일반적·추상적 법규범으로서 국민과의 관계에서 법규성을 갖는 행정입법을 말함
- ② 성질 : 국민과 행정청을 구속하는 법규의 성질을 가지므로, 법규명령에 위반한 행정청의 행위는 위법행위가 되어 무효확인이나 취소소송의 제기와 손해배상청구가 가능함

SEMI-NOTE

자치입법
- 조례 : 지방자치단체가 법령의 범위 안에서 그 권한에 속하는 사무에 관하여 지방의회의 의결로서 제정하는 법형식
- 규칙 : 지방자치단체의 장이 법령이나 조례가 위임한 범위에서 그 권한에 속하는 사무에 관하여 제정하는 것
- 교육규칙 : 교육·학예에 관한 집행기관인 교육감이 법령·조례의 범위 안에서 그 권한에 속하는 사무에 관하여 제정하는 것

법규성
전통적 견해에 의하면, 법령근거와 법규성(국민관계에서의 구속성)을 법규명령 개념의 필수요소로 보나, 일부는 법규성은 통상적으로 요구되는 요소일 뿐 필수요소가 아니라는 견해도 있음

(2) 법규명령의 종류

① 법적 효력의 위상(법률과의 관계)을 기준으로 한 분류
  ㉠ 헌법대위명령(비상명령)
  ㉡ 법률대위명령(독립명령)
  ㉢ 법률종속명령(위임명령 · 집행명령)

② 내용에 따른 분류

위임명령 (법률보충명령)	• 법률 또는 상위명령에서 구체적 · 개별적으로 범위를 정한 위임된 사항에 관하여 발하는 명령 • 반드시 상위법령의 수권을 요함. 다만, 그 수임된 범위 내에서 새로운 법규사항을 정할 수 있음
집행명령 (독립명령 · 직권명령)	• 법률 또는 상위명령을 집행하기 위해 필요한 구체적 · 기술적 사항을 규율하기 위해 발하는 명령 • 법령에 의한 소관사무를 집행하기 위하여 직권으로 발하는 명령 • 상위법령의 수권을 요하지 아니하며, 권리의무에 대한 새로운 법규 사항을 규정할 수 없고, 단지 사무집행에 관한 형식적 · 절차적 사항만 규율할 수 있음

③ 법형식에 따른 분류(권한의 소재에 따른 분류)
  ㉠ 대통령령
    • 대통령의 긴급명령
    • 대통령의 긴급재정 · 경제명령
    • 대통령령(시행령)
  ㉡ 총리령과 부령(시행규칙 · 시행세칙)
  ㉢ 중앙선거관리위원회 규칙
  ㉣ 감사원 규칙

(3) 법규명령의 근거

① 위임명령 : 헌법 제75조와 제95조에 따라 법률이나 상위명령에서 구체적 · 개별적으로 범위를 정한 상위법령의 수권이 있어야 제정할 수 있으나 판례는 구체적 명시는 필요하지 않다고 함

> **관련 판례** 위임명령의 근거
>
> • 법령의 위임이 없음에도 법령에 규정된 처분 요건에 해당하는 사항을 부령에서 변경하여 규정한 경우에는 그 부령의 규정은 행정청 내부의 사무처리 기준 등을 정한 것으로서 행정조직 내에서 적용되는 행정명령의 성격을 지닐 뿐 국민에 대한 대외적 구속력은 없다(대판 2013. 9. 12, 2011두10584).
> • 일반적으로 법률의 위임에 의하여 효력을 갖는 법규명령의 경우, 구법에 위임의 근거가 없어 무효였더라도 사후에 법개정으로 위임의 근거가 부여되면 그 때부터는 유효한 법규명령이 되나, 반대로 구법의 위임에 의한 유효한 법규명령이 법개정으로 위임의 근거가 없어지게 되면 그 때부터 무효인 법규명령이 되므로, 어떤 법령의 위임 근거 유무에 따른 유효 여부를 심사하려면 법개정의 전 · 후에 걸쳐 모두 심사하여야만 그 법규명령의 시기에 따른 유효 · 무효를 판단할 수 있다(대판 1995. 6. 30, 93추83).

SEMI-NOTE

헌법에 명시된 법률종속명령
• **제75조** : 대통령은 법률에서 구체적으로 범위를 정하여 위임받은 사항과 법률을 집행하기 위하여 필요한 사항에 관하여 대통령령을 발할 수 있다.
• **제95조** : 국무총리 또는 행정각부의 장은 소관사무에 관하여 법률이나 대통령령의 위임 또는 직권으로 총리령 또는 부령을 발할 수 있다.

관련 판례

경찰공무원임용령 제46조 제1항의 수권형식과 내용에 비추어 이는 행정청 내부의 사무처리기준을 규정한 재량준칙이 아니라 일반 국민이나 법원을 구속하는 법규명령에 해당하고 따라서 위 규정에 의한 처분은 재량행위가 아닌 기속행위라 할 것이므로 … (대판 2008. 5. 29, 2007두18321)

관련 판례

법률 또는 대통령령으로 정할 사항을 부령으로 정한 경우 그러한 부령은 무효이다(대판 1962. 1. 25, 61다9).

관련 판례

국회입법에 의한 수권이 입법기관이 아닌 행정기관에게 법률 등으로 구체적인 범위를 정하여 위임한 사항에 관하여는 당해 행정기관에게 법정립의 권한을 갖게 되고, 입법자가 규율의 형식도 선택할 수도 있다 할 것이므로, 헌법이 인정하고 있는 위임입법의 형식은 예시적인 것으로 보아야 할 것이고, 그것은 법률이 행정규칙에 위임하더라도 그 행정규칙은 위임된 사항만을 규율할 수 있으므로, 국회입법의 원칙과 상치되지도 않는다(헌재 2004. 10. 26, 99헌바91).

② **집행명령** : 구체적·개별적 수권이 없이도 헌법 제75조의 포괄적 근거만으로 제정 가능

(4) 법규명령의 한계

① 대통령의 긴급명령, 긴급재정·경제명령의 한계

긴급명령	'국가의 안위에 관계되는 중대한 교전상태에 있어서 국가를 보위하기 위하여 긴급한 조치가 필요하고, 국회의 집회가 불가능한 때'에 한하여 발하여야 함(헌법 제76조 제2항)
긴급재정·경제명령	'내우·외환·천재·지변 또는 중대한 재정·경제상의 위기에 있어서 국가의 안전보장 또는 공공의 안녕질서를 유지하기 위하여 긴급한 조치가 필요하고, 국회의 집회를 기다릴 여유가 없을 때'에 한하여 발함(헌법 제76조 제1항)

② 위임명령의 한계 ★ 빈출개념

㉠ 위임의 범위(수권의 한계)

- 포괄적 위임의 금지원칙(구체적 위임의 원칙) : 대법원과 헌법재판소는 구체적 위임의 판단 기준을 상위법령으로부터의 예측가능성이라고 보고 있음

관련 판례 포괄적 위임의 금지원칙

위임명령은 … 적어도 위임명령에 규정될 내용 및 범위의 기본사항이 구체적으로 규정되어 있어서 누구라도 당해 법률이나 상위명령으로부터 위임명령에 규정될 내용의 대강을 예측할 수 있어야 하나, 이 경우 그 예측가능성의 유무는 당해 위임조항 하나만을 가지고 판단할 것이 아니라 그 위임조항이 속한 법률이나 상위명령의 전반적인 체계와 취지·목적, 당해 위임조항의 규정형식과 내용 및 관련 법규를 유기적·체계적으로 종합 판단하여야 하고, 나아가 각 규제대상의 성질에 따라 구체적·개별적으로 검토함을 요한다(대판 2002. 8. 23, 2001두5651).

- 국회 전속적 입법사항의 위임한계 : 헌법에서 법률로 정한다고 규정하여 타 기관에 위임할 수 없는 사항을 말함. 그러나 이러한 사항도 반드시 법률로만 정해야 하는 것은 아니며, 일정한 사항에 대해 구체적으로 범위를 정하여 행정입법에 위임하는 것은 가능하다는 것이 통설과 판례의 입장
- 조례에 대한 포괄적 위임의 허용 : 다수설과 판례는 조례의 경우 구체적으로 범위를 정하지 않고 포괄적으로 위임할 수 있음을 인정하고 있음

㉡ 위임명령의 재위임의 한계

- 원칙 : 전면적인 재위임은 실질적으로 수권법의 내용을 임의로 변경하는 결과가 초래되므로 허용되지 않음

관련 판례 위임명령의 재위임의 원칙

법률이 공법적 단체 등의 정관에 자치법적 사항을 위임한 경우에는 헌법 제75조가 정하는 포괄적인 위임입법의 금지는 원칙적으로 적용되지 않는다고 봄이 상당하고 … 도시 및 주거환경정비법 제28조 제4항 본문이 사업시행인가 신청시의 동의요건을 조합의 정관에 포괄적으로 위임하고 있다고 하더라도 헌법 제75조가 정하는 포괄위임입법금지의 원칙이 적용되지 아니하므로 이에 위배된다고 할 수 없다(대판 2007. 10. 12, 2006두14476).

SEMI-NOTE

관련 판례
법령의 위임관계는 반드시 하위 법령의 개별조항에서 위임의 근거가 되는 상위 법령의 해당 조항을 구체적으로 명시하고 있어야만 하는 것은 아니라고 할 것이므로 … (대판 1999. 12. 24, 99두5658)

관련 판례
조례에 대한 법률의 위임은 법규명령에 대한 법률의 위임과 같이 반드시 구체적으로 범위를 정하여 할 필요가 없으며 포괄적인 것으로 족하다(헌재 1995. 4. 20, 92헌마264·279).

- 예외 : 법률에서 위임된 사항에 관하여 대통령령에서 위임받은 사항에 관한 요강을 정한 다음 그의 세부적인 사항의 보충을 다시 부령과 같은 하위명령에 위임하는 것은 허용된다고 보는 것이 일반적인 견해임
ⓒ 처벌규정의 위임한계 : 처벌대상(범죄구성요건)은 위임법률에서 구체적 기준을 정하여 위임할 수 있으며, 처벌의 내용인 형벌의 종류나 형량은 위임법률에서 상한과 폭을 명백히 정하여 위임할 수 있음

> **관련 판례** 처벌규정의 위임한계
>
> 처벌법규의 위임을 하기 위하여는, 첫째, 특히 긴급한 필요가 있거나 미리 법률로써 자세히 정할 수 없는 부득이한 사정이 있는 경우에 한정되어야 하며, 둘째, 이러한 경우에도 법률에서 범죄의 구성요건은 처벌대상행위가 어떠한 것일 것이라고 예측할 수 있을 정도로 구체적으로 정하고, 셋째, 형벌의 종류 및 그 상한과 폭을 명백히 규정하여야 하되, 위임입법의 위와 같은 예측가능성의 유무를 판단함에 있어서는 당해 특정 조항 하나만을 가지고 판단할 것이 아니고 관련 법조항 전체를 유기적·체계적으로 종합하여 판단하여야 한다(헌재 1997. 5. 29, 94헌바22).

③ 집행명령의 한계 : 법률 또는 상위 명령에 개별적, 구체적 위임 규정이 없더라도 직권으로 발할 수 있음. 다만, 법률 또는 상위명령의 집행에 필요한 구체적 절차·형식만을 규정하여야 하며, 상위법령에 규정이 없는 국민의 권리와 의무에 관한 사항을 집행명령에서 새롭게 규정할 수 없음

(5) 법규명령의 성립·효력요건과 그 하자 및 소멸

① 성립요건

주체적 요건	법규명령은 정당한 권한을 가진 기관인 대통령, 국무총리, 행정각부장관, 중앙선거관리위원회 등이 그 권한의 범위 내에서 제정하여야 함
내용적 요건	법규명령은 수권의 범위 내에서 상위법령에 저촉되지 않아야하고, 실현할 수 있어야 하며, 그 규정내용이 명백하여야 함
절차적 요건	대통령령은 법제처의 심의와 국무회의의 심의를 거쳐야 하고, 총리령과 부령은 법제처의 심의를 거쳐야 함
형식적 요건	법규명령은 조문형식을 갖추어야 하며, 서명·날인 및 부서, 번호·일자, 관보게재 및 공포의 요건을 요함

② 효력요건
ⓐ 법규명령은 효력발생의 요건으로서 관보에 공포를 요하며, 다른 특별한 규정이 없으면 공포한 날부터 20일이 경과함으로서 법규명령의 효력이 발생
ⓑ 국민의 권리 및 의무와 관련되는 법규명령은 특별한 사유가 있는 경우를 제외하고는 공포일로부터 적어도 30일이 경과한 날로부터 시행

③ 하자있는 법규명령의 효과
ⓐ 하자있는 행정행위와 달리 위법한 법규명령으로 무효가 됨(통설·판례). 다만, 하자가 중대·명백한 경우에 이르지 않은 경우에는 취소할 수 있다는 일부 견해도 있음

SEMI-NOTE

관련 판례

법률에서 위임받은 사항을 전혀 규정하지 아니하고 그대로 재위임하는 것은 허용되지 않으며 위임받은 사항에 관하여 대강을 정하고 그 중의 특정사항을 범위를 정하여 하위법령에 다시 위임하는 경우에만 재위임이 허용된다(헌재 1996. 2. 29, 94헌마213).

관련 판례

법률의 시행령이 형사처벌에 관한 사항을 규정하면서 법률의 명시적인 위임 범위를 벗어나 처벌의 대상을 확장하는 것은 죄형법정주의의 원칙에도 어긋나는 것이므로, 그러한 시행령은 위임입법의 한계를 벗어난 것으로서 무효이다(대판 2017. 2. 16, 2015도16014 전합).

관련 판례

그 시행령의 규정을 위헌 또는 위법하여 무효라고 선언한 대법원의 판결이 선고되지 아니한 상태에서는 그 시행령 규정의 위헌 내지 위법 여부가 해석상 다툼의 여지가 없을 정도로 명백하였다고 인정되지 아니하는 이상 객관적으로 명백한 것이라 할 수 없으므로, 이러한 시행령에 근거한 행정처분의 하자는 취소사유에 해당할 뿐 무효사유가 되지 아니한다(대판 2007. 6. 14, 2004두619).

SEMI-NOTE

관련 판례 하자있는 법규명령에 따른 행정행위

조례가 법률 등 상위법령에 위배된다는 사정은 그 조례의 규정을 위법하여 무효라고 선언한 대법원의 판결이 선고되지 아니한 상태에서는 그 조례 규정의 위법 여부가 해석상 다툼의 여지가 없을 정도로 명백하였다고 인정되지 아니하는 이상 객관적으로 명백한 것이라 할 수 없으므로, 이러한 조례에 근거한 행정처분의 하자는 취소사유에 해당할 뿐 무효사유가 된다고 볼 수는 없다(대판 2009. 10. 29, 2007두26285).

  ⓒ 법규명령의 근거법률(모법) 위반에 의한 무효인지 여부의 판단은 입법 취지, 시행령의 다른 규정들과 연혁 등을 종합적으로 검토하여 판단해야 함
 ④ **법규명령의 소멸** : 폐지의 의사표시 또는 일정한 사실의 발생으로 소멸(실효)됨
  ㉠ 폐지

직접 폐지	법규명령의 효력을 장래에 향하여 소멸시키는 행정권의 직접적·명시적 의사표시로 개개의 구체적인 법규명령을 폐지하는 것
간접적 폐지	법규명령은 내용이 충돌하는 동위의 명령(신법우선의 원칙적용) 또는 상위법령의 제정이나 개정에 의하여 저촉되게 됨으로써 효력이 소멸되는 것(사실상의 실효사유)

실력UP 상위근거법령의 개폐와 법규명령(집행명령)의 효력

- 집행명령의 경우 상위근거법령이 폐지(소멸)되는 경우 실효되는 것이 원칙
- 상위근거법령이 개정됨에 그친 경우는 해당 집행명령을 대체할 새로운 집행명령의 제정·발효 시까지 효력을 유지

  ㉡ 실효 : 일정한 사실의 발생으로 간접적 또는 결과적으로 법규명령의 효력이 소멸함

(6) 법규명령의 통제

① 행정적 통제
  ㉠ 감독권에 의한 통제 : 상급행정청에 의한 행정입법권 행사, 국민권익위원회의 경우 법령 등의 개선 권고 및 의견 표명
  ㉡ 행정입법의 절차적 통제 : 관련 부서의 의견제출·협의·심의, 통지 및 청문 절차 등
  ㉢ 심사·심의기관에 의한 통제
    - 행정기관의 법령심사권
    - 행정심판권, 중앙행정심판위원회의 법령에 대한 개선요청권(행정심판법 제59조)

관련 판례

법규명령의 위임근거가 되는 법률에 대하여 위헌결정이 선고되면 그 위임에 근거하여 제정된 법규명령도 원칙적으로 효력을 상실한다(대판 2001. 6. 12, 2000다18547).

관련 판례

상위법령의 시행에 필요한 세부적 사항을 정하기 위하여 행정관청이 일반적 직권에 의하여 제정하는 이른바 집행명령은 근거법령인 상위법령이 폐지되면 특별한 규정이 없는 이상 실효되는 것이나, 상위법령이 개정됨에 그친 경우에는 개정법령과 성질상 모순, 저촉되지 아니하고 개정된 상위법령의 시행에 필요한 사항을 규정하고 있는 이상 그 집행명령은 상위법령의 개정에도 불구하고 당연히 실효되지 아니하고 개정법령의 시행을 위한 집행명령이 제정, 발효될 때까지는 여전히 그 효력을 유지한다(대판 1989. 9. 12, 88누6062).

② 입법적 통제

국회에 의한 통제	• 직접통제 : 승인유보제도, 의회제출제도, 동의권유보(독일), 의회 제출 절차 (영국), 입법적 거부(미국) 등 • 간접통제 : 국정감사 및 조사, 국무위원해임건의, 탄핵, 예산안심의 등
국민에 의한 통제 (민중통제)	법규명령안에 대한 사전공고를 통하여 의견청취를 거치도록 하여 국민의 의견을 반영토록 하고 있음

③ 사법적 통제

㉠ 구체적 규범통제(간접적 통제)

의의	• 규범 그 자체는 직접 소송의 대상이 될 수 없고, 구체적 사건에서 재판의 전제가 된 경우에 한하여 법원의 심사대상이 될 수 있음 • 대한민국헌법 제107조 제2항은 "명령·규칙 또는 처분이 헌법이나 법률에 위반되는지 여부가 재판의 전제가 된 경우에는 대법원은 이를 최종적으로 심사할 권한을 가진다"고 하여 구체적 규범통제제도를 채택하고 있음
주체와 대상	• 주체 : 각급법원이지만 최종심사의 권한을 가진 자는 대법원임 • 대상 : 법규성을 가지는 법규명령(명령·규칙 등)이므로 법규성이 없는 행정규칙은 제외
효력 범위	• 법원의 심사권은 개별적 사건에 있어서 적용거부만을 그 내용으로 하는 것이지, 명령·규칙 또는 처분을 무효로 하는 것이 아님 • 다만, 대법원은 구체적 규범통제를 행하면서 법규명령의 무효인 것으로 선언함

㉡ 처분적 법규명령(처분법규) : 원칙적으로 재판의 전제 없이 추상적 규범통제를 할 수 없음이 기본원칙인데, 법규명령이 처분법규로서 국민의 권리·의무를 구체적으로 규율할 때에는 예외적으로 법규명령도 처분성이 인정되어 항고소송의 대상이 될 수 있음

관련 판례 처분적 법규명령(처분법규)

조례가 집행행위의 개입 없이도 그 자체로서 직접 국민의 구체적인 권리의무나 법적 이익에 영향을 미치는 등의 법률상 효과를 발생하는 경우 그 조례는 항고소송의 대상이 되는 행정처분에 해당하고 … (대판 1996. 9. 20. 95누8003)

④ 헌법재판소에 의한 통제

소극설	헌법 제107조 제2항을 근거로 법규명령은 대법원이 최종심이므로 헌법소원으로 헌법재판소가 심사할 수 없다는 입장
적극설	헌법 제107조 제2항은 구체적 사건에서 재판의 전제가 된 경우의 적용일 뿐이며, 재판의 전제가 되지 아니한 법규명령이 직접 국민의 기본권을 침해한다면 이는 헌법재판소법의 '공권력의 행사·불행사'에 해당하므로 헌법소원의 대상이 된다는 입장(통설·판례)

SEMI-NOTE

법규명령에 대한 직접적 통제

• **승인유보제도** : 법률대위명령인 긴급명령이나 긴급재정·경제명령의 경우 적극적 결의방식인 국회의 승인을 받아야 함
• **의회제출제도** : 국회법에 따르면 중앙행정기관의 장은 법률에서 위임한 사항이나 법률을 집행하기 위하여 필요한 사항을 규정한 대통령령·총리령·부령·훈령·예규·고시 등이 제정·개정 또는 폐지된 때에는 10일 이내에 이를 국회 소관상임위원회에 제출하여야 하며, 대통령령의 경우에는 입법예고를 하는 때에도 그 입법예고안을 10일 이내에 제출하여야 함

관련 판례

행정소송의 대상이 될 수 있는 것은 구체적인 권리의무에 관한 분쟁이어야 하고 일반적 추상적인 법령 그 자체로서 국민의 구체적인 권리의무에 직접적인 변동을 초래하는 것이 아닌 것은 그 대상이 될 수 없으므로 … (대판 1987. 3. 24. 86누656)

관련 판례

헌법재판소법 제68조 제1항이 규정하고 있는 헌법소원심판의 대상으로서의 "공권력"이란 입법·사법·행정 등 모든 공권력을 말하는 것이므로 입법부에서 제정한 법률, 행정부에서 제정한 시행령이나 시행규칙 및 사법부에서 제정한 규칙 등은 그것들이 별도의 집행행위를 기다리지 않고 직접 기본권을 침해하는 것일 때에는 모두 헌법소원심판의 대상이 될 수 있는 것이다(헌재 1990. 10. 15. 89헌마178).

(7) 행정입법부작위

① 의의 : 행정입법을 제정 및 개폐할 법적 의무가 있음에도 불구하고 행정청이 이를 시행하지 않는 경우를 말하며, 우리나라의 법제에서는 행정입법의 제정의무를 규정하는 명시적인 법률규정이 없음에도 불구하고, 법치행정상 현행 헌법에서는 행정입법의 제정의무가 있는 것이 다수설이자 헌법재판소의 태도임

② 행정입법부작위의 요건
  ㉠ 행정입법의 제정의무 : 내용이 충분히 명확한 경우에는 행정입법의 제정의무는 없음
  ㉡ 기간의 경과 : 법규명령을 제정하기 위해서는 제정 등에 필요한 합리적인 시간이 필요
  ㉢ 행정입법이 제정되지 않은 경우 : 시행명령 등을 제·개정하였지만 그것이 불충분·불완전한 경우(부진정입법부작위)는 행정입법부작위에 해당되지 않음

③ 항고소송의 여부 : 행정입법부작위가 행정소송법상 항고소송의 대상이 되는 '부작위'에 해당되는가와 관련하여 판례는 부정설의 입장을 취하고 있음

④ 헌법소원의 가능성
  ㉠ 입법부작위의 종류
    • 진정입법부작위
    • 부진정입법부작위
  ㉡ 대상여부 : 행정입법부작위는 공권력의 불행사에 해당하기 때문에 헌법소원의 대상이 됨. 다만, 헌법소원이 인정되려면 국민의 기본권 직접 침해가 발생했어야 함

⑤ 국가배상청구의 가능성 : 행정입법부작위로 인한 손해 발생 시, 손해배상청구의 요건을 충족하면 손해배상청구가 가능함

3. 행정규칙

(1) 개설

① 의의 : 행정조직관계 또는 특별한 공법상 법률내부관계에서 그 조직과 활동을 규율하는 일반적·추상적 명령으로서 법규범의 성질을 갖지 않는 것으로 행정내부규범을 의미하며, 행정명령 또는 행정규정이라고도 함

② 근거와 한계

근거	행정규칙은 국민의 법적 지위에 직접 영향을 미치는 것이 아닌 하급기관의 권한행사를 지휘하는 것이므로, 상급기관이 포괄적 감독권에 근거하여 발하여 개별적인 근거법규, 즉 상위법령의 구체적인 수권 없이도 행정목적의 달성을 위하여 발동될 수 있음
한계	• 행정규칙의 제정은 법률이나 상위규칙 또는 비례원칙 등에 반하지 않는 범위 내에서(법규상 한계), 행정목적을 달성하는 데 필요한 범위 내에서(목적상 한계) 발하여야 함 • 법규성이 인정될 수 없으므로 국민의 권리와 의무에 관련한 사항을 새로이 규정할 수 없음(내용상 한계)

SEMI-NOTE

관련 판례
추상적인 법령에 관하여 제정의 여부 등은 그 자체로서 국민의 구체적인 권리의무에 직접적 변동을 초래하는 것이 아니어서 그 소송의 대상이 될 수 없다(대판 1992. 5. 8, 91누11261).

부작위
행정청이 당사자의 신청에 대하여 상당한 기간 내에 일정한 처분을 하여야 할 법률상 의무가 있음에도 불구하고 이를 하지 아니하는 것

(2) 행정규칙의 종류

① 규정형식에 의한 분류

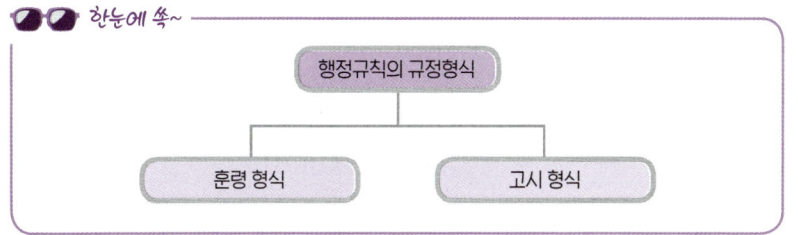

㉠ 고시 형식의 행정규칙 : 고시는 행정기관의 의사표현의 한 방법으로 법적 성질이나 효력은 그 내용에 따라 결정되며, 법규명령적 고시와 행정규칙적 고시, 일반처분적 고시 등이 있음

㉡ 훈령(광의) 형식의 행정규칙

훈령 (협의)	상급기관이 하급기관에 대하여 상당히 장기간에 걸쳐 권한의 행사를 일반적으로 지휘 · 감독하기 위하여 발하는 명령
지시	상급기관이 직권 또는 문의 · 신청에 의하여 개별적 · 구체적으로 발하는 명령
예규	법규문서 이외의 문서로서 반복적 행정사무의 기준을 제시하는 명령
일일 명령	당직 · 출장 · 시간외근무 · 휴가 등의 일일업무에 관한 명령

② 내용 또는 기능에 의한 분류 : 조직규칙, 근무규칙, 규범해석규칙, 재량준칙, 간소화 지침, 규범구체화 행정규칙, 법률대위규칙, 법률보충규칙

> **실력up 규범구체화 행정규칙**
> - 배경 : 독일의 연방내무부장관의 행정규칙인 '방사선피해에 관한 일반적 산정기준'에 대해서 법규성을 인정한 뷜(Wyhl) 판결에 의해 처음으로 인정
> - 성격 : 법률의 내용이 지나치게 일반적이어서 이 자체만으로는 시행하기 어렵기 때문에 이를 보충 또는 구체화하는 고시 · 훈령 가운데 법규성을 부여하려는 것으로, 법률보충규칙의 일종

(3) 행정규칙의 법적 성질(법규성 인정 여부) ★빈출개념

① 법규명령의 형식을 취하는 행정규칙

㉠ 의의 : 고시 · 훈령 · 예규 등의 형식이 아니라 법규명령의 형식으로 정립된 행정규칙

㉡ 법규성 인정 여부(학설) : 법규명령설(형식설), 행정규칙설(실질설)

㉢ 판례의 태도 : 판례는 그 행정규칙의 제정형식에 따라 그것이 대통령령 형식이면 법규성을 인정하여 각 처분기준에 의해서 발령되어야 적법하고 그렇지 않은 경우에는 위법한 처분이 된다고 보며, 그 행정규칙이 부령 형식이면 법규성을 부인하고 그 적법여부는 재량권의 일탈 · 남용에 따라 심사하고 있음

관련 판례

고시가 일반 · 추상적 성격을 가질 때는 법규명령 또는 행정규칙에 해당하지만, 고시가 구체적인 규율의 성격을 갖는다면 행정처분에 해당한다(헌재 1998. 4. 30, 97헌마141).

관련 판례

행정관청 내부의 사무처리규정에 불과한 전결규정에 위반하여 원래의 전결권자 아닌 보조기관 등이 처분권자인 행정관청의 이름으로 행정처분을 하였다고 하더라도 그 처분이 권한 없는 자에 의하여 행하여진 무효의 처분이라고는 할 수 없다(대판 1998. 2. 27, 97누1105).

관련 판례

구 여객자동차 운수사업법 … 제11조 제4항의 위임에 따라 시외버스운송사업의 사업계획변경에 관한 절차, 인가기준 등을 구체적으로 규정한 것으로서, 대외적인 구속력이 있는 법규명령이라고 할 것이고, 그것을 행정청 내부의 사무처리준칙을 규정한 행정규칙에 불과하다고 할 수는 없다(2006. 6. 27, 2003두4355).

SEMI-NOTE

관련 판례
총리령·부령(시행규칙)의 형식으로 정한 행정처분 기준의 법규성을 부정한 판례 : 규정형식상 부령인 시행규칙 또는 지방자치단체의 규칙으로 정한 행정처분의 기준은 행정처분 등에 관한 사무처리기준과 처분절차 등 행정청 내의 사무처리준칙을 규정한 것에 불과하므로 … 그 처분의 적법 여부는 위 규칙에 적합한지의 여부에 따라 판단할 것이 아니고 관계 법령의 규정 및 그 취지에 적합한 것인지 여부에 따라 개별적·구체적으로 판단하여야 한다(대판 1995. 10. 17, 94누14148).

관련 판례
재산제세사무처리규정이 국세청장의 훈령 형식으로 되어 있다 하더라도 이에 의한 거래지정은 소득세법 시행령의 위임에 따라 그 규정의 내용을 보충하는 기능을 가지면서 그와 결합하여 대외적 효력을 발생하게 된다 할 것이므로 … (대판 1987. 9. 29, 86누484).

관련 판례
'청소년유해매체물의 표시방법'에 관한 정보통신부 고시는 … 상위법령과 결합하여 대외적 구속력을 갖는 법규명령으로 기능하고 있는 것이므로 헌법소원의 대상이 된다(헌재 2004. 1. 29, 2001헌마894).

관련 판례
법령의 규정이 특정 행정기관에게 법령 내용의 구체적 사항을 정할 수 있는 권한을 부여하면서 권한행사의 절차나 방법을 특정하지 아니한 경우에는 수임 행정기관은 행정규칙이나 규정 형식으로 법령 내용이 될 사항을 구체적으로 정할 수 있다(대판 2012. 7. 5. 선고 2010다72076).

관련 판례 대통령령 형식의 행정규칙

당해 처분의 기준이 된 주택건설촉진법 시행령 제10조의3 제1항 [별표 1]은 주택건설촉진법 제7조 제2항의 위임규정에 터잡은 규정형식상 대통령령이므로 … 대외적으로 국민이나 법원을 구속하는 힘이 있는 법규명령에 해당한다 … 관할 관청으로서는 … 3개월간의 영업정지처분을 하여야 할 뿐 달리 그 정지기간에 관하여 재량의 여지가 없다(대판 1997. 12. 26, 97누15418).

관련 판례 부령형식의 행정규칙

- 도로교통법시행규칙 … 운전면허행정처분기준은 부령의 형식으로 되어 있으나, 그 규정의 성질과 내용이 운전면허의 취소처분 등에 관한 사무처리기준과 처분절차 등 행정청 내부의 사무처리준칙을 규정한 것에 지나지 아니하므로 대외적으로 국민이나 법원을 기속하는 효력이 없으므로, 자동차운전면허취소처분의 적법 여부는 그 운전면허행정처분기준만에 의하여 판단할 것이 아니라 도로교통법의 규정 내용과 취지에 따라 판단되어야 한다(대판 1997. 5. 30, 96누5773).
- 구 청소년보호법 제49조 제1항, 제2항에 따른 같은 법 시행령 제40조 [별표 6]의 위반행위의 종별에 따른 과징금처분기준은 법규명령이기는 하나 … 그 수액은 정액이 아니라 최고한도액이다(대판 2001. 3. 9, 99두5207).

② 행정규칙 형식의 법규명령(법령보충규칙, 법규적 내용을 가진 행정규칙)
  ㉠ 의의 : 행정규칙의 형식으로 규정되었지만 실질적으로는 근거법령의 규정과 결합하여 보충적 성질을 가지는 것(법규명령사항을 행정규칙으로 정한 경우라 봄)
  ㉡ 법규성 인정 여부
    - 학설 : 법규명령설과 행정규칙설, 규범구체화 행정규칙설, 위헌무효설 등이 대립되고 있으나, 법규명령설이 다수설
    - 판례 : 법령보충적 행정규칙이 그 자체로서 대외적 구속력을 발생하는 것은 아니며, 상위법령과 결합하여 대외적 구속력을 갖는 법규명령으로서의 효력을 가짐
  ㉢ 행정규칙 형식의 법규명령의 예

훈령 형식	- 국세청장훈령인 '재산제세사무처리규정'(대판 1989. 9. 29, 86누484) - 국세청장훈령인 '재산제세조사사무처리규정'(대판 1989. 11. 14, 89누5676) - 국무총리훈령인 '개별토지가격합동조사지침'(대판 1994. 2. 8, 93누111) - 국세청장훈령인 '주류도매면허제도개선업무처리지침'(대판 1994. 4. 26, 93누21668) - 보건복지부장관훈령인 '노령복지사업지침'(대판 1996. 4. 12, 95누7727)
고시 형식	- 생수판매제한을 규정한 '식품제조영업허가기준에관한고시'(대판 1994. 3. 8, 92누1728) - 식품위생법에 따른 보건복지부 고시인 '식품제조영업허가기준'(대판 1994. 3. 8, 92누1728) - 전라남도주유소등록요건에관한고시(대판 1998. 9. 25, 98두7503)

- 보건복지부장관이 고시 형식으로 정한 '의료보험진료수가기준'(대판 1999. 6. 22, 98두17807)
- 구 독점규제및공정거래에관한법률의 위임에 따라 동법 제3조의2 제1항 제2호 내용을 보충하는 '시장지배적 지위남용행위의 유형 및 기준'에 관한 공정거래위원회 고시(대판 2001. 12. 24, 99두1141)
- 수입선다변화품목의 지정 등에 관한 구 상공부 고시(대판 1993. 11. 23, 93도662)
- 정보통신망이용촉진및정보보호등에관한법률에 근거한 청소년 유해매체물 표시방법에 관한 정보통신부 고시(헌재 2004. 1. 29, 2001헌마894)
- 산지관리법령의 위임에 따라 그 내용이 될 사항을 구체적으로 정한 '산지전용허가기준의 세부검토기준에 관한 규정'인 산림청 고시(대판 2008. 4. 10, 2007두4841)

> **관련 판례** 행정규칙형식의 법규명령의 법규성
>
> 법령의 규정이 특정행정기관에게 그 법령내용의 구체적 사항을 정할 수 있는 권한을 부여하면서 그 권한행사의 절차나 방법을 특정하고 있지 아니한 관계로 <u>수임행정기관이 행정규칙의 형식으로 그 법령의 내용이 될 사항을 구체적으로 정하고 있는 경우, 그러한 행정규칙, 규정은 행정조직 내부에서만 효력을 가질 뿐 대외적인 구속력을 갖지 않는 행정규칙의 일반적 효력으로서가 아니라, 행정기관에 법령의 구체적 내용을 보충할 권한을 부여한 법령규정의 효력에 의하여 그 내용을 보충하는 기능을 갖게 되고, 따라서 당해 법령의 위임한계를 벗어나지 아니하는 한 그것들과 결합하여 대외적인 구속력이 있는 법규명령으로서의 효력을 갖게 된다</u>(대판 1998. 6. 9, 97누19915).

(4) 행정규칙의 적법요건과 하자 및 소멸

① 적법요건

성립 요건	• 주체 : 행정규칙은 정당한 권한을 가진 행정기관이 그 권한의 범위 내에서 제정하여야 함 • 내용 : 상위법령이나 규칙에 적합하고 실현가능성이 있어야 하며, 명확하여야 함 • 형식 : 일반적으로 법조의 형식이며, 문서나 구술의 형식으로 발하여짐 • 절차 : 대통령훈령과 국무총리훈령은 법제처의 사전심사를 받아야 하며, 모든 중앙행정기관의 훈령·예규는 법제처의 사후평가를 받아야 함
효력발생 요건	특별규정이 없는 한 관보게재·통첩·게시 등을 통해 통보되어 도달하면 그 효력이 발생

② 하자 및 소멸

하자	적법요건을 갖추지 못한 행정규칙은 하자있는 행정규칙으로서 그 효력이 발생되지 않아 무효가 된다는 것이 일반적 입장
소멸	유효하게 성립된 행정규칙도 명시적·묵시적 폐지, 종기의 도래, 해제조건의 성취, 내용이 상이한 상위 또는 동위의 행정규칙의 제정·개정·폐지 등으로 인하여 소멸됨

SEMI-NOTE

관련 판례

상위법령에서 세부사항 등을 시행규칙으로 정하도록 위임하였음에도 이를 고시 등 행정규칙으로 정하였다면 그 역시 대외적 구속력을 가지는 법규명령으로서 효력이 인정될 수 없다.(대판 2012. 7. 5, 2010다72076).

(5) 행정규칙의 효력(구속력)

① **내부적 효력** : 행정규칙은 행정조직 내부 또는 특별행정법관계 구성원에 대하여 직접적 구속력을 가지게 되어, 행정규칙을 준수할 의무를 발생시킴

② **외부적 효력**

  ㉠ 원칙
  - 행정규칙은 행정조직의 내부규율에 불과하여 직접적인 외부적 효력을 발생하지 못하므로(통설·판례) 국민이나 법원을 기속하는 효력이 없으며, 이에 위반하여도 위법이 되지 않음
  - 행정규칙에 따른 행정처분은 적법성이 추정되지 않음

  ㉡ **법령해석규칙(규범해석규칙)** : 법령 해석의 최종권한은 법원에 있기 때문에 대외적 구속력을 부정함

  ㉢ **재량준칙과 규범구체화 행정규칙**
  - 재량준칙(행정통제규칙) : 재량준칙으로 행정관행이 성립하게 되면 그것은 헌법상의 평등원칙에 따라 행정기관을 구속하게 되므로 당해 행정규칙은 간접적으로 외부적 효력을 가지게 됨. 이 경우 평등원칙은 행정규칙을 외부적 효력을 갖는 법규로 전환시키는 전환규범의 역할을 한다고 볼 수 있음
  - 규범구체화 행정규칙 : 대법원 판례 중 국세청장훈령인 재산제세사무처리규정 등을 규범구체화 행정규칙으로 보는 견해가 있으나 다수설은 이를 부정함

  ㉣ **법령보충규칙**
  - 법규성 인정 : 법령보충규칙은 법령의 수권에 의해서 법령을 구체화하는 사항을 결정하는 행정규칙을 뜻하는데, 이에 대해 법규성을 인정하는 것이 다수설이며, 헌법재판소는 법령보충규칙이 수권법령(상위법령)과 결합하여 상위법령의 일부가 됨으로써 대외적 구속력이 발생된다고 함
  - 재위임과 사법적 통제 : 재위임도 가능하며 법원 혹은 헌법재판소의 통제 대상이 됨

(6) 행정규칙의 통제

① **행정적 통제** : 법규명령과 마찬가지로 감독권에 의한 통제, 행정입법의 절차적 통제, 행정기관의 법령심사권, 행정심판 등이 있음

② **정치적 통제(입법적 통제)**

국회에 의한 통제	· 직접통제(예 동의권유보, 제출(심의), 입법적 거부, 적극적·소극적 결의 절차 등) · 간접통제(예 국정감사 및 조사, 국무위원해임건의, 탄핵, 예산안심의 등)
국민에 의한 통제	행정상 입법을 제정하는 과정에서 여론, 자문, 청원, 압력단체의 활동 등에 의하여 통제를 받을 수 있음

③ **사법적 통제(통설·판례)** : 행정규칙은 처분성의 결여로 행정소송의 대상이 될 수 없으며, 행정규칙이 직접적으로 국민의 권리·의무에 변동을 가져오는 성질을 가지는 경우 이를 행정소송법상의 처분으로 보아 항고소송에 의한 통제가 적용될 수 있음

SEMI-NOTE

관련 판례

행정처분이 법규성이 없는 내부지침 등의 규정에 위배된다고 하더라도 그 이유만으로 처분이 위법하게 되는 것은 아니고, 또 내부지침 등에서 정한 요건에 부합한다고 하여 반드시 그 처분이 적법한 것이라고 할 수도 없다(대판 2018. 6. 15, 2015두40248).

관련 판례

법령보충적 행정규칙이라도 그 자체로서 직접적으로 대외적인 구속력을 갖는 것은 아니다. 즉, 상위법령과 결합하여 일체가 되는 한도 내에서 상위법령의 일부가 됨으로써 대외적 구속력이 발생되는 것일 뿐 그 행정규칙 자체는 대외적 구속력을 갖는 것이 아니라 할 것이다(헌재 2004. 10. 28, 99헌바91).

행정규칙의 헌법소원 청구

헌법재판소는 제2외국어를 제외한 서울대학교 1994년도 대학입시요강(헌재 92헌마68), 보건복지부장관이 고시한 생활보호사업지침상의 '04년 생계보호기준'(헌재 94헌마33), 외교통상부의 여권사용제한 등에 관한 고시(헌재 2007헌마366) 등을 헌법소원의 대상으로 판시한 바 있음

④ 헌법재판소에 의한 통제 : 원칙적으로 행정규칙은 헌법소원심판의 대상이 되는 공권력의 행사 또는 불행사에 해당되지 않지만, 행정규칙이 사실상의 구속력을 가지고 있어 국민의 기본권을 현실적으로 침해하고 있는 경우 헌법소원의 청구가 가능

> **관련 판례** 헌법재판소에 의한 행정규칙의 통제
>
> 행정규칙이 법령의 규정에 의하여 행정관청에 법령의 구체적 내용을 보충할 권한을 부여한 경우나 재량권행사의 준칙인 규칙이 그 정한 바에 따라 되풀이 시행되어 행정관행이 이룩되게 되면, 평등의 원칙이나 신뢰보호의 원칙에 따라 행정기관은 그 상대방에 대한 관계에서 그 규칙에 따라야 할 자기구속을 당하게 되는 경우에는 대외적인 구속력을 가지게 되는바, 이러한 경우에는 헌법소원의 대상이 될 수도 있다(헌재 2001. 5. 31, 99헌마413).

실력UP 법규명령과 행정규칙의 비교

구분	법규명령	행정규칙
법규성	법규성 인정	법규성 부정
성질	형식적 행정, 실질적 입법	형식적 · 실질적 행정
권력의 기초	일반통치권	특별권력
형식	대통령령, 총리령, 부령, 중앙선거관리위원회 규칙, 감사원규칙	훈령, 지시, 예규, 일일명령, 공시, 통첩, 지침, 시달 등
법적근거 요부	• 위임명령 : 수권요함 • 집행명령 : 수권불요	행정권의 당연한 권능
효력	대내적 · 대외적 구속력	일면적 구속력
규율대상	• 위임명령 : 새로운 법규사항 규율 가능 • 집행명령 : 새로운 법규사항 규율 불가	행정조직 또는 특별권력관계 내부의 사항 규율
범위와 한계	• 위임명령 : 개별적 · 구체적 위임 범위 내에서 규정 • 집행명령 : 상위명령시행에 필요한 절차규정	법규명령에 위반하지 않는 범위 내에서 규정
제정절차	• 대통령령 : 법제처의 사전심사 + 국무회의 심의 • 기타 법규명령 : 법제처의 사전심사	특별한 절차규정 없음
형식과 공포	문서에 의한 조문 형식으로 관보에 게재하여야 하며, 공포로서 효력이 발생	문서나 구두로 가능하며, 하급기관에 도달하면 효력이 발생(공포 불요)
위반의 효과	위반행위는 위법행위이며, 행정소송의 대상이 됨	원칙적으로 위반행위에 대해 행정소송 불가

SEMI-NOTE

법규명령과 행정규칙의 공통점
제정기관은 행정기관이며, 형식은 일반적 · 추상적 법조형식을 취하며, 행정법의 법원성으로 인정됨

법규명령과 행정규칙의 통제수단
- **법규명령** : 간접적 통제수단이나 직접적 통제수단이 일부 인정됨(상임위 제출 · 심사, 상위법령의 제정 등)
- **행정규칙** : 간접적 통제수단이 인정됨

02절 행정행위

1. 개설

(1) 행정행위의 개념

① 개념의 정립
- ㉠ **학문상 개념** : 우리나라에서 '행정행위'란 실정법상의 개념이 아닌 학문상의 개념으로, 인가·허가·면허·결정·재정 등 용어들의 공통점을 포괄하는 개념
- ㉡ 개념 정립의 실익
  - 행정행위는 다른 행정작용이나 사법행위와는 달리 행정청의 권력작용이라는 점에서 공정력·확정력·자력집행력 등의 특수한 효력이 인정됨
  - 행정소송 중 항고소송은 행정행위만을 대상으로 하는 특수한 소송형태이므로, 항고소송의 배타적 관할대상을 정하기 위하여 개념의 정립이 필요함

② 행정행위의 개념요소(관념징표)
- ㉠ **행정청의 행위** : 행정행위라는 것은 행정청의 행위를 말함. 여기서의 행정청은 행정조직법상의 행정청인 국가와 지방자치단체의 행정기관 외에 행정권한의 위임·위탁을 받은 공공단체 및 그 기관 또는 사인 등이 포함됨
- ㉡ 행정청의 법적 행위
  - 행정행위는 행정청의 의사표시에 의하여 외부적으로 개인의 권리·의무의 발생·변경·소멸 등 직접적으로 법적 효과를 가져오는 행위임
  - 행정조직내부행위나 단순한 사실행위도 법적 행위로 볼 수 없음

> **관련 판례** 단순한 사실행위
>
> 건설부장관이 행한 위의 화랑공원지정처분은 그 결정 및 첨부된 도면의 공고로써 그 경계가 확정되는 것이고, 위와 같은 경우로 경주시장이 행한 경계측량 및 표지의 설치 등은 공원관리청이 공원구역의 효율적인 보호, 관리를 위하여 이미 확정된 경계를 인식, 파악하는 사실상의 행위로 봄이 상당하며, 위와 같은 사실상의 행위를 가리켜 공권력행사로서의 행정처분의 일부라고 볼 수 없고 … (대판 1992. 10. 13, 92누2325)

- 사실행위도 수인의무를 내포하는 강제격리나 강제철거는 법적 행위에 해당되며, 특별권력관계에 있어서 그 구성원의 지위에 법적 효과를 일으키는 처분은 행정행위로 인정
- ㉢ **법적 행위 중 공법상 행위** : 공법행위란 그 효과가 공법적이라는 것이 아니라, 행위의 근거가 공법적이라는 것이므로 물품구입이나 국유재산매각과 같은 사법행위는 해당되지 않음
- ㉣ **구체적 사실에 관한 법집행행위** : 행정행위는 구체적 사실에 대하여 행정목적을 실현하기 위한 법집행작용이므로 일반·추상적 규범의 정립 작용인 행정입법이나 조례·규칙 등은 특정범위의 사람을 대상으로 하더라도 행정행위가 될 수 없음

SEMI-NOTE

행정행위의 최협의의 개념(통설·판례)
'행정청이 법 아래에서(법률유보) 구체적 사실에 대한 법집행으로서 행하는 권력적 단독행위로서의 공법행위(사실행위 제외)'를 의미하며, 법원에서는 '행정행위' 대신 '행정처분'이라는 용어를 사용. 최협의의 개념에는 법률행위적·준법률행위적 행정행위 등이 포함

관련 판례
교통안전공단이 그 사업목적에 필요한 재원으로 사용할 기금 조성을 위하여 같은 법 제13조에 정한 분담금 납부의무자에 대하여 한 분담금 납부통지는 … 행정처분이라고 보아야 할 것이고 … (대판 2000. 9. 8, 2000다12716)

- ⑭ **권력적 단독행위** : 행정행위는 공권력의 행사로서 국민의 권리·의무에 대한 것을 일방적으로 처분(결정)하는 것으로, 사법행위나 공법상 계약, 합동행위는 이에 포함되지 않음
- ⑮ **거부행위**
  - 행정행위 신청에 대한 거부 역시 행정행위가 되는데 이때 단순한 사실행위의 거부나 사법상 계약체결 요구에 대한 거부 등은 행정행위가 아님
  - 거부행위가 항고소송의 대상이 되기 위해서는 상대방에게 법규상 또는 조리상 신청권이 있어야 하며, 신청인에게 직접적인 거부표시를 하지 않더라도 어떠한 경우에는 묵시적 거부처분이 있을 수 있음

③ '처분' 개념과의 구별

의의	학문상의 포괄적 개념인 '행정행위'는 실정법상으로 '인가·허가·면허·특허·면제·결정·확인·공증 등' 다양한 용어로 사용되고 있음. 행정소송법에서는 취소소송 등 항고소송의 대상을 '처분'이라는 용어로 규정하고 있는데, 이러한 개념상의 구분은 행정쟁송의 대상적격의 범위와 관련하여 그 의의가 있음
통설	쟁송법상 처분설(이원설) : 쟁송법에 규정된 '처분'의 개념 중 '그 밖에 이에 준하는 행정작용'에 해당하는 부분을 논거로 하여, 행정쟁송법상의 처분개념이 학문상의 행정행위(실체법상의 처분)의 개념보다 더 넓은 의미로 사용된다고 보는 견해
판례	대법원은 행정쟁송의 대상이 되는 처분 관념과 관련하여, 기본적으로 실체법상 개념설의 입장을 취해 이를 좁게 보면서도, 동시에 쟁송법상 개념설의 입장에 따라 실체법상 개념설에 따르는 한계를 극복하고 권리구제의 가능성을 확대하려는 경향을 보임

④ 처분의 개념 중 '그 밖에 이에 준하는 행정작용'의 내용 : 일반처분, 개별적·구체적 규율, 권력적·법적 작용(처분법규, 구속적 행정계획 등), 권력적 사실행위 등이 있는데, 여기에 형식적 행정행위가 포함되는가에 대해서는 견해가 대립됨

- ㉠ **일반처분**

의의	구체적 사실과 관련하여 불특정 다수인을 대상으로 하여 발하여지는 행정청의 단독적·권력적 규율행위를 말하며, 규율대상인 사람은 불특정 다수인이고 규율의 시간이나 장소(공간)는 한정되어 있다는 측면에서 일반적·구체적 규율의 성격을 지님
구분	• 대인적 일반처분 : 구체적 사안에서 불특정 다수인에 대한 행정행위(예 시위참가자 해산명령, 불특정 주민을 대상으로 야간 공원출입금지 등) • 대물적 일반처분 : 직접적으로 물건의 법적 상태를 규율함과 동시에 간접적으로 개인의 권리·의무를 설정하는 행정행위

- ㉡ **형식적 행정행위**

의의	행정행위의 본질적 요소인 법적 행위로서의 공권력행사의 실체가 없는 비권력적 행위가 국민의 권리와 의무에 직접적으로 영향을 미치는 경우 형식적·기술적으로 공권력행사에 해당한다고 보아 행정쟁송의 대상이 되며, 실체법상 행정행위 이외에 취소소송의 대상이 되는 행위
인정여부	판례는 '규제목적인 행정지도를 항고소송의 대상이 되는 처분이라고 단정하기 어렵다'고 판시한 바 있는데(대판 95누9099), 이는 부정설의 입장을 취한 것이라고 보는 견해가 유력함

SEMI-NOTE

관련 판례

검사지원자 중 한정된 수의 임용대상자에 대한 임용결정(대판 1991. 2. 12, 90누5825)

행정심판법과 행정소송법의 '처분' 개념

"행정청이 행하는 구체적 사실에 관한 법집행으로서의 공권력의 행사 또는 그 거부, 그 밖에 이에 준하는 행정작용"이라 규정

일반처분의 성격

법규범과 행정처분의 중간영역으로 평가된다는 견해도 있으나, 구체적 사실을 규율하는 처분이나 개별적 규율은 행정행위의 일종으로 보는 것이 다수설과 판례의 입장

대물적 일반처분의 예

주·정차금지 교통표지판, 도로의 공용지정 행위, 공시지가 결정, 골동품의 문화재로의 지정행위, 도시관리계획에 의한 용도지구·지역의 지정행위 등

SEMI-NOTE

행정행위의 특성
- 법률적합성
- 공정성(예선적 효력)
- 확정성(존속성)
- 실효성(강제성)
- 권리구제의 특수성(행정쟁송제도, 행정상 손해전보제도)

수익적 처분의 거부 또는 부작위에 대한 구제

취소심판이나 취소소송을 제기하거나 의무이행심판이나 부작위법확인소송을 제기할 수 있음

복효적 행정행위
- 하나의 행정행위에 의해서 수익적 효과와 침익적 효과가 동시에 발생하는 행정행위
- **혼합효 행정행위** : 동일인에게 복수의 효과 발생
- **제3자효적 행정행위** : 누구에게는 이익을, 다른 누구에게는 불이익을 주는 효과 발생

2. 행정행위의 종류 ★ 빈출개념

(1) 행정행위의 분류

① 발령주체에 따른 분류 : 국가의 행정행위, 공공단체(지방자치단체·공공조합)의 행정행위, 공권력이 부여된 사인(수탁사인)의 행정행위

② 법률효과의 발생원인에 따른 분류(행정행위의 내용에 따른 분류)

법률행위적 행정행위	준법률행위적 행정행위
의사표시를 요소로 하며, 그 법적 효과는 행정청의 효과의사의 내용에 따라 발생하는 행정행위로, 명령적 행정행위와 형성적 행정행위로 구분	의사표시 이외의 정신작용, 즉 인식이나 판단 등을 요소로 하며, 그 법적 효과는 행정청의 효과의사와 관계없이 법령이 정하는 바에 의하여 발생하는 행정행위

③ 법적 효과의 성질에 따른 분류(상대방에 대한 효과에 따른 분류)

구분	수익적 행정행위	침익적 행정행위 (침해적·부담적 행정행위)
의의	국민에게 권리나 이익을 부여하는 행정행위 또는 국민의 권리와 의무와 관계없는 행정행위	국민의 권리나 이익을 박탈 또는 제한하거나 의무 및 부담을 부과하는 것을 내용으로 하여 국민에게 불이익을 주는 행정행위
법적 성질	상대방의 신청을 요하는 행위로, 쌍방적 행정행위가 대부분임. 상대방의 신뢰보호라는 관점에서 무효는 엄격하게 해석되어야 하며, 취소·철회 또한 일정한 제한이 따름	상대방의 신청 없이 행정청이 직권에 의하여 일방적으로 행하는 것이 일반적임. 법률유보가 엄격하게 적용되는 기속행위이며, 법치행정의 원리 및 절차적 규제에 있어 수익적 행위보다 그 적용이 강화됨
법률유보원칙과의 관계	법적 근거를 요하지 아니한다는 견해가 있으나), 수익적 행정행위의 거부는 침익적인 성격을 가지므로 그 법률의 근거를 요한다는 것이 다수의 견해	국민의 권리 내용과 범위의 구체화, 당해 처분에 있어서 평등성 보장 등의 견지에서 침익적 처분의 발동은 반드시 법률의 근거가 있어야 함
취소·철회	신뢰보호원칙 등으로 제한됨	취소·철회가 자유로움

④ 행정주체에 대한 법의 구속 정도에 따른 분류(재량 여부에 따른 분류)

기속행위	행정청은 법의 규정에 따라 적용할 뿐 행정청의 독단적 판단의 여지가 없는 행정행위(행정주체에게 재량이 없는 행위)
재량행위	행정법규가 행정청에 선택의 여지를 부여하는 행정행위(행정주체에게 재량이 있는 행위)

⑤ 대상의 표준에 따른 분류

대인적 행정행위	대물적 행정행위
• 의사면허나 운전면허, 인간문화재 지정 등과 같이 개인의 능력·인격과 같은 사람의 주관적 요소에 기초를 둔 행정행위 • 일신전속적 성격을 띠므로 그 행정행위의 효과가 이전·승계되지 않음	• 물건의 객관적 사정(구조·설비·성질 등)을 기초로 권리관계·법률관계가 형성되는 행정행위 • 직접적인 규율의 대상은 물건이나, 사람이 그에 의해 간접적인 규율을 받게 되어 행정행위의 효과가 이전·승계될 수 있음

관련 판례 대물적 행정행위

건축허가는 대물적 허가의 성질을 가지는 것으로 그 허가의 효과는 허가대상 건축물에 대한 권리변동에 수반하여 이전되고, 별도의 승인처분에 의하여 이전되는 것이 아니며 … (대판 1979. 10. 30, 79누190)

⑥ 행정객체의 협력을 요건으로 하느냐의 여부에 따른 분류

단독적 행정행위(일방적 행정행위)	쌍방적 행정행위
상대방의 협력을 요건으로 하지 않고 행정청 직권으로 발하는 행정행위	상대방의 협력(신청·출원·동의 등)을 요건으로 하는 행정행위

⑦ 성립형식에 따른 분류(행위형식을 요하는지 여부에 따른 분류)

요식행위	행정행위의 내용을 명확히 하고 확실하게 하기 위하여 법령에서 일정한 형식에 의할 것을 요건으로 하는 행정행위
불요식행위	행정행위에 일정한 형식을 요하지 않는 행정행위

⑧ 법률상태의 변경 여부에 따른 분류

적극적 행정행위	소극적 행정행위
현재의 법률상태에 변동을 초래하는 행정행위(예 하명·허가·특허·취소 등)	현재의 법률상태에 아무런 변동을 초래하지 않는 행정행위(예 각종 거부처분, 부작위 등)

⑨ 의사결정의 단계를 표준으로 한 분류

가행정행위	사실관계 또는 법률관계의 계속적인 심사를 유보한 상태에서 당해 행정법관계의 권리와 의무를 잠정적으로만 확정하는 행정행위(잠정적 행정행위)
예비결정	최종적인 행정결정이 있기 전 사전적인 단계로서 전제요건이 되는 형식적 또는 실질적 요건의 심사에 대한 종국적 판단에 따라 내려지는 결정(사전결정)
부분인허	비교적 장기간의 시간을 요하고 공익에 중대한 시설물의 건설에 있어서 단계적으로 시설의 일부에 대하여 승인하는 행위(부분허가, 부분승인)

SEMI-NOTE

혼합적 행정행위

• 총포·화약류영업허가나 약국영업허가, 석유정제업허가, 전당포영업허가 등과 같이 인적인 자격요건 외에 물건의 객관적 사정을 모두 고려하는 행정행위
• 이전·상속에 있어 관계 법령에 따라 행정청의 허가를 받아야 하거나 대인적 자격요건을 갖춘 자에 대해서만 허가가 허용되는 경우가 있음

단독적·쌍방적 행정행위의 예

• 단독적 행정행위 : 조세부과, 허가취소, 경찰하명, 공무원 징계 등
• 쌍방적 행정행위 : 허가·인가·특허, 공무원의 임명 등

가행정행위의 특성

효과의 잠정성(불가변력이 발생하지 않음), 종국적 결정에 의한 대체성(신뢰보호를 주장하지 못함), 사실관계의 미확정성행정절차법 제2조에 의한 당사자 행정청의 처분에 대하여 직접 그 상대가 되는 당사자나 행정청이 직권으로 또는 신청에 따라 행정절차에 참여하게 한 이해관계인을 의미함

SEMI-NOTE

행정절차법 제2조에 의한 당사자

행정청의 처분에 대하여 직접 그 상대가 되는 당사자나 행정청이 직권으로 또는 신청에 따라 행정절차에 참여하게 한 이해관계인을 의미함

제3자의 원고적격

인인소송, 경업자소송, 경원자소송, 환경소송 등

(2) 복효적 행정행위(이중효과적 행정행위, 제3자효 행정행위)

① 의의 : 하나의 행정행위에 의해서 수익적 효과와 침익적 효과가 동시에 발생하는 행정행위

② 유형

혼합효적 행정행위	이중효과적 행정행위(제3자효 행정행위)
동일인에게 수익과 동시에 침익이 발생하는 경우(예) 부담부 단란주점허가 등)	두 사람 이상의 당사자를 전제로, 행정의 상대방에게는 수익(침익)적 효과가 발생하나 제3자에는 침익(수익)적 효과가 발생하는 경우

③ 특징

개념상	복수의 당사자, 당사자 간 상반되는 이해관계, 개인법익의 대립 등
행정 실체법상	제3자효가 인정되는 행정행위의 경우 제3자의 권익을 보호하기 위하여 제3자의 공권이 성립하기도 하고, 행정개입청구권이 제3자에게 인정되기도 하며, 제3자효 행정행위의 취소나 철회가 제한되기도 함
행정 절차상	복효적 처분은 특성상 복효적 처분을 할 경우 사전에 이해관계인의 의견을 충분히 고려하여야 하므로 의견제출 및 청문신청권, 기록열람권 등 행정절차의 확대가 요구됨

④ 복효적 처분의 취소 · 철회 : 상대방의 신뢰보호와 법적 안정성의 견지에서 행정청이 복효적 처분을 취소 · 철회할 수는 없으나, 공익 및 그 상대방의 신뢰보호뿐만 아니라 제3자의 이익도 비교형량을 하여야 함

⑤ 복효적 처분의 행정쟁송
　㉠ 제3자의 쟁송참가 및 재심청구 : 행정심판법과 행정소송법에서는 제3자의 심판참가와 소송참가, 재심청구를 규정
　㉡ 제3자의 원고적격 : 제3자의 원고적격이 폭넓게 인정됨
　㉢ 처분의 집행정지 : 제3자의 경우도 처분 등의 집행정지 신청가능
　㉣ 판결의 효력 : 처분 등을 취소하는 확정판결은 제3자에 대하여도 효력이 있음
　㉤ 쟁송제기기간
　　• 행정심판 또는 행정소송은 처분이 있음을 안 날로부터 90일 이내에 제기하여야 함. 만일 처분이 있음을 알지 못한 경우는 행정심판 처분이 있었던 날로부터 180일, 행정소송 처분이 있었던 날로부터 1년 이내에 제기하여야 함
　　• 행정처분은 제3자에게 통지되지 않기 때문에 제3자는 정당한 사유가 있을 경우 1년이 경과하여도 행정소송을 제기할 수 있는 경우가 있음
　㉥ 고지 : 행정청은 이해관계인이 요구할 시 해당 처분이 행정심판의 대상이 되는 처분인지의 여부와 행정심판의 대상이 되는 경우 소관 위원회 및 심판청구기간을 지체 없이 알려야 함. 이때 제3자 역시 이해관계인에 포함되므로 제3자도 고지를 요구할 수 있음

(3) 기속행위와 재량행위 ⭐ 빈출개념

① 기속행위와 재량행위 구별의 필요성(실익)

구분	기속행위	재량행위
위법성 판단기준	법규(법규에 엄격히 구속)	재량의 일탈·남용 여부(법규에 의한 구속이 상대적으로 완화)
사법 심사의 대상	그 위법성에 대하여 사법심사의 대상이며, 법원이 독자적인 결론을 도출한 후 적법 여부를 판정함	• 당·부당의 문제로 행정소송법상의 행정소송대상×(사법심사의 대상×) • 재량의 일탈·남용 여부에 대해서는 법원이 독자적 결론을 도출함이 없이 심사를 하게 됨
행정소송	가능	불가능
부관 가능성	불가능	가능
공권의 성립	성립	불성립(무하자재량행사청구권 및 행정개입청구권은 예외)
경원관계에서의 선원주의	적용(예 발명특허 등)	미적용
차이점의 본질	오늘날 양자의 차이는 본질적인 것이 아니라 양적·상대적 차이에 불과함	

관련 판례 기속행위와 재량행위의 구별

- 행정행위가 그 재량성의 유무 및 범위와 관련하여 이른바 기속행위 내지 기속재량행위와 재량행위 내지 자유재량행위로 구분된다고 할 때, 그 구분은 당해 행위의 근거가 된 법규의 체제·형식과 그 문언, 당해행위가 속하는 행정 분야의 주된 목적과 특성, 당해 행위 자체의 개별적 성질과 유형 등을 모두 고려하여 판단하여야 하고 … 법원이 사실인정과 관련 법규의 해석·적용을 통하여 일정한 결론을 도출한 후 그 결론에 비추어 행정청이 한 판단의 적법 여부를 독자의 입장에서 판정하는 방식(완전심사·판단대체방식)에 의하게 되나, 후자의 경우 행정청의 재량에 기한 공익판단의 여지를 감안하여 법원은 독자의 결론을 도출함이 없이 당해 행위에 재량권의 일탈·남용이 있는지 여부만을 심사(제한심사방식)하게 되고 … (대판 2001. 2. 9, 98두17593).
- 여객자동차 운수사업법에 의한 개인택시운송사업의 면허는 특정인에게 권리나 이익을 부여하는 행정청의 재량행위이고 … 행정청이 개인택시운송사업의 면허를 하면서, 택시 운전경력이 버스 등 다른 차종의 운전경력보다 개인택시의 운전업무에 더 유용할 수 있다는 점 등을 고려하여 택시의 운전경력을 다소 우대하는 것이 객관적으로 합리적이 아니라거나 타당하지 않다고 볼 수 없다(대판 2009. 11. 26, 2008두16087).

② 구별기준

㉠ **요건재량설(법규설·판단재량설)** : 행정청의 재량은 행정행위의 효과인정에는 있을 수 없고, 그것이 요건규정에 해당하는가의 판단에 있다는 견해

㉡ **효과재량설(성질설·행위재량설)** : 재량의 여부는 행정행위의 요건이 아니라 법률효과의 선택에 판단의 여지가 인정되는가에 따라 결정된다는 견해

SEMI-NOTE

재량행위의 유형
- 전통적인 견해는 무엇이 법 또는 공익인가를 기준으로 기속재량행위(법규재량·합법적 재량행위)와 자유재량행위(공익재량·합목적 재량행위)로 재량행위를 구분함
- 판례는 양자 모두 사법심사의 대상이 된다고 봄

기속행위와 재량행위
- 기속행위 : 행정청은 법의 규정에 따라 적용할 뿐 행정청의 독단적 판단의 여지가 없는 행정행위
- 재량행위 : 행정청이 법이 규정한 행위요건을 실현함에 있어 복수행위 간에 선택의 자유(판단권)가 인정되는 행정행위

관련 판례

구 주택건설촉진법 제33조에 의한 주택건설사업계획의 승인은 … 재량행위에 속하므로, 이러한 승인을 받으려는 주택건설사업계획이 관계 법령이 정하는 제한에 배치되는 경우는 물론이고 그러한 제한사유가 없는 경우에도 공익상 필요가 있으면 처분권자는 그 승인신청에 대하여 불허가 결정을 할 수 있으며 … (대판 2007. 5. 10, 2005두13315)

SEMI-NOTE

불확정개념
- 일의적으로 규정할 수 없는 개념을 사용하여, 법률요건에 판단의 여지를 남겨 놓은 추상적·다의적 개념을 말함
- 구체적으로, 고도의 전문적·학술적·교육적 성질상 행정법규의 구성요건 부분이 '공익·정당한·상당한 이유·위험' 등의 용어와 같이 일의적인 것이 아니라 다의적인 것이어서 진정으로 의미하는 내용이 구체적 상황에 따라 판단되는 개념을 의미함

관련 판례

교과서검정이 고도의 학술상, 교육상의 전문적인 판단을 요한다는 특성에 비추어 보면 ··· 재량권의 범위를 일탈한 것이 아닌 이상 그 검정을 위법하다고 할 수 없다(대판 1992. 4. 24, 91누6634).

관련 판례

학생에 대한 ··· 징계처분이 교육적 재량행위라는 이유만으로 사법심사의 대상에서 당연히 제외되는 것은 아니다(대판 1991. 11. 22, 91누2144).

ⓒ 판단여지설

의의	불확정개념의 해석과 관련된 이론으로, 행정법규가 일의적·확정적 개념을 사용한 경우 기속행위에 해당되고, 불확정개념을 사용한 경우 한 가지 뜻으로만 해석될 수 있는 객관적 경험개념은 기속행위에 해당되어 사법심사가 가능하지만, 행정청의 주관적 가치개념은 행정청의 판단여지영역 또는 한계영역에 해당되어 사법심사가 불가능함
인정 여부	판례는 의사국가시험령, 감정평가시험, 사법시험 객관식 헌법시험, 교과서 검인정 사건 등에서 판단여지를 '재량'의 문제라고 판시하여, 재량과 판단여지를 구분하지 않고 재량으로 보고 있음
적용영역	판례는 비대체적 결정영역, 구속적 가치의 평가영역, 예측적 결정의 영역, 형성적·정책적 결정의 영역에서 판단여지를 재량의 문제로 보고 있음
한계	판단여지가 인정되는 영역에서도 판단에 있어 합리적 기준이나 경험법칙 등에 따르지 않는 자의적 판단의 경우나 일정한 한계를 벗어나면 하자가 인정되어 위법하게 됨

관련 판례 판단여지설의 인정여부

개발제한구역법 및 액화석유가스법 등의 관련 법규에 의하면, 개발제한구역에서의 자동차용 액화석유가스충전사업허가는 그 기준 내지 요건이 불확정개념으로 규정되어 있으므로 그 허가 여부를 판단함에 있어서 행정청에 재량권이 부여되어 있다고 보아야 한다(대판 2016. 1. 28, 2015두52432).

③ 관련 판례

기속행위로 본 경우	• 강학상 허가 : 식품위생법상 음식점영업허가와 일반주점영업허가, 건축법상 건축허가, 석유사업법상 주유소허가, 공중위생법상 위생접객업허가 등 • 강학상 인가 : 학교법인이사취임승인처분 등 • 구 관광진흥법에 따른 관광사업의 양도·양수에 의한 지위승계신고 수리에 관한 처분(대판 2007. 6. 29, 2006두4097) • 경찰공무원임용령에 따른 부정행위를 한 응시자에 대해 당해 시험을 정지 또는 무효로 하는 처분(대판 2008. 5. 29, 2007두18321)
재량행위로 본 경우	• 강학상 특허 : 사업인정, 개인택시운송사업면허 및 면허기준 설정행위, 도로점용허가, 주택사업계획승인, 도시공원시설관리위탁처분, 어업면허, 광업허가, 귀화허가, 산림형질변경허가, 공유수면매립면허, 보세구역의 설치·경영(관세법) 등 • 강학상 인가 : 민법상 비영리법인설립허가·재단법인 정관변경허가, 국토계획법상 토지거래허가, 재건축조합설립 인가, 주택개량사업 관리처분계획 인가 등 • 강학상 허가(예외적 승인에 해당하는 경우) : 개발제한구역 내 건축허가·건축물의 용도변경허가·대지조성사업계획승인, 도시지역 내 토지형질변경행위를 수반한 건축허가, 산림 내에서의 토석채취허가·산림훼손허가·형질변경허가, 카지노사업의 영업허가, 총포 등 소지허가, 관광지조성사업시행 허가처분, 자연공원사업시행 허가처분, 학교환경위생정화구역 내에서의 터키탕·전자유기장허가 등

- 판단여지에 해당하는 경우 : 교과서검정불합격처분, 감정평가사시험의 합격기준선택, 공무원면접시험 면접위원의 판단, 사법시험·공인중개사시험 문제출제행위, 유적발굴허가 또는 신청거부처분 등
- 행정계획 : 구 도시계획법상 도시관리계획결정 등

④ 재량의 한계

㉠ 적정한 재량행사(수권목적에의 적합성) : 재량행사는 재량권이 주어진 수권목적(일반적인 공익목적과 관계 법규상 구체적 공익목적)과 한계 내에서 이루어져야 함. 행정소송법 제27조는 "행정청의 재량에 속하는 처분이라도 재량권의 한계를 넘거나 그 남용이 있는 때에는 법원은 이를 취소할 수 있다"고 함

> **관련 판례** 재량의 하자
>
> 제재적 행정처분이 사회통념상 재량권의 범위를 일탈한 것인가의 여부는 처분사유인 위반행위의 내용과 당해 처분에 의하여 달성하려는 공익목적 및 이에 따르는 제반사정 등을 객관적으로 심리하여 공익침해의 정도와 그 처분으로 인하여 개인이 입을 불이익을 비교교량하여 판단하여야 한다(대판 1989. 4. 25, 88누3079).

㉡ 0(영)으로의 재량수축 : 이 경우에는 하나의 선택만이 요구되므로 다른 선택을 하였을 경우 그 선택결정은 하자있는 것이 됨. 위험방지 영역에서 재량행위를 기속행위로 전환시키게 되므로 행정청이 당해 처분 이외의 행위를 하면 위법하게 됨

㉢ 재량하자의 유형(재량행위가 위법이 되는 경우)

재량권의 일탈 (외적 한계)	• 법률이 인정하고 있지 않은 무권한의 재량권을 행사하는 것 • 재량의 외적 한계(법규상 한계)를 넘어 재량권이 행사된 경우를 말하는 경우로서 사법심사의 대상이 됨
재량권의 남용 (내적 한계)	• 법률상 인정되고 있지만 재량권이 비례원칙에 위배되는 등 재량권을 지나치게 행사하는 것 • 재량권의 내적 한계를 넘어선 것, 재량권의 성질 및 조리상의 제약을 위반한 것으로 사법심사의 대상이 됨
재량권의 불행사 (해태·흠결)	• 법적 요건을 갖추고 있음에도 불구하고 행정청이 정당한 이유 없이 재량을 행사하지 않거나 태만히 한 경우로, 불행사의 하자가 있는 경우도 일정한 경우에는 사법심사의 대상이 됨 • 재량권의 해태 : 재량행위를 기속행위로 오인하여 여러 행위 간의 형량을 전혀 하지 않고 기속행위로 행한 경우 • 재량권의 흠결 : 재량권을 충분히 행사하지 않은 경우

> **관련 판례** 재량권의 일탈·남용
>
> 민원사무를 처리하는 행정기관이 민원 1회방문 처리제를 시행하는 절차의 일환으로 민원사항의 심의·조정 등을 위한 민원조정위원회를 개최하면서 민원인에게 회의일정 등을 사전에 통지하지 아니하였다 하더라도 … 취소사유에 이를 정도의 흠이 존재한다고 보기는 어렵다. 다만 행정기관의 장의 거부처분이 재량행위인 경우에, 위와 같은 사전통지의 흠결로 민원인에게 의견진술의 기회를 주지 아니한 결과 민원조정위원회의 심의과정에서 고려대상에 마땅히 포함시켜야 할 사항을 누락하는 등 재량권의 불행사 또는 해태로 볼 수 있는 구체적 사정이 있다면, 거부처분은 재량권을 일탈·남용한 것으로서 위법하다(대판 2015. 8. 27, 2013두1560).

SEMI-NOTE

재량권의 남용
- 비례원칙의 위반
- 평등원칙의 위반
- 사실오인
- 목적의 위반(동기의 부정)

재량권의 일탈·남용의 예
- 재량권의 일탈 : 법령상은 6개월 정지이나 행정청이 1년 정지를 한 경우
- 재량권의 남용 : '유해식품을 판매한 자에게 영업허가의 취소 또는 6월 이내의 영업정지처분이나 영업소의 폐쇄를 명할 수 있다'는 법규정에서 단 한 번의 적발로 영업을 폐쇄하는 것

재량의 한계와 사법심사
- 재량권의 외적·내적 한계를 벗어나 일탈·남용한 경우 사법심사의 대상이 됨(행정소송법 제27조)
- 재량권의 일탈·남용에 대한 입증은 행정처분의 효력을 다투는 자(원고)에게 있음
- 최근 재량권의 0으로의 수축 법리와 무하자재량행사청구권 등은 재량통제의 확대 경향을 반영한 것이라 할 수 있음

⑤ **재량행위에 대한 통제** : 행정 내부적 통제, 국회에 의한 통제, 사법적 통제, 헌법재판소에 의한 통제, 국민에 의한 통제, 입법적 통제

(4) 행정행위의 확약

① **의의** : 행정청이 자기구속을 할 의도로 국민에 대하여 장래에 향하여 일정한 행정행위를 하겠다(작위) 또는 하지 않겠다(부작위)를 약속하는 의사표시로, 확언의 대상이 되는 행정행위의 작위 또는 부작위에 관한 것

> **관련 판례** 확약과 예비결정과의 구별개념
>
> - 폐기물관리법 관계 법령의 규정에 의하면 … 허가권자로부터 … 부적정통보는 허가신청 자체를 제한하는 등 개인의 권리 내지 법률상의 이익을 개별적이고 구체적으로 규제하고 있어 행정처분에 해당한다(대판 1998. 4. 28, 97누21086).
> - 주택건설촉진법 제33조 제1항의 규정에 의한 주택건설사업계획의 승인은 … 재량행위에 속하고, 그 전 단계인 같은 법 제32조의4 제1항의 규정에 의한 주택건설사업계획의 사전결정이 있다하여 달리 볼 것은 아니다(대판 1999. 5. 25, 99두1052).

② **법적 성질**
  ㉠ **행정행위성 여부**

긍정설	확약은 종국적 행위 그 자체는 아니지만, 구속적 의사표시 자체는 작위 또는 부작위의 의무를 지우는 효과가 발생한다는 점에서 행정행위로 보는 견해(다수설)
부정설	확약은 행정행위의 개념적 징표를 갖지 않으므로 행정행위가 아니라는 견해(판례)

  ㉡ **재량행위성 여부** : 행정청이 확약을 할 것인가 여부는 행정청의 재량에 따르며, 그 대상에는 재량행정뿐만 아니라 기속행정도 포함됨

③ **법적 근거**
  ㉠ **일반법** : 확약에 관한 일반법은 없음(행정절차법에서도 확약에 대한 규정을 두지 않음)
  ㉡ **개별법**
    • 명문규정이 있는 경우 : 당연히 확약이 허용됨
    • 명문규정이 없는 경우

부정설	명문에 확약에 관한 규정이 없으면 확약을 할 수 없다고 보는 견해
긍정설	신뢰보호설, 본처분권한포함설(다수설) 등이 있음

④ **확약의 요건**

주체	본 행정행위를 할 수 있는 권한 있는 행정청이 하여야 하며, 그 권한의 범위 내에서만 하여야 하므로, 권한이 없는 자가 행한 확약은 무효임
내용	확약의 내용은 법의 일반원칙에 부합하여야 하며, 이행이 가능한 것이어야 함

절차	복효적(이중효과적) 행정행위에 있어서 본 처분 전에 일정한 사전절차가 요구되는 경우에는 확약에 앞서 당해 절차가 이행되어야 함
형식	독일의 경우 유효한 확약은 문서에 의한 형식을 요구하는 데 반해, 우리나라는 명문규정이 없어 그 제한은 없지만 확약을 행정행위로 보는 다수설의 입장에서는 문서의 형식이 타당하다고 봄

⑤ 확약의 효력
  ㉠ 확약의 효력 발생 : 상대방에게 통지되어야 그 효력이 발생
  ㉡ 행정의 자기구속력(신뢰보호의 원칙)과 행정쟁송 : 적법한 확약을 했을 경우 행정청은 상대방에 대한 확약한 행위를 하여야 할 의무가 있고, 상대방은 신뢰보호원칙에 입각하여 행정청에게 그 이행을 청구할 수 있으며, 행정청이 이를 불이행하였을 경우 행정쟁송제기가 가능하며, 경우에 따라 손해배상청구도 가능
  ㉢ 구속력의 배제(확약의 실효 · 철회 · 취소)

실효	확약 이후 사실상태 또는 법률적 상태가 변경되었다면, 확언이나 확약의 구속성은 행정청의 별다른 의사표시가 없어도 실효됨
철회	행정청은 적법한 확약을 철회함으로써 이들의 구속성을 사후적으로 제거할 수 있는데, 이 경우 철회에 의해 달성되는 공익과 상대방의 기득권 및 제3자의 신뢰보호, 법률생활의 안정 등의 요청을 비교 · 형량하여 결정하여야 함
무효 · 취소	확약에 중대하고 명백한 하자가 있다면 무효가 되며, 단순위법의 하자가 있다면 취소할 수 있는 행위가 됨

⑥ 확약과 권리구제
  ㉠ 행정쟁송 : 확약은 처분에 해당하므로 항고소송의 대상이 됨(판례는 처분성을 부정). 확약의 내용에 따른 행위를 하지 않는 경우 의무이행심판이나 거부처분취소소송, 부작위법확인소송을 제기할 수 있음
  ㉡ 손해배상 · 손실보상 : 행정기관이 확약을 이행하지 않아 생긴 손해는 국가배상법 제2조의 요건이 충족됨에 따라 행정상 손해배상 청구 가능. 또한 공익상의 이유로 확약이 철회되어 상대방이 손실을 입은 경우 손실보상청구권이 인정될 수 있음

3. 행정행위의 내용 ★빈출개념

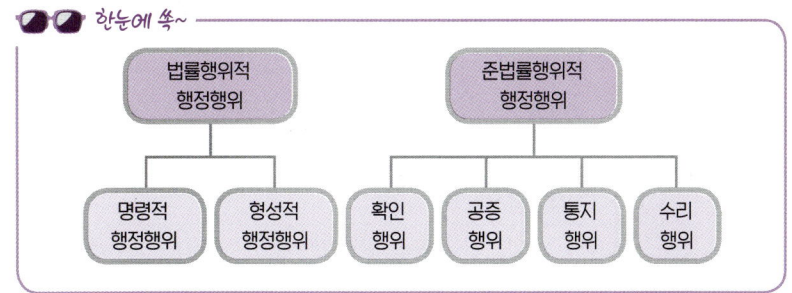

SEMI-NOTE

관련 판례

행정청이 … 확약 또는 공적인 의사표명이 있은 후에 사실적 · 법률적 상태가 변경되었다면, 그와 같은 확약 또는 공적인 의사표명은 행정청의 별다른 의사표시를 기다리지 않고 실효된다(대판 1996. 8. 20, 95누10877).

(1) 법률행위적 행정행위 ★ 빈출개념

① **명령적 행정행위** : 국민에 대한 일정한 의무(작위·부작위)를 과하거나, 이들 의무를 해제함을 내용으로 하는 행정행위. 의무를 부과하는 하명과 이를 해제하는 허가·면제로 구분

㉠ 하명(下命)

의의	일반통치권에 기하여 개인의 자유를 제한하고 의무를 부과(작위·부작위·수인·급부)하는 것을 내용으로 하는 부담적 행정행위를 말함. 작위·수인·급부의 의무를 부과하는 것을 명령이라 하고, 부작위의무를 부과하는 것을 금지라 함
성질	하명은 개인의 자유를 제한하여 의무를 부과하는 부담적 행정행위로, 헌법 제37조 제2항에 의거하여 반드시 법률의 근거를 필요로 함
형식	• 하명처분 : 법령에 근거한 처분에 의하여 행해지는 것으로, 불특정 다수인에게 하는 일반하명과 특정인에게 하는 개별하명이 있음 • 법규하명 : 법률규정에 의한 일반적·추상적 하명으로서 그 자체로 행정처분이 되는 것은 아니지만, 법규하명일지라도 처분성이 인정된다면 취소소송의 대상이 됨
대상	사실행위와 법률행위가 모두 가능
종류	• 의무내용에 따른 분류 • 작위하명 : 청소시행명령, 건축물철거명령, 소방협력명령 등 • 부작위하명 : 야간통행금지, 수렵금지, 건축금지 등 • 급부하명 : 조세부과처분, 사용료납부명령, 수수료부과 등 • 수인하명 : 대집행의 수인, 즉시강제 시 복종의무, 강제격리의 수인 등
효과	하명은 어떠한 행위에 대한 작위·부작위·급부·수인의 의무를 발생시킴. 대인적 하명은 수명자에게 부과되는 것으로 일신전속적 성질을 지니게 되어 이전·상속되지 않는 데 반하여, 대물적 하명은 그 효과가 상대방에게 이전되거나 상속됨
위반의 효과	수명자가 이러한 하명을 위반·불이행한 경우에는 행정상 강제집행 또는 행정벌의 대상이 되지만 하명은 적법요건에 지나지 아니하므로 그에 위반한 행위의 효력은 원칙적으로 유효함. 다만, 법률 규정에서 무효로 규정하는 경우에는 당연히 무효가 됨
권리구제	위법 또는 부당한 하명으로 인하여 법률상 이익을 침해받은 자는 그 하명의 취소나 변경을 구할 수 있고, 행정상 손해배상 등을 청구할 수 있음

㉡ 허가(許可)

의의	• 법령에 의한 일반적인 상대적 금지를 해제함으로써 일정한 행위를 적법하게 할 수 있도록 자연적 자유를 회복시켜 주는 행정행위로, 상대적 금지(예방적 금지)에서만 가능하며, 미성년자의 음주·흡연금지와 같은 절대적 금지는 허가의 대상이 될 수 없음 • 강학상의 용어로서, 실정법상으로는 인허·특허·인가·승인·등록·지정 등의 용어로도 사용됨
예외적 승인	예외적 승인은 사회적으로 유해하거나 바람직하지 않은 것에 대하여 법령상 금지된 행위자체를 예외적으로 허가하여 당해 행위를 적법하게 할 수 있게 해주는 행위를 말함. 판례는 예외적 허가라 표현하기도 함

SEMI-NOTE

법률행위적 행정행위
의사표시를 요소로 하고, 그 효과가 의사표시의 내용대로 발생하는 행위

명령적 행정행위
공공복리나 공익을 위해 개인의 자연적 자유를 제한·해제하는 행위라는 점에서 새로운 권리 또는 능력의 형성을 목적으로 하는 형성적 행정행위와 구별됨

목적(기초)에 따른 하명의 분류
조직하명, 경찰하명, 재정하명, 군정하명, 특별권력관계에서의 하명, 규제하명, 공기업하명

급부하명, 수인하명
• 급부하명 : 노력이나 물품, 금품 등을 제공할 의무를 명하는 것
• 수인하명 : 행정청의 행위에 저항하지 않고 이를 수용·용인해야 할 의무를 명하는 것

예외적 승인과 허가의 차이
예외적 승인은 유해대상에 대한 제재나 억제에 그 목적이 있는 데 비해, 전형적인 허가는 제재나 억제가 아닌 예방에 그 목적이 있다는 점에서 본질적인 차이가 있음

- 법적 성질

명령적 행위	상대적 금지를 해제하여 자연적 자유를 회복시켜 주는 행위라는 점에서 허가를 명령적 행위로 봄(통설·판례)
기속행위·기속재량행위	허가요건에 충족되었다는 것은 공익상 장애요인이 없다는 것을 의미하는 것이므로, 자유권의 회복이라는 점에서 허가의 요건을 충족하는 경우에는 반드시 허가를 하여야 하는 기속(재량)행위임(통설·판례)
반사적 이익	• 통설과 판례는 허가에 의한 금지해제로 얻는 이익은 법적 이익이 아니라 반사적 이익에 불과하다고 보아, 허가를 통하여 이익이 침해당하였다 하더라도 원고적격이나 소송상 구제이익이 없음(대판 1963. 8. 22, 63누97) • 다만, 권리구제의 확대 경향에 따라 이를 법률상 보호이익으로 본 경우도 있음(예 주유소설치허가, 주류제조면허, 식품위생법상 영업허가 등)

- 형식 : 허가는 법규가 정한 부작위의무를 구체적·상대적으로 해제하기 때문에 하명과 달리 항상 처분(허가처분)의 형식으로 행해지며, 직접 법령에 의하여 행해지는 법규허가는 있을 수 없음
- 대상 : 허가의 상대방은 특정인을 대상으로 하는 개별적 허가가 보통이지만, 통행금지해제처럼 불특정인을 대상으로 하는 일반허가도 가능함. 이러한 허가는 사실행위나 법률행위도 가능하나, 사실행위에 대하여 허가하는 것이 보통임
- 종류(허가의 심사대상에 따른 분류) : 대인적 허가, 대물적 허가, 혼합적 허가
- 효과
  - 금지해제를 통한 자연적 자유회복
  - 효과의 상대성(타 법령상의 제한)
  - 취소소송의 제기
- 허가의 변동

갱신	• 허가갱신이 있으면 기존 허가의 효력은 동일성을 유지하면서 장래에 향하여 지속되는 것이므로 갱신을 새로운 허가로 볼 수 없음 • 따라서 특별한 규정이 없는 한 원 허가의 요건은 갱신허가의 요건이 됨 • 갱신 후에는 갱신 전의 법 위반사항을 불문에 붙이는 효과를 발생하는 것이 아니며, 일단 갱신이 있은 후에도 갱신 전의 법 위반사실을 근거로 허가를 취소할 수 있음(대판 1982. 7. 27, 81누174)
양도	대인적 허가는 일신전속적이므로 양도가 불가능하나, 대물적 허가에 따른 영업의 양도인 경우 일신전속적인 것이 아니던 양도인의 법적 지위가 양수인에게 승계됨
소멸	• 이익형량의 원리에 의해서 허가의 취소·철회로 소멸함. 다만, 철회함에 있어서 철회의 법적 근거·사유 등을 명확히 하여야 하고, 가분성 또는 특정성이 있는 처분의 경우 허가의 일부철회도 가능함 • 허가의 취소·철회의 성격과 관련하여 판례는 수익적 행정행위에 대한 취소 또는 철회를 기속재량행위로 봄

관련 판례

건축허가권자는 건축허가신청이 건축법 등 관계 법규에서 정하는 어떠한 제한에 배치되지 않는 이상 당연히 같은 법조에서 정하는 건축허가를 하여야 하고, 중대한 공익상의 필요가 없음에도 불구하고, 요건을 갖춘 자에 대한 허가를 관계 법령에서 정하는 제한사유 이외의 사유를 들어 거부할 수는 없다(대판 2006. 11. 9, 2006두1227).

관련 판례

종전 허가의 유효기간이 지나서 신청한 이 사건 기간연장신청은 … 종전의 허가처분과는 별도의 새로운 허가를 내용으로 하는 행정처분을 구하는 것이라고 보아야 할 것이어서, 이러한 경우 허가권자는 이를 새로운 허가신청으로 보아 법의 관계 규정에 의하여 허가요건의 적합 여부를 새로이 판단하여 그 허가 여부를 결정하여야 할 것이다(대판 1955. 11. 10, 94누11866).

SEMI-NOTE

관련 판례 **허가의 갱신**

유료직업 소개사업의 허가갱신은 허가취득자에게 종전의 지위를 계속 유지시키는 효과를 갖는 것에 불과하고 갱신 후에는 갱신 전의 법위반사항을 불문에 붙이는 효과를 발생하는 것이 아니므로 일단 갱신이 있은 후에도 갱신 전의 법위반사실을 근거로 허가를 취소할 수 있다(대판 1982. 7. 27. 81누174).

ⓒ 면제(免除)

의의	• 의무의 성격에 대한 것을 제외하고는 허가의 경우와 그 성질이 같음 • 작위 · 급부의무의 이행을 연기 · 유예시키는 행정행위의 성질과 관련하여 이를 면제의 일종으로 보는 견해와 의무 그 자체를 소멸하는 것이 아니라 의무의 일부를 변경하는 것에 그치는 것이므로 하명의 변경에 불과하다는 견해(다수설)가 대립함
성질	• 법령에 의해 일반적으로 부과되는 작위 · 급부 · 수인의무를 특정한 경우에 해제해 주는 행정행위 • 면제도 의무해제라는 점에서 허가와 그 성질이 같지만, 그 해제대상이 작위 · 급부 · 수인의무라는 점에서 부작위의무를 해제하는 허가와 구별됨

② 형성적 행정행위 : 국민에게 새로운 권리 · 행위능력, 기타 법적 지위를 발생 · 변경 · 소멸시키는 행위

한눈에 쏙~

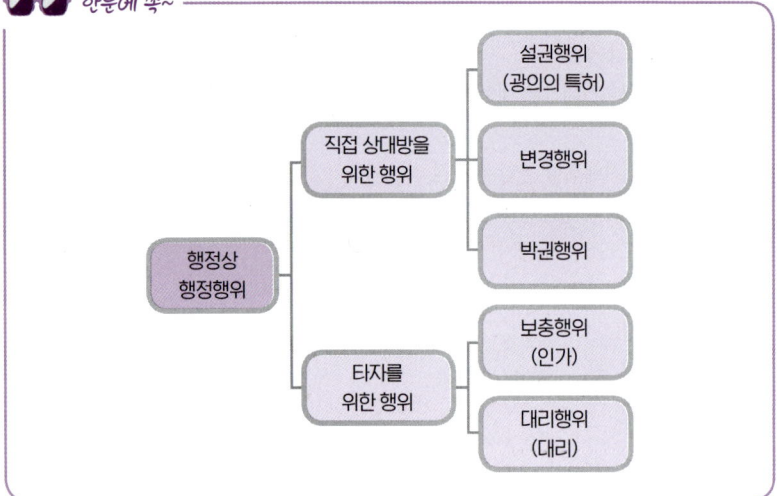

특허의 예

공무원임용, 공기업특허, 공물사용특허, 공용수용권설정, 도로점용허가, 하천부지점용허가, 자동차운송사업면허, 선박운항사업면허, 주택사업계획승인, 광업허가, 산림형질변경허가, 어업면허, 공유수면매립면허, 하천도강료징수권설정 등

㉠ 특허(설권행위)

의의	특정인에 대해 새로이 일정한 권리, 능력 또는 포괄적 법률관계를 설정하는 행위. 법률상 용어로 허가 · 면허 · 인가 · 인허라고 표현하기도 함
성질	• 신청을 전제로 하고 협력을 요하는 쌍방적 행정행위라는 것이 다수설과 판례의 입장 • 행정행위(특허처분) 형식으로 행하여지나, 예외적으로 법규에 의하여 직접 행하여진 경우도 있음(법규특허)

관련 판례

자동차운수사업법에 의한 개인택시 운송사업면허는 특정인에게 권리나 이익을 부여하는 행정행위로서 법령에 특별한 규정이 없는 한 재량행위이고, … (대판 1995. 7. 14. 94누14841).

02장 행정작용법

	• 상대방에게 이익을 주는 수익행위로서 명문의 특별한 규정이 없는 한 재량행위이므로 원칙적으로 부관을 붙일 수 있음(다수설·판례) • 허가와 마찬가지로 불요식행위인 것이 일반적임
효과	특허는 상대방에게 권리·능력 등 법률상 힘을 발생시키는 법률상 이익으로, 법적 지위를 나타낼 뿐 그 자체가 재산권이 될 수 없음. 한편, 특허에 의하여 설정된 권리는 공권인 것이 보통이나 사권(광업권·어업권 등)인 경우도 있음
권리 구제	• 항고소송 : 특허는 법률상 이익에 해당되므로, 요건을 구비한 특허신청에 대한 거부는 법률상 이익의 침해가 되어 취소소송의 대상이 됨 • 제3자효 행정행위와 이중특허 : 특허행정청이 경쟁자인 제3자에게 위법하게 특허를 하면 경쟁자는 이를 다툴 수 있으며, 양립할 수 없는 이중의 특허가 있게 되면 특별한 사유가 없는 한 후행특허는 무효가 된다는 것이 판례의 입장

ⓒ **변경행위** : 기존의 법률상 힘(권리·능력)에 변경을 가하는 행위. 설권행위와 박권행위의 결합이라는 성질을 지님

ⓒ **박권행위(탈권행위)** : 기존의 법률상의 권리·능력을 소멸시키는 행위

ⓔ **인가(보충행위)**

의의	행정청이 제3자의 법률행위를 동의로써 보충하여 그 행위의 효력을 완성시키는 행정행위로, 이러한 의미에서 인가를 보충행위라고 함
대상	성질상 언제나 법률적 행위에 한하며, 사실행위에서는 인정되지 않음. 법률행위이면 공법상의 행위, 사법상의 행위 모두 가능함
성질	• 행정행위로, 특허와 같은 형성적 행위에 속함 • 하명·특허와 달리 법규인가는 허용되지 않음 • 재량인 경우도 있고 기속행위인 경우도 존재함 • 법률행위의 효력요건이므로 무인가행위가 처벌대상이 되지는 않지만 원칙적으로 무효(허가는 적법요건이므로 무허가행위는 처벌의 대상이 되지만 행위 자체는 유효함)
출원 (신청)과 상대방	상대방의 신청을 전제요건으로 하므로, 신청한 특정인에게만 인가가 이루어지며, 법령에 근거가 없는 한 신청의 내용과 다른 수정인가는 인정되지 않음
형식	인가는 언제나 구체적인 처분의 형식으로 행하여지며, 일정 형식이 요구되는 경우를 제외하고는 원칙적으로 불요식행위임
효력	• 발생요건 : 인가는 제3자와의 사이에서 그 기본적 법률행위의 효력을 발생시켜주는 효력발생요건임. 따라서 무인가행위는 무효일 뿐이지 행정상 처벌이나 강제집행의 문제는 발생되지 않음 • 효과의 이전 : 당해 법률적 행위에 한하여 발생하며 타인에게 이전되지 않음 • 기본적 법률행위와 인가와의 효력관계 : 인가는 그 법률행위의 효력을 완성시키는 보충적 행위일 뿐, 그 법률행위의 하자를 치유하는 효력은 없음. 따라서 기본적 법률행위가 불성립 또는 무효인 경우 인가가 있어도 그 법률행위는 유효가 될 수 없으며, 적법·유효하게 성립된 기본적 법률행위가 사후에 실효되면, 인가의 효력도 상실됨

SEMI-NOTE

변경행위의 예

도시개발법상의 환지처분, 국가공무원법상 공무원에 대한 징계종류의 변경이나 공무원의 전보발령, 광구변경, 수도사업변경의 인가 등

박권행위의 예

공무원 파면·해임, 공법인해산, 공기업특허의 취소, 광업허가의 취소, 어업면허의 취소 등

관련 판례

기본행위인 기술도입계약이 해지로 인하여 소멸되었다면 위 인가처분은 무효선언이나 그 취소처분이 없어도 당연히 실효된다(대판 1983. 12. 27, 82누491).

관련 판례

학교법인의 임원에 대한 감독청의 취임승인은 학교법인의 임원선임행위를 보충하여 그 법률상의 효력을 완성케 하는 보충적 행정행위로서 성질상 기본행위를 떠나 승인처분 그 자체만으로는 법률상 아무런 효력도 발생할 수 없으므로 기본행위인 학교법인의 임원선임행위가 불성립 또는 무효인 경우에는 비록 그에 대한 감독청의 취임승인이 있었다 하여도 이로써 무인인 그 선임행위가 유효한 것으로 될 수는 없다(대판 1987. 8. 18, 86누152).

SEMI-NOTE

허가 · 특허 · 인가의 공통점
- 법률행위적 행정행위로서 수익적 행정행위이며, 실정법상 용어가 혼용됨(허가 · 특허 · 면허 · 인허 등)
- 원칙적으로 쌍방적 행정행위의 성격을 지님(허가의 경우 예외 존재)
- 원칙적으로 불요식행위이며, 부관이 가능

실력UP 허가 · 특허 · 인가의 비교

구분	허가	특허	인가
성질	• 명령적 행정행위 • 기속(기속재량)행위 • 쌍방적 행정행위 • 수정허가 가능	• 형성적 행정행위 • 자유재량행위 • 쌍방적 행정행위 • 수정특허 불가	• 형성적 행정행위 • 자유재량행위 • 쌍방적 행정행위 • 수정인가 불가
상대방	특정인(신청의 경우), 불특정다수인(신청 없는 경우)	신청한 자(특정인)	신청한 자(특정인)
대상	사실행위, 법률행위	사실행위, 법률행위	법률행위
형식	법규허가는 없고, 항상 허가처분에 의함	법규특허나 특허처분 모두 가능	법규인가는 없고, 항상 인가처분에 의함
효과	• 자연적 자유회복 • 반사적 이익발생(침해 시 행정쟁송제기 불가) • 이전 가능(대물적 허가)	• 권리설정(공권 · 사권) • 권리가 발생하므로 이익 침해 시 쟁송제기 가능 • 이전 가능(대물적 특허)	• 타인 간 법률행위의 효력을 보충 · 완성(보충적 효력, 권리설정 ×) • 이전 불가
적법요건 · 유효요건	• 허가는 적법요건 • 무허가행위는 유효하나 처벌 대상	• 특허는 효력발생요건 • 무특허행위는 무효이나 처벌 대상은 아님	• 인가는 효력발생요건 • 무인가행위는 무효이나 처벌 대상은 아님
대상 사업	개인적 소규모 영리사업	대규모 공익사업	공익사업
감독	질서유지를 위한 최소한의 소극적 감독(주로 사기업이 대상)	공익을 위한 적극적 감독(주로 공기업이 대상)	—

ⓜ 대리

의의	• 다른 법률관계의 당사자가 직접 하여야 할 것을 행정청이 대신하여 행하고 그 행위의 법적 효과를 당해 당사자에게 귀속케 하는 행정행위 • 본인의 의사에 의한 대리행위가 아니라 법률규정에 의한 법정대리임 • 여기에서의 대리는 행정행위로서의 공법상 대리를 의미하므로 행정조직 내부의 직무상 대리(권한내리)와 구별됨
유형	• 감독적 입장 : 행정주체가 공익적 견지에서 공공단체나 특허기업자 등을 대신(감독)하는 경우(감독청에 의한 공법인의 정관작성 · 임원임명 등) • 조정적 입장 : 당사자 사이의 협의가 불성립했을 때 이를 조정하는 경우(토지수용위원회의 재결 등) • 개인보호 입장 : 타인을 보호하기 위하여 행하는 경우(사자(死者)나 행려병자의 유류품 처분 등) • 행정목적 달성 : 행정의 실효성을 확보하기 위하여 행하는 경우(조세체납처분으로 행하는 압류재산의 공매처분 등)

권한대리
행정관청의 권한 전부 또는 일부를 다른 행정관청 또는 보조기관 등이 피대리관청을 위한 권한행사임을 표시하여 자기의 이름으로 행사하고, 그 행위는 피대리관청의 행위로서 효력을 발생하는 것

(2) 준법률행위적 행정행위

① 의의 : 행정청의 효과의사 표시가 아니라 행정청의 정신작용, 즉 판단·인식·관념 등의 표시에 대해 법률에서 일정한 법적 효과를 부여하는 행위. 준법률행위적 행정행위에서 부여된 법적 효과는 행정청의 의사표시에 따른 것이 아니라 법률 규정에 따라 발생함

② 종류

👓 한눈에 쏙~

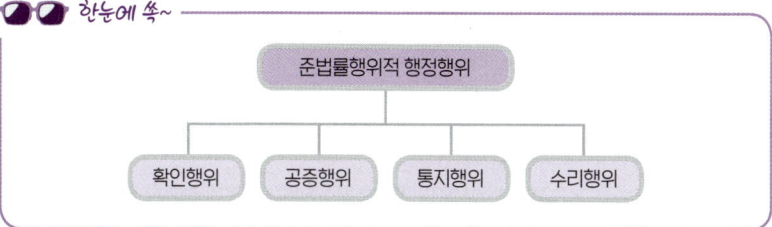

㉠ 확인행위

의의	특정한 사실 또는 법률관계의 존재 여부 등에 관하여 의문이 있거나 다툼이 있는 경우에 행정청이 이를 공적으로 판단하는 행정행위
분류	• 조직법상 확인행위 : 합격자 결정, 당선인 결정 • 급부(복리)행정법상 확인행위 : 도로·하천구역결정, 발명특허, 교과서 검인정 등 • 재정법상 확인행위 : 소득금액결정 등 • 군정법상 확인행위 : 신체검사, 군사시설보호구역 등 • 쟁송법상 확인 : 행정심판의 재결, 이의신청의 결정 • 정서행정법상 확인 : 도시계획상의 지역·지구·구역의 지정 등
성질	• 준사법적(법선언적) : 법률관계나 사실관계의 존재 또는 정당성에 대한 공권적 판단표시행위로서 법선언적 행위임 • 기속행위성 : 객관적 진실에 따라 결정되므로 성질상 행정청의 확인을 요하는 기속행위 내지 기속재량행위임
효과	• 공통적 효과(불가변력) : 확인행위로 확정된 사실 또는 법률관계는 권한 있는 기관에 의하여 부인되지 않는 한 누구도 그것을 임의로 변경할 수 없는 힘을 가짐 • 개별적 효과 : 불가변력 외에 확인의 효과는 개별법률이 정하는 바에 따라 정해짐 • 소급효 : 확인의 효과는 그 성질상 일정한 상태가 존재하였던 시기로 소급함

㉡ 공증행위

의의	특정한 사실 또는 법률관계의 존재를 공적으로 증명하는 행정행위
분류	각종 등록·등기 및 등재, 각종 기재행위, 각종 증명서 발부, 각종 교부, 검인·직인의 날인 등

SEMI-NOTE

대리의 효과
법정대리권에 기하여 행한 대리행위는 본인이 직접 행한 것과 같은 법적 효과가 발생

확인행위의 형식
확인은 언제나 구체적 처분의 형식으로 행하여지며, 법령에 의한 일반적 확인은 없음

관련 판례
친일반민족행위자재산의국가귀속에관한특별법 … 친일반민족행위자재산조사위원회가 … 위 위원회의 국가귀속결정은 당해 재산이 친일재산에 해당한다는 사실을 확인하는 이른바 준법률행위적 행정행위의 성격을 가진다(대판 2008. 11. 13, 2008두13491).

공증과 확인의 구별
• 확인 : 특정한 사실이나 법률관계의 존부 등에 대한 의문·다툼이 있는 행위에 대한 판단행위
• 공증 : 의문이나 다툼이 없는 특정한 사실이나 법률관계의 존부를 증명하는 인식의 표시행위

공증행위의 형식
공증은 특정한 사실 또는 법률관계의 존재를 공적으로 증명하는 것으로서 언제나 구체적 처분의 형식으로 행하여지며, 일정한 서식을 요하는 요식행위임이 원칙

성질	• 단순한 인식작용(인식의 의사표시) • 특정 사실이나 법률관계가 객관적으로 존재하는 경우에는 공증을 하여야 하는 기속행위 내지 기속재량행위임 • 행정절차법상 처분에 해당함. 다만, 판례는 공증의 처분성을 원칙적으로 부정하며, 예외적으로 처분성을 인정하는 경우가 있음 • 준법률행위적 행정행위로서 부관을 붙일 수 없다는 것이 다수설의 입장
효과	• 일반적 효과 : 공증은 일반적으로 공적 증거력을 발생시키며 확인과는 달리 불가변력이 발생하지 않음 • 그 밖에 개별법령의 규정에 따라 행정행위의 효력발생요건이 되거나, 권리성립요건 또는 권리행사요건이 됨
권리 구제	• 공증도 행정행위로서 행정구제가 가능하다는 것이 일반적 견해이나, 판례에서는 공증에 대한 처분성의 인정 여부에 따라서 행정쟁송의 대상 여부를 결정하고 있음 • 판례는 행정사무의 편의나 사실증명의 자료에 불과한 공증행위에 대해 원칙적으로 그 처분성을 부정하여 행정쟁송을 인정하지 않음(지적도 · 임야도 · 토지대장 · 임야대장 등의 지적공부에의 기재행위, 운전면허대장에의 기재행위 등). 다만, 예외적으로 국민의 권리관계에 영향을 미치는 공증행위에 대해서는 그 처분성을 인정하여 행정쟁송을 인정함(분필신청거부, 지목등록변경신청반려행위 등)

관련 판례 예외적으로 공증의 처분성을 긍정한 판례

• 지적공부 소관청의 지목등록변경신청반려행위(대판 2004. 4. 22, 2003두9015)
• 건축물대장 작성 및 용도변경신청 거부행위(대판 2009. 1. 30, 2007두7277)

ⓒ 통지행위

의의	특정인 또는 불특정 다수인에게 일정한 사항을 알리는 행정행위
분류	• 일정한 관념의 통지 : 특허출원공고, 귀화고시, 사업인정고시 등 • 의사의 통지 : 대집행계고, 납세독촉, 구 토지수용법상의 사업인정고시 등
성질	• 법령에 의하여 일정한 관념이나 의사를 통지하여야 하는 기속행위 • 준법률행위적 행정행위로서 법적 효과를 가져오는 것만을 말하므로 사실행위에 불과한 통지는 여기에 포함되지 않음
효과	통지행위의 효과 역시 개별법규가 정한 바에 따름. 일정한 법적 효과가 결부되어야 함
처분성 인정 여부 (판례)	• 처분성 인정 : 토지보상법상의 사업인정의 고시, 대집행영장발부 통보처분, 강서세무서장의 납부독촉, 국공립대 교수에 대한 재임용거부취지의 임용기간만료통지 • 처분성 부정 : 정년퇴직발령과 당연퇴직의 인사발령 등에 대해서는 단순한 사실행위로서의 통지에 불과하다고 보아 그 처분성을 부정

SEMI-NOTE

통지행위의 형식
통지행위 역시 행정절차법상 처분에 해당하므로 요식행위임을 원칙으로 함

관련 판례
당연퇴직의 인사발령은 법률상 당연히 발생하는 퇴직사유를 공적으로 확인하여 알려주는 이른바 관념의 통지에 불과하고 … 독립한 행정처분이라고 할 수 없다(대판 1995. 11. 14, 95누2036).

④ 수리행위

의의	• 타인의 행위를 유효한 행위로서 받아들이는 행위 • 준법률행위적 행정행위로서의 수리를 말하는 것으로, 자체완성적 공법행위에서 말하는 수리는 여기의 수리에 해당되지 않음
분류	• 각종 신청서나 신고서의 수리, 각종 소장의 수리
성질	• 수동적 행정행위로, 타인의 행위가 유효한 행위라는 판단 아래 수령하는 인식의 표시행위라는 점에서 단순한 사실인 '도달'과 사실행위인 '신고의 수리(접수)'와 구분됨 • 유효한 것으로 받아들이는 수동적 행위로, 행정청은 법이 정한 특별한 사정이 없는 한 소정의 형식적 요건을 갖춘 신고는 수리해야 하는 기속행위임(대판 84도2953). 따라서 법정요건을 갖춘 행위에 대한 수리거부는 행정쟁송의 대상이 됨
효과	보통 개별법에서 정하는 바에 따라 사법상 효과 또는 공법상 효과가 발생함

SEMI-NOTE

수리의 효과

혼인신고의 수리는 혼인성립이라는 사법상의 효과를, 소장의 수리는 공법상의 효과를 발생시킴

4. 행정행위의 부관 ⭐ 빈출개념

(1) 부관의 관념

① 의의
  ㉠ 협의설(종래의 다수설) : 행정행위의 효과를 제한하기 위하여 주된 의사표시에 부가되는 종된 의사표시
  ㉡ 광의설(최근의 다수설) : 행정행위의 효과를 제한하거나 특별한 의무를 부과하거나 요건을 보충하기 위하여 주된 행정행위에 부가된 종된 규율
② 성질 : 행정행위의 부관은 주된 행정행위에 결합되어 독립성이 인정되지 않는다는 점에서 독립성이 인정되는 행정행위의 취소나 철회와 구별됨. 단, 부관 중 부담은 다른 부관과는 달리 어느 정도 독립성이 인정됨
③ 구별 개념
  ㉠ 법정부관과의 구별 : 행정청의 의사표시에 의한 것으로, 특정한 행정행위 효과의 제한이 직접 법규에 의해 정해지는 법정부관과 구별됨
④ 부관의 기능과 특성

순기능	• 다양한 행정사무와 상황에 맞추어 행정행위가 상대방의 이해를 조절하고 공익을 효과적으로 실현할 수 있도록 함 • 행정에 광범위한 합리성과 유연성·탄력성, 절차적 경제성을 보장
역기능	부관이 행정편의주의적으로 이용되거나 남용되는 경우 국민의 권익을 침해할 수 있으므로 부관의 남용에 대한 적절한 실체적·절차적 통제책의 마련이 중요함
부종성 (종속성)	주된 행정행위가 효력이 없으면 부관도 효력이 없게 되며, 주된 행정행위와 실질적 관련성이 있어야만 부관이 인정되는데 이 때문에 주된 행정행위와 관련이 없는 목적을 위해서 부관이 부가될 수는 없음

협의설과 광의설의 본질적 차이

두 설의 본질적 차이는 부관의 본질을 주된 행정행위에 의존하는 것으로 보는지 여부에 달려 있다고 볼 수 있는데, 이러한 부관의 개념에 관한 논의는 부담의 부관성과 준법률행위적 행정행위에 부관을 붙일 수 있는지 여부에 관한 문제와 관계가 있음

관련 판례

보존음료수제조업의 허가에 붙여진 전량수출 또는 주한외국인에 대한 판매에 한한다는 내용의 조건은 이른바 법정부관으로서 행정청의 의사에 기하여 붙여지는 본래의 의미에서의 행정행위의 부관은 아니므로, 이와 같은 법정부관에 대하여는 행정행위에 부관을 붙일 수 있는 한계에 관한 일반적인 원칙이 적용되지는 않는다(대판 1994. 3. 8, 92누1728).

(2) 부관의 종류

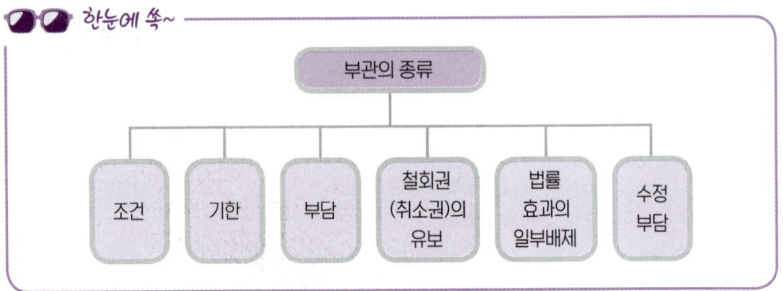

① 조건(條件)
- 의의 : 행정행위 효력의 발생·소멸을 장래의 불확실한 사실의 발생여부에 의존하게 하는 부관
- 종류

정지조건	조건의 성취로 행정행위의 효력이 발생되게 하는 행정청의 종된 의사표시
해제조건	조건의 성취로 행정행위의 효력이 소멸되는 행정청의 종된 의사표시

② 기한(期限)

의의	행정행위 효력의 발생·소멸을 장래의 확실한 사실에 의존하는 부관
분류	• 확정기한 : '12월 31일까지 사용을 허가한다'라는 경우와 같이 당해 사실의 도래시기가 확정되어 있는 것 • 불확정기한 : '갑(甲)이 사망할 때까지 연금을 지급한다'와 같이 당해 사실이 도래할 것은 분명하나 그 도래시기가 불확정된 것 • 시기 : '2014년 6월 10일부터 사용을 허가한다'라는 경우와 같이 장래 확실한 사실의 발생 시 행정행위의 효력이 발생하는 부관 • 종기(終期) : '2014년 12월 31일까지 사용을 허가한다'와 같이 장래 확실한 사실의 발생 시 행정행위의 효력이 소멸하는 부관
종기의 성질	• 존속기간(원칙) : 통설과 판례는 적정한 종기의 경우 행정행위 효력의 존속기간으로 보아, 종기가 도래하면 행정행위의 효력은 소멸(실효)된다고 봄 • 갱신기간(예외) : 통설은 장기계속성이 예정된 행정행위에 지나치게 짧은 종기가 부가된 경우(댐건설을 위한 하천 점용허가기간을 3년으로 한 경우 등)에 그것은 행정행위 효력의 존속기간이 아니라 내용의 갱신기간으로 볼 수 있다고 함

③ 부담(負擔)
  ㉠ 의의 : 행정행위의 주된 의사표시에 부가하여 그 효과를 받는 상대방에게 작위·부작위·급부 또는 수인의무를 명하는 행정청의 의사표시
  ㉡ 법적 성질
   - 주된 행정행위와의 관계 : 부담의 이행 여부와 관계없이 주된 행정행위의 효력이 발생하므로 부담의 불이행이 있다고 하여 주된 행정행위의 효력이

SEMI-NOTE

조건과 부담과의 구별
조건과 부담의 구별이 불명확한 경우에는 최소침해의 원칙에 따라 국민에게 유리한 부담으로 파악한다는 것이 통설

정지조건과 해제조건의 예
- 정지조건 : 도로확장을 조건으로 하는 자동차운수사업면허, 시설완성을 조건으로 하는 학교법인설립인가, 우천이 아닐 것을 조건으로 하는 옥외집회 장소허가 등
- 해제조건 : 기한 내에 공사를 착수하지 않으면 실효되는 것을 조건으로 한 공유수면매립면허, 호우기 전에 제방축조를 조건으로 한 공물사용특허 등

부관으로서의 부담
부담은 주로 허가를 하면서 각종 준수·이행의무를 명하거나 사용료·점용료 등의 납부를 명하는 형식의 부관으로, 부관 중 그 예가 가장 많음

당연히 소멸되는 것은 아니며, 행정청이 부담의 불이행을 이유로 주된 행정행위를 취소하거나 철회하여야 그 효력이 소멸됨(다수설·판례)
- 독립적 행정행위(처분성)

ⓒ 조건과의 구별

정지조건	정지조건부 행정행위는 조건이 성취되어야 효력이 발생하나, 부담부 행정행위는 처음부터 효력이 발생하고, 다만 그와 관련하여 상대방에게 일정한 의무가 부과된다는 점에서 구별됨
해제조건	해제조건부 행정행위는 조건이 성취되면 당연히 효력이 소멸되나, 부담부 행정행위는 상대방이 그 부담을 이행하지 아니하여도 효력이 소멸하는 것이 아니고 행정청이 그 의무불이행을 이유로 하여 철회 또는 취소하여야 소멸됨

ⓒ 부담권유보(사후변경의 유보)

의의	행정청이 행정행위를 하면서 사후에 그 부담을 설정·변경·보완할 수 있는 권리를 유보하는 의사표시로, 행정행위의 '사후변경의 유보'라고도 함
학설	철회권의 일부에 지나지 않는다고 보는 견해도 있으나, 다수설(긍정설)은 장래의 일정한 사실의 발생 시에 새로운 의무를 과하는 것을 유보하는 것으로, 유보된 사실의 발생 시에 기존의 효력을 철회하는 철회권 유보와는 구별함(부관의 일종으로 파악)

ⓒ 부담불이행의 효과
- 강제집행을 하거나 주된 행정행위를 철회시키거나 후속처분을 거부할 수 있음(통설·판례)
- 판례도 부담부 행정처분에 있어서 처분의 상대방이 부담(의무)을 이행하지 않은 경우 처분행정청은 당해 처분을 취소(철회)할 수 있다고 함(대판 1989. 10. 24, 89누2431)

④ 철회권(취소권)의 유보

의의	행정행위의 주된 의사표시에 부가하여 장래 일정한 사유가 발생한 경우 그 행정행위를 철회할 수 있는 권리를 유보하는 행정청의 의사표시
법적근거	판례는 특별한 법적 근거를 요하지 않는다고 봄
철회권행사의 제한	철회권이 유보되어 있는 것만으로 직접 철회가 정당화되는 것은 아니며, 철회권의 유보에 있어서도 행정행위의 철회에 관한 일반원칙을 준수해야 함

관련 판례 철회권 행사의 제한

행정청의 취소권이 유보된 경우에 행정청은 그 유보된 취소권을 행사할 수 있으나 그 취소는 무제한으로 허용될 것이 아니라 공익상 기타 정당한 사유가 없을 때에는 그 취소가 적법한 것이라 할 수 없다(대판 1964. 6. 7, 63누40).

SEMI-NOTE

조건과 부담의 구별이 불명확한 경우
최소침해의 원칙에 따라 국민에게 유리한 부담으로 판단(추정)해야 함(통설)

부담유보(사후변경의 유보)
행정청이 사후에 부관을 부가할 수 있는 권한 혹은 부가된 부관의 내용을 변경할 수 있는 권한을 유보하는 부관을 말하는데, 이를 부관의 일종으로 보는 것이 다수설임. 한편 부담유보는 철회권의 유보와 마찬가지로 상대방은 원칙적으로 신뢰보호주장을 할 수 없음

철회권(취소권) 유보의 예
숙박업 허가를 하면서 윤락행위를 알선하면 그 허가를 취소하겠다는 것을 유보하는 것이나, 공기업특허를 하면서 특허명령서의 내용을 위반하는 경우에 특허를 취소하겠다는 권리를 유보하는 것 등

| | SEMI-NOTE |

법률효과 일부배제의 예
격일제운행을 조건으로 한 택시영업허가, 야간에만 개시할 조건으로 한 시장 개설허가, 야간에만 도로점용허가를 하는 경우, 버스의 노선지정 등

수정부담의 예
A도로의 통행허가신청에 대하여 B도로의 통행을 허가하는 것, 유흥음식점허가신청에 대해 대중음식점허가를 하는 것 등

⑤ 법률효과의 일부배제

의의	법률에서 부여한 법률효과 중 그 일부의 발생을 배제하는 행정행위의 부관
법적 근거	법률이 부여하는 효과 중 일부를 특정한 경우에 적용배제하는 것이므로, 다른 부관과 달리 법령에 근거가 있을 경우에 한하여 인정됨

⑥ 수정부담 : 행정행위의 주된 내용에 부가되어 일정한 의무를 부과하는 것이 아니라, 행정행위의 내용 자체를 신청내용과 달리 수정·변경하는 부관으로, 신청된 내용을 거부하고 새로운 내용의 허가를 하는 것이므로, 진정한 의미의 부관이라기보다는 새로운 행정행위로 보는 경향이 커지고 있음

(3) 부관의 한계

① 문제제기 : 행정행위의 부관에 관한 일반법이 없으므로 개별법의 규정에 의하여 부관을 붙일 수 있는데, 명문규정이 없는 경우 법률행위적 행정행위에 속하는 자유재량행위에 대해서만 부관을 붙일 수 있다는 것이 다수설과 판례의 입장

② 부관의 가능성

㉠ 법률적 행정행위와 준법률행위적 행정행위에 대한 부관의 가능성

전통적 견해(다수설·판례)	종된 규율성설
• 법률행위적 행정행위 : 부관을 붙일 수 있음. 다만, 귀화허가 및 공무원의 임명행위 등과 같은 포괄적 신분설정행위는 성질상 부관을 붙일 수 없다는 것이 일반적으로 인정됨 • 준법률행위적 행정행위 : 관계법상 수권의 규정이 없는 한 부관을 붙일 수 없음	• 법률행위적 행정행위 : 부관을 붙일 수 있음이 원칙이며, 다만 귀화허가나 공무원임명과 같은 신분설정행위에는 부관을 붙일 수 없음 • 준법률행위적 행정행위 : 부관을 붙일 수 없음이 원칙이며, 다만 확인이나 공증의 경우 기한이나 종기 같은 부관을 붙일 수 있음

㉡ 재량행위와 기속행위에 대한 부관의 가능성

전통적 견해(다수설·판례)	종된 규율성설
• 원칙 : 재량행위에는 부관을 붙일 수 있으나 기속행위에는 부관을 붙일 수 없음 • 예외 : 법령에 근거규정이 있는 경우는 기속행위에도 붙일 수 있음	• 의의 : 행정행위의 재량성 검토와 부관의 가능성은 별개라는 견해 • 기속행위에는 명문규정의 유무에 상관없이 법률요건충족을 위한 부관은 붙일 수 있으며, 재량행위는 성질상 부관이 허용되지 않는 행위가 있음

③ 부관의 시간적 한계(사후부관가능성 여부)

㉠ 학설

제한적 긍정설 (다수설)	• 원칙 : 개인의 법익을 보호하기 위해 사후부관은 허용되지 않음 • 예외 : 법률의 규정이 있는 경우와 행정행위에 사후부관을 유보한 경우, 상대방의 동의가 있는 경우, 부관 중 부담인 경우 등에는 사후부관이 가능함
부담 긍정설	부담은 독립적 처분성의 성질을 가지고 있어 사후부관이 가능하다는 견해

관련 판례
• 재량행위에 있어서는 관계 법령에 명시적인 금지규정이 없는 한 행정목적을 달성하기 위하여 부관을 붙일 수 있다(대판 1998. 10. 23, 97누164).
• 일반적으로 기속행위나 기속적 재량행위에는 부관을 붙을 수 없고 가사 부관을 붙였다 하더라도 이는 무효의 것이다(대판 1988. 4. 27, 87누1106).

| 부정설 | 부관은 주된 행정행위에 부수된 종된 것이어서 그 독자적인 존재는 인정될 수 없으므로, 사후에 부관만 따로 붙일 수 없다는 견해 |

ⓒ 판례 : 제한적 긍정설의 입장에서 취하고 있는 사유와 사정변경으로 인한 목적달성의 필요를 이유로 사후부관이 예외적으로 허용된다고 봄

관련 판례 부관의 사후변경

행정처분에 이미 부담이 부가되어 있는 상태에서 그 의무의 범위 또는 내용 등을 변경하는 부관의 사후변경은, 법률에 명문의 규정이 있거나 그 변경이 미리 유보되어 있는 경우 또는 상대방의 동의가 있는 경우에 한하여 허용되는 것이 원칙이지만, 사정변경으로 인하여 당초에 부담을 부가한 목적을 달성할 수 없게 된 경우에도 그 목적달성에 필요한 범위 내에서 예외적으로 허용된다(대판 1997. 5. 30, 97누2627).

④ 부관의 내용적 한계(부관의 정도)
  ㉠ 법규상의 한계 : 부관은 법령에 적합하여야 함
  ㉡ 목적상의 한계 : 부관의 내용은 법령 및 행정행위의 목적달성에 필요한 범위를 넘어서는 안 되며, 행정목적의 범위를 초과하는 부관은 위법함
  ㉢ 행정법 일반원칙(조리)상의 한계 : 부관의 내용은 비례의 원칙, 평등의 원칙, 부당결부금지의 원칙 등 행정법의 일반원칙에 반하지 않아야 함

관련 판례 부관의 행정법 일반원칙(조리)상의 한계

관계 법령에 명시적인 금지규정이 없는 한 행정목적을 달성하기 위하여 부관을 붙일 수 있으며, 그 부관의 내용이 이행 가능하고 비례의 원칙 및 평등의 원칙에 적합하며 행정처분의 본질적 효력을 저해하는 것인 이상 거기에 부관의 한계를 벗어난 위법이 있다고 할 수 있다(대판 1998. 10. 23, 97누164).

(4) 부관의 하자와 행정행위의 효력

① 무효인 부관과 주된 행정행위의 효력
  ㉠ 부관만 무효라는 견해 : 주된 행정행위는 부관 없는 단순한 행정행위가 됨
  ㉡ 부관부행정행위 전부가 무효라는 견해 : 부관부행정행위 자체가 무효가 됨
  ㉢ 본질적 요소여부에 따라 판단하는 견해(절충설, 통설·판례)
    • 부관이 그 행정행위의 본질적 요소가 아닌 경우 : 부관이 무효인 경우 부관 없는 단순한 행정행위로서 효력이 발생함
    • 부관이 그 행정행위의 본질적 요소인 경우 : 부관이 그 행정행위에 있어서 없어서는 안 될 본질적 요소일 경우는 행정행위 전체가 무효가 됨
  ㉣ 판례 : 절충설의 입장을 취하고 있음
② 취소할 수 있는 부관과 행정행위의 효력 : 취소할 수 있는 부관이라도 그 자체가 당연무효가 아닌 적법한 것으로 추정되어 행정청이 취소하지 않으면 일단은 유효함. 다만, 행정청의 취소가 있는 경우 주된 행정행위의 효력에 어떠한 영향을 미치는가에 대해서는 무효인 경우와 같음

SEMI-NOTE

관련 판례

• 법규상의 한계 : 법령에서 부관을 붙이는 것을 금지한다면, 재량행위일지라도 당연히 부관을 붙일 수 없다(대판 1998. 8. 21, 98두8919).
• 목적상의 한계 : 허가를 하면서 운반선, 등선 등 부속선을 사용할 수 없도록 제한한 부관은 그 어업허가의 목적달성을 사실상 어렵게 하여 그 본질적 효력을 해하는 것일 뿐만 아니라 … 위법한 것이다(대판 1990. 4. 27, 89누6808).

관련 판례

도로점용허가의 점용기간은 행정행위의 본질적 요소에 해당하는 것이어서, 부관인 점용허가기간을 정함에 위법이 있으면 도로점용허가 전부가 위법이 된다(대판 1985. 7. 9, 84누604).

(5) 하자있는 부관과 행정쟁송

① 부관의 독립쟁송가능성

의의	부관이 위법한 경우 부관만을 대상으로 하여 행정쟁송이 가능한가, 즉 진정일부취소소송이 허용되는지가 문제됨
학설과 판례	• 부관 중 부담만 가능하다는 견해(다수설·판례) : 부담은 그 자체로서 독자적 규율성·처분성이 있는 독립된 행정행위로서 독립하여 쟁송이 될 수 있음(진정일부취소소송) • 모든 부관에 가능하다는 견해 • 분리가능성이 있는 부관만 가능하다는 견해
쟁송형태	• 진정일부취소소송 : 부담만을 대상으로 하여 소를 제기할 수 있음(다수설·판례) • 부진정일부취소소송 : 다수설은 부담을 제외한 부관의 경우 인정하나 판례는 부담 외의 부관에 대해서는 진정·부진정일부취소소송 모두 인정하지 않음. 판례에 의하면, 부담 외의 부관에 하자가 있는 경우 부관부 행정행위 전체의 취소를 청구하거나, 부관이 없는 행정행위로 변경을 청구하고 그것이 거부된 경우에 거부처분취소소송을 제기하여야 한다고 함

관련 판례 부관의 독립쟁송가능성

행정행위의 부관은 … 부관 그 자체만을 독립된 쟁송의 대상으로 할 수 없는 것이 원칙이나 행정행위의 부관 중에서도 행정행위에 부수하여 그 행정행위의 상대방에게 일정한 의무를 부과하는 행정청의 의사표시인 부담의 경우에는 다른 부관과는 달리 행정행위의 불가분적인 요소가 아니고 그 존속이 본체인 행정행위의 존재를 전제로 하는 것일 뿐이므로 부담 그 자체로서 행정쟁송의 대상이 될 수 있다(대판 1992. 1. 21, 91누1264).

② 부관의 독립취소가능성

학설	• 중요성설(다수설) : 부관부 행정행위 전체를 대상으로 취소소송을 제기하는 경우, 부관이 주된 행정행위의 중요한 요소가 아닌 경우에는 일부취소의 형식이 되어 부관 없는 단순행정행위로 남게 되고, 부관의 내용이 주된 행정행위의 중요한 요소인 경우에는 전부취소의 형식이 된다는 견해 • 부관만 취소할 수 있다고 보는 견해 • 기속행위의 경우에만 부관취소를 구할 수 있다는 견해
판례	• 부담의 경우 독립쟁송 및 독립취소 가능 • 부담을 제외한 부관의 경우 독립쟁송 및 독립취소 불가능

③ 부관과 후속조치
부관구속설에 가까운 입장에서 부관무관설의 입장으로 바뀌어 가는 추세임. 즉, 부관이 무효가 되더라도 그 부담의 이행으로 인한 사법상 법률행위는 부관과 별개로 보아야 하며 그로 인해 당연 무효가 되는 것은 아니라는 판례가 있음

관련 판례 부관과 후속조치

행정처분에 부담인 부관을 붙인 경우 그 부관의 무효화에 의하여 본체인 행정처분 자체의 효력에도 영향이 있게 될 수는 있지만, 그 처분을 받은 사람이 그 부담의 이행으로서 사법상 매매 등의 법률행위를 한 경우에는 … 그 법률행위 자체를 당연히 무효화하는 것은 아니며,

---

SEMI-NOTE

진정일부취소소송, 부진정일부취소소송

진정일부취소소송 : 형식상으로나 내용상으로도 부관만의 취소를 구하는 소송

부진정일부취소소송 : 형식상으로는 부관부행정행위 전체에 대해서 취소를 제기하고, 내용상으로는 그 가운데서 부관만의 취소를 구하는 형태의 소송

관련 판례

행정행위의 부관은 부담인 경우를 제외하고는 독립하여 행정소송의 대상이 될 수 없는 바, 기부채납받은 행정재산에 대한 사용·수익허가에서 공유재산의 관리청이 정한 사용·수익허가의 … 기간에 대해서는 독립하여 행정소송을 제기할 수 없다(대판 2001. 6. 15, 99두509).

관련 판례

기부채납은 기부자가 그의 소유재산을 지방자치단체의 공유재산으로 증여하는 의사표시를 하고 지방자치단체는 이를 승낙하는 채납의 의사표시를 함으로써 성립하는 증여계약이고 … (대판 1996. 11. 8, 96다20581).

행정처분에 붙은 부담인 부관이 제소기간의 도과로 확정되어 이미 불가쟁력이 생겼다면 그 하자가 중대하고 명백하여 당연 무효로 보아야 할 경우 이외에는 누구나 그 효력을 부인할 수 없을 것이지만, 그 부담의 이행으로서 하게 된 사법상 매매 등의 법률행위는 그 부담을 붙인 행정처분과는 어디까지나 별개의 법률행위이므로 그 부담의 불가쟁력의 문제와는 별도로 그 법률행위가 사회질서 위반이나 강행규정에 위반되는지 여부 등을 따져보아 그 법률행위의 유효 여부를 판단하여야 한다(대판 2009. 6. 25, 2006다18174).

5. 행정행위의 성립과 효력

(1) 행정행위의 성립(적법요건)

① 성립요건
  ㉠ 내부적 성립요건

주체	행정행위는 권한을 가진 자가 권한의 범위 내에서 정상적인 의사작용에 따라 행하여야 함
내용	사실상·법률상 실현가능하고, 관계인이 인식할 수 있을 정도로 객관적으로 명확하여야 하며, 적법·타당하여야 함
절차	행정행위의 성립에 신청, 의견청취, 동의, 사전통지(공고), 타 기관의 협력 등이 요구되는 경우 그 절차를 거쳐야 함
형식	행정행위는 원칙적으로 특별한 형식이 요구되지 않는 불요식행위임. 다만, 행정절차법에서는 처분의 방식에 있어 문서에 의할 것을 원칙으로 하고 있음(제24조 제1항)

  ㉡ 외부적 성립요건 : 행정행위가 완전히 성립하려면 내부적으로 결정된 행정의사를 외부에 표시하여야 함(외부에 표시되지 않는 경우는 부존재에 해당함)

② 효력발생요건
  ㉠ 효력발생 : 행정행위는 법규 또는 부관(정지조건, 시기)에 의한 제한이 있는 경우를 제외하고는 성립과 동시에 효력이 발생
  ㉡ 예외 : 상대방에 통지를 요하는 행정행위는 통지에 의하여 효력이 발생하며, 서면에 의한 통지는 그 서면이 상대방에게 도달하여야 그 효력이 발생
  ㉢ 통지(고지) : 행정행위의 효력발생요건으로서 송달 또는 공고의 방법에 의함
    • 송달(행정절차법 제14조) : 송달은 우편, 교부 또는 정보통신망 이용 등의 방법으로 하되 송달받을 자의 주소·거소·영업소·사무소 또는 전자우편 주소로 함. 다만, 송달받을 자가 동의하는 경우에는 그를 만나는 장소에서 송달할 수 있음

👓 한눈에 쏙~

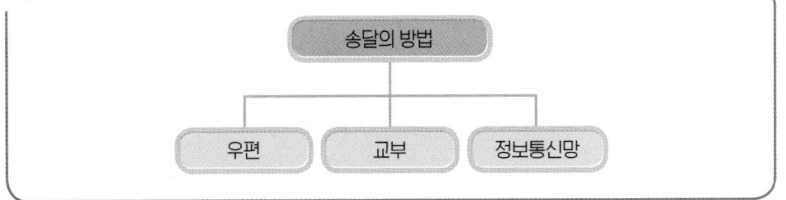

SEMI-NOTE

행정행위의 적법요건

행정행위가 적법하게 성립하여 그 효력을 발생하기 위해서는 성립요건과 효력발생요건을 구비하여야 함. 이 요건을 갖추지 못한 경우에는 행정행위의 하자 문제와 직결되어 부존재(성립요건을 결한 경우), 무효 또는 취소할 수 있는 행정행위(효력요건을 결한 하자 정도에 따라)가 됨

관련 판례

우편물이 등기취급의 방법으로 발송된 경우 반송되는 등의 특별한 사정이 없는 한 그 무렵 수취인에게 배달되었다고 보아야 한다(대판 1992. 3. 27, 91누3819).

관련 판례

내용증명우편이나 등기우편과는 달리, 보통우편의 방법으로 발송되었다는 사실만으로는 그 우편물이 상당한 기간 내에 도달하였다고 추정할 수 없고, 송달의 효력을 주장하는 측에서 증거에 의하여 이를 입증하여야 한다(대판 2009. 12. 10, 2007두20140).

우편	수취인 또는 가족이 주민등록지에 실제 거주하지 않는 등의 경우에는 도달이 추정되지 않음
교부	수령확인서를 받고 문서를 교부함으로써 하며, 송달하는 장소에서 송달받을 자를 만나지 못한 경우 그 사무원·피용자(被傭者) 또는 동거인으로서 사리를 분별할 지능이 있는 사람에게 문서를 교부할 수 있음
정보통신망	송달받을 자가 동의하는 경우에만 함. 이 경우 송달받을 자는 송달받을 전자우편주소 등을 지정하여야 함

- 공고(동법 제14조 제4항·제5항)
  - 송달받을 자의 주소 등을 통상의 방법으로 확인할 수 없는 경우나 송달이 불가능한 경우에는 송달받을 자가 알기 쉽도록 관보·공보·게시판·일간신문 중 하나 이상에 공고하고 인터넷에도 공고하여야 함
  - 행정청은 송달하는 문서의 명칭, 송달받는 자의 성명 또는 명칭, 발송방법 및 발송연월일을 확인할 수 있는 기록을 보존하여야 함

ㄹ) **도달(동법 제15조)**
- 송달은 다른 법령 등에 특별한 규정이 있는 경우를 제외하고는 해당 문서가 송달받을 자에게 도달됨으로써 그 효력이 발생함. 여기서 도달이란 상대방이 행정행위를 수령하여 요지(了知)하여야 한다는 것은 아니고 상대방이 요지할 수 있는 상태에 이른 것을 말함(대판 75누63)
- 정보통신망을 이용하여 전자문서로 송달하는 경우에는 송달받을 자가 지정한 컴퓨터 등에 입력된 때에 도달된 것으로 봄
- 공고의 경우에는 다른 법령 등에 특별한 규정이 있는 경우를 제외하고는 공고일부터 14일이 지난 때에 그 효력이 발생함. 다만, 긴급히 시행하여야 할 특별한 사유가 있어 효력발생시기를 달리 정하여 공고한 경우에는 그에 따름. 여기서 다른 법령 등에 특별한 규정을 두는 것으로는 행정기관의 공고문서에 의해 사무를 처리하는 경우(행정효율과협업촉진에관한규정)를 들 수 있는데, 공고문서의 경우 그 문서에서 효력발생시기를 구체적으로 밝히고 있지 않으면 그 고시 또는 공고가 있은 날부터 5일이 경과한 때에 효력이 발생함

③ 행정법령의 적용문제

원칙	행정처분은 처분시의 법령을 적용하는 것이 원칙이므로 근거법령이 개정되었더라도 처분 당시 시행된 개정법령과 그에서 정한 기준에 의해야 함
예외	• 구법의 존속에 대한 국민의 신뢰가 개정법령에 대한 공익상의 요구보다 더 보호가치가 있다고 인정될 경우에는 개정법령의 적용이 제한될 수 있음 • 사건 발생시 법령에 따라 이미 법률관계가 확정되고 행정청이 확정된 법률관계를 확인하는 처분을 하는 경우에는 처분시 법령이 아니라 당해 법률관계의 확정시 법률을 적용함 • 신의성실의 원칙에 위반하는 경우에는 개정 전의 법령을 적용함 • 법령위반행위에 대한 과징금 등의 행정제재처분은 법령위반행위시의 법에 따라야 함

SEMI-NOTE

신의성실의 원칙
행정청이 직무를 수행할 때 신의에 따라 성실히 하여야 한다는 행정법의 일반원칙

- 기존의 법규정에 위헌성이 있는 등의 법적 견해의 변경으로 법률이 개정된다면 행위의 가벌성이 없어졌으므로 처벌할 수 없음. 다만 단순 사실관계의 변화로 법률이 개정된 경우 가벌성이 없어지지 않았으므로 행위 당시의 법령에 따라 처벌할 수 있음
- 국민의 기득권과 신뢰보호를 위해 경과규정을 두는 경우 신청시의 법령을 적용함
- 시험의 합격·불합격은 시험일자의 법령을 적용함

(2) 행정행위의 효력

① **구속력(기속력)** : 행정행위가 적법요건을 갖추면, 효과의사나 법규정에 따라 일정한 효과를 발생하여 당사자를 구속하는 실체법상의 힘을 가지게 되는 것으로, 행정행위의 성립·발효와 동시에 발생하고, 행정청이 취소나 철회를 할 때까지 지속적으로 효력을 가짐

② **공정력**

㉠ 의의
- 행정행위에 비록 하자(위법·부당)가 있더라도 그것이 중대하고 명백하여 당연무효가 아닌 한, 권한 있는 기관에 의하여 취소될 때까지 일단 유효한 것으로 추정되어 상대방 및 이해관계가 있는 제3자를 구속하는 힘을 말함
- 하자(흠)로부터 독립한 사실상의 효력(절차적 효력)이며, 행정행위가 부존재하거나 당연무효인 경우에는 인정되지 않음

㉡ 근거

이론적 근거(통설·판례)	실정법상 근거
통설·판례 : 공정력의 근거를 신뢰보호와 행정법관계의 안정, 공익실현작용으로서의 행정행위의 실효성 확보 등 행정의 원활한 운영이라는 정책적 측면에서 찾는 법적 안정성설(행정정책설)	• 공정력을 명시적으로 인정하는 실정법상의 직접적인 근거는 없으나, 취소쟁송에 관한 행정심판법·행정소송법의 규정과 직권취소를 규정하고 있는 개별법의 규정 등이 간접적 근거가 됨 • 집행부정지원칙, 행정청의 직권취소제도, 제소기간의 제한규정, 행정상의 자력강제제도 등

㉢ 한계
- 공정력의 적용범위
  - 부당 또는 단순한 위법이어서 취소할 수 있는 경우에는 인정되나, 중대·명백한 하자가 있는 당연무효나 부존재에 있어서는 인정되지 않는다는 것이 다수설·판례의 입장
  - 권력적 행정행위에만 인정되며, 공법상 계약이나 행정지도와 같은 사실행위·비권력적 행위·사법행위에는 인정되지 않음
- 입증책임(소송절차) : 행정행위의 공정력이 입증책임의 영역에도 미치는가에 대해 견해가 대립되고 있으나, 입증책임무관설(법률요건분류설)이 통설

SEMI-NOTE

공정력

일반적으로 공정력은 상대방(이해관계인 포함)에 대한 구속력과 국가기관(처분청 이외의 기관과 법원)에 대한 구속력을 의미하는데, 일부 견해에 따르면 공정력은 상대방에 대한 관계에서 법적 안정성의 원칙상 인정되는 유효성 추정력이며, 구성요건적 효력은 타 국가기관과의 관계에서 권한분립의 원칙상 인정되는 유효성 추정력이라 하여 이를 구별하기도 함

입증책임(거증책임)

소송상 당사자의 증명활동에도 불구하고 요건사실의 존부가 불분명할 경우에 누가 이로 인한 불이익 내지 위험을 부담할 것인가의 문제

- 선결문제

민사·형사사건의 선결문제로서 행정행위의 효력 여부가 선결문제인 경우	• 행정행위가 무효인 경우 : 민사법원이 직접 그 무효임을 전제로 판단할 수 있음 • 행정행위가 취소사유(단순 위법)인 경우 : 행정행위의 공정력 때문에 선결적으로 판단할 수 없음
민사·형사사건의 선결문제로서 행정행위의 위법 여부가 선결문제인 경우	민사·형사법원은 선결문제로서 행정행위의 위법 여부를 심사할 수 있음

관련 판례 행정행위의 효력여부가 선결문제인 경우

행정행위의 효력여부가 선결문제인 경우 : 과세처분이 당연무효라고 볼 수 없는 한 과세처분에 취소할 수 있는 위법사유가 있다 하더라도 그 과세처분은 행정행위의 공정력 또는 집행력에 의하여 그것이 적법하게 취소되기 전까지는 유효하다 할 것이므로, 민사소송절차에서 그 과세처분의 효력을 부인할 수 없다(대판 1999. 8. 20, 99다20179).

관련 판례 행정행위의 위법여부가 선결문제인 경우

계량기가 달린 양수기를 설치 사용하라는 시설개선명령은 온천수의 효율적인 수급으로 온천의 적절한 보호를 도모하기 위한 조치로서 온천법 제15조가 정하는 온천의 이용증진을 위하여 특히 필요한 명령이라 할 것이므로 이에 위반한 소위는 온천법 제26조 제1호, 제15조의 구성요건을 충족한다(대판 1986. 1. 28, 85도2489).

③ 존속력(확정력) : 하자있는 행정행위라 할지라도 행정주체가 일정기간의 경과 또는 그 성질상 이를 임의로 취소·철회할 수 없는 힘

㉠ 불가쟁력(형식적 확정력)

의의	비록 하자있는 행정행위일지라도 그에 대한 불복기간이 경과되거나 쟁송절차가 모두 종료된 경우에 행정행위의 상대방, 그 밖에 관계인이 그 행정행위의 효력을 다툴 수 없게 되는 힘
효과	• 불가쟁력이 발생한 행정행위에 대해 소송이 제기된 경우 부적법을 이유로 각하됨 • 불가쟁력이 발생한 경우라도 관계 법령의 해석상 신청권이 인정될 수 있는 특별한 사정이 있는 경우에는 해당 처분의 변경에 대한 신청권이 인정됨 • 불가쟁력이 있는 행정행위에 대해 재심사청구가 가능하다는 것이 다수설의 견해 • 국가배상청구소송은 처분 등의 효력을 다투는 것이 아니므로 불가쟁력이 발생한 행정행위로 손해를 입게 된 상대방이 위법성을 이유로 행정상 손해배상을 청구할 수 있음
공정력과의 관계	공정력과 불가쟁력은 서로 별개의 효력임. 다만, 공정력이 인정되는 행정행위에 불복제기기간의 도과 등으로 불가쟁력이 발생한 경우 그 행정행위는 잠정적인 통용력에서 영구적인 통용력으로 전환된다고 할 것임

관련 판례

연령미달의 결격자인 피고인이 소외인의 이름으로 운전면허시험에 응시, 합격하여 교부받은 운전면허는 당연무효가 아니고 도로교통법 제65조 제3호의 사유에 해당함에 불과하여 취소되지 않는 한 유효하므로 피고인의 운전행위는 무면허운전에 해당하지 아니한다(대판 1982. 6. 8, 80도2646).

관련 판례

행정처분의 취소판결이 있어야만, 그 행정처분의 위법임을 이유로 한 손해배상청구를 할 수 있는 것은 아니다(대법 1972. 4. 28, 72다337).

관련 판례

제소기간이 이미 도과하여 불가쟁력이 생긴 행정처분에 대하여는 개별 법규에서 그 변경을 요구할 신청권을 규정하고 있거나 관계 법령의 해석상 그러한 신청권이 인정될 수 있는 등 특별한 사정이 없는 한 국민에게 그 행정처분의 변경을 구할 신청권이 있다 할 수 없다(대판 2007. 4. 26, 2005두11104).

ⓒ 불가변력(실질적 확정력)
- 의의 : 행정행위의 성질상 행정행위를 한 행정청이나 감독청 자신도 그 행정행위의 내용을 변경하거나 취소·철회할 수 없도록 하는 효력
- 인정범위

준사법적 행위 (확인행위)	조직법상 확인행위(합격자 결정, 당선인 결정 등), 급부행정법상 확인행위(도로·하천구역결정, 발명특허 등), 재정법상 확인행위(소득금액결정 등), 군정법상 확인행위(신체검사 등), 쟁송법상 확인(행정심판의 재결, 이의신청의 결정 등), 정서행정법상 확인(도시계획상의 지역·지구·구역의 지정 등) 등
수익적 행정행위와 기속행위	허가·특허·인가·면제 등과 같은 수익적 행정행위와 기속행위에 대해 불가변력이 발생한다는 견해가 있으나, 다수설은 이를 신뢰보호 등에 따른 취소나 철회권 행사의 제한으로 봄. 따라서 다수설에 의할 때 건축허가는 불가변력이 발생하는 행위에 해당되지 않음
공공복리	행정행위를 취소함으로써 공공복리를 해치게 되는 경우 당해 행정행위를 취소할 수 없는 것은 불가변력과 관계가 있다는 견해가 있으나, 다수설은 이를 불가변력의 문제가 아닌 취소권행사의 제한으로 봄

- 위반의 효과 : 행정청이 불가변력을 위반하여 위법한 행정행위를 한 경우, 원칙적으로 당연무효가 아닌 취소사유가 된다는 것이 판례의 입장

ⓒ 불가쟁력과 불가변력의 비교

구분	불가쟁력(형식적 확정력)	불가변력(실질적 확정력)
의의	쟁송제기기간(불복기간)의 경과나 심급종료 등으로 인해 상대방이나 이해관계인이 더 이상 그 행정행위의 효력을 다툴 수 없게 되는 효력	행정행위의 성질상 행정청이 자유로이 이를 취소·변경·철회할 수 없는 효력
구속 대상	행정객체(상대방 및 이해관계인)	행정주체(처분청 등)
성질 (효력)	쟁송기간 경과나 심급 종료로 처분의 효력을 다투지 못하는 절차법적 효력	준사법적 행정행위 등에만 인정되는 실체법적 효력
인정 범위	무효가 아닌 모든 행정행위(무효인 행정행위는 불가쟁력이 발생하지 않음)	일정한 행위(준사법적 행위)

④ 강제력

자력 집행력	• 의의 : 행정목적을 실현하기 위하여 행정상 의무를 상대방이 이행하지 아니할 경우, 행정청이 직접 실력을 행사하여 그 의무이행을 확보하는 힘 • 근거 : 자력집행력의 근거에 대해서는 직무집행설(처분효력설)과 법규설(법적 실효설)이 있으나, 별도의 수권법규가 필요하다는 법규설이 통설 • 인정범위 : 상대방에게 일정한 의무를 명하는 하명행위에만 자력집행력이 인정됨
제재력	행정법관계에서 위반행위에 대해 일정한 제재(행정형벌과 행정질서벌)를 가하여 간접적으로 그 의무이행을 담보할 수 있는 힘(행정의사 실효성의 확보 수단)을 말함

SEMI-NOTE

불가쟁력과 불가변력의 관계

사실상 양자관계는 무관(독립적)하므로, 불가쟁력이 발생한 행위라도 불가변력이 발생하지 않은 경우 행정청은 그 행위를 변경할 수 있고, 불가변력이 발생한 행위라도 불가쟁력이 발생하지 않으면 상대방은 소를 제기할 수 있음

자력집행력의 법적 근거

행정대집행법, 국세징수법 등

6. 행정행위의 하자

(1) 개설

① **하자의 의의** : 행정행위의 성립요건과 효력발생요건을 완전하게 구비하지 못하게 함으로써 행정행위의 효력이 완전하게 발생하지 못하게 하는 사유, 즉 행정행위 적법요건상의 흠결을 의미함. 행정행위의 하자 판단시점은 처분시를 기준으로 함

② **하자의 형태** : 행정행위에 계산상의 잘못(오기·오산) 또는 그 밖에 이에 준하는 명백한 잘못이 있을 때에는 직권으로 또는 신청에 따라 지체 없이 정정하고 그 사실을 당사자에게 통지하여야 한다고 규정하고 있음(행정절차법 제25조)

③ **무효와 부존재의 구별** : 양자 모두 법률효과를 전혀 발생하지 않는다는 점에서 구별의 합리적 이유가 없다고 보며, 현행 행정심판과 행정쟁송법에서도 양자의 구별을 두고 있지 않음(다수설·판례)

④ **무효와 취소의 구별**
　㉠ 의의
　　• 무효인 행정행위 : 행정행위로서의 외형은 갖추고 있으나 그 하자가 중대하고 명백하여 권한 있는 기관이나 법원의 취소를 기다릴 것이 없이 처음부터 효력이 발생하지 않는 행위로, 행정행위의 효력이 전혀 없어 언제 누구라도 효력부인이 가능
　　• 취소할 수 있는 행정행위 : 행정행위의 성립에 하자가 있음에도 불구하고 권한 있는 기관이나 법원이 취소할 때까지 유효한 행정행위로, 취소가 있어야 비로소 행정행위의 효력이 상실됨
　㉡ 구별의 실익

구별실익	무효	취소
효력발생	처음부터 발생하지 않음 (처음부터 무효)	취소될 때까지 효력 인정 (취소로 효력 상실)
선결문제	선결 가능[민·형사사건의 수소법원이 심사 가능(통설)]	위법성 판단은 가능, 효력 부인은 불가능
하자의 승계	승계 (독립하여 별개의 법률효과를 가져오는 경우에도 승계됨)	동일한 법률효과의 경우 하자가 승계되나, 독립하여 별개의 법률 효과를 가져오는 경우는 승계 불가
쟁송형태	무효확인심판·소송, 무효선언을 구하는 의미의 취소소송	취소심판·소송
제소기간	제약 없음(단, 무효선언적 취소소송은 제약 있음)	제약 있음
행정심판 전치주의	적용 안 됨 (단, 선거·당선무효소송은 예외)	적용됨 (단, 특별규정이 있는 경우에는 예외)
입증책임	원고	행정청

부존재의 예

행정청이 아닌 명백한 사인의 행위, 행정권의 발동으로 볼 수 없는 행위(권유·주의·알선·희망의 표시 등), 외부에 표시되지 아니한 행위, 행정행위가 해제조건의 성취·기한의 도래·철회 등에 의하여 실효된 경우 등

무효와 취소의 구별실익

구별실익	무효	취소
신뢰보호의 원칙의 적용 여부	×	○
공정력	×	○
불가쟁력	×	○
하자의 치유	×	○
하자의 전환	○	×
집행부 정지원칙	○	○
사정재결·판결	×	○
손해배상	○	○
간접강제 인정	×	○

ⓒ 구별의 기준 : 행정행위의 하자 종류와 정도에 따라 무효와 취소가 결정됨

중대설 (개념론적 견해)	능력규정이나 강행규정, 중요한 법규에 위반한 행위는 무효, 명령규정이나 비강행규정, 중요하지 않은 법규에 위반하는 행위는 취소할 수 있는 행위
중대·명백설 (기능론적 견해)	• 하자의 중대성과 명백성 모두 기준으로 하는 견해(다수설·판례) • 행정행위의 하자의 정도가 부당 또는 단순·위법인 것은 취소사유가 되는 데 비해, 그 하자의 정도가 중대하고 명백한 위법인 경우 처음부터 무효가 된다는 견해
명백성 보충요건설	기본적으로는 중대설의 입장에 서지만, 제3자나 공공의 신뢰보호의 필요가 있는 경우에 중대·명백설을 취하는 견해

(2) 하자의 승계

① 하자의 승계문제

의의	선행행위의 하자가 후행행위에 승계되는지의 여부에 관한 것으로, 이를 '위법성의 승계'라고도 함
요건 (전제)	• 후행행위에 고유한 위법사유가 없어야 함 • 선행행위에 취소사유가 발생하여야 함(무효사유의 경우는 하자도 당연 승계됨) • 선행행위와 후행행위 모두 처분성을 가져야 함 • 선행행위에 불가쟁력이 발생하여 더 이상 다툴 수 없어야 함

② 하자의 승계 여부

구분	전통적 견해 (다수설)	새로운 견해 (구속력설·규준력설·기결설)
승계의 인정 여부	• 선행행위에 무효사유인 하자가 있는 경우 그 하자는 후행행위에 승계됨 • 선행행위에 취소사유가 있는 경우 동일한 목적을 달성하기 위한 일련의 절차인 경우에는 그 하자가 승계되며, 선후 행정행위가 독립하여 별개의 효과를 목적으로 하는 경우에 당연무효가 아닌 그 하자는 승계되지 않음	둘 이상의 행정행위가 동일한 법적 효과를 추구하고 있는 경우 선행행위는 후행행위에 대하여 일정한 조건하에서 구속력을 갖게 되는데, 구속력이 미치는 한 선행행위의 효과와 다른 주장을 후행행위에서 할 수 없다고 봄
판례	• 원칙적으로 전통적 견해와 동일한 기준으로 하자의 승계 여부를 판단함 • 다만, 선행행위와 후행행위가 별개의 법률효과를 목적으로 하는 경우(개별공시지가와 조세부과처분 등)에도 구속력이론을 일부 수용하여 하자승계를 인정한 바 있음	

SEMI-NOTE

관련 판례

행정처분이 당연무효라고 하기 위해서는 그 처분에 위법사유가 있다는 것만으로는 부족하고, 그 하자가 법규의 중요한 부분을 위반한 중대한 것으로서 객관적으로(외형상으로) 명백한 것이어야 하며, 하자가 중대하고 명백한 것인가의 여부를 판별함에 있어서는 그 법규의 목적, 의미, 기능 등을 목적론적으로 고찰함과 동시에 구체적 사안 자체의 특수성에 관하여도 합리적으로 고찰함을 요한다(대판 1996. 2. 9, 95누4414).

하자승계의 실익

하자의 승계를 인정하게 되면, 선행행위의 제소기간 등의 경과로 불가쟁력이 발생하여 그 효력을 다툴 수 없는 경우에도 그 선행행위의 하자를 이유로 후행행위의 효력을 다투어 권리구제를 받을 수 있음. 다만, 이 문제를 무한정으로 인정한다면 법적 안정성을 저해할 우려가 있음

견해에 따른 하자의 승계여부

• 전통적 견해

동일목적, 동일효과	○
별개목적, 별개효과	×

• 새로운 견해

구속력 범위 내	×
구속력 초과	○

SEMI-NOTE

관련 판례

선행처분과 후행처분이 서로 독립하여 별개의 효과를 목적으로 하는 경우에도 선행처분의 불가쟁력이나 구속력이 그로 인하여 불이익을 입게 되는 자에게 수인한도를 넘는 가혹함을 가져오며, 그 결과가 당사자에게 예측가능한 것이 아닌 경우에는 국민의 재판 받을 권리를 보장하고 있는 헌법의 이념에 비추어 선행처분의 후행처분에 대한 구속력은 인정될 수 없다(대판 1994. 1. 25, 93누8542).

실력up 하자의 승계 여부(판례)

하자의 승계가 인정된 경우	하자의 승계가 부정된 경우
• 무효인 조례와 그에 근거한 지방세 과세처분 • 조세체납처분에 있어 독촉·압류·매각·충당의 각 행위 • 독촉과 가산금·중가산금징수처분 • 귀속재산의 임대처분과 후행매각처분 • 행정대집행 절차(계고·대집행영장의 통지·대집행실행·대집행비용의 납부명령)의 각 행위 • 암매장분묘개장명령과 계고처분 • 개별공시지가결정과 과세처분 • 기준지가고시처분과 토지수용처분 • 토지구획정리사업에 있어서의 환지예정지 지정처분과 공작물이전명령 • 안경사시험 합격무효처분과 안경사 면허취소처분	• 경찰공무원 직위해제처분과 면직처분 • 과세처분과 체납처분 • 택지개발예정지지정처분과 택지개발계획의 승인처분 • 건물철거명령(하명)과 대집행계고처분 • 사업계획승인처분과 도시계획시설변경 및 지정승인고시처분 • 도시계획결정 또는 도시계획사업의 실시계획인가와 수용재결처분 • 표준공시지가결정과 개별공시지가결정 • 위법건물의 철거명령과 대집행 계고처분 • 액화석유가스판매사업허가처분과 사업개시신고반려처분 • 보충역편입처분과 공익근무요원소집처분

(3) 하자있는 행정행위의 치유와 전환

① 개설

의의	하자있는 행정행위는 무효이거나 취소되는 것이 원칙이나, 획일적으로 행정효력을 부인하게 되면 상대방의 신뢰보호, 법적 안정성 및 행정행위의 불필요한 반복이라는 문제점이 나타나므로 행정목적과 관계자의 이익 등을 종합적으로 고려하여 그 행위를 유효한 것으로 하는 것이 행정행위의 치유와 전환의 법리임
학설	전통적 견해에 따르면 하자의 치유는 취소할 수 있는 행정행위에서만 인정되고 전환은 무효인 행정행위에서만 인정된다고 보며, 행정행위 하자의 치유나 전환을 인정하는 경우에도 처분형식이나 행정절차의 본질적 의의를 손상하지 않은 범위 내에서 제한적으로 인정된다고 봄(다수설·판례). 이에 대해 전환은 하자의 정도가 심한 무효보다는 취소행위에 인정하자는 견해가 있으며, 무효에도 치유를 인정하자는 견해도 있음
판례	하자있는 행정행위의 치유나 전환을 법치주의 관점에서 원칙적으로 허용되지 않는다고 보면서, 예외적으로 이를 허용하고 있음

② 취소원인인 하자의 치유

㉠ 의의 : 행정행위가 성립 당시에는 하자있는 행정행위이지만, 흠결요건을 사후 보완하거나 그 하자(위법성)가 경미하여 취소할 필요가 없는 경우 적법행위로 취급하는 것. 법 생활의 안정과 신뢰보호를 위한 것으로, 취소할 수 있는 행정행위에만 인정되며 무효의 경우에는 인정되지 않음

ⓛ **법적 근거** : 하자의 치유는 행정법상으로는 통칙적인 규정이 없으며, 민법에서 명문화되어 있음(민법 제143조 내지 146조)
ⓒ **치유의 범위** : 절차상 하자의 치유는 인정되나, 내용상의 하자에 대해서는 치유가 인정되지 않음(대판 1991. 5. 28, 90누1359)
ⓔ **치유의 요건**

일반적으로 인정되는 사유	• 요건의 사후보완(이유부기 보완, 신청서 사후제출 등) • 무권대리행위의 추인, 관계기관 또는 상대방의 필요적 협력의 추인 • 허가 · 등록요건의 사후충족 • 필요적 사전절차의 사후이행 • 요식행위의 형식 보완 • 불특정목적물의 사후특정
기타 사유	• 공익상의 필요(사정재결 · 사정판결 등) • 장기간의 방치에 의한 취소권의 실권 • 취소의 필요성 상실(주로 경미한 절차 · 형식상의 하자인 경우)

ⓜ **치유가 부정되는 경우** : 공정력이 인정되는 경우, 불가쟁력이 발생한 경우, 상대방이 하자를 주장하지 않은 경우, 이유부기의 하자를 사후보완하는 경우 등
ⓗ **치유의 효과** : 하자의 치유는 소급효를 가지므로 치유로 인해 처음부터 적법한 행위와 같은 효력이 발생함
ⓢ **치유의 시간적 한계** : 치유시기와 관련하여 쟁송제기전설과 소송절차종결시설이 대립하고 있으나, 판례는 하자의 추완이나 보완은 처분에 대한 불복여부결정 및 불복신청에 편의를 줄 수 있는 상당기간 내에 가능하다고 판시하여 쟁송제기전설을 취하고 있음
ⓞ **치유사유에 대해 전환을 인정할 수 있는지 여부** : 전환은 무효사유에만 인정하여야 한다는 부정설이 통설과 판례의 입장

③ **무효인 행정행위의 전환**

의의	원래의 행정행위는 무효이나 다른 행정행위로서 적법요건을 갖추고 있는 경우에 행정청의 의도에 반하지 않는 한 다른 행정행위로서의 효력을 인정하는 것을 말함
전환의 요건	• 무효인 행정행위와 전환될 다른 행정행위 사이에 요건 · 목적 · 효과에 있어 실질적 공통성을 가지고 있어야 함 • 무효인 행정행위는 전환될 다른 행정행위의 성립 · 효력요건을 갖추고 있어야 함 • 무효인 행정행위를 한 행정청이 의욕하는 것으로서 그 의도에 반하지 않아야 함 • 무효행위의 전환으로 상대방에게 원 처분보다 불이익을 주지 않아야 하고 제3자에게 이익침해가 없어야 함
전환의 효과	• 새로운 행정행위의 효력은 전환 이전의 하자있는 행정행위의 발령당시로 돌아가서 소급적으로 효력이 발생함(대판 1998. 2. 13, 95다15667) • 소송계속 중에 전환이 이루어진다면, 처분변경으로 소의 변경이 가능함 • 처분성이 인정되므로 이해관계인은 행정쟁송 및 국가배상을 청구할 수 있음

SEMI-NOTE

관련 판례

징계처분이 중대하고 명백한 흠 때문에 당연무효의 것이라면 징계처분을 받은 자가 이를 용인하였다 하여 그 흠이 치료되는 것은 아니다(대판 1989. 12. 12, 88누8869).

관련 판례

과세처분이 있은 지 4년이 지나서 그 취소소송이 제기된 때에 보정된 납세고지서를 송달하였다는 사실이나 오랜 기간(4년)의 경과로써 과세처분의 하자가 치유되었다고 볼 수는 없다(대판 1983. 7. 26, 82누420).

관련 판례

귀속재산을 불하받은 자가 사망한 후에 그 수불하자에 대하여 한 그 불하처분은 사망자에 대한 행정처분이므로 무효이지만 그 취소처분을 수불하자의 상속인에게 송달한 때에는 그 송달 시에 그 상속인에 대하여 다시 그 불하처분을 취소한다는 새로운 행정처분을 한 것이라고 할 것이다(대판 1969. 1. 21, 68누190).

전환이 부정되는 경우

처분청의 의도에 명백히 반하는 경우, 하자있는 행정행위의 취소가 허용되지 않는 경우, 기속행위를 재량행위로 전환하려는 경우, 관계인에 원 처분보다 불이익하게 되는 경우 등

(4) 행정행위의 무효

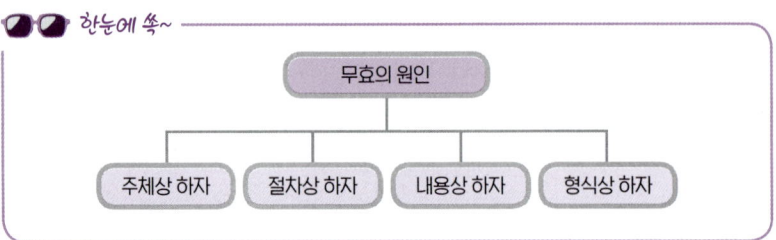

① 의의 : 행정행위의 하자가 중대하고 명백하여 권한 있는 기관이나 법원의 취소를 기다릴 것이 없이 처음부터 효력이 발생하지 못하는 것을 말하며, 언제 누구라도 효력을 부인할 수 있음

② 무효의 원인

주체	• 정당한 권한이 없는 행정기관의 행위 • 권한 외의 행위 : 대인적 무권한행위, 지역적 무권한행위, 사항적 무권한행위 등 • 행정기관의 정상적 의사에 기하지 않은 행위 : 의사능력 없는 자의 행위, 행위능력 없는 자의 행위 등 • 행위능력 없는 자의 행위에서 미성년자인 공무원이 행한 행위는 유효함
절차	• 법률상 필요한 신청이나 동의를 결한 행위 • 필요한 통지(고지) · 공고를 결한 행위 • 필요한 청문 · 공청회를 결한 행위 • 필요한 이해관계인의 참여 및 협의를 결한 행위 • 증표의 제시를 결한 행위(→ 취소사유로 보는 견해가 있음)
내용	• 내용상 실현 불가능한 행위(사실상 · 법률상 불능 등) • 불명확한 행위나 미확정 행위
형식	• 법령상 요구되는 문서에 의하지 않은 행위 • 법령상 요구되는 서명 · 날인을 결한 행위 • 법령상 요구되는 기재사항을 결한 행위

③ 무효의 효과 : 무효인 행정행위는 행정청의 특별한 의사표시를 기다리지 않고 처음부터 당연히 무효이며, 요건을 갖춘 경우 무효인 행정행위의 전환이 인정됨

(5) 행정행위의 취소

① 취소의 의의 : 행정행위의 하자가 부당 또는 단순 · 위법에 불과하므로 일단 유효하게 발생하지만, 권한 있는 기관의 직권 또는 쟁송으로 그 행정행위 효력의 전부 또는 일부를 소급하여 상실시키는 것

② 취소의 종류

구분	직권취소	쟁송취소
취소권자	처분청이나 감독청인 행정청	처분청(이의신청), 행정심판위원회(행정심판) 또는 법원(행정소송)

취소의 대상	주로 수익적 행정행위를 대상으로 하나, 부담적(침익적) 행정행위를 대상으로 하는 경우도 있음	주로 부담적(침익적) 행정행위를 대상으로 함
취소사유	법규에 다른 명문규정이 없는 경우 단순위법한 행정행위와 부당행위가 모두 직권취소의 대상이 됨. 직권취소를 행할 경우에는 공익과 사익 간의 이익형량을 요함	당해 행위의 적법성을 심사하는 것으로, 위법 또는 부당한 행위가 대상임. 다만, 행정심판과 달리 행정소송으로는 부당행위에 대하여 취소가 제한됨
취소의 절차	특별규정이 없는 한 특별절차는 요하지 아니함	행정심판법이나 행정소송법의 규정에 따름
취소의 내용	행정행위의 적극적 변경이 가능	성질상 적극적 변경은 허용되지 않음
취소기간	실권의 법리에 의하여 실질적인 기간을 제한받는 경우 이외에는 원칙적으로 기간의 제한이 없음	행정심판법이나 행정소송법에 의하여 쟁송기간의 제한이 있으며, 이 기간이 경과하면 불가쟁력이 발생함
불가변력의 발생여부	불가변력이 발생되지 않아 취소의 취소가 인정됨	불가변력이 발생하여 취소의 취소는 인정되지 않음
취소의 효과	구체적인 이익형량에 따라 개별적으로 결정하여야 하나, 상대방의 신뢰보호와 관련하여 소급효가 인정되지 않은 경우도 있음	위법상태를 시정하여 적법상태를 회복시키는 것을 목적으로 하므로, 그 취소의 효과는 당연히 소급함

③ 행정행위의 직권취소
  ㉠ 의의 : 일단 유효하게 성립한 행정행위를 그 성립상 하자를 이유로 권한 있는 행정기관이 직권으로 행정행위의 효력을 소급하여 상실시키는 별개의 행위
  ㉡ 법적 근거 : 주로 수익적 행정행위를 대상으로 하는바, 행정의 법률적합성원칙의 관점에서 볼 때 취소사유에 대한 명문규정이 없어도 직권취소가 가능하다는 것이 다수설이며, 판례 또한 동일한 입장을 취하고 있음
  ㉢ 직권취소의 적법요건

취소권자	처분청은 취소권을 가지나 감독청이 명문의 근거가 없어도 취소권을 가지는가에 대해서는 적극설과 소극설의 대립이 있음
절차	일반적 규정이 존재하지 않으나 행정절차법상 처분의 일반적 절차(청문, 공청회 등)를 따라야 함

  ㉣ 취소사유 : 명문규정이 없는 경우 단순위법한 행정행위와 부당행위는 모두 직권취소의 대상이 되는데, 직권취소를 행할 경우에는 공익과 사익 간의 이익형량을 요하며, 공익적 요구에 의하여 취소됨

주체	사기·강박에 의한 행위, 착오의 결과 단순위법·부당하게 된 행위, 부정행위에 의한 행위, 권한초과 행위, 필요한 자문을 결한 행위, 미풍양속에 반하는 행위 등
절차	법령상의 청문을 결한 경우, 신중한 결정을 위한 자문을 결한 경우

SEMI-NOTE

관련 판례
처분청은 그 행위에 하자가 있는 경우에는 원칙적으로 별도의 법적 근거가 없더라도 스스로 이를 직권으로 취소할 수 있는 것이다(대판 1995. 9. 15, 95누6311).

형식	경미한 형식적 하자(고지서 기재사항 누락 등)
내용	단순위법인 경우, 공익에 위반한 행위, 공서양속에 반하는 행위, 불문법 위반 등

ⓜ 취소권의 제한
- 신뢰보호의 원칙 : 신뢰보호의 원칙이 충족되는 경우
- 비례의 원칙 : 취소사유가 있더라도 공익보다 불이익이 큰 경우
- 복효적 행정행위 : 복효적 행정행위를 취소할 경우 공익, 사익뿐만 아니라 제3자가 받게 될 불이익도 함께 고려해야 함
- 실권(失權)의 법리 : 취소권자가 상당한 기간에 걸쳐 취소를 행사하지 않아 장차 당해 행위가 취소되지 않는 것으로 신뢰가 형성되는 경우 취소권은 상실함
- 불가변력이 발생한 행위(준사법행위) : 확인행위(예 행정심판재결, 발명특허, 합격자 결정)
- 사법형성적 행위 : 사인의 법률행위를 완성시켜주는 행위(예 인가)
- 포괄적 신분설정행위 : 법적 안정성의 요청이 큼(예 공무원임명, 귀화허가)
- 취소할 수 있는 행정행위의 하자가 치유된 행위

관련 판례 비례의 원칙에 의한 취소권의 제한

행정행위를 한 처분청은 그 행위에 하자가 있는 경우에 별도의 법적 근거가 없더라도 스스로 이를 취소할 수 있는 것이며, 다만 그 행위가 국민에게 권리나 이익을 부여하는 이른바 수익적 행정행위인 때에는 그 행위를 취소하여야 할 공익상 필요와 그 취소로 인하여 당사자가 입을 기득권과 신뢰보호 및 법률생활 안정의 침해 등 불이익을 비교교량한 후 공익상 필요가 당사자의 기득권침해 등 불이익을 정당화할 수 있을 만큼 강한 경우에 한하여 취소할 수 있다 (대판 1986. 2. 25, 85누664).

ⓗ 직권취소의 효과
- 취소의 효과 : 행정처분의 취소의 효과는 행정처분이 있었던 때에 소급하는 것이나, 취소되기 전까지의 기득권을 침해할 수 없는 것이 원칙임. 다만, 수익적 행정행위의 취소는 법적 안정성과 신뢰보호의 관점에서 소급효를 배제하여 장래를 향하여 그 효력이 소멸함(다수설)
- 반환청구권(원상회복) : 처분청은 그 행위와 관련하여 지급한 금전, 기타 물건의 반환을 청구할 수 있음
- 신뢰보호 : 수익적 행위의 직권취소의 경우, 그 상대방은 행정행위의 존속에 대한 신뢰를 바탕으로 하여 재산상의 손실보상을 구할 수도 있음. 현행 행정절차법에는 이에 관한 규정이 없음

ⓢ 취소의 취소(재취소)
- 취소에 무효사유(중대·명백한)인 하자가 있는 경우 : 당해 취소행위는 처음부터 효력이 발생되지 않고 원 처분은 그대로 존속함

SEMI-NOTE

취소가 제한되지 않는 경우
수익자의 귀책사유, 위험의 방지, 중대한 공익상의 필요 등

실권의 법리
독일의 행정절차법의 경우 "행정청은 그 취소사유가 있은 것을 안 날로부터 1년이 경과하면 취소할 수 없다."고 하여 실권의 법리에 관한 규정을 두고 있음

관련 판례
허위의 고등학교 졸업증명서를 제출하는 사위의 방법에 의한 하사관 지원의 하자를 이유로 하사관 임용일로부터 33년이 경과한 후에 행정청이 행한 하사관 및 준사관 임용취소처분이 적법하다(대판 2002. 2. 5, 2001두5286).

관련 판례
행정행위의 취소처분의 취소에 의하여 이미 효력을 상실한 행정행위를 소생시킬 수 없고, 그러기 위하여는 원 행정행위와 동일내용의 행정행위를 다시 행할 수밖에 없다(대판 1979. 5. 8, 77누61).

- 취소에 단순위법(취소사유)인 하자가 있는 경우
  - 처분의 상대방이 행정쟁송 절차에 의하여 취소처분을 다툴 수 있음. 이 경우 처분청이 직권으로 취소할 수 있는가에 대해서는 견해의 대립이 있음
  - 판례(절충설) : 부담적 행정행위의 취소처분의 직권취소는 부정하고, 수익적 행정행위의 취소처분의 직권취소는 긍정하는 견해

(6) 행정행위의 철회

① 의의

개념	하자 없이 성립한 행정행위를 사후에 공익상 효력을 더 이상 존속시킬 수 없는 어떤 새로운 사실의 발생으로 인해 행정청이 장래에 향하여 직권으로 그 효력의 전부 또는 일부를 소멸시키는 행정행위. 철회는 강학상의 용어로, 실정법상으로는 주로 취소라고 부름
기능	행정행위는 발령 당시 사실관계와 법 관계를 기초로 발령하는데, 그 근거가 변화된 경우 그 변화에 맞게 시정하여야 공익목적을 효과적으로 달성할 수 있어 그 수단으로 철회제도가 활용되고 있음

② 법적 근거

근거 불요설 (다수설)	철회행사에 일일이 법적 근거가 필요하다면, 공익상 요청이 있는 경우에도 철회할 수 없어 철회제도의 취지에 불합리하므로 그 법적 근거를 요하지 않는다는 견해
근거 필요설 (판례)	부담적(침익적) 행위의 철회는 수익적 성격에 해당하므로 법적 근거 없이도 가능하지만, 수익적 행위의 철회는 반대로 침익적 성격에 해당하므로 법률 근거가 필요하다는 견해. 판례는 사정변경 또는 중대한 공익상의 필요에 의해 행정행위를 철회할 수 있다고 함

③ 철회권자 : 철회권은 처분청만 행사할 수 있으며, 법률에 특별한 규정이 없는 한 감독청에는 철회권이 없다고 봄

④ 철회의 사유와 제한

㉠ 일반적 철회사유
- 법령에 명시된 철회사유의 발생
- 부관으로 철회권이 유보된 경우
- 중요한 공익상의 필요가 있는 경우
- 상대방의 의무 위반이 있는 경우(부담의 불이행 등)
- 사정변경이 있는 경우(사실관계의 변화가 있는 경우, 근거법령이 변경된 경우 등)
- 목적달성이나 사업성공 등이 불가능한 경우
- 행정행위의 존속 의의가 상실된 경우
- 당사자의 신청이나 동의가 있는 경우(여기에 대해서는 학설 대립이 존재)

SEMI-NOTE

제한적 긍정설

철회에 법적 근거를 요하지는 않지만, 상대방의 동의나 신청 또는 철회권 유보에 의해서만 가능하다는 견해

관련 판례

처분 당시에 그 행정처분에 별다른 하자가 없었고 또 그 처분 후에 이를 취소할 별도의 법적 근거가 없다 하더라도, 원래의 처분을 그대로 존속시킬 필요가 없게 된 사정변경이 생기거나 또는 중대한 공익상 필요가 발생한 경우에는 별개의 행정행위로 이를 철회하거나 변경할 수 있다(대판 1992. 1. 17. 91누3130).

> SEMI-NOTE

침익적 행위에 대한 판례와 처분 행정청의 입장

사인에게 적법한 침익적 행위에 대한 철회권은 없다는 것이 판례의 입장임(대판 1997. 9. 12, 96누6219). 그러나 이와 달리 처분행정청은 상대방이 부담을 이행하지 아니한 경우에 당해 처분을 철회 할 수 있음

관련 판례

행정청이 의료법인의 이사에 대한 이사취임승인취소처분(제1처분)을 직권으로 취소(제2처분)한 경우에는 그로 인하여 이사가 소급하여 이사로서의 지위를 회복하게 되고, 그 결과 위 제1처분과 제2처분 사이에 법원에 의하여 선임결정된 임시이사들의 지위는 법원의 해임결정이 없더라도 당연히 소멸된다(대법원 1997. 1. 21, 96누3401).

취소와 철회의 전보
- 취소 : 손해배상 문제
- 철회 : 손실보상 문제

ⓒ 철회권의 제한에 대한 검토

침익적 (부담적) 행위	상대방에게 이익을 주는 수익적 행위에 해당되므로 원칙적으로 재량으로 철회할 수 있음
수익적 행위	• 신뢰의 이익과 그 법적안정성을 빼앗는 것이 되므로, 철회에 의하여 침해되는 사익과 실현하고자 하는 공익 간의 이익형량에 의하여 결정되어야 함 • 불가변력을 발생하는 행위 • 실권의 법리(일정기간 철회권을 행사하지 아니한 경우) • 포괄적 신분관계설정행위 • 비례의 원칙 등 • 제3자효적 행위

⑤ 철회의 절차 : 특별한 규정이 없다면 일반 행정행위와 같은 절차를 따름. 이때 수익적 행정행위의 철회는 권리를 제한하는 처분이므로 사전통지절차와 이유제시의 절차를 거쳐야 함

⑥ 철회의 효과
  ㉠ 형성적 효력
  • 원칙 : 철회는 원칙적으로 장래에 향해서만 발생함(비소급효)
  • 예외 : 보조금이 지급된 경우 그 상대방의 부담 또는 법령상 의무위반으로 인하여 그 지급결정을 취소하는 경우에는 그 효력을 소급하여 소멸시킴
  ㉡ 반환청구 및 원상회복명령
  ㉢ 손실보상

⑦ 철회의 취소

적극설	철회처분에 중대하고 명백한 하자가 있는 경우에 그 철회처분은 무효가 되어 원 행정행위는 회복되며, 단순위법한 하자가 있는 경우 철회의 취소가 가능함
소극설	원 처분을 소생시키기 위해서는 같은 내용의 동일한 행정처분을 다시 할 수 밖에 없음

실력up 취소와 철회의 비교

구분	취소	철회
행사권자	처분청, 감독청(다수설), 법원	처분청(→ 감독청은 법률규정에 있는 경우에 한함)
법적 근거	특별한 법적 근거를 요하지 않음(다수설·판례)	학설은 대립, 판례는 법적 근거를 요하지 않는다고 봄
사유	원 행정행위에 하자가 존재(→ 성립시 하자)	성립 후의 후발적 사유(→ 원 행정행위는 하자가 없음)
제한	주로 직권취소에 논의	주로 수익적 행위에 논의
효과	소급효가 원칙(예외적으로 장래효 인정됨)	장래에 향하여 소멸(원칙적으로 소급효 부정)

(7) 행정행위의 실효

의의	행정행위의 실효란 하자 없이 성립한 행정행위가 행정청의 의사행위에 의하지 않고 일정한 사유(실효사유)의 발생으로 장래에 향하여 그 효력이 소멸하는 것
사유	• 대상인 사람의 사망 • 행정행위 목적물(대상)의 소멸 • 부관의 성취(해제조건 성취, 종기의 도래 등) • 목적의 달성(급부하명에 대한 납세의무이행으로 소멸 등) • 목적달성의 불가능(국적상실에 의한 공무원신분의 상실 등) • 새로운 법규의 제정 및 개정
효과	행정행위의 실효사유가 발생하면 행정청의 별개의 행정행위 없이도 그 효력이 장래에 대해서 소멸됨

03절 비권력적 행정작용

1. 공법상 계약 ★빈출개념

(1) 개설

① 의의
  ㉠ 개념 : 공법상 효과를 발생시킬 목적으로 복수당사자 간 반대방향의 대등한 의사표시의 합치에 의해 성립하는 비권력적 공법행위
  ㉡ 장·단점

장점	• 쟁송건수 최소화 가능, 법의 흠결 보충, 신속하고 탄력적인 행정처리 가능 • 법률관계나 사실관계가 명확하지 않더라도 용이한 타협이 가능
단점	행정권의 약화, 계약의 강요, 일방적 결정에 따른 평등원칙 위배 등

② 공법상 계약의 인정영역
  ㉠ 모든 공행정 분야 : 최근 침해적·권력적 행정분야에서도 행정행위 대신에 사용됨
  ㉡ 행정행위의 대체 : 기속행위의 경우도 행정행위를 대신하여 공법상 계약이 행해질 수 있는데, 이 경우 공법상 계약은 법에 정해진 내용을 반영하는 것에 그치며 법과 다른 내용을 규정할 수는 없어서 실익이 크지는 않음
  ㉢ 제3자의 동의 : 제3자의 권익을 제한하는 내용의 행정행위에 관한 공법상 계약은 제3자의 동의가 없는 한 인정되지 않음

(2) 성립가능성 및 법적 근거

① 성립가능성 여부 : 명문상의 다른 규정이 없는 한 법규에 저촉되지 않는 공법상 계약은 자유로이 체결할 수 있다는 긍정설이 통설

SEMI-NOTE

실효의 특징
실효는 행정청의 의사표시와 관계 없이 일정한 사유의 발생으로 그 효력이 장래에 향하여 소멸되지만, 그 행정행위의 기존의 효과는 소멸되지 않는 것으로, 하자와 관계가 없음

관련 판례
청량음료 제조업허가는 신청에 의한 처분이고, 이와 같이 신청에 의한 허가처분을 받은 원고가 그 영업을 폐업한 경우에는 그 영업허가는 당연 실효되고, 이런 경우 허가행정청의 허가취소처분은 허가의 실효됨을 확인하는 것에 불과하므로 원고는 그 허가취소처분의 취소를 구할 소의 이익이 없다고 할 것이다 (대판 1981. 7. 14, 80누593).

공법상 계약의 유형
• 프랑스 : 프랑스는 국참사원(행정재판소)의 판례를 통하여 행정계약이 사법상 계약과 구별·발전되어, 공공노역에 관한 행정계약의 이론이 체계화됨
• 독일 : 공법상 계약은 행정행위와 국고행위(사법행위)의 중간영역으로 극히 예외적으로만 인정되어 왔으나, 독일연방행정절차법에 명문화되면서 공법상 계약도 행정행위의 하나로 인정되고 있음
• 영·미 : 법의 지배원리 아래 공법과 사법의 구별이 없는 영·미의 법계에서는 공법상 계약이라는 관념이 인정되지 않았으나, 19세기 후반부터 행정기능의 확대에 따라 특수한 형태의 정부계약이 발전

SEMI-NOTE

자유성(법적 근거의 요부, 법률유보원칙)
- **계약부자유설** : 법률유보의 관점에서 공법상 계약도 법률의 근거를 요한다는 견해
- **계약자유설(긍정설)** : 공법상 계약은 비권력관계로서 당사자 간 의사합치로 성립된 것이므로, 법률의 근거를 요하지 않는다는 견해
- **제한적 긍정설** : 비권력적·수익적 행정만 법률적 근거 없이 가능하며, 침익적 행정에는 법률적 근거를 요한다는 견해

특별권력관계의 설정의 예
종전의 계약직이나 전문직 공무원 채용, 지원입대, 청원경찰 비용부담의 합의, 공물·영조물 이용관계의 설정, 서울특별시립무용단원의 위촉, 시립합창단원의 재위촉, 국립중앙극장 전속단원 채용계약, 공중보건의사 채용계약 등

---

② **자유성(법적 근거의 요부, 법률유보원칙)** : 공법상 계약의 자유성(법적 근거)이 필요한지에 대하여는 견해의 대립이 있으나, 공법상 계약은 법률의 근거를 요하지 않는다는 계약자유설(긍정설)이 통설

③ **법률우위의 원칙** : 공법상 계약도 공행정작용이므로 법률우위의 원칙이 적용되며, 따라서 강행법규에 반하는 공법상 계약은 위법이 됨. 그러므로 공법상 계약은 사적자치의 원칙보다 법규에 의해 체결의 자유와 행정청의 형성 자유가 제한된다고 보아야 함

④ **적용법규** : 공법상 계약에 있어 다른 특별규정이 없다면 일단 민법이 유추 적용됨. 다만, 공법상 계약에 따른 권리·의무는 공법적 효과를 목적으로 하는 것이므로 공법상 권리·의무에 해당됨. 또한 행정절차법에는 공법상 계약에 관한 규정을 두고 있지 않음

(3) 공법상 계약의 성립요건

① **권한상 요건** : 공법상 계약을 체결하고자 하는 행정청은 규율대상에 대해 정당한 관할권을 갖고 있어야 함

② **형식적 요건** : 특별한 규정은 없으나 합의내용을 명백히 한다는 점에서 문서에 의한 것이 바람직하며, 제3자의 권리를 침해하는 계약의 경우 제3자의 동의를 얻어야 함

③ **절차적 요건** : 특별규정이 없는 한 의사표시와 계약에 관한 일반원칙에 따라야 함

④ **내용상 요건** : 계약내용은 공적 임무에 기여하는 것이어야 하고, 사인의 급부와 행정청의 급부가 부당하게 결부되어서는 안 됨

(4) 공법상 계약의 종류

① 성질에 따른 분류(대등성 유무) : 대등계약, 부대등계약(종속계약)

② 주체에 따른 분류

행정주체 상호 간	국가와 공공단체 또는 공공단체 상호 간의 교육사무 위탁, 동일 과세물에 대한 과세협정, 초등학교 합동설치를 위한 지방자치단체 간의 협정, 도로 등 공공시설의 관리 및 경비분담에 관한 협의 등
행정주체와 사인	• 특별권력관계의 설정 • 임의적 공용부담(예 문화재·공원용지·도로부지의 기증, 기부채납 등) • 행정사무의 위탁(예 신청에 의한 별정우체국장의 지정 등) • 환경보전협정(예 지방자치단체와 사기업 간의 환경보전 계약)
사인과 사인	국가권력으로부터 위탁 받은 사인(공무수탁사인)과 사인 간의 계약. 다만, 토지수용에 있어 기업자(사인인 사업시행자)와 토지소유자 간의 협의는 공법상 계약으로 보는 것이 통설이나, 판례는 사법상 계약으로 보고 있음

(5) 공법상 계약의 특색

① 실체법적 특질

👓 한눈에 쏙~

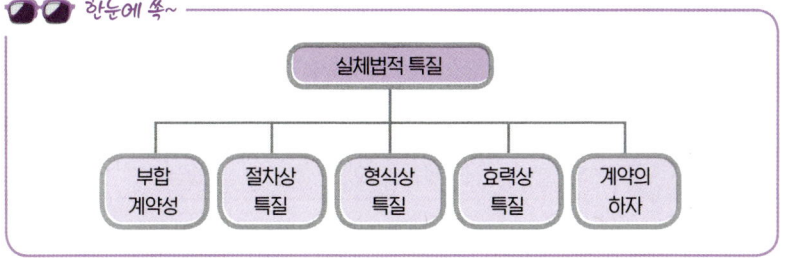

㉠ **부합계약성** : 부합계약으로서의 성격을 지님
㉡ **절차상 특질** : 당사자 간의 의사합치로 성립되나, 그 절차면에서 감독청이나 관계 행정청의 인가나 보고 등이 필요한 경우도 있음. 다만, 행정처분과 같이 행정절차법에 의하여 그 근거와 이유를 제시하여야 하는 것은 아님. 또한 계약은 문서로 하는 것이 바람직하나, 문서 뿐만 아니라 구두에 의한 것도 가능함
㉢ **형식상 특질** : 합의내용을 명백히 한다는 점에서 문서에 의한 것이 바람직하며, 제3자의 권리를 침해하는 계약의 경우 제3자의 동의를 얻어야 함
㉣ **효력상 특질** : 비권력성, 계약의 해지와 변경, 이전·대행의 제한
㉤ **계약의 하자**

위법의 효과	공법상 계약은 공정력이 없어 명문규정이 없는 한 무효가 될 뿐 취소의 문제는 발생하지 않음. 다만, 하자의 경중을 기준으로 중대·명백설에 따라 무효 또는 취소로 결정되어야 하는 견해도 있음
무효의 효과	무효인 공법상 계약은 그 법적 효과가 발생하지 않으므로 그 누구도 이행을 주장할 수 없으며, 급부를 제공 시 공법상 부당이득반환청구권을 행사할 수 있음
유동적 무효	제3자의 권리를 침해하는 공법상 계약은 그 제3자의 동의가 있을 때까지, 다른 행정청의 동의나 합의를 요하는 계약 또한 그 행정청의 동의나 합의가 있을 때까지 유동적 무효상태에 있음
일부 무효	공법상 계약의 위법과 무효가 일부분만 관련이 있다면 그 공법상 계약의 가분여부를 기준으로 판단했을 경우 무효부분을 제외하고 그 계약을 체결하였다면 나머지 부분은 유효하나, 무효부분을 제외하고는 그 계약을 체결하지 아니하였을 것으로 판단되면 그 계약은 전부 무효가 됨

② **절차법적 특색**

쟁송 형태	• 원칙 : 공법상 계약에 따른 분쟁은 행정소송법 제3조 제2호에 의거하여 항고소송이 아닌 당사자소송에 의함(통설·판례) • 판례 : 광주시립합창단원사건, 서울시립무용단원사건, 공중보건의사건, 지방직공무원사건 등이 있음. 민사소송에 의한다는 일부 판례도 존재함
자력 집행	• 원칙 : 공법상 계약은 종속계약이 아니라 대등계약에 해당하므로 상대방이 의무를 이행하지 않는다고 하여 행정청이 자력으로 집행할 수는 없음 • 예외 : 법령에 근거가 있는 경우나 당사자 간의 사전합의가 있는 경우는 행정청의 자력강제가 인정될 수 있음

SEMI-NOTE

부합계약
일방이 미리 정해둔 계약내용에 따라 체결되는 계약

공법상 계약의 해지와 변경
의무의 불이행이 있을 경우 민법상의 해지규정이 유추적용됨. 행정청은 공법상 계약의 체결 후 공공복리를 위해 그 계약을 해지·변경할 수 있으며, 이로 인해 귀책사유 없는 상대방이 손실을 입게 되는 경우 국가는 이를 보상하여야 함. 상대방은 공익에 영향을 미치지 아니한 경우에만 그 계약의 해지나 변경을 청구할 수 있음

관련 판례
• 서울특별시립무용단 단원의 위촉은 공법상의 계약이라고 할 것이고 따라서 그 단원의 해촉에 대하여는 공법상의 당사자소송으로 그 무효확인을 청구할 수 있다(대판 1995. 12. 22, 95누4636).
• 전문직공무원인 공중보건의사 채용계약해지의 의사표시에 대하여는 … 이를 항고소송의 대상이 되는 행정처분이라는 전제에서 그 취소를 구하는 항고소송을 제기할 수는 없다고 할 것이다(대판 1996. 5. 31, 95누10617).

2. 공법상 합동행위와 합성행위

(1) 공법상 합동행위

① 의의

개념	공법상 효과의 발생을 목적으로 복수당사자(독립된 복수의 법주체)의 동일한 방향으로의 의사표시가 합치되어 성립하는 공법행위
유형	지방자치단체가 자치단체조합을 설립하는 행위, 공공조합이 협의에 의해 연합회를 설립하는 행위(예) 산림조합조연합회 등), 정관작성행위

② 특색
- ㉠ 공법상 합동행위가 성립되면 각 당사자의 무능력이나 착오 등을 이유로 그 효력을 다툴 수 없음이 원칙이며, 각 당사자에게 동일한 내용의 법적 효과를 발생시킴
- ㉡ 유효하게 합동행위가 성립되면 당사자뿐만 아니라 성립된 후에 관여한 자도 구속하므로 공법상 합동행위는 제3자가 알 수 있도록 이를 공고하여야 하는 것이 원칙

(2) 공법상 합성행위

① 의의
- ㉠ 다수인의 공동의사표시로 하나의 의사를 구성하는 행위. 이는 다수인의 의사가 동일방향으로 진행되는 공법상 합동행위 또는 그 의사가 반대방향으로 표시되는 공법상 계약과 구별됨
- ㉡ 합성행위는 그 자체로는 행정행위로 성립될 수 없고, 그 의사표시가 외부로 표시되어 하나의 결론에 도달되어야 비로소 행정행위로서 성립됨

② 유형 : 감사위원회 · 중앙선거관리위원회 · 징계위원회 · 지방의회 등 합의기관의 의결 및 선거, 행정절차의 합의 결정 등

3. 사법형식의 행정작용

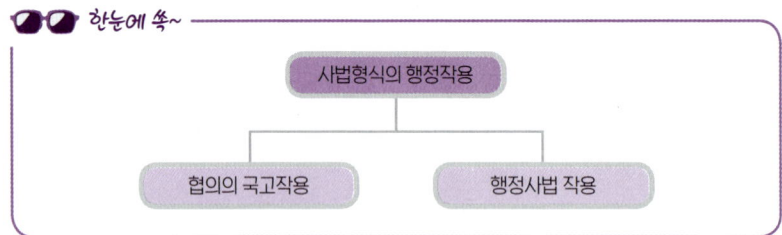

(1) 개설

① 개념 : 공행정주체가 한 당사자로서 사법적 법률관계를 맺기 위하여 행하는 작용을 사법형식의 행정작용(광의의 국고작용)이라고 함

② 분류 : 크게 협의의 국고작용(순수국고작용)과 행정사법작용으로 분류할 수 있음. 협의의 국고작용은 조달 · 영리활동 등과 같이 간접적으로 행정목적을 수행

순수국고행정(협의의 국고관계)

물자조달계약, 공사도급계약, 근로자 고용계약, 광산이나 은행경영, 주식시장참여 등은 순수국고행정작용에 해당됨

하는 활동을 말하며, 행정사법작용은 사법형식에 의해 직접 행정목적을 수행하는 활동을 말함

(2) 행정사법

① 의의
  ㉠ 개념 : 광의의 국고행정 중 사법형식에 의하여 직접 공행정목적을 수행하는 행정활동으로서 일정한 공법적 규율을 받는 것
  ㉡ 구별개념

국고관계 (사법관계)	행정사법은 기본적으로 사법형식을 취하지만, 공익과 관련된 한도 내에서 공법적 규율을 받음. 이에 반해 협의의 국고관계를 규율하는 특별사법은 사법의 형식으로 사법관계를 규율한다는 점에서 근본적 차이가 있음
관리관계	행정사법은 사법관계를 전제로 하고 관리관계는 공법관계를 전제로 한다는 점에서 구분되나, 사실상 양자를 명확하게 구분할 수 없어 유사한 개념으로 이해하기도 함

② 구체적 영역

유도 행정	사회형성행정분야나 규제행정분야의 목적을 위하여 행정주체가 사법형식을 취하여 직·간접으로 개입함
급부 행정	운수사업, 공급사업, 제거사업, 자금지원, 시설운영을 위하여 행정주체가 사법적 형식을 취하여 직·간접으로 개입함

③ **행정사법에 대한 공법적 규율** : 행정사법은 외형상 사법행위일지라도 공익적 요소를 전제조건으로 하므로 사적자치의 원칙이 그대로 적용되지 않고 공법적 규율에 의하여 수정·보완되어 적용됨
④ **공법적 제한기준의 위반 효과** : 공법원칙에 위반하는 경우 무효(또는 일부무효)이고, 법률적 규율에 위반한 경우 그 법률이 정하는 효과가 발생함
⑤ **권리구제** : 행정사법작용은 사법관계이기 때문에 민사소송(행정법원이 아닌 민사법원이 관할)에 의한다는 견해와 행정소송에 의한다는 견해의 대립이 있음. 판례는 민사소송(당사자소송)에 의한다고 판시한 바 있음

> **관련 판례** 권리구제
>
> 전화가입계약은 … 사법상의 계약관계에 불과하다고 할 것이므로, 피고(서울용산전화국장)가 전기통신법시행령 제59조에 의하여 전화가입계약을 해지하였다 하여도 이는 사법상의 계약의 해지와 성질상 다른 바 없다 할 것이고 이를 항고소송의 대상이 되는 행정처분으로 볼 수 없다(대판 1982. 12. 28, 82누441).

4. 행정상 사실행위

(1) 개설

① 의의 : 행정주체의 행위 중 행정행위나 기타 법률적 행위와는 달리, 일정한 법률효과의 발생을 의도하지 않고 일정한 사실상의 결과발생만을 목적으로 하는 일체의 행위

SEMI-NOTE

행정사법
행정사법은 공법적 규율에 의해보충·수정됨

행정사법의 영역
행정사법은 복리행정분야에 주로 논의됨. 행정주체가 공법적 형식과 사법적 형식 간에 선택의 자유를 가지는 경우, 이러한 선택의 문제로 등장한 것이 행정사법임

행정사법의 유용성
행정목적을 달성하는 데 있어 공법형식이 존재하지 않는 경우나, 공법형식보다는 사법형식으로 행하는 것이 보다 효율적인 경우에 유용성이 있음. 그러나 공법적 구속을 피하기 위한 도피수단으로 활용되어 법치행정의 공동화를 초래할 수 있다는 점에서 사법형식의 행정활동을 어떻게 통제할 것인가에 문제가 제기되고 있음

SEMI-NOTE

행정주체의 사실행위
- 행정조직 내부의 사실행위 : 행정조직 내부에서 행정사무처리를 위해 행하여지는 사실행위(예 문서작성 · 사무감사)
- 국민과의 관계에서 행하여지는 외부적 사실행위 : 대외적으로 국민과의 관계에서 행정목적 실현을 위하여 행하여지는 사실행위(예 금전출납 · 쓰레기 수거 · 인구조사 · 무허가건물철거)

법률우위와 법률유보
- 법률의 우위 : 법률의 형식으로 표현된 국가의사는 다른 어떤 국가의사보다 우선하므로, 행정권의 행사는 합헌적 절차에 따라 의회가 제정한 법률에 위반되어서는 안 된다는 원칙
- 법률의 유보 : 행정권 발동은 반드시 법률의 근거(수권)를 요한다는 원칙

관련 판례
수도사업자가 급수공사 신청자에 대하여 급수공사비 내역과 이를 지정기일 내에 선납하라는 취지로 한 납부통지는 … 항고소송의 대상이 되는 행정처분이라고 볼 수 없다(대판 1993. 10. 26, 93누6331).

② 종류

주체	· 행정주체의 사실행위 : 행정조직 내부의 사실행위, 국민과의 관계에서 행하여지는 외부적 사실행위 · 사인의 사실행위(예 청문 출석 · 물건의 소유 및 점유 · 거주)
권력성 유무	· 권력적 사실행위 : 행정행위 또는 법령을 집행하기 위한 공권력 행사로서의 사실행위(예 행정상 강제집행 · 권력적 행정조사) · 비권력적 사실행위 : 공권력 행사와 무관한 사실행위(예 학교수업 · 행정지도 · 공물의 설치 및 유지 · 관리행위)
독립성 유무	집행적 사실행위, 독립적 사실행위
의사표시의 유무	정신적 사실행위, 물리적 사실행위
공 · 사법의 규율	공법적 사실행위, 사법적 사실행위

(2) 법적 근거 및 한계

① 법적 근거 : 공법상 사실행위도 행정주체의 행위로서 법률우위의 원칙과 법률유보의 원칙이 적용되며, 조직규범의 내에서 그 사실행위가 이루어져야 함. 다만, 법률유보와의 관계에 있어 개인의 생명이나 재산의 침해라는 결과를 발생시킬 수 있는 사실행위(특히 권력적 사실행위나 집행적 사실행위)는 엄격한 법률유보 원칙이 적용되어야 함

② 한계
  ㉠ 법규상 한계 : 법치행정의 원칙에 따라 행정상 사실행위도 법규에 위배되지 않아야 함
  ㉡ 조리상 한계 : 행정법 일반원리인 비례의 원칙, 신뢰보호의 원칙 등에 따라 행해져야 함

(3) 권리보호

① 행정쟁송

권력적 사실행위	· 집행행위와 수인하명의 요소가 결합되어 있는데, 행정쟁송법상의 '처분'에 해당하므로 행정소송의 대상이 된다는 것이 다수설과 판례의 입장 · 판례는 권력적 사실행위라 단정하여 명시한 바는 없으나, 권력적 사실행위로 간주되고 있는 단수조치와 미결수용자 이송조치 등에 대해 행정소송 대상으로서의 처분성을 긍정함(대판 1979. 12. 28, 79누218 등) · 다만, 권력적 사실행위는 단기간에 종료되는 것이 일반적이므로 집행이 종료된 후 소 제기의 이익은 부정되어 당해 소는 각하됨. 그러나 계속성 성질을 가지는 사실행위는 소송을 통해 구제받을 수 있음
비권력적 사실행위	행정쟁송법상의 처분으로 보아 그에 대한 항고소송을 인정해야 한다는 견해가 있으나, 행정심판이나 행정소송의 대상이 되지 않는다고 함(통설 · 판례)

② 손해배상 · 손실보상 · 결과제거청구권 · 헌법소원

손해배상	위법한 사실행위로 인하여 피해를 입은 경우 사법적 사실행위는 민법 제750조 규정에 따라, 공법적 사실행위는 국가배상법 제2조 및 제5조에 따라 손해배상청구를 할 수 있음
손실보상	권력적 사실행위가 손실보상의 요건을 갖춘 경우는 행정상 보상책임이 발생하나, 비권력적 사실행위의 경우 개별법의 근거가 없는 한 보상책임이 없다는 것이 다수설과 판례의 입장
결과제거 청구권	위법한 사실행위로 인한 위법상태가 지속될 경우 행정청은 원상회복의 의무를 부담하여야 하고, 침해받은 자는 결과제거청구권을 행사할 수 있음
헌법소원	사실행위가 국민의 권익에 영향력을 행사함에도 불구하고 처분성이 인정되지 않는 경우, 행정소송을 제기할 수 없으므로 헌법소원이 가능함

> **결과제거청구권**
> - 공행정작용에 의해 야기된 위법한 상태로 인하여 자기의 권익을 침해받고 있는 자가 행정주체에 대하여 그 위법한 상태를 제거하여 침해 이전의 원상태로 회복시켜 줄 것을 청구하는 권리
> - 위법 여부 및 과실을 요건으로 하지 않는다는 점에서, 손해배상과 손실보상의 흠결을 보완하는 역할을 함

5. 행정지도

(1) 개설

① 의의

개념	상대방의 임의적 협력이나 동의하에 일정한 행정질서의 형성을 유도하는 비권력적 사실행위
법적 성질	일정한 법적 효과의 발생을 목적으로 하는 의사표시가 아니며, 강력력 없이 국민의 임의적인 협력을 전제로 하는 비권력적 행정작용이므로, 상대방의 의사에 반하여 부당하게 강요할 수 없고, 이를 준수하지 않는다는 이유로 불이익한 조치를 해서도 안 됨

② 필요성 및 문제점

필요성	• 행정영역 및 기능의 확대에 따른 탄력적 · 신속적 행정작용의 필요 • 분쟁이나 마찰 · 저항 방지를 위한 비권력적 · 임의적 수단의 필요 • 행정객체에 대한 새로운 지식 · 기술 · 정보 제공 및 일정 방향으로의 유도 • 법적 규율의 한계(법과 행정현실과의 괴리 등)의 보완 · 극복
문제점	• 행정주체의 우위에 따른 사실상의 강제성 • 한계와 기준, 책임소재의 불명확성 • 권리구제수단의 불완전성

> **행정지도의 구별개념**
> - 일정한 법적 효과의 발생을 목적으로 하는 의사표시로 볼 수 없고, 단지 행정객체에게 일정한 협력 유도를 통한 사실상의 효과를 기대하는 비권력적 사실행위일 뿐이라는 점에서 행정행위나 공법상 계약, 행정강제 등과 구별됨
> - 상대방의 임의적 협력하에 행하여진다는 점에서 행정청의 활동에 의하여 완성되는 단순사실행위와도 구별됨

(2) 행정지도의 종류

① 법적 근거의 유무에 따른 분류

법규상 행정지도	• 법규의 직접적 근거에 의한 행정지도 : 직업안전법상 직업보도 등 • 법규의 간접적 근거에 의한 행정지도 : 건축법에 의한 건물철거명령을 대신하는 경고 등
비법규상 지도	행정지도의 대부분에 해당하며, 법규의 근거를 요하지 아니하나 조직규범이 정한 범위 내에서 이루어지는 행정지도(예 물가 · 금리상승억제의 권장 등)

> SEMI-NOTE

행정지도의 원칙(행정절차법 제48조)
① 행정지도는 그 목적달성에 필요한 최소한도에 그쳐야 하며, 행정지도는 상대방의 의사에 반하여 부당하게 강요하여서는 아니 된다.
② 행정기관은 행정지도의 상대방이 행정지도에 따르지 아니하였다는 것을 이유로 불이익한 조치를 하여서는 아니 된다.

행정쟁송에 대한 새로운 견해
행정지도를 전제로 한 후행처분이나 행정지도 불응을 이유로 행해진 다른 처분의 경우 그 효력을 다툴 수 있으며, 규제적·조정적 행정지도가 강제성과 계속성을 지니고 있는 경우는 항고소송의 대상이 될 수 있음

② 기능에 의한 분류

규제적 행정지도	공익목적 달성에 반하는 행위를 예방하거나 제거 또는 억제하기 위한 지도행위
조정적 행정지도	이해관계인의 이해대립이나 과열경쟁의 조정을 위한 지도행위
조성적 (촉진적) 행정지도	질서형성을 촉진하기 위하여 지식·정보·기술을 제공하는 지도행위

(3) 행정지도의 원칙과 방식

① 행정지도의 원칙
  ㉠ 비례원칙
  ㉡ 임의성의 원칙
  ㉢ 불이익조치의 금지원칙
② 행정지도의 방식
  ㉠ 행정지도실명제
  ㉡ 의견제출
  ㉢ 다수인을 대상으로 하는 행정지도(공통 내용의 공표)
  ㉣ 서면교부청구권

(4) 행정지도의 법적 근거 및 한계

① 법적 근거

작용법적 근거	행정지도는 비권력적·임의적 행정작용으로, 권력적 성질을 지닌 처분성이 없어 법적 근거를 요하지 않는다는 것이 다수설의 입장
조직법적 근거	행정지도 또한 행정작용에 해당하므로 조직법적 근거는 있어야 하며, 조직법적 권한의 범위 내에서만 이루어져야 함

② 한계

법규상의 한계	행정지도는 행정작용이므로 조직법상 근거에 의한 소관사무의 범위 내에서 행하여져야 함
조리상의 한계	비례의 원칙, 신뢰보호의 원칙, 평등의 원칙, 부당결부금지원칙 등 행정법 일반원칙을 준수하여야 하며, 강제성을 수반하여서는 안 됨

(5) 행정지도에 대한 권리구제

① **행정지도와 행정쟁송** : 행정지도는 상대방의 임의적 협력을 요하는 비권력적 작용으로, 그 자체로는 아무런 구속력을 가지지 않으므로 항고쟁송의 요건인 처분성이 인정되지 않는다고 함(다수설·판례)

| 관련 판례 | 행정쟁송 |

세무당국이 소외 회사에 대하여 원고와의 주류거래를 일정기간 중지하여 줄 것을 요청한 행위는 … 행정처분이라고 볼 수 없는 것이므로 항고소송의 대상이 될 수 없다(대판 1980. 10. 27, 80누395).

② 행정지도와 손해전보
  ㉠ 손해배상
  - 국가배상법상 직무행위에 포함되는지의 여부 : 행정지도 등의 비권력적 작용도 국가배상법상의 배상청구 요건인 직무행위에 포함됨(통설·판례)
  - 위법한 행정지도에 따른 손해배상 여부 : 행정지도의 상대방이 그의 자유로운 판단에 따라 손해발생의 가능성을 인식하면서 위법한 행정지도를 따른 경우에는 행정지도와 손해발생 간의 인과관계가 부정되어 손해배상 청구가 인정되지 않음. 다만, 예외적으로 사정상 상대방이 행정지도를 따를 수밖에 없었던 것으로 판단되는 경우나, 행정지도에 따르지 않겠다는 의사를 명백히 표시하였음에도 행정지도가 위협적으로 강요된 강박행위에 해당하는 경우에는 인과관계가 인정될 수 있음(통설)

| 관련 판례 | 위법한 행정지도에 따른 손해배상 여부 |

행정지도가 강제성을 띠지 않은 비권력적 작용으로서 행정지도의 한계를 일탈하지 아니하였다면, 그로 인하여 상대방에게 어떠한 손해가 발생하였다 하더라도 행정기관은 그에 대한 손해배상 책임이 없다(대판 2008. 9. 25, 2006다18228).

  ㉡ 손실보상 : 손실보상청구권은 행정청의 적법한 공권력 행사로 인해 손실을 입은 경우에 발생함. 그런데 행정지도가 전혀 강제성을 띠지 않았고, 상대방이 자유의사에 의하여 행정지도를 따랐을 때 발생한 손실은 손실보상으로 인정되지 않음
③ 행정지도와 헌법소원 : 행정지도의 경우 헌법소원이 인정될 수 있는데, 헌법재판소는 행정지도로서의 한계를 넘어 규제적·구속적 성격을 강하게 띠는 경우 헌법소원의 대상이 된다고 판시한 바 있음

6. 그 밖의 행정형식

(1) 비공식행정작용

① 의의와 종류

| 의의 | 형식이나 절차 및 법적 효과 등이 법에 정형화되어 있지 않은 것으로서 법적 구속력이 발생하지 않는 일체의 행정작용(비권력적 사실행위) |

SEMI-NOTE

관련 판례

국가배상법상 직무행위에 포함되는지의 여부 : 국가배상법이 정한 배상청구의 요건인 '공무원의 직무'에는 권력적 작용만이 아니라 행정지도와 같은 비권력적 작용도 포함되며 … 이 사건 공탁도 행정지도의 일환으로 직무수행으로서 행하였다고 할 것이므로, 비권력적 작용인 공탁으로 인한 피고의 손해배상 책임은 성립할 수 없다는 상고이유의 주장은 이유가 없다(대판 1998. 7. 10, 96다38971).

관련 판례

교육인적자원부장관의 대학총장들에 대한 이 사건 학칙시정요구는 … 단순한 행정지도로서의 한계를 넘어 규제적·구속적 성격을 상당히 강하게 갖는 것으로서 헌법소원의 대상이 되는 공권력의 행사라고 볼 수 있다(헌재 2003. 6. 26, 2002헌마337).

비공식행정작용에 해당하는 예

행정청이 일방적으로 행하는 경고·권고·교시·정보제공이나, 행정청과 사인 간에 행하는 협상·화해·타협·사전접촉 및 의견교환·예비절충 등

종류	· 협력하여 행하는 행정작용
	  - 규범대체형 합의 : 행정청이 규범정립을 통해 문제를 해결하는 것이 아니라 합의를 통해 해결을 하고 규범정립은 잠정적으로 유보하는 것
	  - 규범집행형 합의 : 규범이 제정되어 있을 때 이를 집행하여 제재조치를 취하는 대신 합의를 통해 해결을 하는 것
	· 일방적으로 행하는 행정작용 : 경고, 권고 등이 여기에 해당되는데 법적인 구속력이 없다는 점에서 하명 등의 침해적 행위와는 구별됨

② 장단점

장점	단점
· 법적 불확실성의 제거 · 시간과 비용의 절감 및 법적 분쟁의 최소화 · 자발적 유도를 통한 행정의 능률성 추구	행정쟁송의 대상이 될 수 없어 통제나 권리구제가 곤란하며, 외부에 노출되지 않아 제3자에게 불리하게 작용될 수 있음

③ 적용영역과 한계

적용 영역	법률의 집행에서 오는 틈을 메우고 행정수요에 탄력적으로 대응하기 위해 특별한 규정이 없는 한 행정의 전 영역에 허용된다는 것이 일반적 견해로, 특히 환경보전 및 경제행정분야에서 확대되는 추세에 있음
한계	· 법규상 한계 : 행정의 행위형식으로, 조직법상 주어진 권한범위 내에서만 가능 · 조리상 한계 : 행정법의 일반원칙인 평등의 원칙, 비례의 원칙 등을 준수하여야 함

④ 효과 : 비공식행정작용은 법적 구속력이 없어 합의내용을 준수할 법적 의무를 지지 않으며, 다른 결정을 할 수도 있음(비권력적 · 비구속적 작용)

⑤ 권리구제
- 비권력적 사실행위에 지나지 않으므로, 항고쟁송의 대상으로서의 처분에 해당하지 않음
- 공적 경고(행정상 경고)에 대해서는 처분성을 부정하여 공법상 당사자소송에 의한다는 견해와 이를 긍정하여 취소쟁송의 대상이 된다는 견해가 대립됨
- 합의내용에 대해서는 이행청구권이 없으며 합의내용 불이행으로 인한 손해배상 역시 청구할 수 없음
- 위법이나 과실로 손해가 발생한 경우는 배상청구가 가능함

(2) 행정의 자동결정

① 의의 : 행정과정에서 컴퓨터와 같은 전자처리정보를 사용하여 행정업무를 자동화로 수행하는 것(예 신호등의 교통신호, 컴퓨터를 이용한 학교 배정 등)

② 법적 성질
㉠ 행정기관이 만든 프로그램에 의해 이루어진다는 점으로 보아 행정행위로 보는 것이 통설적인 견해이므로 원칙적으로 외부에 표시되고 상대방에게 도달함으로써 효력이 발생
㉡ 자동결정의 기준이 되는 전산프로그램은 명령의 성격을 갖는다고 보는 것이 일반적

비공식행정작용의 법적 근거

적용에 있어 그 법적 근거를 요하는가에 대해서는, 일반적으로 행정작용상의 근거는 요하지 않으나 행정조직법상 근거는 필요하다고 봄

비공식행정작용의 효과

사인은 이행청구권이나 불이행에 따른 손해배상청구권을 가지지 못함. 다만, 행정청이 공행정의 주체로서 행정작용을 한다는 관점을 고려한다면 사실상 구속력을 가진다고 볼 수 있음

행정의 자동결정의 특수성

같은 행정행위라 할지라도 일반 행정행위와는 다른 특성이 있음. 그러나 우리 행정절차법에는 행정자동결정 특례에 대한 명문규정이 없음

③ **대상** : 대상이 기속행위인 경우 당연히 허용되며, 재량행위인 경우 구체적인 특수성을 고려하여 재량권을 행사해야 한다는 점에서 문제가 될 수 있음. 다만 재량행위의 경우에도 재량준칙을 정형화, 세분화하여 프로그램화한다면 예외적으로 허용됨

④ **하자 및 권리구제** : 행정행위의 하자에 대한 내용이 적용되므로 행정의 법률적합성과 행정법의 일반원칙의 한계를 준수해야 함. 또한 위법한 행정자동결정에 대해서 행정쟁송을 제기할 수 있고 행정상 손해배상청구를 할 수 있음

04절 행정계획

1. 개설

(1) 행정계획의 의의

① **개념** : 행정에 관한 전문적·기술적 판단을 기초로 하여 도시의 건설·정비·개량 등과 같은 특정 행정목표를 달성하기 위하여 서로 관련되는 행정수단을 종합·조정함으로써 장래의 일정한 시점에 있어서 일정한 질서를 실현하기 위한 구상 또는 활동기준으로 설정된 것

② **기본적 기능** : 행정목표 설정, 행정능률 확보, 행정에 대한 예측가능성 부여, 국민의 장래활동에 대한 지침적·유도적 기능 수행

③ **문제점** : 입법적 통제의 곤란, 구제수단의 불충분

(2) 행정계획의 법적 성질 ★빈출개념

① **학설**
  ㉠ 행정입법행위설
  ㉡ 행정행위설
  ㉢ **복수성질설(개별적 검토설)** : 행정계획에 법형식이 독자적으로 존재하는 것이 아니라 그 내용과 효과에 따라 법규명령적인 것도 있고 행정행위적인 것도 있어 행정계획의 내용과 효과 등에 따라 개별적·구체적으로 그 성질을 판단할 수밖에 없다는 견해(통설·판례)
  ㉣ 독자성설(계획행위설)

② **판례**
  ㉠ **처분성 인정** : 구 도시계획법상의 도시계획결정(현 국토의계획및이용에관한법률상의 도시관리계획결정), 구 도시재개발법에 의한 관리처분계획(공용환권계획, 분양계획) 등
  ㉡ **처분성 부정** : 구 도시계획법상의 도시기본계획, 구 하수도법에 의한 하수도정비기본계획, 환지계획 등

SEMI-NOTE

행정계획의 필요성
복리행정의 요구에 따라 국민의 생활을 배려하고 사회적·경제적·문화적 관계에서 발생하는 다양한 행정수요에 보다 효율적으로 대응하기 위해 필요함. 행정작용의 장기성·종합성을 요하는 사회국가적 복리행정의 영역에서 특히 요구됨

관련 판례
고시된 도시계획결정은 특정 개인의 권리 내지 법률상의 이익을 개별적이고 구체적으로 규제하는 효과를 가져오게 하는 행정청의 처분이라 할 것이고, 이는 행정소송의 대상이 된다(대판 1982. 3. 9. 80누105).

SEMI-NOTE

관련 판례

- 도시기본계획은 … 도시계획입안의 지침이 되는 것에 불과하여 일반국민에 대한 직접적인 구속력은 없다(대판 2002. 10. 11, 2000두8226).
- 환지계획은 … 항고소송의 대상이 되는 처분에 해당한다고 할 수가 없다(대판 1999. 8. 20, 97누6889).

행정계획의 구분

- 계획기간에 따른 구분 : 장기계획(20년), 중·단기계획(10년~5년), 연도별계획
- 대상범위에 따른 구분 : 종합계획(전략적 계획), 부문별계획(특정계획·전술적 계획)
- 계획의 기준성 여부에 따른 구분 : 상위계획(기본계획), 하위계획(시행계획·실시계획)
- 구속력 여부에 따른 구분 : 구속적 계획, 비구속적 계획

관련 판례 행정계획의 처분성 인정

- 구 도시 및 주거환경정비법(2007. 12. 21. 법률 제8785호로 개정되기 전의 것)에 따른 … 재건축정비사업조합이 이러한 행정주체의 지위에서 위 법에 기초하여 수립한 사업시행계획은 인가·고시를 통해 확정되면 이해관계인에 대한 구속적 행정계획으로서 독립된 행정처분에 해당한다(대판 2009. 11. 2, 자2009마596).
- 도시재개발법에 의한 재개발조합은 … 관리처분계획은 토지 등의 소유자에게 구체적이고 결정적인 영향을 미치는 것으로서 조합이 행한 처분에 해당하므로 항고소송의 방법으로 그 무효확인이나 취소를 구할 수 있다(대판 2002. 12. 10, 2001두6333).

(3) 행정계획의 종류

① 구속적 계획(규범적·명령적 계획) : 법령·행정행위 등 규범적 명령이나 강제를 통해 행정목표를 달성하려는 계획으로, 법적 근거를 요함
  ㉠ 국민에 대하여 구속력을 갖는 계획 : 국토의계획및이용에관한법률상의 도시관리계획 등
  ㉡ 관계 행정기관에 대하여 구속력을 갖는 계획 : 정부의 예산운영계획
② 비구속적 계획 : 대외적으로는 일반국민에 대해, 대내적으로는 행정기관에 대해 어떠한 법적 구속력이 없는 계획으로, 단순한 행정지침에 불과하여 행정지도적·홍보적 성질을 갖는 계획
③ 정보제공적·유도적·명령적 계획

정보제공적 계획	단순 자료나 정보를 제공하고 미래에 대해 제시하는 계획으로, 비권력적 사실행위의 성질을 가짐
유도적 계획	보조금 등 어떠한 혜택을 통해 목적을 달성하는 계획
명령적 계획	명령 등을 통해 법적 구속력을 갖는 계획

2. 행정계획의 수립 및 효과

(1) 행정계획수립의 법적 근거 및 절차

① 법적 근거

조직법적 근거	행정계획은 조직법적 권한의 범위 내에서 수립되어야 함
작용법적 근거	국민의 권리·의무와 관련된 사항을 제시하는 구속적 계획은 법치행정의 원칙상 법적 근거를 요하나, 비구속적 계획은 법적 근거를 요하지 않음

② 절차
  ㉠ 절차에 대한 법적 근거 : 현행 행정절차법은 행정계획의 확정절차에 대한 규정을 두고 있지 않으며, 국토의계획및이용에관한법률 등의 개별법에서 규정하고 있음. 다만, 행정절차법상의 처분절차와 입법예고절차, 행정예고에 대한 규정이 준용될 여지는 있음
  ㉡ 일반적 절차 : 입안 → 이해관계인의 참여(행정예고를 통한 주민의 의견청취·청문 등과 지방의회의 의견청취) → 관계 행정기관의 조정(협의와 심의, 상급기관의 승인) → 결정 → 공고
  ㉢ 절차하자의 효과
    • 법령의 형식에 의한 경우에는 법령이 공정성이 없기 때문에 무효로 봄
    • 행정행위의 형식에 의한 경우에는 하자가 중대하고 명백하면 무효, 그렇지 않으면 취소할 수 있음. 다만 절차가 법령에 규정되지 않은 경우에는 절차를 거치지 않았다고 해도 위법하다고 할 수 없음

(2) 행정계획의 효력

① 내용적 효력

효력 발생	• 법규형식의 행정계획은 법령등공포에관한법률이 정하는 바에 의하여 공포하여야 하고, 특별히 정함이 없으면 공포일로부터 20일이 경과함으로서 효력이 발생함(법령등공포에관한법률 제13조) • 개별법에서 고시에 대해 규정한 경우에는 그에 정한 형식에 맞추어 고시하고 규정된 날부터 효력이 발생함
고시·공람	판례에서는 관보를 통한 고시를 행정계획의 효력발생요건으로 판시한 바 있음
구속효	행정계획은 행정의 영속성, 통일성, 사인의 신뢰확보 등과 관련하여 각 계획마다 강도의 차이가 있을 것이나, 사실상의 구속효를 가짐

② 집중효

의의	• 국토의계획및이용에관한법률 등에 의한 도시관리계획인 행정계획이 확정되면, 다른 법령에 의해 받게 되어있는 인가 또는 허가 등을 받은 것으로 간주하는 효과 • 장기간의 사업에 있어 행정의 신속성이 요구되는 경우에 주로 활용되는데, 인·허가 절차의 간소화를 통하여 사업자의 부담을 해소하고 행정절차 촉진에 기여함
법적 근거	집중효는 행정기관의 권한 및 절차법상의 변경을 가져오기 때문에, 개별법에서 명시적으로 규정된 경우에만 인정됨
효과	당해 행정계획이 확정되면 행정기관의 인·허가 등의 의사표시가 없어도 다른 법령이 규정하고 있는 인·허가 등을 받은 것으로 간주하므로, 관계 법률에 따라 별도로 인·허가 등의 신청을 하지 않고도 당해 사업을 수행할 수 있음

SEMI-NOTE

관련 판례

구 도시계획법 제7조가 도시계획결정 등 처분의 고시를 도시계획구역, 도시계획결정 등의 효력발생요건으로 규정하였다고 볼 것이어서 건설부장관 또는 그의 권한의 일부를 위임받은 서울특별시장, 도지사 등 지방장관이 기안, 결재 등의 과정을 거쳐 정당하게 도시계획결정 등의 처분을 하였다고 하더라도 이를 관보에 게재하여 고시하지 아니한 이상 대외적으로는 아무런 효력도 발생하지 아니한다(대판 1985.12.10, 85누186).

3. 행정계획에 대한 통제

(1) 개설

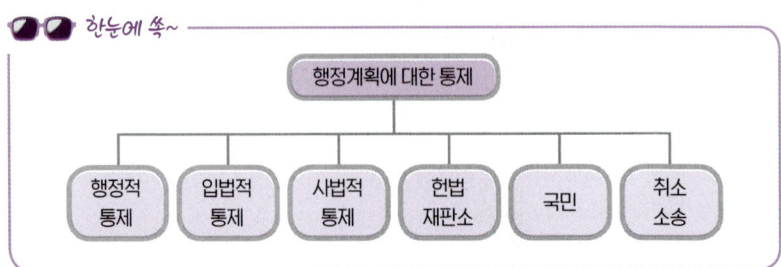

① **행정적 통제(내부적 통제, 행정의 자기통제)** : 감독권에 의한 통제, 행정계획의 절차적 통제, 행정기관의 계획심사, 행정심판 등
② **국회에 의한 입법적 통제** : 예산계획을 제외한 행정계획은 행정계획의 성립·발효에 국회가 직접 통제할 수 있는 명시적 규정이 없어 사실상 직접적 통제가 곤란하며, 간접적으로 국회감시권 발동을 통하여 통제할 수 있음
③ **법원에 의한 사법적 통제**
  ㉠ **사법심사** : 처분성을 갖는 행정계획은 개인의 법률상 이익을 침해하는 것이므로 사법심사의 대상이 되며, 행정소송의 대상으로서 행정계획을 긍정하고 있음(통설·판례)
  ㉡ **계획보장청구권**
   • 의의

협의	시행 중인 행정계획을 폐지하거나 변경하는 경우에 이로 인하여 손실을 입은 경우 당사자가 계획주체에 대해 그 손실보상을 청구할 권리
광의	손실보상청구권은 물론 행정계획의 폐지나 변경 등으로 인하여 당사자가 주장할 수 있는 계획존속청구권, 계획변경청구권, 보상청구권, 경과조치청구권 등의 다양한 청구권을 종합한 개념

   • 내용(특정행위청구권)
    – 계획청구권
    – 계획존속청구권
    – 계획준수청구권(계획이행청구권)
    – 계획변경청구권
    – 계획집행청구권
    – 경과조치청구권
    – 손해전보청구권
   • 인정 여부 : 판례는 개별법령에서 사인을 보호하는 특별규정이 없는 한 원칙적으로 이러한 권리를 인정할 수 없다고 함

행정적통제
행정계획의 특성상 행정적 통제에 있어서는 사전적 구제수단으로서의 절차적 통제가 중요한 의미를 지닌다고 할 수 있음

문제의 소지
행정계획은 사회 여건에 따라 계획의 폐지·변경의 필요성과 계획의 존속에 대한 신뢰보호라는 상충된 문제(긴장관계)가 존재하므로, 존속보호(계획보장청구권)와 보상보호(손실보상청구권) 등의 인정 여부가 문제됨

계획변경청구권
일반적으로 계획 관련 법규는 공익 보호를 목적으로 하기 때문에 원칙적으로 계획변경청구권은 인정될 수 없으나, 예외적으로 법규상·조리상 계획변경을 신청할 권리가 인정될 수도 있음

계획보장청구권의 성립요건
• 계획의 변경이나 폐지가 있어야 함
• 계획수단이 재산상 처분을 강제하였거나 결정적 사유이어야 함
• 대외적 효과를 갖는 계획범위 안에서 계획수범자의 재산을 처분하여 재산상 피해가 발생하여야 함
• 계획의 변경과 폐지와 손해 사이에 상당한 인과관계가 있어야 함

④ 헌법재판소에 의한 통제 : 행정계획에 의해 직접적으로 기본권을 침해당한 경우 헌법소원을 제기할 수 있음
⑤ 국민에 의한 통제 : 현재 국민을 직접 계획의 입안에 참여시키는 일반적 제도는 없으나, 행정절차상 이해관계인의 참여는 사전적 권리구제수단일 뿐만 아니라, 사전적 행정통제수단으로 활용되고 있음
⑥ 취소소송 : 계획결정 또는 행정계획의 변경·폐지 등으로 인하여 국민의 권리가 침해될 수도 있는데 이때 처분성이 인정되지 않은 행정계획은 항고소송을 제기할 수 없으며 비록 처분성이 인정되는 사법성이라 하여도 위법성의 인정이 어려움

(2) 계획재량의 통제

① 계획재량의 의의 : 행정주체가 계획법률에 따라 행정계획을 수립하는 데 있어서 행정청에 인정되는 재량권, 즉 계획상의 광범위한 형성의 자유를 말함
② 계획재량에 대한 통제
  ㉠ 통제법리의 필요성 : 다수설과 판례는 계획재량에 대한 사법적 통제기준으로 형량명령(이익형량)의 법리를 인정하고 있음
  ㉡ 행정적 통제와 입법적 통제 : 행정적 통제에서는 절차적 통제가 중요하며, 입법적 통제는 실효성이 적음
  ㉢ 형량명령(이익형량)

의의	행정청에 광범위한 계획재량이 인정된다고 하여 법치주의로부터 제외된 것은 아니므로 행정청이 계획재량을 함에 있어서 공익과 사익 상호간의 관련 이익을 비례의 원칙에 따라 형량하여야 하는데, 이처럼 관련 이익을 형량하는 것
형량하자의 범위(내용)	• 형량해태(형량탈락) : 이익형량을 전혀 행하지 않은 경우 • 형량흠결 : 이익형량에 있어 반드시 고려되어야 할 특정 이익을 누락한 경우 • 오형량(형량불비례) : 이익형량을 하였으나 공익·사익의 비교형량에 있어 비례원칙을 위배하거나 정당성·객관성이 결여된 경우 • 형량조사의 하자(조사탈락·조사흠결) : 관련 이익의 조사가 없는 경우 • 평가의 과오 : 관련된 이익·특정사실 등에 대한 가치를 잘못 평가하는 경우
판례	행정주체가 행정계획을 입안·결정함에 있어 이익형량을 해태·흠결하거나 오형량한 경우에는 재량의 일탈·남용으로 위법하다고 판시하여, 형량명령 법리를 수용함

SEMI-NOTE

계획법률
계획법률은 추상적인 목표를 제시할 뿐 그 계획의 수단과 내용에 대해서 자세히 규정하고 있지 않은 것이 일반적이어서, 행정청은 그 계획의 목표를 구체적으로 어떻게 실현할 것인지에 관한 수단과 방법 등에 대하여 광범위한 재량을 갖게 됨

관련 판례
행정주체가 행정계획을 입안·결정함에 있어서 이익형량을 전혀 행하지 아니하거나 이익형량의 고려 대상에 마땅히 포함시켜야 할 사항을 누락한 경우 또는 이익형량을 하였으나 정당성·객관성이 결여된 경우에는 그 행정계획결정은 재량권을 일탈·남용한 것으로서 위법하다(대판 1996. 11. 22, 96누8567).

05절 정보공개 및 개인정보보호제도

1. 정보공개제도 ★빈출개념

(1) 개설

① 의의

정보공개	공공기관이 관리하고 있는 정보를 국민의 청구에 따라 공개하는 것
정보공개 청구권	공공기관에 대하여 정보를 공개해 줄 것을 요청할 수 있는 개인적 공권으로, 자기와 이해관계가 있는 특정한 사안에 관한 개별적 정보공개청구권과 직접 이해관계가 없는 일반적 정보공개청구권으로 구분

> **법령** 공공기관의정보공개에관한법률
>
> **제2조(정의)** 이 법에서 사용하는 용어의 뜻은 다음과 같다.
> 1. "정보"란 공공기관이 직무상 작성 또는 취득하여 관리하고 있는 문서(전자문서를 포함한다. 이하 같다) 및 전자매체를 비롯한 모든 형태의 매체 등에 기록된 사항을 말한다.
> 2. "공개"란 공공기관이 이 법에 따라 정보를 열람하게 하거나 그 사본·복제물을 제공하는 것 또는 「전자정부법」 제2조제10호에 따른 정보통신망(이하 "정보통신망"이라 한다)을 통하여 정보를 제공하는 것 등을 말한다.
> 3. "공공기관"이란 다음 각 목의 기관을 말한다.
>   가. 국가기관
>   1) 국회, 법원, 헌법재판소, 중앙선거관리위원회
>   2) 중앙행정기관(대통령 소속 기관과 국무총리 소속 기관을 포함한다) 및 그 소속 기관
>   3) 「행정기관 소속 위원회의 설치·운영에 관한 법률」에 따른 위원회
>   나. 지방자치단체
>   다. 「공공기관의 운영에 관한 법률」 제2조에 따른 공공기관
>   라. 「지방공기업법」에 따른 지방공사 및 지방공단
>   마. 그 밖에 대통령령으로 정하는 기관

② 법적 근거
  ㉠ 헌법상 근거

의의	접근가능한 정보원으로부터 의사형성에 필요한 정보를 수집하고, 이를 취사·선택할 수 있는 권리로 정보수집권·정보수령권·정보공개청구권으로 구성되는 것이 일반적임
학설·판례	헌법상 표현의 자유(제21조 제1항) 등 여러 근거를 제시하였으며, 헌법재판소와 대법원은 알 권리의 근거를 헌법상의 표현의 자유에서 도출된다고 봄
성격	• 자유권으로서의 성격과 청구권으로서의 성격을 아울러 가짐 • 정보공개법(공공기관의정보공개에관한법률)을 통해 구체화·제도화 됨

  ㉡ 법률상 근거 : 공공기관의정보공개에관한법률이 정보공개에 관한 일반법임. 따라서 정보공개에 관하여 다른 법률에 특별한 규정이 있는 경우를 제외하고는 이 법이 정하는 바에 의함

SEMI-NOTE

그 밖에 대통령령으로 정하는 기관
유아교육법 초·중등교육법 및 고등교육법에 따른 각급 학교, 특별법에 의하여 설립된 특수법인, 사회복지사업법 규정에 의하여 국가 또는 지방자치단체로부터 보조금을 받는 사회복지법인과 사회복지사업을 하는 비영리법인 등

관련 판례
국민의 알 권리, 특히 국가정보에의 접근의 권리는 우리 헌법상 기본적으로 표현의 자유와 관련하여 인정되는 것으로 … 일반적인 정보공개청구권이 포함되어 … (대판 1999. 9. 21, 97누5114).

ⓒ 조례상 근거 : 지방자치단체는 그 소관사무에 관하여 법령의 범위 안에서 정보공개에 관한 조례를 정할 수 있음(공공기관의정보공개에관한법률 제4조 제2항). 판례도 행정정보공개조례안을 긍정한 바 있음

(2) 정보공개법(공공기관의정보공개에관한법률)의 주요 내용

① 정보공개청구권자(제5조)

모든 국민	• 여기서의 국민에는 자연인은 물론 법인, 권리능력 없는 사단·재단도 포함되며, 시민단체 등이 개인적 이해관계가 없는 공익을 위해 정보공개청구를 하는 것도 인정됨 • 판례에서도 '정보공개법의 목적, 규정 내용 및 취지 등에 비추어 보면 정보공개청구의 목적에 특별한 제한이 있다고 할 수 없다'고 하여 이를 긍정하고 있음
외국인	• 국내에 일정한 주소를 두고 거주하거나 학술·연구를 위하여 일시적으로 체류하는 사람(공공기관의정보공개에관한법률 시행령 제3조 제1호) • 국내에 사무소를 두고 있는 법인 또는 단체(공공기관의정보공개에관한법률 시행령 제3조 제2호)

관련 판례 정보공개청구권자

공공기관의정보공개에관한법률 제6조 제1항은 "모든 국민은 정보의 공개를 청구할 권리를 가진다."고 규정하고 있는데, 여기에서 말하는 국민에는 자연인은 물론 법인, 권리능력 없는 사단·재단도 포함되고, 법인, 권리능력 없는 사단·재단 등의 경우에는 설립목적을 불문하며 … (대판 2003. 12. 12, 2003두8050).

② 정보공개의 절차

㉠ 공개대상정보 및 비공개대상정보(제9조)

공개대상 정보	공공기관이 보유·관리하는 정보
비공개 대상정보	• 다른 법률 또는 법률에서 위임한 명령에 따라 비밀이나 비공개 사항으로 규정된 정보 • 국가안전보장·국방·통일·외교관계 등에 관한 사항으로서 공개될 경우 국가의 중대한 이익을 현저히 해칠 우려가 있다고 인정되는 정보 • 진행 중인 재판에 관련된 정보와 범죄의 예방, 수사, 공소의 제기 및 유지, 형의 집행, 교정(矯正), 보안처분에 관한 사항으로서 공개될 경우 그 직무수행을 현저히 곤란하게 하거나 형사피고인의 공정한 재판을 받을 권리를 침해한다고 인정할 만한 상당한 이유가 있는 정보 • 의사결정 과정 또는 내부검토 과정에 있는 사항 등으로서 공개될 경우 업무의 공정한 수행이나 연구·개발에 현저한 지장을 초래한다고 인정할 만한 상당한 이유가 있는 정보 • 사생활의 비밀 또는 자유를 침해할 우려가 있다고 인정되는 정보 • 경영상·영업상 비밀에 관한 사항으로서 공개될 경우 법인등의 정당한 이익을 현저히 해칠 우려가 있다고 인정되는 정보 • 공개될 경우 부동산 투기, 매점매석 등으로 특정인에게 이익 또는 불이익을 줄 우려가 있다고 인정되는 정보

SEMI-NOTE

관련 판례

지방자치단체는 그 내용이 주민의 권리의 제한 또는 의무의 부과에 관한 사항이거나 벌칙에 관한 사항이 아닌 한 법률의 위임이 없더라도 조례를 제정할 수 있다 할 것인데, 이 사건 정보공개조례안은 … 주민의 권리를 제한하거나 의무를 부과하는 조례라고는 단정할 수 없고 따라서 그 제정에 있어서 반드시 법률의 개별적 위임이 따로 필요한 것은 아니라 할 것이다(대판 1992. 6. 23, 92추17).

제8조(정보목록의 작성·비치 등) 제1항

공공기관은 그 기관이 보유·관리하는 정보에 대하여 국민이 쉽게 알 수 있도록 정보목록을 작성하여 갖추어 두고, 그 목록을 정보통신망을 활용한 정보공개시스템 등을 통하여 공개하여야 한다. 다만, 정보목록 중 제9조제1항에 따라 공개하지 아니할 수 있는 정보가 포함되어 있는 경우에는 해당 부분을 갖추어 두지 아니하거나 공개하지 아니할 수 있다.

SEMI-NOTE

관련 판례

공공기관의정보공개에관한법률 … 정보공개법 제9조 제1항 제4호에서 정한 '진행 중인 재판에 관련된 정보'에 해당한다는 사유로 정보공개를 거부하기 위하여는 반드시 그 정보가 진행 중인 재판의 소송기록 자체에 포함된 내용일 필요는 없다. 그러나 재판에 관련된 일체의 정보가 그에 해당하는 것은 아니고 진행 중인 재판의 심리 또는 재판결과에 구체적으로 영향을 미칠 위험이 있는 정보에 한정된다고 보는 것이 타당하다(대판 2011. 11. 24, 2009두19021).

관련 판례

사면대상자들의 사면실시건의서와 그와 관련된 국무회의 안건자료에 관한 정보는 … 구 공공기관의정보공개에관한법률 제7조 제1항 제6호에서 정한 비공개사유에 해당하지 않는다(대판 2006. 12. 7, 2005두241).

정보공개심의회의 구성(제12조 제2항)

심의회는 위원장 1명을 포함하여 5명 이상 7명 이하의 위원으로 구성한다.

관련 판례 비공개대상정보에 해당

- 치과의사 국가시험에서 채택하고 있는 … 문제지와 그 정답지를 공개하는 것은 시험업무의 공정한 수행이나 연구·개발에 현저한 지장을 초래한다고 인정할만한 상당한 이유가 있는 경우에 해당하므로, 공공기관의정보공개에관한법률 제9조 제1항 제5호에 따라 이를 공개하지 않을 수 있다(대판 2007. 6. 15, 2006두15936).
- 학교폭력대책자치위원회의 회의록은 공공기관의정보공개에관한법률 제9조 제1항 제1호의 '다른 법률 또는 법률이 위임한 명령에 의하여 비밀 또는 비공개 사항으로 규정된 정보'에 해당한다(대판 2010. 6. 10, 2010두2913).

관련 판례 비공개대상정보에 해당되지 않음

- 대한주택공사의 아파트 분양원가 산출내역에 관한 정보는, 그 공개로 위 공사의 정당한 이익을 현저히 해할 우려가 있다고 볼 수 없어 구 공공기관의정보공개에관한법률 제7조 제1항 제7호에서 정한 비공개대상정보에 해당하지 않는다(대판 2007. 6. 1, 2006두20587).
- 한국방송공사의 '수시집행 접대성 경비의 건별 집행서류 일체'는 공공기관의정보공개에관한법률 제9조 제1항 제7호의 비공개대상정보에 해당하지 않는다(대판 2008. 10. 23, 2007두1798).

ⓒ **정보공개의 청구방법(제10조)** : 청구인은 해당 정보를 보유하거나 관리하고 있는 공공기관에 청구인의 성명·생년월일·주소 및 연락처 등을 적은 정보공개 청구서를 제출하거나 말로써 정보의 공개를 청구할 수 있음

관련 판례 정보공개의 청구방법

청구대상정보를 기재함에 있어서는 사회일반인의 관점에서 청구대상정보의 내용과 범위를 확정할 수 있을 정도로 특정함을 요한다(대판 2007. 6. 1, 2007두2555).

ⓒ **정보공개 여부의 결정(제11조)**

법령 공공기관의정보공개에관한법률

제11조(정보공개 여부의 결정) ① 공공기관은 제10조에 따라 정보공개의 청구를 받으면 그 청구를 받은 날부터 10일 이내에 공개 여부를 결정하여야 한다.
② 공공기관은 부득이한 사유로 제1항에 따른 기간 이내에 공개 여부를 결정할 수 없을 때에는 그 기간이 끝나는 날의 다음 날부터 기산(起算)하여 10일의 범위에서 공개 여부 결정기간을 연장할 수 있다. 이 경우 공공기관은 연장된 사실과 연장 사유를 청구인에게 지체 없이 문서로 통지하여야 한다.
③ 공공기관은 공개 청구된 공개 대상 정보의 전부 또는 일부가 제3자와 관련이 있다고 인정할 때에는 그 사실을 제3자에게 지체 없이 통지하여야 하며, 필요한 경우에는 그의 의견을 들을 수 있다.
④ 공공기관은 다른 공공기관이 보유·관리하는 정보의 공개 청구를 받았을 때에는 지체 없이 이를 소관 기관으로 이송하여야 하며, 이송한 후에는 지체 없이 소관 기관 및 이송 사유 등을 분명히 밝혀 청구인에게 문서로 통지하여야 한다.

ⓓ 정보공개여부결정의 통지(제13조)

법 령 공공기관의정보공개에관한법률

제13조(정보공개 여부 결정의 통지) ① 공공기관은 제11조에 따라 정보의 공개를 결정한 경우에는 공개의 일시 및 장소 등을 분명히 밝혀 청구인에게 통지하여야 한다.
② 공공기관은 청구인이 사본 또는 복제물의 교부를 원하는 경우에는 이를 교부하여야 한다.
③ 공공기관은 공개 대상 정보의 양이 너무 많아 정상적인 업무수행에 현저한 지장을 초래할 우려가 있는 경우에는 해당 정보를 일정 기간별로 나누어 제공하거나 사본·복제물의 교부 또는 열람과 병행하여 제공할 수 있다.
④ 공공기관은 제1항에 따라 정보를 공개하는 경우에 그 정보의 원본이 더럽혀지거나 파손될 우려가 있거나 그 밖에 상당한 이유가 있다고 인정할 때에는 그 정보의 사본·복제물을 공개할 수 있다.

ⓔ 부분공개(제14조) : 공개청구한 정보가 비공개대상정보에 해당하는 부분과 공개 가능한 부분이 혼합되어 있는 경우로서 공개청구의 취지에 어긋나지 아니하는 범위에서 두 부분을 분리할 수 있는 경우에는 비공개대상정보에 해당하는 부분을 제외하고 공개하여야 함

ⓕ 정보의 전자적 공개(제15조)

법 령 공공기관의정보공개에관한법률

제15조(정보의 전자적 공개) ① 공공기관은 전자적 형태로 보유·관리하는 정보에 대하여 청구인이 전자적 형태로 공개하여 줄 것을 요청하는 경우에는 그 정보의 성질상 현저히 곤란한 경우를 제외하고는 청구인의 요청에 따라야 한다.
② 공공기관은 전자적 형태로 보유·관리하지 아니하는 정보에 대하여 청구인이 전자적 형태로 공개하여 줄 것을 요청한 경우에는 정상적인 업무수행에 현저한 지장을 초래하거나 그 정보의 성질이 훼손될 우려가 없으면 그 정보를 전자적 형태로 변환하여 공개할 수 있다.

ⓖ 비용부담(제17조)

법 령 공공기관의정보공개에관한법률

제17조(비용 부담) ① 정보의 공개 및 우송 등에 드는 비용은 실비(實費)의 범위에서 청구인이 부담한다.
② 공개를 청구하는 정보의 사용 목적이 공공복리의 유지·증진을 위하여 필요하다고 인정되는 경우에는 제1항에 따른 비용을 감면할 수 있다.

SEMI-NOTE

관련 판례

공공기관의정보공개에관한법률상 공개청구의 대상이 되는 정보란 공공기관이 직무상 작성 또는 취득하여 현재 보유·관리하고 있는 문서에 한정되는 것이기는 하나, 그 문서가 반드시 원본일 필요는 없다(대판 2006. 5. 25. 2006두3049).

관련 판례

비공개대상정보에 해당하는 부분과 공개가 가능한 부분을 분리할 수 있다고 함은, 이 두 부분이 물리적으로 분리가능한 경우를 의미하는 것이 아니고 … 비공개대상정보에 관련된 기술 등을 제외 내지 삭제하고 그 나머지 정보만을 공개하는 것이 가능하고 나머지 부분의 정보만으로도 공개의 가치가 있는 경우를 의미한다고 해석하여야 한다(대판 2004. 12. 9. 2003두12707).

SEMI-NOTE

법 제9조 제1항 제2호

국가안전보장·국방·통일·외교관계 등에 관한 사항으로서 공개될 경우 국가의 중대한 이익을 현저히 해칠 우려가 있다고 인정되는 정보

관련 판례

공개를 구하는 정보를 공공기관이 보유·관리하고 있을 상당한 개연성이 있다는 점에 대하여 원칙적으로 공개청구자에게 입증책임이 있다고 할 것이지만, 공개를 구하는 정보를 공공기관이 한 때 보유·관리하였으나 후에 그 정보가 담긴 문서 등이 폐기되어 존재하지 않게 된 것이라면 그 정보를 더 이상 보유·관리하고 있지 아니하다는 점에 대한 입증책임은 공공기관에게 있다(대판 2004. 12. 9, 2003두12707).

관련 판례

정보공개를 청구하였다가 거부처분을 받은 것 자체가 법률상 이익의 침해에 해당한다(대판 2004. 8. 20, 2003두8302).

공공기관의정보공개에관한법률 제11조 제3항(정보공개 여부의 결정)

공공기관은 공개 청구된 공개 대상 정보의 전부 또는 일부가 제3자와 관련이 있다고 인정할 때에는 그 사실을 제3자에게 지체 없이 통지하여야 하며, 필요한 경우에는 그의 의견을 들을 수 있다.

---

③ 불복구제절차
  ㉠ 청구인의 불복절차

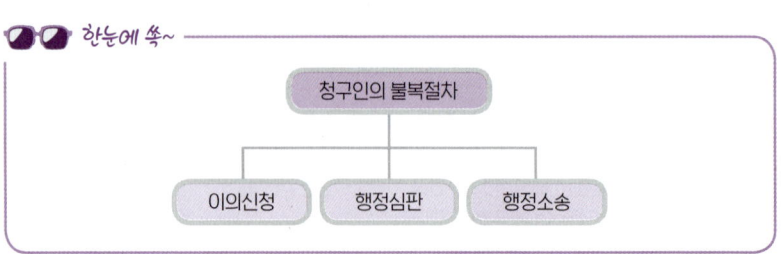
한눈에 쏙~

이의신청 (제18조)	• 청구인이 정보공개와 관련한 공공기관의 비공개 결정 또는 부분 공개 결정에 대하여 불복이 있거나 정보공개 청구 후 20일이 경과하도록 정보공개 결정이 없는 때에는 공공기관으로부터 정보공개 여부의 결정 통지를 받은 날 또는 정보공개 청구 후 20일이 경과한 날부터 30일 이내에 해당 공공기관에 문서로 이의신청을 할 수 있음 • 공공기관은 이의신청을 받은 날부터 7일 이내에 그 이의신청에 대하여 결정하고 그 결과를 청구인에게 지체 없이 문서로 통지하여야 함
행정심판 (제19조)	• 청구인이 정보공개와 관련한 공공기관의 결정에 대하여 불복이 있거나 정보공개 청구 후 20일이 경과하도록 정보공개 결정이 없는 때에는 「행정심판법」에서 정하는 바에 따라 행정심판을 청구할 수 있음. 이 경우 국가기관 및 지방자치단체 외의 공공기관의 결정에 대한 감독행정기관은 관계 중앙행정기관의 장 또는 지방자치단체의 장으로 함 • 행정심판위원회의 위원 중 정보공개 여부의 결정에 관한 행정심판에 관여하는 위원은 재직 중은 물론 퇴직 후에도 그 직무상 알게 된 비밀을 누설하여서는 안 됨
행정소송 (제20조)	• 재판장은 필요하다고 인정하면 당사자를 참여시키지 아니하고 제출된 공개 청구 정보를 비공개로 열람·심사할 수 있음 • 재판장은 행정소송의 대상이 제9조제1항제2호에 따른 정보 중 국가안전보장·국방 또는 외교관계에 관한 정보의 비공개 또는 부분 공개 결정처분인 경우에 공공기관이 그 정보에 대한 비밀 지정의 절차, 비밀의 등급·종류 및 성질과 이를 비밀로 취급하게 된 실질적인 이유 및 공개를 하지 아니하는 사유 등을 입증하면 해당 정보를 제출하지 아니하게 할 수 있음

  ㉡ 제3자의 비공개요청 및 불복절차(제21조)

법령 공공기관의정보공개에관한법률

제21조(제3자의 비공개 요청 등) ① 제11조제3항에 따라 공개 청구된 사실을 통지받은 제3자는 그 통지를 받은 날부터 3일 이내에 해당 공공기관에 대하여 자신과 관련된 정보를 공개하지 아니할 것을 요청할 수 있다.

② 제1항에 따른 비공개 요청에도 불구하고 공공기관이 공개 결정을 할 때에는 공개 결정 이유와 공개 실시일을 분명히 밝혀 지체 없이 문서로 통지하여야 하며, 제3자는 해당 공공기관에 문서로 이의신청을 하거나 행정심판 또는 행정소송을 제기할 수 있다. 이 경우 이의신청은 통지를 받은 날부터 7일 이내에 하여야 한다.
③ 공공기관은 제2항에 따른 공개 결정일과 공개 실시일 사이에 최소한 30일의 간격을 두어야 한다.

④ **정보공개위원회의 설치(제22조)** : 정보공개에 관한 정책수립 및 제도개선에 관한 사항 등을 심의·조정하기 위하여 국무총리 소속으로 정보공개위원회를 둠

2. 개인정보보호제도 ★빈출개념

(1) 개설

① 법적 근거

㉠ 헌법상 근거

학설	헌법 제17조 규정에 의한 사생활보호의 규정, 제10조 규정에 의한 인간의 존엄과 가치 및 행복추구권, 제16조 규정에 의한 주거의 자유, 제18조 규정에 의한 통신의 비밀 등의 근거 등을 제시하는 견해가 있으나, 헌법상의 사생활보호 규정이 직접적인 근거
판례 (대법원)	헌법 제10조(인간의 존엄과 가치 및 행복추구권)와 제17조(사생활보호)를 그 근거로 봄

㉡ 법률상 근거

일반법	개인정보보호법은 종전의 공공기관의개인정보보호에관한법률보다 개인정보의 보호범위를 확대했다는 데 그 의의가 있음
개별법	정보통신망이용촉진및정보보호등에관한법률, 신용정보의이용및보호에관한법률, 통신비밀보호법, 형법, 행정절차법 등

(2) 개인정보보호법의 주요 내용 ★빈출개념

① 개인정보의 의의(제2조)

법령 개인정보보호법

제2조(정의) 이 법에서 사용하는 용어의 뜻은 다음과 같다.
1. "개인정보"란 살아 있는 개인에 관한 정보로서 다음 각 목의 어느 하나에 해당하는 정보를 말한다.
  가. 성명, 주민등록번호 및 영상 등을 통하여 개인을 알아볼 수 있는 정보
  나. 해당 정보만으로는 특정 개인을 알아볼 수 없더라도 다른 정보와 쉽게 결합하여 알아볼 수 있는 정보. 이 경우 쉽게 결합할 수 있는지 여부는 다른 정보의 입수 가능성 등 개인을 알아보는 데 소요되는 시간, 비용, 기술 등을 합리적으로 고려하여야 한다.
  다. 가목 또는 나목을 제1호의2에 따라 가명처리함으로써 원래의 상태로 복원하기 위한 추가 정보의 사용·결합 없이는 특정 개인을 알아볼 수 없는 정보(이하 "가명정보"라 한다)

SEMI-NOTE

관련 판례

공공기관이 보유·관리하고 있는 정보가 제3자와 관련이 있는 경우 … 제3자의 비공개요청이 있다는 사유만으로 정보공개법상 정보의 비공개사유에 해당한다고 볼 수 없다 (대판 2008. 9. 25, 2008두8680).

개인정보보호의 헌법상 근거

- 제10조 : 모든 국민은 인간으로서의 존엄과 가치를 가지며, 행복을 추구할 권리를 가진다. 국가는 개인이 가지는 불가침의 기본적 인권을 확인하고 이를 보장할 의무를 진다.
- 제17조 : 모든 국민은 사생활의 비밀과 자유를 침해받지 아니한다.

관련 판례

개인정보자기결정권의 보호대상이 되는 개인정보는 개인의 신체, 신념, 사회적 지위, 신분 등과 같이 개인의 인격주체성을 특징짓는 사항으로서 그 개인의 동일성을 식별할 수 있게 하는 일체의 정보라고 할 수 있고, 반드시 개인의 내밀한 영역이나 사사(私事)의 영역에 속하는 정보에 국한되지 않고 공적 생활에서 형성되었거나 이미 공개된 개인정보까지 포함한다(헌재 2005. 7. 21, 2003헌마·425 병합).

② 개인정보 보호위원회 설치
　㉠ 개인정보 보호위원회(제7조) : 개인정보보호에 관한 사무를 독립적으로 수행하기 위하여 국무총리 소속으로 개인정보 보호위원회를 둠
　㉡ 보호위원회의 구성(제7조의2)

SEMI-NOTE

개인정보보호법 제7조의4(위원의 임기)
① 위원의 임기는 3년으로 하되, 한 차례만 연임할 수 있다.
② 위원이 궐위된 때에는 지체 없이 새로운 위원을 임명 또는 위촉하여야 한다. 이 경우 후임으로 임명 또는 위촉된 위원의 임기는 새로이 개시된다.

법령 개인정보보호법

제7조의2(보호위원회의 구성 등) ① 보호위원회는 상임위원 2명(위원장 1명, 부위원장 1명)을 포함한 9명의 위원으로 구성한다.
③ 위원장과 부위원장은 정무직 공무원으로 임명한다.
④ 위원장, 부위원장, 제7조의13에 따른 사무처의 장은 「정부조직법」 제10조에도 불구하고 정부위원이 된다.

③ 개인정보의 수집, 이용 등
　㉠ 개인정보의 수집·이용(제15조)

개인정보처리자
업무를 목적으로 개인정보파일을 운용하기 위하여 스스로 또는 다른 사람을 통하여 개인정보를 처리하는 공공기관, 법인, 단체 및 개인 등

법령 개인정보보호법

제15조(개인정보의 수집·이용) ① 개인정보처리자는 다음 각 호의 어느 하나에 해당하는 경우에는 개인정보를 수집할 수 있으며 그 수집 목적의 범위에서 이용할 수 있다.
1. 정보주체의 동의를 받은 경우
2. 법률에 특별한 규정이 있거나 법령상 의무를 준수하기 위하여 불가피한 경우
3. 공공기관이 법령 등에서 정하는 소관 업무의 수행을 위하여 불가피한 경우
4. 정보주체와의 계약의 체결 및 이행을 위하여 불가피하게 필요한 경우
5. 정보주체 또는 그 법정대리인이 의사표시를 할 수 없는 상태에 있거나 주소불명 등으로 사전 동의를 받을 수 없는 경우로서 명백히 정보주체 또는 제3자의 급박한 생명, 신체, 재산의 이익을 위하여 필요하다고 인정되는 경우
6. 개인정보처리자의 정당한 이익을 달성하기 위하여 필요한 경우로서 명백하게 정보주체의 권리보다 우선하는 경우. 이 경우 개인정보처리자의 정당한 이익과 상당한 관련이 있고 합리적인 범위를 초과하지 아니하는 경우에 한한다.

　㉡ 개인정보의 수집 제한(제16조)

법령 개인정보보호법

제16조(개인정보의 수집 제한) ① 개인정보처리자는 제15조제1항 각 호의 어느 하나에 해당하여 개인정보를 수집하는 경우에는 그 목적에 필요한 최소한의 개인정보를 수집하여야 한다. 이 경우 최소한의 개인정보 수집이라는 입증책임은 개인정보처리자가 부담한다.

④ 개인정보의 처리 제한
  ㉠ 민감정보의 처리 제한(제23조)

> **법령** 개인정보보호법
>
> **제23조(민감정보의 처리 제한)** ① 개인정보처리자는 사상·신념, 노동조합·정당의 가입·탈퇴, 정치적 견해, 건강, 성생활 등에 관한 정보, 그 밖에 정보주체의 사생활을 현저히 침해할 우려가 있는 개인정보로서 대통령령으로 정하는 정보(이하 "민감정보"라 한다)를 처리하여서는 아니 된다. 다만, 다음 각 호의 어느 하나에 해당하는 경우에는 그러하지 아니하다.
> 1. 정보주체에게 제15조제2항 각 호 또는 제17조제2항 각 호의 사항을 알리고 다른 개인정보의 처리에 대한 동의와 별도로 동의를 받은 경우
> 2. 법령에서 민감정보의 처리를 요구하거나 허용하는 경우

  ㉡ 영상정보처리기기의 설치·운영 제한(제25조)

> **법령** 개인정보보호법
>
> **제25조(영상정보처리기기의 설치·운영 제한)** ① 누구든지 다음 각 호의 경우를 제외하고는 공개된 장소에 영상정보처리기기를 설치·운영하여서는 아니 된다.
> 1. 법령에서 구체적으로 허용하고 있는 경우
> 2. 범죄의 예방 및 수사를 위하여 필요한 경우
> 3. 시설안전 및 화재 예방을 위하여 필요한 경우
> 4. 교통단속을 위하여 필요한 경우
> 5. 교통정보의 수집·분석 및 제공을 위하여 필요한 경우
> ② 누구든지 불특정 다수가 이용하는 목욕실, 화장실, 발한실(發汗室), 탈의실 등 개인의 사생활을 현저히 침해할 우려가 있는 장소의 내부를 볼 수 있도록 영상정보처리기기를 설치·운영하여서는 아니 된다. 다만, 교도소, 정신보건 시설 등 법령에 근거하여 사람을 구금하거나 보호하는 시설로서 대통령령으로 정하는 시설에 대하여는 그러하지 아니하다.
> ⑤ 영상정보처리기기운영자는 영상정보처리기기의 설치 목적과 다른 목적으로 영상정보처리기기를 임의로 조작하거나 다른 곳을 비춰서는 아니 되며, 녹음기능은 사용할 수 없다.

⑤ 개인정보의 안전한 관리
  ㉠ 개인정보파일의 등록 및 공개(제32조)

> **법령** 개인정보보호법
>
> **제32조(개인정보파일의 등록 및 공개)** ① 공공기관의 장이 개인정보파일을 운용하는 경우에는 다음 각 호의 사항을 보호위원회에 등록하여야 한다. 등록한 사항이 변경된 경우에도 또한 같다.
> 1. 개인정보파일의 명칭
> 2. 개인정보파일의 운영 근거 및 목적
> 3. 개인정보파일에 기록되는 개인정보의 항목
> 4. 개인정보의 처리방법
> 5. 개인정보의 보유기간
> 6. 개인정보를 통상적 또는 반복적으로 제공하는 경우에는 그 제공받는 자
> 7. 그 밖에 대통령령으로 정하는 사항

SEMI-NOTE

고유식별정보의 처리 제한(개인정보보호법 제24조 제1항)
- 개인정보처리자는 다음 각 호의 경우를 제외하고는 법령에 따라 개인을 고유하게 구별하기 위하여 부여된 식별정보로서 대통령령으로 정하는 정보(이하 "고유식별정보"라 한다)를 처리할 수 없다.
- 정보주체에게 제15조제2항 각 호 또는 제17조제2항 각 호의 사항을 알리고 다른 개인정보의 처리에 대한 동의와 별도로 동의를 받은 경우
- 법령에서 구체적으로 고유식별정보의 처리를 요구하거나 허용하는 경우

개인정보 영향평가(개인정보보호법 제33조)
① 공공기관의 장은 대통령령으로 정하는 기준에 해당하는 개인정보파일의 운용으로 인하여 정보주체의 개인정보 침해가 우려되는 경우에는 그 위험요인의 분석과 개선 사항 도출을 위한 평가(이하 "영향평가"라 한다)를 하고 그 결과를 보호위원회에 제출하여야 한다. 이 경우 공공기관의 장은 영향평가를 보호위원회가 지정하는 기관(이하 "평가기관"이라 한다) 중에서 의뢰하여야 한다.
⑧ 공공기관 외의 개인정보처리자는 개인정보파일 운용으로 인하여 정보주체의 개인정보 침해가 우려되는 경우에는 영향평가를 하기 위하여 적극 노력하여야 한다.

ⓛ 개인정보 유출 통지 등(제34조)

> **법 령** 개인정보보호법
>
> **제34조(개인정보 유출 통지 등)** ① 개인정보처리자는 개인정보가 유출되었음을 알게 되었을 때에는 지체 없이 해당 정보주체에게 다음 각 호의 사실을 알려야 한다.
> 1. 유출된 개인정보의 항목
> 2. 유출된 시점과 그 경위
> 3. 유출로 인하여 발생할 수 있는 피해를 최소화하기 위하여 정보주체가 할 수 있는 방법 등에 관한 정보
> 4. 개인정보처리자의 대응조치 및 피해 구제절차
> 5. 정보주체에게 피해가 발생한 경우 신고 등을 접수할 수 있는 담당부서 및 연락처
> ② 개인정보처리자는 개인정보가 유출된 경우 그 피해를 최소화하기 위한 대책을 마련하고 필요한 조치를 하여야 한다.
> ③ 개인정보처리자는 대통령령으로 정한 규모 이상의 개인정보가 유출된 경우에는 제1항에 따른 통지 및 제2항에 따른 조치 결과를 지체 없이 보호위원회 또는 대통령령으로 정하는 전문기관에 신고하여야 한다. 이 경우 보호위원회 또는 대통령령으로 정하는 전문기관은 피해 확산방지, 피해 복구 등을 위한 기술을 지원할 수 있다.

> **개인정보의 열람(개인정보보호법 제35조 제1항)**
>
> 제35조에 따라 자신의 개인정보를 열람한 정보주체는 개인정보처리자에게 그 개인정보의 정정 또는 삭제를 요구할 수 있다. 다만, 다른 법령에서 그 개인정보가 수집 대상으로 명시되어 있는 경우에는 그 삭제를 요구할 수 없다.

⑥ 정보주체의 권리 보장
  ㉠ 개인정보의 열람(제35조)
  ㉡ 개인정보의 정정·삭제(제36조)
  ㉢ 개인정보의 처리정지 등(제37조)
  ㉣ 권리행사의 방법 및 절차(제38조)

> **법 령** 개인정보보호법
>
> **제38조(권리행사의 방법 및 절차)** ① 정보주체는 제35조에 따른 열람, 제36조에 따른 정정·삭제, 제37조에 따른 처리정지, 제39조의7에 따른 동의 철회 등의 요구(이하 "열람등요구"라 한다)를 문서 등 대통령령으로 정하는 방법·절차에 따라 대리인에게 하게 할 수 있다.
> ② 만 14세 미만 아동의 법정대리인은 개인정보처리자에게 그 아동의 개인정보 열람등요구를 할 수 있다.

ⓜ 손해배상책임(제39조)

> **법 령** 개인정보보호법
>
> ① 정보주체는 개인정보처리자가 이 법을 위반한 행위로 손해를 입으면 개인정보처리자에게 손해배상을 청구할 수 있다. 이 경우 그 개인정보처리자는 고의 또는 과실이 없음을 입증하지 아니하면 책임을 면할 수 없다.
> ③ 개인정보처리자의 고의 또는 중대한 과실로 인하여 개인정보가 분실·도난·유출·위조·변조 또는 훼손된 경우로서 정보주체에게 손해가 발생한 때에는 법원은 그 손해액의 3배를 넘지 아니하는 범위에서 손해배상액을 정할 수 있다. 다만, 개인정보처리자가 고의 또는 중대한 과실이 없음을 증명한 경우에는 그러하지 아니하다.

⑦ 개인정보 분쟁조정위원회
  ㉠ 설치 및 구성(제40조)

> **법령** 개인정보보호법
>
> **제40조(설치 및 구성)** ① 개인정보에 관한 분쟁의 조정(調停)을 위하여 개인정보 분쟁조정위원회(이하 "분쟁조정위원회"라 한다)를 둔다.
> ② 분쟁조정위원회는 위원장 1명을 포함한 20명 이내의 위원으로 구성하며, 위원은 당연직위원과 위촉위원으로 구성한다.
> ④ 위원장은 위원 중에서 공무원이 아닌 사람으로 보호위원회 위원장이 위촉한다.

  ㉡ 조정의 신청 등(제43조)

> **법령** 개인정보보호법
>
> **제43조(조정의 신청 등)** ① 개인정보와 관련한 분쟁의 조정을 원하는 자는 분쟁조정위원회에 분쟁조정을 신청할 수 있다.
> ② 분쟁조정위원회는 당사자 일방으로부터 분쟁조정 신청을 받았을 때에는 그 신청내용을 상대방에게 알려야 한다.

  ㉢ 분쟁의 조정(제47조)

> **법령** 개인정보보호법
>
> **제47조(분쟁의 조정)** ④ 당사자가 조정내용을 수락한 경우 분쟁조정위원회는 조정서를 작성하고, 분쟁조정위원회의 위원장과 각 당사자가 기명날인하여야 한다.
> ⑤ 제4항에 따른 조정의 내용은 재판상 화해와 동일한 효력을 갖는다.

  ㉣ 집단분쟁조정(제49조)

> **법령** 개인정보보호법
>
> **제49조(집단분쟁조정)** ① 국가 및 지방자치단체, 개인정보 보호단체 및 기관, 정보주체, 개인정보처리자는 정보주체의 피해 또는 권리침해가 다수의 정보주체에게 같거나 비슷한 유형으로 발생하는 경우로서 대통령령으로 정하는 사건에 대하여는 분쟁조정위원회에 일괄적인 분쟁조정(이하 "집단분쟁조정"이라 한다)을 의뢰 또는 신청할 수 있다.
> ② 제1항에 따라 집단분쟁조정을 의뢰받거나 신청받은 분쟁조정위원회는 그 의결로써 제3항부터 제7항까지의 규정에 따른 집단분쟁조정의 절차를 개시할 수 있다. 이 경우 분쟁조정위원회는 대통령령으로 정하는 기간 동안 그 절차의 개시를 공고하여야 한다.

SEMI-NOTE

설치 및 구성(개인정보보호법 제40조 제6항)

분쟁조정위원회는 분쟁조정 업무를 효율적으로 수행하기 위하여 필요하면 대통령령으로 정하는 바에 따라 조정사건의 분야별로 5명 이내의 위원으로 구성되는 조정부를 둘 수 있다. 이 경우 조정부가 분쟁조정위원회에서 위임받아 의결한 사항은 분쟁조정위원회에서 의결한 것으로 본다.

집단분쟁조정(개인정보보호법 제49조 제6항)

제48조제2항에도 불구하고 분쟁조정위원회는 집단분쟁조정의 당사자인 다수의 정보주체 중 일부의 정보주체가 법원에 소를 제기한 경우에는 그 절차를 중지하지 아니하고, 소를 제기한 일부의 정보주체를 그 절차에서 제외한다.

SEMI-NOTE

⑧ 개인정보 단체소송
　㉠ 단체소송의 제기(제51조)

법령 개인정보보호법

제51조(단체소송의 대상 등) 다음 각 호의 어느 하나에 해당하는 단체는 개인정보처리자가 제49조에 따른 집단분쟁조정을 거부하거나 집단분쟁조정의 결과를 수락하지 아니한 경우에는 법원에 권리침해 행위의 금지·중지를 구하는 소송(이하 "단체소송"이라 한다)을 제기할 수 있다.
1. 「소비자기본법」 제29조에 따라 공정거래위원회에 등록한 소비자단체로서 다음 각 목의 요건을 모두 갖춘 단체
　가. 정관에 따라 상시적으로 정보주체의 권익증진을 주된 목적으로 하는 단체일 것
　나. 단체의 정회원수가 1천명 이상일 것
　다. 「소비자기본법」 제29조에 따른 등록 후 3년이 경과하였을 것
2. 「비영리민간단체 지원법」 제2조에 따른 비영리민간단체로서 다음 각 목의 요건을 모두 갖춘 단체
　가. 법률상 또는 사실상 동일한 침해를 입은 100명 이상의 정보주체로부터 단체소송의 제기를 요청받을 것
　나. 정관에 개인정보 보호를 단체의 목적으로 명시한 후 최근 3년 이상 이를 위한 활동실적이 있을 것
　다. 단체의 상시 구성원수가 5천명 이상일 것
　라. 중앙행정기관에 등록되어 있을 것

　㉡ 소송허가신청(제54조)

03장 행정법상의 의무이행확보수단

01절 행정강제

02절 행정벌

03절 새로운 의무이행확보수단

03장 행정법상의 의무이행확보수단

01절 행정강제

1. 개설

(1) 행정강제의 의의

행정목적 달성을 위해 개인의 신체 또는 재산에 실력을 가하여 행정상 필요한 상태를 실현시키는 행정청의 권력적 사실행위

(2) 행정강제의 분류

행정상 강제집행과 행정상 즉시강제, 행정조사로 분류할 수 있음. 행정상 강제집행의 수단으로는 대집행, 집행벌(이행강제금), 직접강제, 행정상 강제징수가 있음

👓 한눈에 쏙~

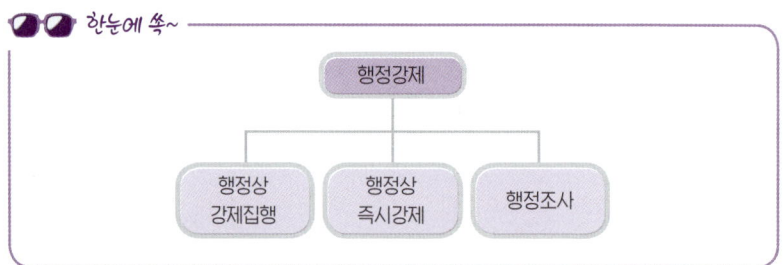

행정상 의무이행확보수단의 분류

전통적 의무이행 확보수단	행정강제	• 강제집행 • 즉시강제	직접적 강제수단
	행정벌	• 행정형벌 • 행정질서벌(과태료)	간접적 강제수단
새로운 의무이행 확보수단	비금전적 수단	공급거부, 공표, 관허사업제한, 취업제한, 해외여행제한, 행정행위의 철회·정지 등	
	금전적 수단	과징금, 가산금, 가산세 등	

2. 행정상 강제집행 ⭐빈출개념

(1) 의의

① 개념 : 행정법상의 의무 불이행에 대해 행정청이 장래를 향해 의무자의 신체나 재산에 실력을 가하여 강제적으로 그 의무를 이행시키거나 이행된 것과 같은 상태를 실현하는 작용

SEMI-NOTE

행정강제의 구별개념
- **사법강제** : 행정강제는 행정권이 자력으로 강제한다는 점에서 타력에 의한 강제인 사법강제와 구별됨
- **행정행위** : 행정강제는 권력적 실력행사로서 사실행위이나, 행정행위는 권력적 행위로서 법적 행위(공법행위)임
- **비권력적 작용** : 행정강제는 행정청이 우월한 의사주체로서 개인에 대해 실력을 행사하는 권력적 작용이라는 점에서 비권력적 작용과 구별됨
- **행정벌** : 행정강제는 장래의 의무이행을 위한 강제수단이라는 점에서 과거의 의무위반에 대한 제재로서의 처벌인 행정벌과 구별됨

행정상 강제집행
행정상 강제집행은 사법권의 힘을 빌리지 않고 행정권의 발동으로 할 수 있다는 점에서 자력집행의 일종이라 할 수 있음

② 구별 개념
  ㉠ 민사상 강제집행과의 구별

공통점	권리주체의 청구권을 강제로 실현시키는 수단
차이점	민사상 강제집행은 법원의 힘, 행정상 강제집행은 자력집행에 의함
판례	행정상 강제집행의 수단인 행정대집행 절차가 인정되는 경우 따로 민사소송의 방법으로 공작물의 철거 등을 구할 수는 없다고 하였고(대판 2000. 5. 12, 99다18909), 불법점유 시설물에 대해 행정대집행을 실시하지 않고 다른 수단이 없는 경우 민사소송의 방법으로 철거를 구할 수 있다고 판시한 바 있음(대판 2009. 6. 11, 2009다1122)

  ㉡ **행정상 즉시강제와의 구별** : 행정상 강제집행은 의무의 불이행을 전제로 한다는 점에서 이를 전제로 하지 않고 직접 실력을 가하여 행정상 필요한 상태를 실현하는 행정상 즉시강제와 구별됨
  ㉢ **행정벌과의 구별** : 행정상 강제집행은 장래의 의무를 이행시키기 위한 강제수단이지만 행정벌은 과거의 의무위반에 대한 제재로써 가해지며, 행정상 강제집행이 행정행위의 실효성 확보를 위한 직접적 강제수단이지만 행정벌은 간접적 강제수단이라는 점에서 구별됨
③ 수단 및 근거
  ㉠ **행정상 강제집행의 수단** : 대집행, 이행강제금(집행벌), 직접강제, 행정상 강제징수가 있으나, 일반법적 근거가 있어 주로 이용되고 있는 제도는 대집행과 강제징수임. 집행벌과 직접강제는 기본권 침해의 성격이 강한 수단으로, 개별법에서 특별히 인정하는 경우에 한해 예외적으로 인정됨
  ㉡ **법적 근거** : 행정상 강제집행은 권력적 행정작용이므로 행정의 자의 배제와 국민의 권익 보호를 위해 그 발동에는 법적 근거가 필요함

(2) 대집행 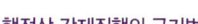 빈출개념

① 의의
  ㉠ **개념** : 무허가건물철거의무와 같은 행정법상의 대체적 작위의무의 불이행이 있는 경우 당해 행정청이 그 의무를 스스로 행하거나 제3자로 하여금 이를 행하게 하고, 그 비용을 의무자로부터 징수하는 강제집행
  ㉡ **직접강제와의 구별** : 대집행에서는 강제집행에 따른 비용을 의무자가 부담하나, 직접강제에서는 행정청이 부담하며, 대집행은 행정청이 스스로 대행(자기집행)하거나 제3자로 하여금 대행(타자집행)하게 할 수 있으나, 직접강제는 행정청이 직접 하여야 하고 제3자에게 대행시킬 수 없음
② **법적 근거** : 행정대집행에 관한 일반법은 행정대집행법이며, 개별규정을 두고 있는 법으로 건축법, 공익사업을위한토지등의취득및보상에관한법률(토지보상법) 등이 있음
③ 대집행주체와 대집행자
  ㉠ **대집행의 주체** : 대집행을 결정하고 이를 실행할 수 있는 권한을 가진 자(대집행주체)는 당해 행정청임. 여기서 '당해 행정청'이란 의무를 부과한 행정청을

SEMI-NOTE

관련 판례

공유재산 및 물품 관리법 제83조 제1항은 … 위 규정에 따라 지방자치단체장은 행정대집행의 방법으로 공유재산에 설치한 시설물을 철거할 수 있고, 이러한 행정대집행의 절차가 인정되는 경우에는 민사소송의 방법으로 시설물의 철거를 구하는 것은 허용되지 아니한다(대판 2017. 4. 13. 선고 2013다207941).

행정상 강제집행의 근거법
- 대집행 : 행정대집행법
- 행정상 강제징수 : 국세징수법
- 이행강제금(집행벌) : 건축법
- 직접강제 : 출입국관리법·군사시설보호법·방어해면법 등

대체적 작위의무
타인이 대신하여 행할 수 있는 행위가 부과된 의무

대집행의 성질
대집행의 대상은 행정청의 하명에 의한 공법상 의무에 해당되며, 그 의무는 대체적 작위의무임. 이러한 대집행은 재량처분이므로 대집행할 것인지 여부는 행정청이 재량적으로 판단할 수 있음. 따라서 대집행을 하지 않은 이유로 권익침해를 받았다 하더라도 그 상대방은 원칙적으로 부작위의 위법을 이유로 쟁송을 통하여 다툴 수 없음

말하며, 국가기관, 지방자치단체, 당해 행정청의 위임을 받은 행정청이 대집행의 주체가 될 수 있음. 다만, 감독청은 대집행주체가 될 수 없다고 봄
ⓒ 대집행자(대집행행위자) : 대집행자는 당해 행정청에 한하지 아니함. 경우에 따라서 제3자를 통해 집행(타자집행)도 가능함

④ 대집행의 요건
㉠ 의무자가 이행을 하지 아니할 것
- 기본적으로 대집행은 공법상 의무의 불이행을 그 대상으로 하고, 사법상 의무의 불이행은 포함되지 않음
- 여기서의 공법상 의무는 법령에서 직접 명할 수 있고, 법령에 근거한 행정행위에 의하여 명해질 수도 있음
- 판례는 예외적으로 사법상의 의무불이행에 대해 행정대집행을 인정한 바 있음

㉡ 불이행된 의무는 대체적 작위의무일 것
- 대체적 작위의무가 대상이므로, 의무자만이 이행가능한 일신전속적 성질이 강하거나 고도의 전문·기술적인 비대체적 작위의무, 수인의무 또는 부작위의무는 대체성이 없으므로 대집행의 대상이 되지 못함

> **관련 판례** 대체적 작위의무
>
> - 관계 법령에 위반하여 장례식장 영업을 하고 있는 자의 장례식장 사용 중지 의무는 행정대집행법 제2조의 규정에 의한 대집행의 대상이 아니라고 한 사례(대판 2005. 9. 28, 2005두7464)
> - 하천유수인용행위를 중단할 것과 이를 불이행할 경우 행정대집행법에 의하여 대집행하겠다는 내용의 이 사건 계고처분은 대집행의 대상이 될 수 없는 부작위의무에 대한 것으로서 그 자체로 위법함이 명백한바 … (대판 1998. 10. 2, 96누5445).

- 다만, 불법공작물설치금지와 같은 부작위의무는 철거명령 등을 통해 작위의무를 부과한 후 그에 대한 불이행 시 대집행이 가능하다고 보나, 작위의무를 부과할 수 있는 법적 근거가 없으면 작위의무 부과가 위법하여 대집행은 불가능함. 판례도 부작위의무규정으로부터 작위의무의 법적 근거가 당연히 도출되는 것은 아니라고 함

> **관련 판례** 부작위의무의 경우 대집행
>
> 부작위의무로부터 그 의무를 위반함으로써 생긴 결과를 시정하기 위한 작위의무를 당연히 끌어낼 수는 없으며, 또 위 금지규정(특히 허가를 유보한 상대적 금지규정)으로부터 작위의무, 즉 위반결과의 시정을 명하는 권한이 당연히 추론되는 것도 아니다(대판 1996. 6. 28, 96누4374).

- 토지·건물을 점유하고 있는 사람의 퇴거는 대체적 작위의무라고 볼 수 없음. 판례도 토지·건물의 인도에 관한 사항은 대집행이 불가능하다고 판시함(대판 2005. 8. 19, 2004다2809)

SEMI-NOTE

관련 판례

구 공공용지의 취득 및 손실보상에 관한 특례법에 따른 … 협의취득시 건물소유자가 매매대상 건물에 대한 철거의무를 부담하겠다는 취지의 약정을 하였다고 하더라도 이러한 철거의무는 공법상의 의무가 될 수 없고, 이 경우에도 행정대집행법을 준용하여 대집행을 허용하는 별도의 규정이 없는 한 위와 같은 철거의무는 행정대집행법에 의한 대집행의 대상이 되지 않는다(대판 2006. 10. 13, 2006두7096 판결).

대집행의 대상이 되는 경우(대체적 작위의무)

- 불법광고판철거의무
- 교통장해물제거의무
- 위법건물철거의무
- 건물이전·개량·청소의무·존치물의 반출의무
- 위험축대파괴의무
- 불법개간산림의 원상회복의무
- 가옥의 청소·소독의무 등

관련 판례 | 토지·건물의 인도에 관한 사항

피수용자 등이 기업자에 대하여 부담하는 수용대상 토지의 인도의무에 관한 구 토지수용법(2002. 2. 4. 법률 제6656호 공익사업을 위한 토지 등의 취득 및 보상에 관한 법률 부칙 제2조로 폐지) 제63조, 제64조, 제77조 규정에서의 '인도'에는 명도도 포함되는 것으로 보아야 하고, 이러한 명도의무는 그것을 강제적으로 실현하면서 직접적인 실력행사가 필요한 것이지 대체적 작위의무라고 볼 수 없으므로 특별한 사정이 없는 한 행정대집행법에 의한 대집행의 대상이 될 수 있는 것이 아니다(대판 2005. 8. 19, 2004다2809).

ⓒ 다른 수단으로 그 이행방법이 없을 것(보충성) : 대집행은 그러한 수단이 없는 부득이한 수단(최후 수단)으로서 발동되어야 한다는 보충성의 원칙이 적용됨

ⓓ 불이행을 방치함이 심히 공익을 해할 것(비례의 원칙)

관련 판례 | 불이행을 방치함이 심히 공익을 해하는 지의 여부

건축허가면적보다 0.02평방미터 정도만 초과하였을 뿐이라는 것인바, … 위와 같은 위반정도만 가지고는 주위의 미관을 해칠 우려가 없을 뿐 아니라 이를 대집행으로 철거할 경우 많은 비용이 드는 반면에 공익에는 별 도움이 되지 아니하고, 도로교통·방화·보안·위생·도시미관 및 공해예방 등의 공익을 크게 해친다고도 볼 수 없다(대판 1991. 3. 12, 90누10070)

ⓔ 기타 대집행요건 관련 논점
- 대집행 실행요건이 구비된 후의 대집행 여부 : 이 경우 행정청이 대집행 의무를 진다는 기속행위설과 재량적 판단이 인정된다는 재량행위설이 대립되며, 판례는 처분청의 재량으로 판시한 바 있음
- 대집행의 요건의 주장 및 입증책임 : 당해 처분청에 있다 할 것임(대판 96누8086)
- 대집행과 불가쟁력의 관계 : 불가쟁력의 발생을 대집행의 요건으로 볼 수 없음
- 행정벌과의 관계 : 하나의 의무위반에 대해 행정벌과 대집행이 함께 행해질 수 있음

⑤ 대집행의 절차 : 선행행위의 하자는 후행행위에 승계된다 할 것임

한눈에 쏙~

계고 ▶ 통지 ▶ 실행 ▶ 비용 징수

㉠ 계고(戒告)
- 의의 : 대집행을 하기 위해서는 미리 상당한 이행기간을 정하여 그 기한까지 이행되지 않을 때에는 대집행을 한다는 뜻을 미리 문서로서 계고하여야 함

SEMI-NOTE

관련 판례

무허가로 불법 건축되어 철거할 의무가 있는 건축물을 도시미관, 주거환경, 교통소통에 지장이 없다는 등의 사유만을 들어 그대로 방치한다면 … 더 큰 공익을 해칠 우려가 있다(대판 1989. 3. 28, 87누930).

대집행요건의 존부에 대한 판단

대집행실행요건이 충족되어 있는가 여부에 대한 판단에 대하여, 요건존부판단을 그르치면 위법이 되므로 이를 취소할 수 있다고 하여 기속재량이라고 보는 견해와 이를 판단여지로 보는 견해가 있음. 이에 대해 판례는 '그 요건의 판단은 행정청의 공익재량에 속하나 그것이 심히 부당한 경우에는 법원이 이를 심사할 수 있다'(대판 67누139)고 판시하여, 재량행위(자유재량)로 봄

| SEMI-NOTE |

관련 판례

행정대집행법상의 건물철거의무는 제1차 철거명령 및 계고처분으로써 발생하였고 제2차, 제3차의 계고처분은 위 원고에게 새로운 철거의무를 부과한 것이 아니고 다만 대집행기한의 연기통지에 불과하므로 행정처분이 아니다(대판 1994. 10. 28, 94누5144).

관련 판례

피고가 대집행영장으로써 대집행의 시기를 … 늦추었더라도 위 대집행계고처분은 상당한 이행기한을 정하여 한 것이 아니어서 대집행의 적법절차에 위배한 것으로 위법한 처분이라고 할 것이다(대판 1990. 9. 14, 90누2048).

관련 판례

계고처분에 기한 대집행의 실행이 이미 사실행위로서 완료되었다면 이 사건 계고처분의 무효확인 또는 취소를 구할 법률상의 이익은 없다(대판 1995. 7. 28, 95누2623).

- 법적 성질

학설	의무를 이행하지 않을 경우 대집행의 의사를 알려주는 의사의 통지로서 준법률행위적 행정행위라는 견해(다수설)와 의무를 부과하는 작위하명으로 보는 견해가 있음
판례	계고의 성질을 준법률행위적 행정행위로 보고 있으며, 행정소송법상 처분에 해당하므로 위법한 계고에 대해서는 취소소송을 제기할 수 있다고 함. 또한 복수의 계고가 반복된 경우에는 제1차 계고만이 독립한 처분에 해당한다고 함

- 계고의 요건
  - 계고 시에 의무내용과 불이행 시의 대집행할 행위의 내용이 구체적으로 특정되어야 함. 다만, 판례는 이것이 반드시 대집행계고서에 의해 특정되어야 하는 것은 아니며, 계고처분 전후에 송달된 문서나 기타 사정을 종합하여 행위의 내용이 특정되거나 대집행 의무자가 그 이행의무의 범위를 알 수 있으면 족하다고 함(대판 1997. 2. 14, 96누15428)
  - 의무이행에 필요한 상당한 이행기간을 주어야 함. 이에 위반된 계고는 위법한 처분이 됨(대판 1990. 9. 14, 90누2048). 여기서 상당한 이행기간은 사회통념상 의무자가 스스로 의무를 이행하는 데 필요한 기간을 말함(대판 1992. 6. 12, 91누13564)
  - 문서로 계고하여야 함
  - 한편, 대집행의 요건은 계고를 할 때 이미 충족되어 있어야 하므로, 계고는 의무를 명하는 행정행위와 동시에 결합되어 행하여 질 수 없는 것이 원칙(다수설). 다만, 의무를 부과하는 처분을 할 때에 이미 대집행요건이 충족될 것이 확실하고, 또한 급속한 실시를 위한 긴급한 필요가 있는 경우라면, 양자의 결합이 허용될 수 있다는 것이 판례의 입장(대판 1992. 6. 12, 91누13564)

ⓒ 대집행영장에 의한 통지
- 의의 : 의무자가 계고를 받고 지정기한까지 그 의무를 이행하지 아니할 때에는 당해 행정청은 대집행영장으로써 대집행을 할 시기, 대집행을 시키기 위하여 파견하는 집행책임자의 성명과 대집행에 요하는 비용의 개산에 의한 견적액을 의무자에게 통지하여야 함
- 성질 : 준법률행위적 행정행위라는 것이 다수 견해

ⓒ 대집행의 실행 : 행정청이 스스로 또는 제3자로 하여금, 물리적인 실력행사에 의하여 의무가 이행된 상태로 실현하는 것
- 성질 : 대집행의 실행은 물리적 실력으로 의무가 이행된 상태를 실현하는 권력적 사실행위라는 견해가 다수설의 입장
- 증표의 제시 : 대집행을 하기 위하여 현장에 파견되는 집행책임자는 그가 집행책임자라는 것을 표시한 증표를 휴대하여 대집행 시에 이해관계인에게 제시하여야 함

- 의무자의 항거와 항거 배제 : 우리나라의 경우 명문규정을 두고 있지 않아 이를 부정하는 견해와 긍정하는 견해가 대립
    ② 비용징수 : 대집행에 소요된 비용은 국세징수법의 예에 의하여 의무자에게 징수할 수 있으며, 비용납부명령은 하명으로써 처분성을 가짐
⑥ 대집행에 대한 구제
  ㉠ 행정쟁송 : 대집행의 각 단계의 행위는 모두 행정쟁송의 대상인 처분에 속함
  ㉡ 하자의 승계
    - 대집행의 절차는 계고, 대집행영장의 통지, 대집행의 실행, 비용징수의 4단계에 의해서 이루어지는바, 선행행위의 하자는 후행행위에 승계됨(대판 1993. 11. 9, 93누14271)
    - 다만, 대집행의 전제가 되는 대체적 작위의무의 부과처분(하명처분)과 대집행절차 사이에서는 하자승계가 인정되지 않음(대판 1982. 7. 27, 81누293)
  ㉢ 행정심판 및 손해배상

행정심판	대집행에 불복하는 자는 행정심판을 제기할 수 있음
손해배상	대집행의 실행이 완료되면 취소소송의 제기는 각하되나, 이 경우에도 손해배상 청구가 가능함

(3) 집행벌(이행강제금) ★ 빈출개념

① 의의
  ㉠ 개념 : 행정법상의 부작위의무나 비대체적 작위의무를 이행하지 않은 경우 그 의무이행을 확보하기 위해 일정액수의 금전을 부과하는 강제집행. 일종의 금전벌로서 이행강제금 또는 강제금이라 불림
  ㉡ 성질
    - 행정행위(하명) : 집행벌은 급부의무를 발생시키는 급부하명임(불복 시 행정소송으로 다툼). 따라서 과태료나 행정벌과는 그 성격을 달리하므로 병과하여 부과할 수 있음
    - 반복적·계속적 부과 가능 : 집행벌은 위반행위에 대한 제재로서의 벌금형이 아니라 심리적 압박을 통하여 간접적으로 장래의 의무이행을 확보하기 위한 수단으로, 의무를 이행할 때까지 반복적으로 계속 부과하는 처벌임
    - 일신전속성 : 이행강제금의 납부의무는 일신전속적 성격을 지니므로 상속인 등에게 승계되지 않음

관련 판례 일신전속성

구 건축법상의 이행강제금은 구 건축법의 위반행위에 대하여 시정명령을 받은 후 시정기간 내에 당해 시정명령을 이행하지 아니한 건축주 등에 대하여 부과되는 간접강제의 일종으로서 그 이행강제금 납부의무는 상속인 기타의 사람에게 승계될 수 없는 일신전속적인 성질의 것이므로 이미 사망한 사람에게 이행강제금을 부과하는 내용의 처분이나 결정은 당연무효이다 (대결 2006. 12. 8, 2006마470).

SEMI-NOTE

집행정지
행정심판위원회 또는 법원은 처분 또는 처분의 집행, 절차의 속행으로 중대한 (회복하기 어려운) 손해가 생기는 것을 예방할 필요성이 긴급하다고 인정될 때 직권으로 또는 당사자의 신청에 의하여 처분의 효력, 처분의 집행 또는 절차의 속행의 전부 또는 일부의 정지(집행정지)를 결정할 수 있음(행정심판법 제30조 제2항, 행정소송법 제23조 제2항)

행정벌과의 구별
집행벌은 장래의 의무이행을 위한 강제집행수단의 일종이라는 측면에서, 과거의 의무위반에 대한 제재로서의 처벌인 행정벌과 구별됨

병과(並科)
둘 이상의 제재나 형벌을 함께 부과하는 것

> SEMI-NOTE

> **관련 판례**
> 행정청은 개별사건에 있어서 위반 내용, 위반자의 시정의지 등을 감안하여 대집행과 이행강제금을 선택적으로 활용할 수 있으며, 이처럼 그 합리적인 재량에 의해 선택하여 활용하는 이상 중첩적인 제재에 해당한다고 볼 수 없다(재 2004. 2. 26. 2001헌바80·84·102·103, 2002헌바26 병합).

- 대집행, 형사처벌 등과의 관계 : 이행강제금은 대체적 작위의무에도 부과가 가능하며, 대집행과 성질을 달리하므로 대집행과 이행강제금은 선택적으로 활용될 수 있음. 또한 무허가 건축행위 등에 대한 형사처벌과는 기본적 사실관계로서의 행위나 보호법익·목적 등에 차이가 있어 병과가 가능함(이중처벌에 해당되지 않음)
- ⓒ 법적 근거 : 집행벌은 의무자에 대한 침익적인 강제수단이므로 법적 근거를 요함. 다만, 집행벌에 대한 일반적인 규정은 없고 일부 개별법에서 건축법(제80조), 농지법(제62조), 독점규제및공정거래에관한법률(제16조) 등에서 이를 규정함
② 권리보호
- ㉠ 불복 시 행정소송절차에 의하는 경우 : 이행강제금부과처분은 행정행위(하명)이므로, 그 불복(이의제기)에 관해 별도의 규정을 두지 않은 경우는 행정행위의 불복절차와 같이 행정소송절차에 의함
- ㉡ 개별법에 별도 규정을 두는 경우
    - 이행강제금부과처분이 불복절차에 대해 개별법에 별도 규정을 두는 경우는 질서위반행위규제법의 규정절차에 따름
    - 판례도 건축법(개정 전의 건축법)상 이행강제금부과처분에 대한 불복 시 당시의 법률 규정에 따라 비송사건절차법의 과태료 재판절차에 따르도록 함(대판 2000. 9. 22. 2000두5722). 다만, 건축법 해당부분이 개정·삭제되어 현재는 건축법상의 이행강제금부과처분 불복에 대한 절차는 행정소송절차에 따름

(4) 직접강제

> **직접강제의 예**
> 예방접종강제실시, 무허가영업소의 폐쇄, 선박의 강제퇴거, 사증 없는 외국인의 강제퇴거 등

① 의의 : 행정법상 의무를 이행하지 않은 경우에 행정청이 직접적으로 의무자의 신체 또는 재산에 실력을 가하여 의무가 이행이 된 것과 같은 상태를 실현하는 행정상 강제집행의 작용
- ㉠ 구별 개념 : 직접강제는 의무부과 및 그 불이행을 전제로 하지만, 행정상 즉시강제는 그것을 전제로 하지 않음(통설)
- ㉡ 성질 : 직접강제는 대체적 작위의무·비대체적 작위의무·부작위의무·수인의무의 불이행에 대한 직접적이고 유형적인 실력행사에 의하여 이루어지는 권력적 사실행위임

> **법적 근거**
> - 출입국관리법 제46조(강제퇴거의 대상자)
> - 공중위생관리법 제11조(공중위생영업소의 폐쇄 등)
> - 도로교통법 제71조(도로의 위법 인공구조물에 대한 조치)
> - 식품위생법 제79조(폐쇄조치 등)
> - 방어해면법제7조(퇴거의강제등)

② 법적 근거 : 즉시강제에 대한 일반법은 존재하지 않고, 출입국관리법(제46조), 공중위생관리법(제11조), 도로교통법(제71조), 식품위생법(제79조), 방어해면법(제7조) 등의 개별법규에서 규정함. 다만, 출입국관리법상의 강제퇴거에 대해서는 이를 행정상 즉시강제로 보는 견해가 있음
③ 한계 : 기본권 침해의 위험성이 높음. 따라서 다른 강제수단이 없는 경우에 한하여 행하여야 할 것이고(보충성 원칙), 엄격한 법률유보원칙에 입각하여 법적 근거에 의해서만 인정되어야 하며, 적용에 있어서도 법익을 비교·형량하여야 할 것임

④ 권리구제 : 직접강제는 권력적 사실행위로서 행정소송의 대상이 되며, 국가배상 손해청구나 행정쟁송으로 그 취소나 변경을 구할 수 있음

(5) 행정상 강제징수

① 의의

개념	공법상의 금전급부의무가 이행되지 아니한 경우 행정청이 의무자의 재산에 실력을 행사하여 그 의무가 이행된 것과 같은 상태를 실현시키는 작용
법적 근거	행정상 강제징수의 일반법에 해당하는 것은 국세징수법임. 다만, 국세징수법에서 규정한 사항 중 국세기본법이나 다른 세법에 특별한 규정이 있는 것에 관하여는 그 법률에서 정하는 바에 따름

② 행정상 강제징수의 절차

㉠ 독촉

의의	행정청이 의무자에게 금전납부의무의 이행을 최고하고 이를 불이행 할 경우 체납처분을 할 것을 예고하는 통지행위로, 대집행계고와 같은 준법률행위적 행정행위의 성질을 지님
절차	국세를 그 납부기한까지 완납하지 아니한 때에는 세무서장은 납기 경과 후 10일 내에 독촉장을 발부함
형식	독촉은 요식행위로서 문서에 의하며, 독촉절차는 생략할 수 없음. 따라서 구두로 하거나 생략하면 그 독촉절차는 무효라 할 것임. 다만, 판례는 독촉절차 없이 행한 압류의 효과를 무효라 판시한 경우도 있고, 이를 무효가 아니라 취소대상으로 판시한 바도 있음
효과	독촉이나 납부최고는 이후 체납처분의 전제요건이며, 또한 채권 소멸시효의 진행을 중단하는 효과가 발생함

㉡ 체납처분 : '재산압류 → 매각 → 청산'의 단계로 진행

한눈에 쏙~

- 재산압류

의의	체납자의 사실상·법률상 재산처분을 금지하고, 아울러 체납액의 징수를 확보하는 강제적인 보전행위. 권력적 사실행위로서 독촉장 발부 없이 한 압류처분은 위법하여 행정소송의 대상이 됨
요건	세무서장은 납세자가 독촉장(납부최고서 포함)을 받고 지정된 기한까지 국세 또는 체납액을 완납하지 아니한 경우에는 납세자의 재산을 압류함(국세징수법 제24조)
대상	금전가치가 있고 양도가치가 있는 모든 재산
압류 금지	국세징수법에 따른 생활필수품과 같은 일정재산(예 체납자와 그 동거가족의 생활에 없어서는 아니 될 의복, 침구, 가구와 주방기구, 체납자와 그 동거가족에게 필요한 3개월간의 식료와 연료 등)

SEMI-NOTE

관련 판례

납세의무자가 세금을 납부기한까지 납부하지 아니하자 과세청이 그 징수를 위하여 압류처분에 이른 것이라면 비록 독촉절차 없이 압류처분을 하였다 하더라도 이러한 사유만으로는 압류처분을 무효로 되게 하는 중대하고도 명백한 하자로는 되지 않는다(대판 1987. 9. 22, 1987. 9. 22, 87누383).

압류 해제
- 납부, 충당, 부과의 취소, 그 밖에 압류할 필요가 없게 된 경우
- 관할 세무서장은 압류 후 재산가격이 변동하여 체납액 전액을 현저히 초과한 경우, 압류와 관계되는 체납액의 일부가 납부 또는 충당된 경우, 국세 부과의 일부를 취소한 경우, 체납자가 압류할 수 있는 다른 재산을 제공하여 그 재산을 압류한 경우에 압류재산의 전부 또는 일부에 대하여 압류를 해제할 수 있음

압류 제한	급료·연금·임금·봉급·상여금·세비·퇴직연금, 그 밖에 이와 비슷한 성질을 가진 급여채권에 대하여는 그 총액의 2분의 1에 해당하는 금액은 압류하지 못함
초과 압류 ×	세무서장은 국세를 징수하기 위하여 필요한 재산 외의 재산을 압류할 수 없음

- 매각

의의	압류재산을 금전으로 환가하는 것
방법	통화를 제외하고 공매에 의하여 매각하나, 예외적으로 수의계약에 의하는 경우도 있음
성질	• 공매처분은 공법상 대리의 성질을 가지나(다수설·판례), 수의계약은 사법상 계약의 성질을 가짐 • 판례는 체납처분으로서 행하는 공매는 우월적 공권력의 행사로서 행정소송의 대상이 되는 공법상의 처분이라 봄(대판 1984. 9. 25, 84누201 등). 공매결정·공매통지·공매공고는 소유권 변동이 발생하지 않으므로 행정처분이 될 수 없음(대판 1998. 6. 26, 96누12030 등) • 다만, 판례는 공매통지의 성격에 대한 종래의 입장(공매통지는 공매의 요건이 아니라 공매사실 자체를 체납자 등에게 알려주는 데 불과한 것)을 변경하여 공매통지를 공매의 절차적 요건에 해당된다고 함 • 공매통지 그 자체는 항고소송의 대상이 되는 행정처분이 아님(대판 2011. 3. 24, 2010두25527)

관련 판례 공매통지의 성질

특별한 사정이 없는 한 체납자 등은 공매통지의 결여나 위법을 들어 공매처분의 취소 등을 구할 수 있는 것이지 공매통지 자체를 항고소송의 대상으로 삼아 그 취소 등을 구할 수는 없다(대판 2011. 3. 24., 2010두25527).

- 청산 : 세무서장은 압류한 금전과 채권·유가증권·무체재산권 등의 압류로 인하여 체납자 또는 제3채무자로부터 받은 금전, 압류재산의 매각대금 및 그 매각대금의 예치이자, 교부청구에 의하여 받은 금전을 배분순위에 따라 배분하고 잔액이 있는 때는 체납자에게 지급하며, 부족한 경우 민법이나 그 밖의 법령에 따라 배분할 순위와 금액을 정하여 배분함

③ 행정상 강제징수에 대한 구제
  ㉠ **행정쟁송** : 개별법이 정한 경우 그 개별법이 정하는 바에 따르고, 개별법에 규정이 없는 한 강제징수에 대해 불복이 있는 자는 행정쟁송절차에 의해 취소나 변경을 구할 수 있음
  ㉡ **하자의 승계** : 강제징수의 절차(독촉 및 체납처분)는 모두가 결합하여 하나의 법률효과를 완성하는 관계에 있어 하자의 승계가 인정됨

SEMI-NOTE

수의계약
경쟁이나 입찰에 의하지 않고 상대편을 임의로 선택하여 체결하는 계약

관련 판례
체납자 등에 대한 공매통지는 국가의 강제력에 의하여 진행되는 공매에서 체납자 등의 권리 내지 재산상의 이익을 보호하기 위하여 법률로 규정한 절차적 요건이라고 보아야 하며, 공매처분을 하면서 체납자 등에게 공매통지를 하지 않았거나 공매통지를 하였더라도 그것이 적법하지 아니한 경우에는 절차상의 흠이 있어 그 공매처분은 위법하다(대판 2008. 11. 20, 2007두18154 전합).

국세기본법상의 특별한 설차
이의신청(임의절차) → 심사청구 또는 심판청구 → 행정소송

3. 행정상 즉시강제 ★ 빈출개념

(1) 개설

① 의의
  ㉠ 개념 : 행정상 장해를 제거할 필요가 있는 경우에 미리 의무를 명할 시간적 여유가 없거나 그 성질상 의무를 명해서는 행정목적을 달성할 수 없는 때에 행정청이 직접 개인의 신체나 재산에 실력을 가하여 행정상 필요한 상태를 실현하는 권력적 사실행위의 작용. 행정상 즉시집행이라고도 함
  ㉡ 구별 개념

행정벌	즉시강제는 행정상 필요한 상태의 실현을 위한 행정작용. 행정벌은 과거 의무위반에 대한 제재
행정상 강제집행	양자 모두 권력적 사실행위라는 점에서는 같으나, 즉시강제는 의무의 불이행을 전제요소로 하지 않고 행정상 강제집행은 의무의 불이행을 전제요소로 한다는 점에서 차이가 있음
행정조사	양자는 행정상 필요한 일정한 상태를 실현시키는 강제적인 작용이라는 점에서 같으나, 즉시강제는 직접적인 실력행사를 통하여 일정한 상태를 실현시키는 집행적 행위이고 권력적 행정조사는 자료수집을 통해 행정목적을 수행하기 위한 예비적·보조적 조사작용이라는 점에서 그 근본적인 차이가 있음

② 성질 : 행정상 즉시강제는 사실행위와 법적 행위가 결합한 행위로서 항고소송의 대상이 되는 처분의 성질을 가지고 있음
③ 법적 근거 : 침익적 행정행위로서 법률상의 근거를 요함(통설). 일반법은 없고 개별법이 있음

(2) 행정상 즉시강제의 수단(종류)

구분	경찰관직무집행법상 수단	개별법상 수단
대인적 강제	• 보호조치 • 위험발생방지조치 • 범죄예방·제지 • 경찰장비사용	강제건강진단·강제격리·교통차단, 강제수용, 소방활동 종사명령, 응급부담종사명령, 원조강제, 응급조치, 강제퇴거 대상 외국인 보호조치
대물적 강제	• 물건 등의 임시영치 • 위험발생방지조치	• 물건의 폐기·압수(식품위생, 약사법) • 물건의 영치·몰수(청소년보호법, 형의집행및수용자의처우에관한법률) • 불법게임물의 수거·삭제·폐기(구 음반·비디오물및게임물에관한법률) • 강제처분(소방기본법) • 교통장해물제거(도로교통법) • 응급조치(재난및안전관리기본법) • 마약류에 관한 폐기(마약류관리에관한법률) • 감염병 유행에 대한 방역(감염병의예방및관리에관한법률)
대가택적 강제	가택출입 등	가택수색, 임검·검사 및 수색 (조세범처벌절차법상 수색)

SEMI-NOTE

행정상즉시강제의 개별법
마약류관리에관한법률(제41조), 소방기본법(제25조·제27조), 식품위생법(제56조), 감염병예방및관리에관한법률(제42조) 등

영치
소유자·소지자·보관자가 임의로 제출(임의제출)하거나 유류한 물건(유류물)을 국가기관이 보관 및 처분하는 행위

SEMI-NOTE

가택출입 · 조사행위

종래에는 가택출입 · 조사행위를 행정상 즉시강제의 일종으로 보았으나, 최근에는 행정조사라는 독자적 행위형식으로 분류하는 추세임(다수설)

행정상 즉시강제의 법규상 한계

행정상 즉시강제는 의무부과를 전제로 하지 않고 행하는 침익적 행정행위에 해당하므로, 법적 안정성과 예측가능성이라는 법치국가의 원칙이 관철된 오늘날에 있어서는 발동에 있어 엄격한 법적 근거를 요한다고 할 수 있음

영장주의와의 관계

헌법상 영장주의가 행정상 즉시강제에도 적용될 수 있는가에 대해 명시적 규정이 없어 견해의 대립이 있음

관련 판례

이 사건 법률(음반 · 비디오물및게임물에관한법률)조항은 급박한 상황에 대처하기 위한 것으로서 그 불가피성과 정당성이 충분히 인정되는 경우이므로, 이 사건 법률조항이 영장 없는 수거를 인정한다고 하더라도 이를 두고 헌법상 영장주의에 위배되는 것으로는 볼 수 없다(헌재 2002. 10. 31. 2000헌가12).

기타 구제수단

감독청의 즉시강제 취소 · 정지명령, 당해 공무원에 대한 형사 및 징계책임, 고소 · 고발 · 청원 등의 간접적 방법이 있음

행정조사의 예

현장조사나 문서열람, 시료채취, 대상자에 대한 보고 및 자료제출요구, 출석 · 진술요구 등

관련 판례 대인적 강제

경찰관직무집행법 제4조 제1항 제1호(이하 '이 사건 조항'이라 한다)에서 규정하는 술에 취한 상태로 인하여 자기 또는 타인의 생명 · 신체와 재산에 위해를 미칠 우려가 있는 피구호자에 대한 보호조치는 경찰 행정상 즉시강제에 해당하므로, 그 조치가 불가피한 최소한도 내에서만 행사되도록 발동 · 행사 요건을 신중하고 엄격하게 해석하여야 한다(대판 2012. 12. 13. 2012도11162).

(3) 행정상 즉시강제의 한계

① 실체법상의 한계
  ㉠ 소극 · 필요성 원칙 : 위험제거를 통한 질서유지를 위해서만 발동되어야 함
  ㉡ 급박성 · 적합성 원칙 : 행정상 장애가 현존하거나 발생이 목전에 급박하여야 함
  ㉢ 보충성 원칙 : 목전에 급박한 행정상의 장해 해결이 침익적 수단 이외의 다른 수단으로는 달성이 불가능한 경우에만 발동되어야 함
  ㉣ 비례성(상당성) 원칙 : 목적달성에 최소침해를 가져오는 수단을 선택하여야 함
② 절차법상의 한계(영장주의와의 관계) : 대법원과 헌법재판소는 절충설의 입장을 취해 행정목적의 달성을 위해 불가피하다고 인정할 만한 특별한 사유가 있는 경우에는 사전영장주의를 적용받지 않는다고 봄

(4) 행정상 즉시강제에 대한 구제

① 적법한 즉시강제에 대한 구제 : 개별법에서 손실보상의 규정을 두고 있는 경우 그 법률이 정하는 바에 의하여 손실보상청구를 할 수 있음. 다만, 명문규정이 없을 경우 즉시강제로 인해 특정인에 귀책사유 없이 특별한 희생이 발생되었다면 그 손실보상을 청구할 수 있음
② 위법한 즉시강제에 대한 구제

행정쟁송	행정상 즉시강제는 권력적 사실행위로, 항고쟁송의 대상으로서의 처분성이 인정됨(통설)
행정상 손해배상	위법한 즉시강제로 신체 또는 재산상의 손해를 입은 자는 국가나 공공단체에 대하여 손해배상을 청구할 수 있음
인신보호 제도	행정처분 또는 사인에 의한 시설에의 수용으로 인하여 부당하게 인신의 자유를 제한당하고 있는 개인은 인신보호법에 따라 관할법원에 구제를 신청할 수 있음
정당방위	행정상 즉시강제가 형법상 정당방위의 요건을 충족한다면 그 저항행위는 공무집행방해죄를 구성하지 않음. 다만, 행정행위의 공정력으로 인해 즉시강제가 당연무효인 경우에 한하여 정당방위가 적용됨

4. 행정조사

(1) 의의 및 근거

① 개념 : 적정하고도 효과적인 행정작용을 위하여 행정기관이 각종 정보나 자료를 수집하기 위하여 행하는 권력적 조사활동

② 행정상 즉시강제와 구분

구분	행정상 즉시강제	행정조사
목적	행정상 필요한 결과를 실현 (직접적·종국적 실현작용)	행정작용을 위한 준비작용으로서의 조사·자료수집 (준비적·보조적 수단)
방법	행정청의 직접적인 실력행사	행정벌이나 불이익처분에 의해 행정조사를 수인시킴
성질	권력적 집행작용	권력적 또는 비권력적 조사작용
일반법	경찰관직무집행법	행정조사기본법

③ 법적 근거
　㉠ 권력적 행정조사 : 일반적으로 실력행사가 인정되는 권력적 행정조사(강제조사)는 사인의 신체 또는 재산적 침해를 가져오는바, 법치주의 원칙에 따라 그 법적 근거를 요함
　㉡ 비권력적 행정조사 : 법적 근거를 요하지 않으며 행정조사기본법에서는 권력적 행정조사만을 그 대상으로 하고 있음

(2) 행정조사의 종류

① 조사대상에 의한 분류

대인적 조사	대물적 조사	대가택적 조사
불심검문, 질문, 신체수색, 음주측정, 강제건강진단 등	장부·서류의 열람, 시설검사, 물건의 검사·수거, 토지의 출입·조사 등	개인의 주거·창고·영업소 등에 대한 출입·검사 등

② 조사방법·성질에 의한 분류 : 권력적·강제적 조사, 비권력적·임의적 조사
③ 조사목적에 따른 분류 : 개별적 조사, 일반적 조사

(3) 행정조사의 한계

실체법상 한계	절차법상 한계
• 법규상의 한계 : 행정조사는 당해 행정목적 범위 내에서만 가능하며, 수권법상 조사목적에 따라 행해져야 하고, 위법한 목적을 위한 조사는 불가능함. 권력적 조사는 근거법규 내에서만 가능함 • 조리상 한계 : 행정조사는 비례원칙과 보충성 원칙, 중복조사금지·비밀누설금지·목적 외 사용금지 원칙 등 조리상의 한계 내에서 이루어져야 함	• 행정조사의 일반적 절차 : 일반적 절차규정이 준수되어야 함 • 영장주의 : 판례는 '긴급을 요하는 경우에 한하여 수색압수를 하고 사후에 영장교부를 받아야 할 것이다'라고 하여 긴급한 경우에 한해 영장이 필요하다는 절충설(다수설)의 태도를 취함 • 실력행사의 가능성 : 명문규정이 없는 한 행정조사를 위해 행정청은 실력을 행사할 수 없음(다수설)

SEMI-NOTE

행정조사기본법에서의 행정조사(제2조 제1호)
행정조사란 행정기관이 정책을 결정하거나 직무를 수행하는 데 필요한 정보나 자료를 수집하기 위하여 현장조사·문서열람·시료채취 등을 하거나 조사대상자에게 보고요구·자료제출요구 및 출석·진술요구를 행하는 활동을 말한다.

행정조사권 발동청구
행정조사를 태만히 하는 경우 이해관계인이 조사권 발동을 청구하는 것을 말하는데, 소비자기본법(제17조), 식품위생법(제16조) 등에서 인정하고 있다.

(4) 행정조사에 대한 구제

① **적법행위** : 적법한 행정조사로 인하여 자신의 귀책사유 없이 재산상 손실을 받은 자는 그 특별한 희생에 대하여 손실보상을 청구할 수 있음

② **위법행위**

㉠ **행정쟁송** : 행정행위 형식을 취하는 행정조사는 물론, 권력적 사실행위로서의 행정조사도 항고쟁송의 대상으로서의 처분성이 인정됨

㉡ **손해배상** : 위법한 행정조사로 인해 재산상의 손해를 받은 자는 국가배상법의 규정에 따라 당연히 그 손해배상을 청구할 수 있음

③ **위법조사와 행정행위의 효력**

학설	행정조사는 예비작용이므로 위법성이 승계되지 않는 것이 원칙이나, 행정조사가 행정의사결정의 필수절차로 규정된 경우에는 그 하자가 승계되므로 이 경우 행정조사의 위법성을 이유로 후속처분의 취소를 구할 수 있다는 견해
판례	승계긍정설(적극설)의 입장을 취하여 위법한 행정조사에 기초한 행정처분도 위법하다고 봄

[관련 판례] 위법조사와 행정행위의 효력

과세관청 내지 그 상급관청이나 수사기관의 일방적이고 억압적인 강요로 … 합리적이고 타당한 근거도 없이 작성된 … 과세자료에 터잡은 과세처분의 하자는 중대한 하자임은 물론 … 객관적으로 명백한 하자라고 할 것이다(대판 1992. 3. 31, 91다32053 전합).

(5) 행정조사기본법의 주요 내용

① **총칙**

㉠ **행정조사의 의의(제2조)**

[법령] 행정조사기본법

제2조(정의) 이 법에서 사용하는 용어의 정의는 다음과 같다.
1. "행정조사"란 행정기관이 정책을 결정하거나 직무를 수행하는 데 필요한 정보나 자료를 수집하기 위하여 현장조사·문서열람·시료채취 등을 하거나 조사대상자에게 보고요구·자료제출요구 및 출석·진술요구를 행하는 활동을 말한다.
2. "행정기관"이란 법령 및 조례·규칙(이하 "법령등"이라 한다)에 따라 행정권한이 있는 기관과 그 권한을 위임 또는 위탁받은 법인·단체 또는 그 기관이나 개인을 말한다.

㉡ **적용제외 사항(제3조)** : 다음의 사항에 대하여는 이 법을 적용하지 않음

- 근로기준법 제101조에 따른 근로감독관의 직무에 관한 사항
- 조세·형사·행형 및 보안처분에 관한 사항
- 금융감독기관의 감독·검사·조사 및 감리에 관한 사항 등
- 다만, 이러한 경우에도 제4조(행정조사의 기본원칙), 제5조(행정조사의 근거) 및 제28조(정보통신수단을 통한 행정조사)의 규정은 적용됨

SEMI-NOTE

관련 판례

납세자에 대한 부가가치세 부과처분이, 종전의 부가가치세 경정조사와 같은 세목 및 같은 과세기간에 대하여 중복하여 실시된 위법한 세무조사에 기초하여 이루어진 것이어서 위법하다(대판 2006. 6. 2, 2004두12070).

행정조사기본법의 목적(제1조)

행정조사에 관한 기본원칙·조사방법 및 절차 등에 관한 공통 사항을 규정함으로써 행정의 공정성·투명성·효율성을 높이고, 국민의 권익을 보호함을 목적으로 한다.

ⓒ 행정조사의 기본원칙(제4조)

법령 행정조사기본법

제4조(행정조사의 기본원칙) ① 행정조사는 조사목적을 달성하는데 필요한 최소한의 범위 안에서 실시하여야 하며, 다른 목적 등을 위하여 조사권을 남용하여서는 아니 된다.
② 행정기관은 조사목적에 적합하도록 조사대상자를 선정하여 행정조사를 실시하여야 한다.
③ 행정기관은 유사하거나 동일한 사안에 대하여는 공동조사 등을 실시함으로써 행정조사가 중복되지 아니하도록 하여야 한다.
④ 행정조사는 법령등의 위반에 대한 처벌보다는 법령등을 준수하도록 유도하는 데 중점을 두어야 한다.
⑤ 다른 법률에 따르지 아니하고는 행정조사의 대상자 또는 행정조사의 내용을 공표하거나 직무상 알게 된 비밀을 누설하여서는 아니된다.
⑥ 행정기관은 행정조사를 통하여 알게 된 정보를 다른 법률에 따라 내부에서 이용하거나 다른 기관에 제공하는 경우를 제외하고는 원래의 조사목적 이외의 용도로 이용하거나 타인에게 제공하여서는 아니 된다.

② 조사의 주기 및 조사대상 선정
  ㉠ 행정조사의 주기(제7조) : 정기조사의 원칙
  ㉡ 조사대상의 선정(제8조)

법령 행정조사기본법

제8조(조사대상의 선정) ① 행정기관의 장은 행정조사의 목적, 법령준수의 실적, 자율적인 준수를 위한 노력, 규모와 업종 등을 고려하여 명백하고 객관적인 기준에 따라 행정조사의 대상을 선정하여야 한다.
② 조사대상자는 조사대상 선정기준에 대한 열람을 행정기관의 장에게 신청할 수 있다.

③ 행정조사의 방법
  ㉠ 출석·진술 요구(제9조) : 원칙적으로 조사원은 조사대상자의 1회 출석으로 당해 조사를 종결하여야 함
  ㉡ 보고요구와 자료제출 요구(제10조)
  ㉢ 현장조사(제11조) : 원칙적으로 해가 뜨기 전이나 해가 진 뒤에는 할 수 없음
  ㉣ 시료채취(제12조) : 행정기관의 장은 시료채취로 조사대상자에게 손실을 입힌 경우 대통령령으로 정하는 절차와 방법에 따라 그 손실을 보상하여야 함
  ㉤ 자료 등의 영치(제13조) : 조사원이 자료등을 영치하는 경우에 조사대상자의 생활이나 영업이 사실상 불가능하게 될 우려가 있는 때에는 조사원은 자료등을 사진으로 촬영하거나 사본을 작성하는 등의 방법으로 영치에 갈음할 수 있음. 다만, 증거인멸의 우려가 있는 자료등을 영치하는 경우에는 그러하지 아니함
  ㉥ 공동조사(제14조) : 당해 행정기관 내의 2 이상의 부서가 동일하거나 유사한 업무분야에 대하여 동일한 조사대상자에게 행정조사를 실시하는 경우와 서로 다른 행정기관이 대통령령으로 정하는 분야에 대하여 동일한 조사대상자에게 행정조사를 실시하는 경우에는 공동조사를 하여야 함

SEMI-NOTE

행정조사의 근거(제5조)
행정기관은 법령등에서 행정조사를 규정하고 있는 경우에 한하여 행정조사를 실시할 수 있다. 다만, 조사대상자의 자발적인 협조를 얻어 실시하는 행정조사의 경우에는 그러하지 아니하다.

현장조사 시간적용예외
- 조사대상자(대리인 및 관리책임이 있는 자 포함)가 동의한 경우
- 사무실 또는 사업장 등의 업무시간에 행정조사를 실시하는 경우
- 해가 뜬 후부터 해가 지기 전까지 행정조사를 실시하는 경우에는 조사목적의 달성이 불가능하거나 증거인멸로 인하여 조사대상자의 법령 등의 위반여부를 확인할 수 없는 경우

SEMI-NOTE

조사원 교체신청(행정조사기본법 제22조)

조사대상자는 조사원에게 공정한 행정조사를 기대하기 어려운 사정이 있다고 판단되는 경우에는 행정기관의 장에게 당해 조사원의 교체를 서면으로 신청할 수 있음

행정벌

제재로서의 벌을 의미하며, 행정형벌과 행정질서벌로 분류됨

징계벌과 행정벌의 내용

- **징계벌** : 신분적 이익의 박탈
- **행정벌** : 생명 · 자유 · 재산적 이익 · 명예의 박탈

ⓐ 중복조사의 제한(제15조) : 정기조사(원칙) 또는 수시조사(예외)를 실시한 행정기관의 장은 동일한 사안에 대하여 동일한 조사대상자를 재조사해서는 안 됨. 다만, 당해 행정기관이 이미 조사를 받은 조사대상자에 대하여 위법행위가 의심되는 새로운 증거를 확보한 경우에는 재조사가 가능함

④ 조사실시

㉠ 조사의 사전통지(제17조) : 행정조사를 실시하고자 하는 행정기관의 장은 출석요구서, 보고요구서 · 자료제출요구서 및 현장출입조사서를 조사개시 7일 전까지 조사대상자에게 서면으로 통지하여야 함. 다만, 증거인멸 등의 우려가 있어 행정조사의 목적을 달성할 수 없다고 판단되는 경우, 통계법에 따른 지정통계 작성을 위한 조사 등의 경우, 조사대상자의 자발적인 협조를 얻어 실시하는 행정조사의 경우에는 행정조사의 개시와 동시에 출석요구서 등을 제시하거나 행정조사의 목적 등을 구두로 통지할 수 있음

㉡ 자발적인 협조에 따른 행정조사(제20조) : 조사대상자는 문서 · 전화 · 구두 등의 방법으로 당해 행정조사를 거부할 수 있음. 행정조사에 대하여 조사대상자가 조사에 응할 것인지에 대한 응답을 하지 아니하는 경우에는 법령 등에 특별한 규정이 없는 한 그 조사를 거부한 것으로 봄

㉢ 조사결과의 통지(제24조) : 행정기관의 장은 법령 등에 특별한 규정이 있는 경우를 제외하고는 행정조사의 결과를 확정한 날부터 7일 이내에 그 결과를 대상자에게 통지함

⑤ 자율신고제도(제25조) : 행정기관의 장은 법령 등에서 규정하고 있는 조사사항을 조사대상자로 하여금 스스로 신고하도록 하는 제도를 운영할 수 있으며, 이에 따라 신고한 경우 그 신고내용을 행정조사에 갈음할 수 있음

02절 행정벌

1. 행정형벌

(1) 의의

① 개념 : 행정법상의 의무위반, 즉 행정법규에 의한 명령 또는 금지에 위반하여 행정목적을 침해하는 행위에 대하여 일반통치권에 의해 과하는 처벌. 형법상의 형벌을 가하는 행정벌로서 원칙적으로 형법총칙이 적용되며, 형사소송법의 절차에 따라 과형함

② 구별 개념

㉠ 징계벌과의 구별 : 양자는 목적 · 대상 등을 달리하므로 병과될 수 있음

구분	징계벌	행정벌
목적	특별권력관계 내부 질서유지	일반행정질서 유지

대상	특별권력관계 질서문란자	행정법상 의무위반자
권력 기초	특별권력	일반통치권

ⓒ 집행벌(이행강제금)과 구별 : 양자는 목적·성질 등이 달라 병과하여 부과할 수 있음

구분	집행벌	행정벌
목적	행정법상 의무불이행에 대하여 장래 의무이행을 위한 행정강제적 성격	과거의 의무위반에 대한 제재적 성격
성립 요건	의무불이행의 객관적 요건	의무위반의 요건과 고의·과실의 주관적 요건
부과 권자	처분청	법원

ⓒ 형사벌과의 구별 : 양자는 병과하여 부과할 수 없음(통설·판례)

절대적 구별설	행정범은 행정법규가 정한 명령·금지에 위반하여 범죄가 되는 것인 데 비해, 형사범은 법규범을 기다리지 않고도 그 자체가 반사회성·반윤리성을 가지는 범죄라는 점에서 구별된다는 견해. 피침해규범의 성질을 기준으로 양자를 구분함(종래의 통설)
상대적 구별설	양자의 구별은 본질적인 것이 아닌 상대적·유동적인 것이라고 보는 견해(오늘날 통설)

ⓔ 행정형벌과 행정질서벌의 구별

구분	행정형벌	행정질서벌
대상	직접적인 행정목적 침해행위	간접적으로 행정질서에 장해를 줄 위험성 있는 행위
성질	형벌	형벌이 아님
일반법 규정	없음	질서위반행위규제법
형법총칙의 적용	원칙적 적용	적용되지 않음
죄형 법정주의	적용	• 적용됨(질서위반행위규제법) • 적용되지 않음(헌법재판소)
과벌절차	형사소송법	질서위반행위규제법
벌의 종류	사형·징역·금고·자격상실·자격정지·벌금·구류·몰수·과료(형법총칙상의 형)	과태료 (형법총칙의 형이 아님)
부과권자	법원(예외적으로 특별규정이 있는 경우 행정청이 부과)	행정청
고의·과실	필요(고의·과실에 대해 처벌)	필요(질서위반행위규제법)

SEMI-NOTE

집행벌과 행정벌의 부과
- **집행벌** : 이행강제금, 의무이행 시까지 반복 부과가능(단, 의무이행 후 부과는 불가)
- **행정벌** : 형벌, 반복 부과 불가(근거가 있는 한 의무이행 후에도 부과 가능)

관련 판례

행정법규 위반에 대한 처벌내용(행정형벌과 행정질서벌)의 결정은 입법재량사항으로, 어떤 행정법규 위반행위에 대하여 … 행정질서벌인 과태료를 과할 것인가 아니면 … 행정형벌을 과할 것인가, … 그 처벌 내용은 기본적으로 입법권자가 제반사정을 고려하여 결정할 입법재량에 속하는 문제라고 할 수 있다(헌재 1994. 4. 28, 91헌바14).

SEMI-NOTE

관련 판례

행정법상의 질서벌인 과태료의 부과처분과 형사처벌은 그 성질이나 목적을 달리하는 별개의 것이므로 행정법상의 질서벌인 과태료를 납부한 후에 형사처벌을 한다고 하여 이를 일사부재리의 원칙에 반하는 것이라고 할 수는 없다(대판 1996. 4. 12, 96도158).

행정형벌의 개별법

도로교통법, 경찰관직무집행법, 집회및시위에관한법률 등

관련 판례

- 행정상의 단속을 주안으로 하는 법규라 하더라도 '명문규정이 있거나 해석상 과실범도 벌할 뜻이 명확한 경우'를 제외하고는 형법의 원칙에 따라 '고의'가 있어야 벌할 수 있다(대판 2010. 2. 11, 2009도9807).
- 구 대기환경보전법의 입법목적이나 제반 관계규정의 취지 등을 고려하면, 법정의 배출허용기준을 초과하는 배출가스를 배출하면서 자동차를 운행하는 행위를 처벌하는 위 법 제57조 제6호의 규정은 … 과실범의 경우도 함께 처벌하는 규정이다(대판 1993. 9. 10, 92도1136).

관련 판례

양벌규정에 의한 영업주의 처벌은 금지위반행위자인 종업원의 처벌에 종속하는 것이 아니라 독립하여 그 자신의 종업원에 대한 선임감독상의 과실로 인하여 처벌되는 것이므로 종업원의 범죄성립이나 처벌이 영업주 처벌의 전제조건이 될 필요는 없다(대판 2006. 2. 24, 2005도7673).

• 병과 가능성 : 다수설과 헌법재판소는 병과를 부정하나, 대법원은 긍정함

> **관련 판례** 행정형벌과 행정질서벌을 병과할 수 없음
>
> 행정질서벌로서의 과태료는 행정상 의무의 위반에 대하여 국가가 일반통치권에 기하여 과하는 제재로서, 형벌(특히 행정형벌)과 목적·기능이 중복되는 면이 없지 않으므로 동일한 행위를 대상으로 하여 형벌을 부과하면서 아울러 행정질서벌로서의 과태료까지 부과한다면 그것은 이중처벌금지의 기본정신에 위반되어 국가입법권의 남용으로 인정될 여지가 있음을 부정할 수 없다(헌재 1994. 6. 30, 92헌바38).

(2) 행정형벌의 특수성

① 실체법상 특수성

㉠ **행정형벌과 형법총칙의 적용** : 행정형벌에 대한 규정에 형법총칙 규정이 적용됨. 다만, 다른 법령의 명문규정 또는 그 해석상 형법총칙의 적용이 배제 또는 변형되는 경우도 있음

㉡ **고의·과실** : 형사범의 경우 '원칙적으로 고의가 있음을 요건으로 하고, 과실은 법률에 특별한 규정이 있거나 또는 당해 법률 해석상 과실행위자에 대한 처벌의지가 명백한 경우에 한하여 처벌할 수 있다'는 형법규정을 행정범에도 그대로 적용됨. 따라서 과실행위에 대해 처벌한다는 명문규정이 없는 경우에도 관련 행정형벌 법규의 해석상 과실행위를 처벌한다는 명백한 취지를 알 수 있는 경우에는 과실행위에 처벌할 수 있다고 봄

㉢ **책임능력** : 형사범의 경우 14세 미만자의 행위를 벌하지 못하며, 심신장애자 및 농아자에 대해 벌하지 않거나 형을 감경함. 다만, 담배사업법(제31조)이나 관세법(제278조) 등에서는 이들 규정의 적용을 배제 또는 제한하고 있음

㉣ **법인의 책임** : 행정범에서는 법인의 범죄능력이 없는 것으로 봄. 따라서 법인의 처벌은 명문규정을 두는 경우에만 가능한데, 행정범에서는 행위자 외의 법인에게도 재산형을 과하는 경우가 있음. 통설과 판례는 명문규정이 없는 경우 죄형법치주의 원칙상 법인을 처벌할 수 없다고 봄

㉤ **타인의 비행(非行)에 대한 책임** : 행정범의 경우 행정법규에서 자기의 감독하에 있는 종업원 등 타인의 비행에 대해 감독자와 행위자를 같이 처벌하는 양벌규정을 두는 경우가 있음. 이는 감독자가 자기책임 또는 과실책임으로 봄

② 절차법상 특수성

㉠ 통고처분

의의	행정청이 정식재판에 갈음하여 일정한 벌금이나 과료에 상당하는 금액 또는 물품납부를 명하는 준사법적 행정행위로, 조세범·관세범·출입국사범·교통사범·경범죄사범 등에 대해 인정되고 있음
기능	위반행위에 대한 제재를 신속·간편하게 종결, 행정공무원의 전문성 활용, 검찰 및 법원의 과중한 업무부담 경감, 형벌의 비범죄화 정신에 접근(전과자 발생 방지)

인정 여부	통고처분만으로 처벌규정을 운용한다면 헌법상 적법절차의 보장, 재판받을 권리 등의 규정을 위반하여 위헌 소지가 있다는 견해가 있으나, 헌법재판소는 통고처분제도의 근거조항인 구 도로교통법 규정을 합헌으로 판시함
성질	과별절차의 하나로서 행정소송의 대상이 되는 행정처분에 해당되지 않음(통설·판례)
대상	국세청장·세무서장(조세범), 세관장·관세청장(관세범), 경찰서장(교통사범, 경범죄사범), 출입국관리사무소장(출입국사범) 등이 있음
효과	• 이행의 효과 : 일사부재리 원칙이 적용되어 다시 소추되지 않고 처벌절차가 종료됨 • 불이행의 효과 : 통고처분은 당연히 효력을 상실하고, 관련 행정기관은 검찰에 고발하여 통상의 형사소송절차로 이행됨. 결국 통고처분을 불이행 시 사법적 판단을 받을 수 있으므로, 다수설과 판례는 통고처분의 처분성을 부정함

SEMI-NOTE

관련 판례

도로교통법 제118조에서 규정하는 경찰서장의 통고처분은 행정소송의 대상이 되는 행정처분이 아니므로 그 처분의 취소를 구하는 소송은 부적법하고, 도로교통법상의 통고처분을 받은 자가 그 처분에 대하여 이의가 있는 경우에는 통고처분에 따른 범칙금의 납부를 이행하지 아니함으로써 경찰서장의 즉결심판청구에 의하여 법원의 심판을 받을 수 있게 될 뿐이다(대판 1995. 6. 29, 95누4674).

ⓒ 즉결심판

의의	20만 원 이하의 벌금 또는 구류나 과료에 처할 범죄사건을 심판하는 절차를 말하는데, 이에 해당하는 행정형벌은 즉결심판에 관한 절차법이 정하는 바에 따라 즉결심판에 의해 과하여짐
절차	즉결심판의 청구와 집행은 관할 경찰서장 등이 행하고, 지방법원, 지원 또는 시·군법원의 판사는 즉결심판절차에 의하여 피고인에게 20만 원 이하의 벌금, 구류 또는 과료에 처할 수 있음(즉결심판에관한절차법 제2조·제3조). 불복 시에는 소관지방법원에 선고·고지일로부터 7일 이내에 정식재판을 청구할 수 있음(동법 제14조 제1항)

2. 행정질서벌 빈출개념

(1) 개설

① 의의

㉠ **행정질서벌의 개념** : 행정법상의 의무위반에 대한 제재로서 형법에 형명이 없는 벌인 과태료를 과하는 금전적 제재수단. 형벌을 과하는 것이 아니므로 형법총칙은 적용되지 않으며, 과별절차는 질서위반행위규제법 규정에 의함

㉡ **질서위반행위** : 질서위반행위규제법은 질서위반행위를 법률(조례 포함)상의 의무를 위반하여 과태료를 부과하는 행위로 정의하면서 다음의 행위를 제외하고 있음(제2조)

- 대통령령으로 정하는 사법상·소송법상 의무를 위반하여 과태료를 부과하는 행위
- 대통령령으로 정하는 법률에 따른 징계사유에 해당하여 과태료를 부과하는 행위

㉢ **질서위반행위와 행정질서벌** : 질서위반행위규제법상의 질서위반행위가 모두 행정질서벌에 해당되는 것은 아니며, 행정법 영역에서 이루어지는 질서위반행위만이 행정질서벌에 해당됨

SEMI-NOTE

관련 판례

행형법에 의한 징벌을 받아 그 집행을 종료하였다고 하더라도 행형법상의 징벌은 수형자의 교도소 내의 준수사항위반에 대하여 과하는 행정상의 질서벌의 일종으로서 형법법령에 위반한 행위에 대한 형사책임과는 그 목적, 성격을 달리하는 것이므로 징벌을 받은 뒤에 형사처벌을 한다고 하여 일사부재리의 원칙에 반하는 것은 아니다(대판 2000. 10. 27, 2000도3874).

ⓔ 행정질서벌의 과벌 유형 : 국가의 행정법규 위반에 대한 제재로서 과하는 경우와 자치단체의 자치법규 위반에 대한 제재로서 과하는 경우가 있음

② 병과 가능성
  ㉠ 형사벌과 행정질서벌 : 다수설과 헌법재판소는 병과를 부정하나 대법원은 긍정함

관련 판례 형사벌과 행정질서벌에 대한 헌법재판소의 입장

행정질서벌로서의 과태료는 행정상 의무의 위반에 대하여 국가가 일반통치권에 기하여 과하는 제재로서, 형벌과 목적·기능이 중복되는 면이 없지 않으므로 동일한 행위를 대상으로 하여 형벌을 부과하면서 아울러 행정질서벌로서의 과태료까지 부과한다면 그것은 이중처벌금지의 기본정신에 위반되어 국가입법권의 남용으로 인정될 여지가 있음을 부정할 수 없다(헌재 1994. 6. 30, 92헌바38).

  ㉡ 징계벌과 행정질서벌 : 양자는 권력의 기초·목적이 다르기 때문에 병과할 수 있음
  ㉢ 행정형벌과 행정질서벌 : 다수설과 헌법재판소는 병과를 부정하나, 대법원은 긍정함

③ 법적 근거
  ㉠ 일반법 근거 : 질서위반행위규제법은 행정질서벌의 부과징수와 재판 및 집행 등의 절차에 관한 일반법의 역할을 함. 또한 각 개별법령에서 행정질서벌에 대한 구체적·개별적 규정을 정하고 있음
  ㉡ 행정질서벌의 부과 근거 : 행정질서벌 부과에는 국가의 법령에 근거한 것과 자치단체의 조례에 근거한 것이 있음. 개별법률의 위임범위 내에서 조례로 부과할 수 있는데, 과태료의 부과·징수, 재판 및 집행 등의 절차에 관한 사항은 질서위반행위규제법에 따름

④ 행정질서벌과 행정구제 : 행정청의 과태료 부과는 행정행위의 성질을 가지나, 이에 대해서는 행정쟁송에 의하지 않고 질서위반행위규제법의 절차에 따라 이의제기를 할 수 있음(판례). 이의제기가 있는 경우에 행정청의 과태료 부과처분은 그 효력을 상실함

(2) 질서위반행위규제법의 주요 내용

① 법 적용의 범위

시간적 범위 (제3조)	• 질서위반행위의 성립과 과태료 처분은 행위 시의 법률에 따름 • 질서위반행위 후 법률이 변경되어 그 행위가 질서위반행위에 해당하지 아니하게 되거나 과태료가 변경되기 전의 법률보다 가볍게 된 때에는 법률에 특별한 규정이 없는 한 변경된 법률을 적용함 • 행정청의 과태료 처분이나 법원의 과태료 재판이 확정된 후 법률이 변경되어 그 행위가 질서위반행위에 해당하지 아니하게 된 때에는 변경된 법률에 특별한 규정이 없는 한 과태료의 징수 또는 집행을 면제함

관련 판례

질서위반행위에 대하여 과태료를 부과하는 근거 법령이 개정되어 행위 시의 법률에 의하면 과태료 부과대상이었지만 재판 시의 법률에 의하면 부과대상이 아니게 된 때에는 … 특별한 사정이 없는 한 재판 시의 법률을 적용하여야 하므로 과태료를 부과할 수 없다(대판 2017. 4. 7, 2016마1626).

장소적 범위 (제4조)	• 대한민국 영역 안에서 질서위반행위를 한 자에게 적용 • 대한민국 영역 밖에서 질서위반행위를 한 대한민국의 국민에게 적용 • 대한민국 영역 밖에 있는 대한민국의 선박 또는 항공기 안에서 질서위반행위를 한 외국인에게 적용

② 질서위반행위의 성립

질서위반행위 법정주의 (제6조)	법률에 따르지 아니하고는 어떤 행위도 질서위반행위로 과태료를 부과하지 아니함(죄형법정주의의 적용)
고의 또는 과실 (제7조)	고의 또는 과실이 없는 질서위반행위는 과태료를 부과하지 아니함(과태료 부과는 질서위반행위자의 고의 또는 과실을 요함)
위법성의 착오 (제8조)	자신의 행위가 위법하지 아니한 것으로 오인하고 행한 질서위반행위는 그 오인에 정당한 이유가 있는 때에 한하여 과태료를 부과하지 아니함
책임연령 (제9조)	14세가 되지 아니한 자의 질서위반행위는 다른 법률에 특별한 규정이 있는 경우를 제외하고는 과태료를 부과하지 않는 것이 원칙임
법인의 처리 (제11조)	법인의 대표자, 법인 또는 개인의 대리인·사용인 및 그 밖의 종업원이 업무에 관하여 법인 또는 그 개인에게 부과된 법률상의 의무를 위반한 때에는 법인 또는 그 개인에게 과태료를 부과함
다수인의 질서위반행위 가담 (제12조)	• 2인 이상이 질서위반행위에 가담한 때에는 각자가 질서위반행위를 한 것으로 봄 • 신분에 의하여 성립하는 질서위반행위에 신분이 없는 자가 가담한 때에는 신분이 없는 자에 대하여도 질서위반행위가 성립하며, 신분에 의하여 과태료를 감경·가중하거나 과태료를 부과하지 아니하는 때에는 그 신분의 효과는 신분이 없는 자에게는 미치지 않음
수개의 질서위반행위의 처리 (제13조)	하나의 행위가 2 이상의 질서위반행위에 해당하는 경우에는 각 질서위반행위에 대하여 정한 과태료 중 가장 중한 과태료를 부과함
과태료의 시효 (제15조)	과태료는 행정청의 과태료 부과처분이나 법원의 과태료 재판이 확정된 후 5년간 징수하지 않거나 집행하지 않으면 시효로 인하여 소멸함

③ 행정청의 과태료 부과 및 징수
  ㉠ 사전통지 및 의견제출(제16조) : 행정청이 질서위반행위에 대하여 과태료를 부과하고자 하는 때에는 미리 당사자에게 대통령령으로 정하는 사항을 통지하고, 10일 이상의 기간을 정하여 의견을 제출할 기회를 주어야 함
  ㉡ 과태료의 부과(제17조) : 행정청은 의견제출 절차를 마친 후에 서면(당사자가 동의하는 경우에는 전자문서를 포함함)으로 과태료를 부과하여야 함
  ㉢ 이의제기(제20조) : 행정청의 과태료 부과에 불복하는 당사자는 과태료 부과통지를 받은 날부터 60일 이내에 해당 행정청에 서면으로 이의제기를 할 수 있음. 이의제기가 있는 경우에 행정청의 과태료 부과처분은 그 효력을 상실함

SEMI-NOTE

다른 법률과의 관계(질서위반행위규제법 제5조)

과태료의 부과·징수, 재판 및 집행 등의 절차에 관한 다른 법률의 규정 중 이 법의 규정에 저촉되는 것은 이 법으로 정하는 바에 따른다.

심신장애(질서위반행위규제법 제10조 제1항)

심신(心神)장애로 행위의 옳고 그름을 판단할 능력이 없거나 그 판단에 따른 행위를 할 능력이 없는 자의 질서위반행위는 과태료를 부과하지 않고, 심신장애로 인하여 능력이 미약한 자의 질서위반행위는 과태료를 감경함. 다만 스스로 심신장애 상태를 일으켜 질서위반행위를 한 자에 대하여는 이를 적용하지 아니함

과태료 부과의 제척기간(질서위반행위규제법 제19조 제1항)

행정청은 질서위반행위가 종료된 날(다수인이 질서위반행위에 가담한 경우에는 최종행위가 종료된 날을 말한다)부터 5년이 경과한 경우에는 해당 질서위반행위에 대하여 과태료를 부과할 수 없다.

SEMI-NOTE

직권에 의한 사실탐지와 증거조사(질서위반행위규제법 제33조 제1항)
법원은 직권으로 사실의 탐지와 필요하다고 인정하는 증거의 조사를 하여야 한다.

④ 질서위반행위의 재판 및 집행
  ㉠ 관할법원(제25조) : 과태료 사건은 다른 법령에 특별한 규정이 있는 경우를 제외하고는 당사자의 주소지의 지방법원 또는 그 지원의 관할로 함
  ㉡ 재판(제36조) : 과태료 재판은 이유를 붙인 결정으로써 함
  ㉢ 항고(제38조) : 당사자와 검사는 과태료 재판에 대하여 즉시항고를 할 수 있으며, 이 경우 항고는 집행정지의 효력을 지님
  ㉣ 과태료 재판의 집행(제42조) : 과태료 재판은 검사의 명령으로써 집행하며, 이 경우 그 명령은 집행력 있는 집행권원과 동일한 효력이 있음
  ㉤ 과태료 재판 집행의 위탁(제43조)

03절 새로운 의무이행확보수단

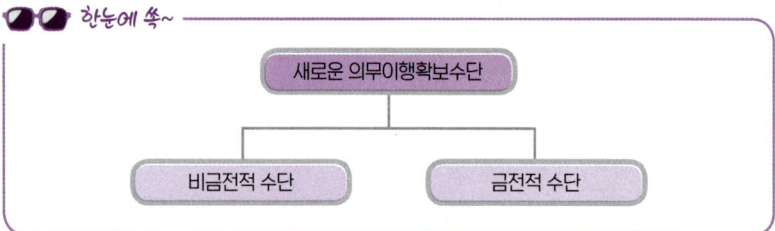

1. 비금전적 수단

(1) 공급거부

의의	행정법상의 의무를 위반한 자에 대하여 일정한 행정상의 역무(役務) 또는 재화의 공급을 거부하는 행위
법적 근거	침익적 행정작용이고, 국민의 일상생활에 중대한 영향을 미치므로 그 법적 근거를 요함
권리 구제	• 처분성이 인정된 판례 : 행정청의 단수처분(대판 1979. 12. 28, 79누218) • 처분성이 부정된 판례 : 전기 단전 및 전화 단절의 요청, 구청장의 공급불가회신

새로운 의무이행 확보수단
- 비금전적 수단 : 공급거부, 공표(명단공개), 관허사업 및 각종 인·허가 제한, 취업제한, 행정행위의 철회(취소), 사용 또는 면허정지 등
- 금전적 수단 : 과징금, 가산금, 가산세 등

관련 판례 권리구제의 처분성 부정

- 행정청이 위법 건축물에 대한 시정명령을 하고 나서 위반자가 이를 이행하지 아니하여 전기·전화의 공급자에게 그 위법 건축물에 대한 전기·전화공급을 하지 말아줄 것을 요청한 행위는 권고적 성격의 행위에 불과한 것으로서 전기·전화공급자나 특정인의 법률상 지위에 직접적인 변동을 가져오는 것은 아니므로 이를 항고소송의 대상이 되는 행정처분이라고 볼 수 없다(대판 1996. 3. 22, 96누433).
- 한국전력공사가 관할구청장에게 전기공급의 적법 여부를 조회한 데 대하여 관할구청장이 한국전력공사에 대하여 … 위 건물에 대한 전기공급이 불가하다는 내용의 회신을 하였다면, 그 회신은 권고적 성격의 행위에 불과한 것으로서 … 항고소송의 대상이 되는 행정처분이라고 볼 수 없다(대판 1995. 11. 21, 95누9099).

공급거부의 한계
- 법률이 허용하는 정당한 이유가 있는 경우에 한해 공급거부를 할 수 있으며, 여기서의 정당한 이유는 행정법상의 의무와 공급거부의 대상 급부 간에 상당한 실질적 관련이 있어야 한다는 의미라 할 수 있음
- 행정법의 일반원칙을 준수해야 하며 부당결부금지의 원칙을 지켜야 함

(2) 공표

의의	행정법상의 의무위반 또는 의무불이행에 대하여 그의 성명·위반사실 등을 불특정다수인에게 공개하여 그 위반자의 명예·신용의 침해를 위협함으로써 간접적·심리적으로 의무이행을 확보하기 위한 수단
법적 근거	• 공표로 인하여 상대방의 명예나 프라이버시의 침해가 발생하는 침익적 작용의 성격을 갖고 있으므로 그 법적 근거가 필요함(다수설) • 명단 등의 공표에 관한 일반법은 없으나 몇몇 개별법에서 공표에 관한 규정을 두고 있음
권리 구제	• 행정쟁송 : 공표는 비권력적 사실행위로서 그 자체로 아무런 법적 효과도 발생하지 않아 행정쟁송의 대상이 되는 처분 등에 해당하지 않는다는 것이 지배적 견해 • 정정공고 청구 : 정정공고 청구가 가능하며, 이는 결과제거청구권의 성질을 지님 • 손해배상 : 공표는 비권력적 사실행위이나 국가배상법 제2조에 의한 직무행위에 해당하므로 손해배상청구가 가능함 • 공무원의 형사책임 : 위법한 공표를 한 공무원에게는 응당 그 형사책임을 추궁할 수 있음

(3) 관허사업(官許事業)의 제한

의의	행정법규상 의무위반자에 대하여 그 의무위반과 직접 관련이 없는 각종 인·허가 등 수익적 행정행위를 철회·정지함으로써 간접적으로 그 의무이행을 확보하는 수단. 이러한 행정처분에는 형벌이 병과될 수 있음(양자는 목적·대상 등을 달리 하므로 병과 가능)
종류	위법건축물을 사업장으로 하는 관허사업의 제한(건축법 제79조 제1항 내지 제3항), 국세체납자에 대한 관허사업의 제한(국세징수법 제112조) 등

2. 금전적 수단

(1) 과징금

① 의의 : 과징금이란 행정법상 의무위반·불이행자에게 부과·징수하는 금전적 제재
  ㉠ 본래적(전형적) 과징금 : 경제법상 의무위반행위로 얻은 불법적인 이익을 박탈하기 위하여 부과되는 행정제재금을 말하며, 독점규제및공정거래에관한법률에 의하여 처음 도입됨
  ㉡ 변형된 과징금 : 인·허가 사업 등에 대해 정지처분을 할 수 있는 행정법규를 위반하였음에도 불구하고 공익보호 등을 위하여 사업의 취소·정지를 시키지 않고 당해 사업을 계속하게 하되, 대신 그에 따른 금전적 이익을 박탈하기 위해 부과되는 행정제재적 성격의 과징금(예 대기환경보전법상 배출부과금, 여객자동차운수사업법상의 과징금 등)

② 법적 근거
  ㉠ 과징금은 당사자에 대한 금전적인 부담에 해당하므로 법적 근거를 요함. 그 근거로 일반법은 없으나, 독점규제및공정거래에관한법률(제8조) 등의 개별법에서 규정하고 있음

SEMI-NOTE

공표의 성질

공표 그 자체로는 어떠한 법적 효과가 발생되지 않는 단순한 사실행위에 불과함. 그러나 공표로 인한 상대방의 명예나 프라이버시의 침해를 들어 권력적 사실행위로 보는 일부 견해도 있음

공표의 한계

• 프라이버시권과 공표청구권의 충돌 시 그 이익을 비교·형량하여야 함
• 행정법의 일반원칙을 준수해야 함

관허사업 제한의 한계

관허사업의 제한은 그 의무위반과 실질적 관련성이 없는 내용의 제재수단이라는 점에서 부당결부금지원칙에 위배될 수 있고, 행정목적을 위해 생업에 대한 제재수단을 위태롭게 한다는 점에서 비례원칙에 위배될 수도 있다는 비판이 따름

관련 판례

구 독점규제및공정거래에관한법률 제24조의2에 의한 부당내부거래에 대한 과징금은 그 취지와 기능, 부과의 주체와 절차 등을 종합할 때 부당내부거래 억지라는 행정목적을 실현하기 위하여 그 위반행위에 대하여 제재를 가하는 행정상의 제재금으로서의 기본적 성격에 부당이득환수적 요소도 부가되어 있는 것이라 할 것이고, 이를 두고 헌법 제13조 제1항에서 금지하는 국가형벌권 행사로서의 '처벌'에 해당한다고는 할 수 없으므로 … (헌재 2003. 7. 24, 2001헌가25)

ⓒ 과징금납부의무 불이행에 대한 강제징수는 국세징수법에 의함(국세의 체납처분의 예에 따라 강제집행함)
③ 과징금 부과의 성질
　㉠ 과징금 부과행위는 행정행위에 속하므로 권한을 가진 행정청이 부과하는데, 과징금을 부과할 것인지 영업정지처분을 할 것인지는 통상 행정청의 재량에 속하는 것으로 봄. 다만, 판례는 부동산실권리자명의등기에관한법령상 명의신탁자에 대한 과징금 부과처분을 기속행위로 판시한 바 있음(대판 2007. 7. 12, 2005두17287)
　㉡ 과징금은 처벌작용이 아니므로 형벌이 아니며 형식상 행정벌에 속하지 않음. 따라서 형사처벌과 아울러 과징금을 부과할 수 있도록 한 것은 이중처벌금지원칙에 위배되지 않음(대판 2004. 4. 9, 2001두6197)
　㉢ 과징금 채무는 대체적 급부가 가능한 의무이므로 부과받은 자가 사망한 경우 상속인에게 포괄승계됨(대판 1999. 5. 14, 99두35)

> **관련 판례** 과징금 채무
>
> 부동산실권리자명의등기에관한법률 제5조에 의하여 부과된 과징금 채무는 대체적 급부가 가능한 의무이므로 위 과징금을 부과받은 자가 사망한 경우 그 상속인에게 포괄승계된다(대판 1999. 5. 14, 99두35).

④ 권리구제
　㉠ 행정청의 과징금부과행위는 행정행위의 일종인 급부하명에 해당하므로 행정쟁송절차에 따라 그 취소 등을 구할 수 있음(대판 1998. 4. 10, 98두2270)
　㉡ 과징금부과처분이 법정 한도액을 초과하여 위법한 경우 초과부분만을 취소할 수는 없고 전부를 취소하여야 함

(2) 부과금, 가산세

① 부과금 : 행정법상 의무위반에 대한 금전적 제재의 성질을 가지는 것(예) 배출부과금). 과징금과 마찬가지로 행정법상의 의무위반에 대한 금전적 제재의 특징을 가지고, 징수 절차가 국세 또는 지방세체납처분에 의함
② 가산세
　㉠ 의의 : 세법상의 의무위반에 대한 경제적 불이익으로서 본래의 조세채무와 별개로 과하여지는 조세. 주로 세법상 신고기간 내에 신고하지 않았거나 과소신고하는 경우 일정비율로 부과됨
　㉡ 부과 요건(고의 · 과실의 요부)
　　• 원칙 : 납세자의 고의 · 과실은 요하지 않는다고 함
　　• 예외 : 정당한 사유가 있는 경우는 부과되지 않음

관련 판례 **가산세의 예외**

세법상 가산세는 과세권의 행사 및 조세채권의 실현을 용이하게 하기 위하여 납세자가 정당한 이유 없이 법에 규정된 신고·납세의무 등을 위반한 경우에 법이 정하는 바에 의하여 부과하는 행정상의 제재로서 납세자의 고의·과실은 고려되지 아니하는 것이고, 법령의 부지 또는 오인은 그 정당한 사유에 해당한다고 볼 수 없으며, 또한 납세의무자가 세무공무원의 잘못된 설명을 믿고 그 신고납부의무를 이행하지 아니하였다 하더라도 그것이 관계 법령에 어긋나는 것임이 명백한 때에는 그러한 사유만으로는 정당한 사유가 있는 경우에 해당한다고 할 수 없다(대판 2002. 4. 12, 2000두5944).

(3) 시정명령

- ㉠ **의의** : 행정법령의 위반으로 초래된 위법상태의 제거 또는 시정을 명령하는 행위로 하명에 해당함
- ㉡ **법적근거** : 헌법 제37조 제2항에 따른 법적 근거를 필요로 하며 일반법은 따로 규정되어 있지 않으나 개별법령이 존재함
- ㉢ 고의나 과실이 없더라도 원칙적으로 제재조치를 가할 수 있으며 독점규제및공정거래에관한법률에 의한 시정명령은 과거의 위반행위 중지와 미래의 동일유형행위 반복금지까지 명할 수 있음. 또한 위반행위가 있었더라도 그 결과가 더는 존재하지 않으면 시정명령을 할 수 없다고 봄(대판 2011. 3. 10, 2009두1990)

SEMI-NOTE

관련 판례

세법상 가산세는 … 납세자의 고의, 과실은 고려되지 않는 것이고, 다만 납세의무자가 그 의무를 알지 못한 것이 무리가 아니었다거나 그 의무의 이행을 당사자에게 기대하는 것이 무리라고 하는 사정이 있을 때 등 그 의무해태를 탓할 수 없는 정당한 사유가 있는 경우에는 이를 부과할 수 없다(대판 2003. 9. 5, 2001두403).

9급공무원
행정법총론

나두공

04장 행정구제법

01절 총설
02절 사전적 구제제도
03절 행정상 손해전보
04절 행정쟁송

04장 행정구제법

SEMI-NOTE

새로운 행정구제제도

행정구제라는 것은 행정주체의 행정작용이 위법·부당하여 개인의 권익이 침해된 경우에 이를 구제하는 수단임. 그러나 사회발전에 따른 행정작용이 다양화되면서 그 침해유형도 다양해짐에 따라 그 구제를 받는 것이 어려운 상황에 직면하게 되어 새로운 구제수단이 출현하고 있는 실정임. 이러한 요구에 부응하여 구제수단으로 논의되고 있는 제도로, 수용유사적 침해이론, 수용적 침해이론, 행정상 결과제거청구권 등을 들 수 있음

행정절차법상의 행정절차

행정절차법의 행정절차는 처분·신고·행정상 입법예고·행정예고·행정지도의 절차로 구성되어있음

01절 총설

1. 총설

(1) 행정구제의 의의

행정작용으로 인해 자기의 권리·이익이 침해되었거나 침해될 것으로 주장하는 자가 행정기관이나 법원에 당해 행정행위의 취소·변경을 구하거나 피해구제 및 예방을 청구하거나 원상회복·손해전보를 청구하면, 이에 대해 심리하여 그 권리·이익의 보호에 관한 판정을 하는 것을 통칙적으로 표현한 것. 행정구제는 국민의 기본권 보장 내지는 법치주의의 실질적 의의를 살리기 위해 반드시 필요

(2) 행정구제제도의 유형

구분	목적	내용	
사전적 구제제도	권익침해의 예방	• 행정절차제도 • 청원(사전적·사후적 구제제도) • 옴부즈만제도(사전적·사후적 구제제도) • 기타 직권시정, 정당방위 등	
사후적 구제제도	권익침해의 시정 및 전보	손해전보제도 (실체법상 구제)	• 손해배상제도 • 손실보상제도
		행정쟁송제도 (절차법상 구제)	• 행정심판제도(항고심판, 당사자심판) • 행정소송제도(항고소송, 당사자소송, 민중소송, 기관소송)
		기타 제도	형사책임, 공무원 징계, 헌법소원 등

02절 사전적 구제제도

1. 행정절차제도

(1) 의의

① 개념
  ㉠ 협의의 행정절차(다수설) : 행정작용을 행함에 있어서 1차적 결정과정으로 행정입법절차, 행정처분절차, 계획확정절차 등이 포함되며, 행정에 관한 결정을 함에 따라 요구되는 외부와의 일련의 교섭과정을 의미함
  ㉡ 광의의 행정절차 : 행정작용을 행함에 있어서 행정기관이 거쳐야 하는 모든

절차를 말하는바, 1차적 행정절차뿐만 아니라 행정강제절차, 집행절차, 행정심판절차, 행정처벌절차 등과 같은 사후적절차까지 포함함
② 행정절차의 필요성 : 행정의 민주화, 법치주의의 확대, 행정의 능률화, 법적 안정과 권리구제의 도모(사법기능의 보완), 행정의 공정성 확보

(2) 법적 근거

헌법	• 헌법 제12조 제1항에서 '적법한 절차'를 규정하여 적법절차원리를 헌법원리로 명시함. 따라서 행정작용의 영역에도 절차적 규제가 적용된다고 할 수 있음 • 헌법은 실질적 법치주의를 구현하고 있으므로, 행정작용에는 절차상의 적법성뿐만 아니라 법률 내용의 실체적 적법성도 있어야 함
법률	• 일반법 : 행정절차법 • 개별법 : 민원사무처리에관한법률은 민원사무에 있어 일반법적 역할을 함. 그 이외에 여러 개별법에서 관련 규정을 두고 있음

(3) 행정절차의 기본적 내용

① 처분기준의 설정 · 공표(행정절차법 제20조 제1항)
② 사전통지
③ 주민의 참여절차
④ 이유부기
⑤ 청문과 기록열람

> **관련 판례** 이유부기
>
> 면허의 취소처분에는 그 근거가 되는 법령이나 취소권 유보의 부관 등을 명시하여야함은 물론 처분을 받은 자가 어떠한 위반사실에 대하여 당해 처분이 있었는지를 알 수 있을 정도로 사실을 적시할 것을 요하며 … (대판 1990. 9. 11. 90누1786).

2. 행정절차법의 내용 ★ 빈출개념

(1) 총칙적 규정

① 용어의 정의(제2조)

> **법령** 행정절차법
>
> **제2조(정의)** 이 법에서 사용하는 용어의 뜻은 다음과 같다.
> 1. "행정청"이란 다음 각 목의 자를 말한다.
>   가. 행정에 관한 의사를 결정하여 표시하는 국가 또는 지방자치단체의 기관
>   나. 그 밖에 법령 또는 자치법규(이하 "법령등"이라 한다)에 따라 행정권한을 가지고 있거나 위임 또는 위탁받은 공공단체 또는 그 기관이나 사인(私人)
> 2. "처분"이란 행정청이 행하는 구체적 사실에 관한 법 집행으로서의 공권력의 행사 또는 그 거부와 그 밖에 이에 준하는 행정작용(行政作用)을 말한다.
> 4. "당사자등"이란 다음 각 목의 자를 말한다.
>   가. 행정청의 처분에 대하여 직접 그 상대가 되는 당사자
>   나. 행정청이 직권으로 또는 신청에 따라 행정절차에 참여하게 한 이해관계인

SEMI-NOTE

관련 판례

헌법 제12조 제3항 본문은 동조 제1항과 함께 적법절차원리의 일반조항에 해당하는 것으로서, 형사절차상의 영역에 한정되지 않고 입법, 행정 등 국가의 모든 공권력의 작용에는 절차상의 적법성뿐만 아니라 법률의 구체적 내용도 합리성과 정당성을 갖춘 실체적인 적법성이 있어야 한다는 적법절차의 원칙을 헌법의 기본원리로 명시하고 있는 것이다(헌재 1992. 12. 24. 92헌가8).

행정절차법 제1조(목적)

이 법은 행정절차에 관한 공통적인 사항을 규정하여 국민의 행정 참여를 도모함으로써 행정의 공정성·투명성 및 신뢰성을 확보하고 국민의 권익을 보호함을 목적으로 한다.

SEMI-NOTE

관련 판례

공무원 인사관계 법령에 의한 처분에 관한 사항 전부에 대하여 행정절차법의 적용이 배제되는 것이 아니라 성질상 행정절차를 거치기 곤란하거나 불필요하다고 인정되는 처분이나 행정절차에 준하는 절차를 거치도록 하고 있는 처분의 경우에만 행정절차법의 적용이 배제되는 것으로 보아야 할 것이다(대판 2007. 9. 21, 2006두20631).

신뢰보호의 원칙(행정절차법 제4조 제2항)

행정청은 법령 등의 해석 또는 행정청의 관행이 일반적으로 국민들에게 받아들여졌을 때에는 공익 또는 제3자의 정당한 이익을 현저히 해칠 우려가 있는 경우를 제외하고는 새로운 해석·관행에 따라 소급하여 불리하게 처리해서는 안 된다.

② 적용범위(제3조)
  ㉠ 적용영역 : 처분, 신고, 행정상 입법예고, 행정예고 및 행정지도의 절차(행정절차)에 관하여 다른 법률에 특별한 규정이 있는 경우를 제외하고는 이 법에서 정하는 바에 따름
  ㉡ 적용배제 사항(제3조 제2항)
    • 국회 또는 지방의회의 의결을 거치거나 동의 또는 승인을 받아 행하는 사항
    • 법원 또는 군사법원의 재판에 의하거나 그 집행으로 행하는 사항
    • 헌법재판소의 심판을 거쳐 행하는 사항
    • 각급 선거관리위원회의 의결을 거쳐 행하는 사항
    • 감사원이 감사위원회의 결정을 거쳐 행하는 사항
    • 형사·행형 및 보안처분 관계 법령에 따라 행하는 사항
    • 국가안전보장·국방·외교 또는 통일에 관한 사항 중 행정절차를 거칠 경우 국가의 중대한 이익을 현저히 해칠 우려가 있는 사항
    • 심사청구, 해양안전심판, 조세심판, 특허심판, 행정심판, 그 밖의 불복 절차에 따른 사항 등
③ 행정법의 일반원칙(제4조 및 제5조)
  ㉠ 신의성실의 원칙
  ㉡ 신뢰보호의 원칙
  ㉢ 투명성의 원칙
④ 송달 및 기간·기한의 특례
  ㉠ 송달(제14조)
  ㉡ 송달효력의 발생시기(제15조)
  ㉢ 기간 및 기한의 특례(제16조)

법령 행정절차법

제16조(기간 및 기한의 특례) ① 천재지변이나 그 밖에 당사자등에게 책임이 없는 사유로 기간 및 기한을 지킬 수 없는 경우에는 그 사유가 끝나는 날까지 기간의 진행이 정지된다.
② 외국에 거주하거나 체류하는 자에 대한 기간 및 기한은 행정청이 그 우편이나 통신에 걸리는 일수(日數)를 고려하여 정하여야 한다.

(2) 행정절차의 기본요소

① 절차의 주체
  ㉠ 행정청의 관할(제6조)

법령 행정절차법

제6조(관할) ① 행정청이 그 관할에 속하지 아니하는 사안을 접수하였거나 이송받은 경우에는 지체 없이 이를 관할 행정청에 이송하여야 하고 그 사실을 신청인에게 통지하여야 한다. 행정청이 접수하거나 이송받은 후 관할이 변경된 경우에도 또한 같다.

② 행정청의 관할이 분명하지 아니한 경우에는 해당 행정청을 공통으로 감독하는 상급 행정청이 그 관할을 결정하며, 공통으로 감독하는 상급 행정청이 없는 경우에는 각 상급 행정청이 협의하여 그 관할을 결정한다.

ⓒ 당사자 등
- 당사자 등의 자격(제9조) : 자연인, 법인, 법인이 아닌 사단 또는 재단, 다른 법령 등에 따라 권리·의무의 주체가 될 수 있는 자는 행정절차에서 당사자 등이 될 수 있음
- 지위의 승계(행정절차법 제10조)

법령 행정절차법

제10조(지위의 승계) ① 당사자등이 사망하였을 때의 상속인과 다른 법령등에 따라 당사자등의 권리 또는 이익을 승계한 자는 당사자등의 지위를 승계한다.
② 당사자등인 법인등이 합병하였을 때에는 합병 후 존속하는 법인등이나 합병 후 새로 설립된 법인등이 당사자등의 지위를 승계한다.

- 대표자(제11조)

법령 행정절차법

제11조(대표자) ② 행정청은 제1항에 따라 당사자등이 대표자를 선정하지 아니하거나 대표자가 지나치게 많아 행정절차가 지연될 우려가 있는 경우에는 그 이유를 들어 상당한 기간 내에 3인 이내의 대표자를 선정할 것을 요청할 수 있다. 이 경우 당사자등이 그 요청에 따르지 아니하였을 때에는 행정청이 직접 대표자를 선정할 수 있다.
④ 대표자는 각자 그를 대표자로 선정한 당사자등을 위하여 행정절차에 관한 모든 행위를 할 수 있다. 다만, 행정절차를 끝맺는 행위에 대하여는 당사자등의 동의를 받아야 한다.
⑤ 대표자가 있는 경우에는 당사자등은 그 대표자를 통하여서만 행정절차에 관한 행위를 할 수 있다.
⑥ 다수의 대표자가 있는 경우 그중 1인에 대한 행정청의 행위는 모든 당사자등에게 효력이 있다. 다만, 행정청의 통지는 대표자 모두에게 하여야 그 효력이 있다.

② 절차의 경과

절차의 개시	행정절차는 직권 또는 사인의 신청에 의하여 개시됨
절차의 종료	절차가 종료된 경우에는 그 결정을 문서로 하며, 권한기관이 기명·날인함. 또한, 결정에 근거가 된 이유를 제시하고 권리구제 방법 등을 고지하여야 함

SEMI-NOTE

행정절차법 제13조 제1항(대표자·대리인의 통지)

당사자등이 대표자 또는 대리인을 선정하거나 선임하였을 때에는 지체 없이 그 사실을 행정청에 통지하여야 한다. 대표자 또는 대리인을 변경하거나 해임하였을 때에도 또한 같다.

SEMI-NOTE

처분의 신청(행정절차법 제17조 제3항)

행정청은 신청에 필요한 구비서류, 접수기관, 처리기간, 그 밖에 필요한 사항을 게시(인터넷 등을 통한 게시를 포함한다)하거나 이에 대한 편람을 갖추어 두고 누구나 열람할 수 있도록 하여야 한다.

처분의 신청(행정절차법 제17조 제8항)

신청인은 처분이 있기 전에는 그 신청의 내용을 보완·변경하거나 취하(取下)할 수 있다. 다만, 다른 법령등에 특별한 규정이 있거나 그 신청의 성질상 보완·변경하거나 취하할 수 없는 경우에는 그러하지 아니하다.

다수의 행정청이 관여하는 처분(행정절차법 제18조)

행정청은 다수의 행정청이 관여하는 처분을 구하는 신청을 접수한 경우에는 관계 행정청과의 신속한 협조를 통하여 그 처분이 지연되지 아니하도록 하여야 한다.

관련 판례

- 특별한 사정이 없는 한 … 직접 당사자의 권익을 제한하는 것은 아니어서 신청에 대한 거부처분을 … 처분의 사전통지대상이 된다고 할 수 없다(대판 2003. 11. 28, 2003두674).
- 행정청이 침해적 행정처분을 함에 있어서 당사자에게 사전통지를 하거나 의견제출의 기회를 주지 아니하였다면 사전통지를 하지 않거나 의견제출의 기회를 주지 아니하여도 되는 예외적인 경우에 해당하지 아니하는 한 그 처분은 위법하여 취소를 면할 수 없다(대판 2004. 5. 28, 2004두1254).

(3) 행정절차의 종류

① 처분절차
  ㉠ 처분의 신청(제17조)

> **법령 행정절차법**
>
> **제17조(처분의 신청)** ① 행정청에 처분을 구하는 신청은 문서로 하여야 한다. 다만, 다른 법령 등에 특별한 규정이 있는 경우와 행정청이 미리 다른 방법을 정하여 공시한 경우에는 그러하지 아니하다.
> ② 제1항에 따라 처분을 신청할 때 전자문서로 하는 경우에는 행정청의 컴퓨터 등에 입력된 때에 신청한 것으로 본다.
> ④ 행정청은 신청을 받았을 때에는 다른 법령등에 특별한 규정이 있는 경우를 제외하고는 그 접수를 보류 또는 거부하거나 부당하게 되돌려 보내서는 아니 되며, 신청을 접수한 경우에는 신청인에게 접수증을 주어야 한다. 다만, 대통령령으로 정하는 경우에는 접수증을 주지 아니할 수 있다.
> ⑤ 행정청은 신청에 구비서류의 미비 등 흠이 있는 경우에는 보완에 필요한 상당한 기간을 정하여 지체 없이 신청인에게 보완을 요구하여야 한다.
> ⑥ 행정청은 신청인이 제5항에 따른 기간 내에 보완을 하지 아니하였을 때에는 그 이유를 구체적으로 밝혀 접수된 신청을 되돌려 보낼 수 있다.
> ⑦ 행정청은 신청인의 편의를 위하여 다른 행정청에 신청을 접수하게 할 수 있다. 이 경우 행정청은 다른 행정청에 접수할 수 있는 신청의 종류를 미리 정하여 공시하여야 한다.

  ㉡ 처리기간의 설정·공표(제19조)

> **법령 행정절차법**
>
> **제19조(처리기간의 설정·공표)** ① 행정청은 신청인의 편의를 위하여 처분의 처리기간을 종류별로 미리 정하여 공표하여야 한다.
> ② 행정청은 부득이한 사유로 제1항에 따른 처리기간 내에 처분을 처리하기 곤란한 경우에는 해당 처분의 처리기간의 범위에서 한 번만 그 기간을 연장할 수 있다.
> ④ 행정청이 정당한 처리기간 내에 처리하지 아니하였을 때에는 신청인은 해당 행정청 또는 그 감독 행정청에 신속한 처리를 요청할 수 있다.

  ㉢ 처분의 사전통지(제21조)

사전 통지	행정청은 당사자에게 의무를 부과하거나 권익을 제한하는 처분을 하는 경우에는 미리 처분의 제목과 당사자의 성명·명칭·주소, 처분 원인이 되는 사실과 내용 및 법적 근거, 의견제출 관련 사항 등을 당사자 등에게 통지하여야 함. 청문을 실시하려면 청문이 시작되는 날부터 10일 전까지 당사자 등에게 이를 통지하여야 함
통지의 예외	공공의 안전 또는 복리를 위하여 긴급히 처분을 할 필요가 있는 경우나 자격이 없어진 경우, 해당 처분의 성질상 의견청취가 현저히 곤란하거나 명백히 불필요하다고 인정될 만한 상당한 이유가 있는 경우에는 사전통지를 하지 않을 수 있음

판례	• 신청에 대한 거부처분이 행정절차법(제21조 제1항)의 처분의 사전통지의 대상이 되는가에 대하여 긍정설과 부정설의 대립이 있는데, 판례는 부정설을 취하여 사전통지대상이 아니라 하였음 • 사전통지나 의견제출 절차를 거치지 않은 침해적 처분은 위법함 • '당해 처분의 성질상 의견청취가 현저히 곤란하거나 명백히 불필요하다고 인정될 만한 상당한 이유가 있는지의 여부'는 당해 행정처분의 성질에 따라 판단함

👓 한눈에 쏙~

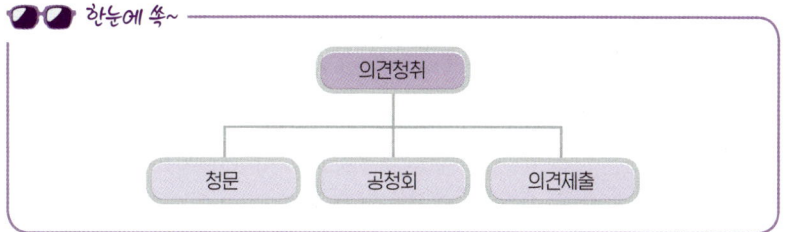

ㄹ) **의견청취(제22조)** : 의견청취절차에는 청문, 공청회, 의견제출이 있음
ㅁ) **청문** : 다른 법령등에서 청문을 하도록 규정하고 있는 경우, 행정청이 필요하다고 인정하는 경우, '인허가 등의 취소, 신분·자격의 박탈, 법인이나 조합 등의 설립허가의 취소'의 처분 시 의견제출기한 내에 당사자등의 신청이 있는 경우
- 의의 : 행정청이 어떤 처분을 하기 전에 당사자 등의 의견을 직접 듣고 증거를 조사하는 절차(제2조 제5호)
- 청문의 통지(제21조) : 청문이 시작되는 날부터 10일 전까지
- 청문의 참가자 : 주재자와 청문에 주체적으로 참가하는 당사자 등
- 청문주재자의 제척·기피·회피
- 청문의 진행 및 내용

청문의 공개 (제30조)	청문은 당사자가 공개를 신청하거나 청문주재자가 필요하다고 인정하는 경우 공개할 수 있음. 다만, 공익 또는 제3자의 정당한 이익을 현저히 해칠 우려가 있는 경우에는 공개하여서는 안 됨
증거 조사 (제33조)	청문주재자는 직권으로 또는 당사자의 신청에 따라 필요한 조사를 할 수 있으며, 당사자 등이 주장하지 않은 사실에 대하여도 조사할 수 있음
청문의 종결 (제35조)	• 청문주재자는 다음의 경우 청문을 마칠 수 있음. 청문주재자는 청문을 마쳤을 때 청문조서, 청문 주재자의 의견서, 그 밖의 관계 서류 등을 행정청에 지체 없이 제출하여야 함 • 당사자 등의 전부 또는 일부가 정당한 사유 없이 청문기일에 출석하지 아니하거나 의견서를 제출하지 않은 경우(다시 의견진술 및 증거제출의 기회를 주지 아니하고 종결 가능) • 정당한 사유로 청문기일에 출석하지 못하거나 의견서를 제출하지 못한 경우에는 10일 이상의 기간을 정하여 이들에게 의견진술 및 증거제출을 요구하여야 하며, 해당 기간이 지났을 때에 청문을 마칠 수 있음

SEMI-NOTE

청문주재자(행정절차법 제28조 제1항)
행정청은 소속 직원 또는 대통령령으로 정하는 자격을 가진 사람 중에서 청문 주재자를 공정하게 선정하여야 한다.

SEMI-NOTE

문서의 열람 및 비밀유지(행정절차법 제37조 제6항)
누구든지 청문을 통하여 알게 된 사생활이나 경영상 또는 거래상의 비밀을 정당한 이유 없이 누설하거나 다른 목적으로 사용하여서는 아니 된다.

공청회
행정청이 공개적인 토론을 통하여 어떠한 행정작용에 대하여 당사자 등, 전문지식과 경험을 가진 사람, 그 밖의 일반인으로부터 의견을 널리 수렴하는 절차

공청회의 진행(행정절차법 제39조)
- 공청회의 주재자는 공청회를 공정하게 진행하여야 하며, 공청회의 원활한 진행을 위하여 발표내용을 제한할 수 있고, 질서유지를 위하여 발언중지, 퇴장명령 등 행정안전부장관이 정하는 필요한 조치를 할 수 있다.
- 공청회의 주재자는 발표자의 발표가 끝난 후에는 발표자 상호 간에 질의 및 답변을 할 수 있도록 하여야 하며, 방청인에게도 의견제시의 기회를 주어야 한다.

- 문서열람·복사청구권
- 비밀유지권
- 청문절차의 위반 : 법령상 요구되는 청문절차의 결여는 하자있는 행정행위가 되어 위법하나, 훈령에 요구되는 청문절차의 결여는 위법하지 않다는 것이 판례의 입장

ⓑ 공청회
- 공청회의 개최

개최의 사유 (제22조 제2항)	행정청이 처분을 할 때 다른 법령 등에서 공청회를 개최하도록 규정하고 있는 경우나 해당 처분의 영향이 광범위하여 널리 의견을 수렴할 필요가 있다고 행정청이 인정하는 경우, 국민생활에 큰 영향을 미치는 처분으로서 대통령령으로 정하는 처분에 대하여 대통령령으로 정하는 수 이상의 당사자등이 공청회 개최를 요구하는 경우에는 공청회를 개최함
개최의 공고 (제38조)	행정청은 공청회를 개최하려는 경우에는 공청회 개최 14일 전까지 제목과 일시·장소, 주요 내용 등을 당사자 등에게 통지하고 관보, 공보, 인터넷 홈페이지 또는 일간신문 등에 공고하는 등의 방법으로 널리 알려야 함
전자공청회 (제38조의2)	• 행정청은 제38조에 따른 공청회와 병행하여서만 정보통신망을 이용한 공청회(전자공청회)를 실시할 수 있으므로, 전자공청회만 실시할 수는 없음 • 전자공청회를 실시하는 경우에는 누구든지 정보통신망을 이용하여 의견을 제출하거나 제출된 의견 등에 대한 토론에 참여할 수 있음

- 공청회의 주재자 및 발표자의 선정(제38조의3)

공청회의 주재자	해당 공청회의 사안과 관련된 분야에 전문적 지식이 있거나 그 분야에 종사한 경험이 있는 사람으로서 대통령령으로 정하는 자격을 가진 사람
공청회의 발표자	발표를 신청한 사람 중에서 행정청이 선정함. 다만, 발표를 신청한 사람이 없거나 공청회의 공정성을 확보하기 위하여 필요하다고 인정하는 경우에는 해당 공청회의 사안과 관련된 당사자 등, 해당 공청회의 사안과 관련된 분야에 전문적 지식이 있는 사람, 해당 공청회의 사안과 관련된 분야에 종사한 경험이 있는 사람 중에서 지명하거나 위촉할 수 있음

- 공청회 결과의 반영(제39조의2) : 상당한 이유가 있다고 인정하는 경우에는 이를 반영하여야 함

ⓐ 의견제출

의의	행정청이 어떠한 행정작용을 하기 전에 당사자 등이 의견을 제시하는 절차로서 청문이나 공청회에 해당하지 않는 절차(제2조 제7호)
성질	행정청이 의무를 부과하거나 권익을 제한하는 처분을 할 때 원칙적으로 당사자 등에게 의견제출의 기회를 주어야 함

방법	서면이나 말로 또는 정보통신망을 이용하여 의견제출을 할 수 있으며(제27조 제1항), 당사자 등이 정당한 이유 없이 의견제출기한까지 의견제출을 하지 않은 경우에는 의견이 없는 것으로 봄
효과	• 처분의 사전 통지의 어느 하나에 해당하는 경우와 당사자가 의견 진술의 기회를 포기한다는 뜻을 명백히 표시한 경우에는 의견청취를 하지 아니할 수 있음 • 기록의무 : 행정청은 당사자 등이 말로 의견제출을 하였을 때에는 서면으로 그 진술의 요지와 진술자를 기록하여야 함(제27조 제3항) • 반영의무 : 행정청은 처분을 할 때에 당사자등이 제출한 의견이 상당한 이유가 있다고 인정하는 경우에는 이를 반영하여야 함

◎ 처분
- 처분의 이유제시(제23조) : 행정청은 처분을 할 때에는 당사자에게 그 근거와 이유를 제시하여야 함
- 문서주의에 의한 처분(제24조) : 행정청이 처분을 할 때에는 다른 법령 등에 특별한 규정이 있는 경우를 제외하고는 문서로 하여야 하며, 전자문서로 하는 경우에는 당사자 등의 동의가 있어야 함
- 처분의 정정(제25조) : 행정청은 처분에 오기(誤記), 오산(誤算) 또는 그 밖에 이에 준하는 명백한 잘못이 있을 때에는 직권으로 또는 신청에 따라 지체 없이 정정하고 그 사실을 당사자에게 통지하여야 함
- 불복의 고지(제26조) : 행정청이 처분을 할 때에는 당사자에게 그 처분에 관하여 행정심판 및 행정소송을 제기할 수 있는지 여부, 그 밖에 불복을 할 수 있는지 여부, 청구절차 및 청구기간, 그 밖에 필요한 사항을 알려야 함

② 신고절차(제40조)
  ㉠ 의무적 신고요건 및 효과
  ㉡ 편람의 비치
③ 행정상 입법예고절차
  ㉠ 입법예고의 원칙과 예외(제41조 제1항)

원칙	법령 등을 제정·개정 또는 폐지(입법)하려는 경우에는 해당 입법안을 마련한 행정청은 이를 예고하여야 함
예외	신속한 국민의 권리 보호 또는 예측 곤란한 특별한 사정의 발생 등으로 입법이 긴급을 요하는 경우, 상위 법령 등의 단순한 집행을 위한 경우, 입법내용이 국민의 권리·의무 또는 일상생활과 관련이 없는 경우, 단순한 표현·자구를 변경하는 경우 등 입법내용의 성질상 예고의 필요가 없거나 곤란하다고 판단되는 경우, 예고함이 공공의 안전 또는 복리를 현저히 해칠 우려가 있는 경우에는 예고를 하지 않을 수 있음

  ㉡ 입법예고의 방법
  - 입법예고안의 공고(제42조) : 행정청은 입법안의 취지, 주요 내용 또는 전문(全文)을 관보·공보나 인터넷·신문·방송 등을 통하여 널리 공고하여야 함. 행정청은 대통령령을 입법예고하는 경우 국회 소관 상임위원회에

관련 판례

면허관청이 운전면허정지처분을 하면서 별지 52호 서식의 통지서에 의하여 면허정지사실을 통지하지 아니하거나 처분집행예정일 7일 전까지 이를 발송하지 아니한 경우에는 특별한 사정이 없는 한 위 관계 법령이 요구하는 절차·형식을 갖추지 아니한 조치로서 그 효력이 없고, 이와 같은 법리는 면허관청이 임의로 출석한 상대방의 편의를 위하여 구두로 면허정지사실을 알렸다고 하더라도 마찬가지이다(대판 1996. 6. 14, 95누17823).

이를 제출하여야 하며, 예고된 입법안에 대하여 전자공청회 등을 통하여 널리 의견을 수렴할 수 있음
- 입법예고기간(제43조) : 예고할 때 정하되, 특별한 사정이 없으면 40일(자치법규는 20일) 이상으로 함

ⓒ 입법안에 대한 의견
- 의견제출 : 누구든지 예고된 입법안에 대하여 의견을 제출할 수 있음(제44조 제1항), 행정청은 입법안에 관하여 공청회를 개최할 수 있음(제45조 제1항)
- 의견의 처리 : 행정청은 해당 입법안에 대한 의견이 제출된 경우 특별한 사유가 없으면 이를 존중하여 처리하여야 하며, 처리결과를 통지하여야 함(제44조 제3항·제4항)

④ 행정예고절차(제46조)

원칙	행정청은 정책·제도 및 계획을 수립·시행하거나 변경하려는 경우에는 이를 예고하여야 함
예외	• 신속하게 국민의 권리를 보호하여야 하거나 예측이 어려운 특별한 사정이 발생하는 등 긴급한 사유로 예고가 현저히 곤란한 경우 • 법령등의 단순한 집행을 위한 경우 • 정책등의 내용이 국민의 권리·의무 또는 일상생활과 관련이 없는 경우 • 정책등의 예고가 공공의 안전 또는 복리를 현저히 해칠 우려가 상당한 경우
대체	법령 등의 입법을 포함하는 행정예고는 입법예고로 갈음할 수 있음

⑤ 행정지도절차
ⓐ 행정지도의 원칙(제48조)
ⓑ 행정지도의 방식(제49조)
ⓒ 의견제출(제50조)
ⓓ 다수인을 대상으로 하는 행정지도(제51조)

(4) 행정절차의 하자

① 절차상 하자의 관념

의의	광의의 의미에서는 공법상 작용에 절차요건상 흠이 있는 경우를 말하나, 일반적으로는 처분(행정행위)의 절차에 흠이 있는 경우를 말함
특성	행정절차는 행정결정의 법률적합성 및 합목적성을 확보하고, 절차상 이해관계인의 권리보장을 가능케 하는 데 그 목적이 있음. 따라서 행정실체법상 하자를 행정절차의 하자에 적용한 것은 무리가 있음
하자의 사유	의견청취절차의 결여, 사전통지나 이유부기의 결여, 송달방법의 결여 등

② 절차상 하자의 효과
ⓐ 절차상 하자에 대한 규정 : 일반법의 규정은 없으며, 일부 개별법에서 규정함(국가공무원법 제13조 제2항 등)

SEMI-NOTE

행정절차법 제46조 제3항(행정예고)
행정예고기간은 예고 내용의 성격 등을 고려하여 정하되, 특별한 사정이 없으면 20일 이상으로 한다.

행정절차법 제51조(다수인을 대상으로 하는 행정지도)
행정기관이 같은 행정목적을 실현하기 위하여 많은 상대방에게 행정지도를 하려는 경우에는 특별한 사정이 없으면 행정지도에 공통적인 내용이 되는 사항을 공표하여야 한다.

절차상 하자에 대한 규정
국가공무원법 제13조(소청인의 진술권) 제2항에서는 소청사건심사시 소청인 또는 제76조 제1항 후단에 따른 대리인에게 진술기회를 부여하지 않고 한 결정은 무효로 한다는 규정을 두고 있음

- ⓒ 논점 : 단순한 위법행위인 경우 독립한 취소사유가 될 수 있는 지의 여부
  - 학설 : 다수설은 행정절차의 독자적 의미를 강조하는 견해로, 절차상 하자 있는 행정행위는 그 자체만으로 무효·취소할 수 있다고 봄
  - 행정절차법의 태도 : 행정절차법 제22조 제3항 규정에 따라 청문이나 공청회를 거치는 경우가 아닌 한 의견제출의 기회를 주어야 하며, 이를 거치지 않으면 위법이 됨
  - 판례의 태도 : 청문절차에 대해 판례는 법령상 요구되는 청문절차의 결여는 위법사유로 보고 있으나, 법령상 근거 없는 단순한 훈령상 요구되는 청문절차의 결여는 위법사유로 보지 않음
- ③ 절차상 하자의 치유
  - ⊙ 인정 여부 : 원칙적으로 부정하되, 예외적으로 그 범위를 한정하여 인정하는 제한적 긍정설을 취함(통설·판례)
  - ⓒ 치유시기 : 행정심판이 제기된 이후에는 그 하자를 추완하거나 보완할 수 없다고 하여 쟁송제기이전시설을 원칙적인 입장으로 취함(다수설·판례)
  - ⓒ 하자치유의 효과 : 절차상의 위법은 그 행위 당시로 소급하여 적법한 행위로 간주됨
- ④ 취소판결의 기속력 : 절차 내지 형식의 위법사유로 확정판결에 의하여 취소된 경우, 행정청이 그 판결취지에 따라 새로이 처분하여야 함(대판 1987. 2. 10, 86누91)

3. 청원

(1) 의의

개념	국가작용의 위법 여부 또는 권익침해의 발생 여부와 관계없이 법률이 정하는 바에 의하여 국가기관에 그 시정을 구하는 것
근거법규	헌법 제26조에서는 모든 국민은 법률이 정하는 바에 의하여 국가기관에 문서로 청원할 권리를 가지며, 국가는 청원에 대하여 심사할 의무를 진다는 규정을 두고 있음. 청원에 관한 일반법은 청원법임

(2) 청원의 내용

청원자	누구든지 청원을 할 수 있음(국민·외국인·법인). 다만, 누구든지 타인을 모해할 목적으로 허위의 사실을 적시한 청원을 하여서는 안 됨
청원기관	국회·법원·헌법재판소·중앙선거관리위원회, 중앙행정기관과 그 소속 기관, 지방자치단체와 그 소속기관, 법령에 의하여 행정권한을 가지고 있거나 행정권한을 위임 또는 위탁받은 법인·단체 또는 그 기관이나 개인 등
청원사항	피해의 구제, 공무원의 위법·부당한 행위에 대한 시정이나 징계의 요구, 법률·명령·조례·규칙 등의 제정·개정 또는 폐지, 공공의 제도 또는 시설의 운영, 그 밖에 청원기관 등의 권한에 속하는 사항
청원방법	청원인의 성명(법인인 경우에는 명칭 및 대표자의 성명을 말함)과 주소 또는 거소를 기재하고 서명한 문서(전자문서및전자거래기본법에 의한 전자문서를 포함함)로 하여야 함

SEMI-NOTE

행정절차법 제22조(의견청취) 제3항

행정청이 당사자에게 의무를 부과하거나 권익을 제한하는 처분을 할 때 제1항 또는 제2항(청문 또는 공청회)의 경우 외에는 당사자 등에게 의견제출의 기회를 주어야 한다.

절차상 하자의 치유의 의의

행정행위의 처분 당시에 절차상 요건의 흠이 있는 경우 그 흠을 사후에 보완하게 되면, 처분 당시의 하자임에도 불구하고 그 행정행위의 효과를 다툴 수 없도록 하는 것을 말함

관련 판례

과세의 절차 내지 형식에 위법이 있어 과세처분을 취소하는 판결이 확정되었을 때는 그 확정판결의 기판력은 거기에 적시된 절차 내지 형식의 위법사유에 한하여 미치는 것이므로 과세관청은 그 위법사유를 보완하여 다시 새로운 과세처분을 할 수 있고, 그 새로운 과세처분은 확정판결에 의하여 취소된 종전의 과세처분과는 별개의 처분이라 할 것이어서 확정판결의 기판력에 저촉되는 것이 아니다(대판 1987. 2. 10, 86누91).

청원의 불수리(청원법 제5조 제1항)

청원이 다음 각 호의 어느 하나에 해당하는 때에는 이를 수리하지 아니한다.
① 감사·수사·재판·행정심판·조정·중재 등 다른 법령에 의한 조사·불복 또는 구제절차가 진행중인 때
② 허위의 사실로 타인으로 하여금 형사처분 또는 징계처분을 받게 하거나 국가기관 등을 중상모략하는 사항인 때
③ 사인간의 권리관계 또는 개인의 사생활에 관한 사항인 때
④ 청원인의 성명·주소 등이 불분명하거나 청원내용이 불명확한 때

| 반복청원 및 이중청원 | 청원기관의 장은 나중에 제출된 청원서를 반려하거나 종결처리할 수 있고, 종결처리하는 경우 이를 청원인에게 알려야 함 |

4. 옴부즈만제도

(1) 개설

의의	의회에서 임명된 자나 의회로부터 광범위한 독립성을 부여받은 의회의 의뢰인이 행정기관 등이 법령상 책무를 적정하게 수행하고 있는지 여부를 독립적으로 조사하여 이에 대한 시정조치의 권고 또는 알선을 통하여 국민의 권익을 보호하고자 하는 제도
권한	• 옴부즈만은 의회에서 임명된 입법부 소속의 공무원으로, 민원인의 신청이 없다 할지라도 공무원의 직무집행을 조사할 수 있음 • 직무상으로 독립된 기관으로서 시정권고나 의회에 보고, 언론 등에 공표 등의 권한이 있으나, 행정작용이 위법·부당하여도 이를 직접 취소·변경할 수는 없음
장단점	• 장점 : 다른 구제방법에 비해 시민이 용이하게 접할 수 있고 그 절차비용이 저렴하며, 신속한 민원처리를 통해 행정에 대한 불만을 방지할 수 있음 • 단점 : 옴부즈만의 기능이 국회의 직무에 종속되며 중복되며, 직접적인 시정권이 없어 그 책임성의 한계가 있으며, 행정의 책임성과 비밀성이 침해될 우려가 있음
인정 여부	우리나라의 경우 직접 옴부즈만제도를 도입하고 있지는 않지만, 기능면에서 유사한 민원처리제도와 고충민원처리제도를 두고 있음

(2) 민원처리제도(민원처리에관한법률의 내용)

① 총칙
  ㉠ **목적** : 민원 처리에 관한 기본적인 사항을 규정하여 민원의 공정하고 적법한 처리와 민원행정제도의 합리적 개선을 도모함으로써 국민의 권익을 보호함을 목적으로 함
  ㉡ **개념** : 민원인이 행정기관에 대하여 처분 등 특정한 행위를 요구하는 것
  ㉢ **종류** : 일반민원(법정민원, 질의민원, 건의민원, 기타민원), 고충민원
  ㉣ **무인민원발급창구** : 행정기관의 장이 행정기관 또는 공공장소 등에 설치하여 민원인이 직접 민원문서를 발급받을 수 있도록 하는 전자장비
  ㉤ **민원처리의 원칙** : 행정기관의 장은 관계법령등에서 정한 처리기간이 남아 있다거나 그 민원과 관련 없는 공과금 등을 미납하였다는 이유로 민원 처리를 지연시켜서는 안 됨. 다만, 다른 법령에 특별한 규정이 있는 경우에는 그에 따름

SEMI-NOTE

옴부즈만(Ombudsman)
모든 종류의 대리·대표를 의미하는 스웨덴어

옴부즈만제도
옴부즈만제도는 의회의 개입을 통하여 종래의 행정구제제도의 결함을 보완함으로써 권리보호의 사각지대를 축소하려는 목적으로 도입된 제도

민원인
행정기관에 민원을 제기하는 개인·법인 또는 단체

② 민원의 처리
  ㉠ 민원의 신청 : 문서(전자문서 포함)로 하여야 함
  ㉡ 처리기간의 계산(제19조)

> **법 령** 민원처리에관한법률
>
> 제19조(처리기간의 계산) ① 민원의 처리기간을 5일 이하로 정한 경우에는 민원의 접수시각부터 "시간" 단위로 계산하되, 공휴일과 토요일은 산입(算入)하지 아니한다. 이 경우 1일은 8시간의 근무시간을 기준으로 한다.
> ② 민원의 처리기간을 6일 이상으로 정한 경우에는 "일" 단위로 계산하고 첫날을 산입하되, 공휴일과 토요일은 산입하지 아니한다.
> ③ 민원의 처리기간을 주·월·연으로 정한 경우에는 첫날을 산입하되, 「민법」 제159조부터 제161조까지의 규정을 준용한다.

  ㉢ 처리결과의 통지(제27조) : 행정기관의 장은 접수된 민원에 대한 처리를 완료한 때에는 그 결과를 민원인에게 문서로 통지하여야 함. 다만, 기타민원의 경우와 통지에 신속을 요하거나 민원인이 요청하는 등 대통령령으로 정하는 경우에는 구술 또는 전화로 통지할 수 있음
  ㉣ 민원 1회방문 처리제의 시행(제32조)

> **법 령** 민원처리에관한법률
>
> 제32조(민원 1회방문 처리제의 시행) ① 행정기관의 장은 복합민원을 처리할 때에 그 행정기관의 내부에서 할 수 있는 자료의 확인, 관계 기관·부서와의 협조 등에 따른 모든 절차를 담당 직원이 직접 진행하도록 하는 민원 1회방문 처리제를 확립함으로써 불필요한 사유로 민원인이 행정기관을 다시 방문하지 아니하도록 하여야 한다.
> ② 행정기관의 장은 제1항에 따른 민원 1회방문 처리에 관한 안내와 상담의 편의를 제공하기 위하여 민원 1회방문 상담창구를 설치하여야 한다.

  ㉤ 거부처분에 대한 이의신청(제35조) : 법정민원에 대한 행정기관의 장의 거부처분에 불복하는 민원인은 그 거부처분을 받은 날부터 60일 이내에 그 행정기관의 장에게 문서로 이의신청을 할 수 있음

(3) 고충처리제도

① 의의 : 고충민원의 처리와 이에 관련된 불합리한 행정제도를 개선하도록 함으로써 국민의 기본적 권익을 보호하고 행정의 적정성 확보에 이바지함을 목적으로 하는 제도
② 우리나라의 국민권익위원회
  ㉠ 설립목적 : 고충민원의 처리 및 이에 관련된 불합리한 행정제도의 개선, 부패의 발생 방지 및 부패행위의 효율적 규제를 목적으로 함
  ㉡ 소속 : 국민권익위원회는 국무총리 소속기관이며, 직무상 독립성과 자율성이 어느 정도는 보장되나 소속상 한계가 있음
  ㉢ 특징 및 한계 : 각 지방자치단체에 시민고충처리위원회를 두고 있음, 자발적 조사권 결여, 간접적 통제 제도

SEMI-NOTE

민법 제159조~161조
- 기간을 일, 주, 월 또는 연으로 정한 때에는 기간말일의 종료로 기간이 만료한다.
- 기간을 주, 월 또는 연으로 정한 때에는 역에 의하여 계산한다.
- 주, 월 또는 연의 처음으로부터 기간을 기산하지 아니하는 때에는 최후의 주, 월 또는 연에서 그 기산일에 해당한 날의 전일로 기간이 만료한다.
- 월 또는 연으로 정한 경우에 최종의 월에 해당일이 없는 때에는 그 월의 말일로 기간이 만료한다.
- 기간의 말일이 토요일 또는 공휴일에 해당한 때에는 기간은 그 익일로 만료한다.

국민권익위원회의 지위

옴부즈만 역할을 수행하는 우리나라의 국민권익위원회는 외국의 경우와 달리 헌법상 기관이 아니라 법률(부패방지및국민권익위원회의설치와운영에관한법률)상의 기관임

③ 부패방지및국민권익위원회의설치와운영에관한법률의 관련 내용
- ㉠ 국민권익위원회의 설치(제11조) : 고충민원의 처리와 이에 관련된 불합리한 행정제도를 개선하고, 부패 예방 및 규제를 위해 국무총리 소속으로 설치함. 위원회는 정부조직법 제2조에 따른 중앙행정기관으로서 그 권한에 속하는 사무를 독립적으로 수행함
- ㉡ 위원회의 구성(제13조) : 위원장 1명을 포함한 15명의 위원(부위원장 3명과 상임위원 3명을 포함)
- ㉢ 직무상 독립과 신분보장(제16조) : 위원회는 그 권한에 속하는 업무를 독립적으로 수행하며, 위원장과 위원의 임기는 각각 3년으로 하되 1차에 한하여 연임할 수 있음
- ㉣ 고충민원의 신청 및 접수(제39조) : 누구든지(국내 거주 외국인 포함) 위원회 또는 시민고충처리위원회(권익위원회)에 고충민원을 신청 가능. 하나의 권익위원회에 대하여 고충민원을 제기한 신청인은 다른 권익위원회에 대하여도 고충민원을 신청할 수 있음
- ㉤ 권고 및 의견의 표명

시정의 권고	권익위원회는 고충민원에 대한 조사결과 처분 등이 위법·부당하다고 인정할 만한 상당한 이유가 있는 경우 관계 행정기관등의 장에게 적절한 시정 권고 가능
의견의 표명	권익위원회는 고충민원에 대한 조사결과 신청인의 주장이 상당한 이유가 있다고 인정되는 사안에 대하여는 관계 행정기관등의 장에게 의견을 표명할 수 있음
개선의 권고	권익위원회는 고충민원을 조사·처리하는 과정에서 법령 그 밖의 제도나 정책 등의 개선이 필요하다고 인정되는 경우에는 관계 행정기관등의 장에게 이에 대한 합리적인 개선을 권고하거나 의견을 표명할 수 있음

- ㉥ 결정의 통지(제49조) : 권익위원회는 고충민원의 결정내용을 지체 없이 신청인 및 관계 행정기관 등의 장에게 통지하여야 함
- ㉦ 공표(제53조) : 권익위원회는 권고 또는 의견표명의 내용, 처리결과, 권고내용의 불이행사유를 공표할 수 있음. 다만, 다른 법률의 규정에 따라 공표가 제한되거나 개인의 사생활의 비밀이 침해될 우려가 있는 경우에는 공표할 수 없음

03절 행정상 손해전보

1. 개설

(1) 개념

① 행정상 손해배상 : 공무원의 위법한 직무집행행위 또는 국가나 공공단체의 공공영조물의 설치 또는 관리의 하자로 인하여 타인에게 손해를 가한 경우에 국가나 공공단체가 그 손해를 배상하는 것을 말함

SEMI-NOTE

위원회의 임명(제13조 제3항)
위원장 및 부위원장은 국무총리의 제청으로 대통령이 임명하고, 상임위원은 위원장의 제청으로 대통령이 임명하며, 상임이 아닌 위원은 대통령이 임명 또는 위촉한다. 이 경우 상임이 아닌 위원 중 3명은 국회가, 3명은 대법원장이 각각 추천하는 자를 임명 또는 위촉한다.

처리결과의 통보 등(제50조 제1항)
제46조(시정의 권고 및 의견의 표명) 또는 제47조(제도개선의 권고 및 의견의 표명)에 따른 권고 또는 의견을 받은 관계 행정기관 등의 장은 이를 존중하여야 하며, 그 권고 또는 의견을 받은 날부터 30일 이내에 그 처리결과를 권익위원회에 통보하여야 한다.

행정상 손해전보
행정상 손해배상과 손실보상을 의미

② 행정상 손실보상 : 공공의 필요에 의하여 적법한 공권력의 행사로 타인의 재산권에 가해진 특별한 희생에 대하여 보상하는 것

(2) 행정상 손해배상과 손실보상의 구분

구분	손해배상	손실보상
본질	위법한 행정작용에 대한 구제	적법한 행정작용에 대한 구제
기본 이념	개인주의 사상	단체주의 사상
실정법	헌법(제29조), 국가배상법(일반법), 민법(보충적용)	헌법(제23조 제3항), 개별법
법적 성질	• 공권설(다수설)·사권설(판례) • 양도 및 압류 금지	• 공권설(다수설)·사권설(판례) • 양도 및 압류 가능
청구권 발생원인	위법한 행정작용(공무원의 직무상 불법행위, 영조물의 설치·관리의 하자)	적법한 행정작용(공권력 행사에 의한 특별한 희생)
책임원인	과실책임주의	공평부담적 무과실책임주의
책임형태	도의적 책임중시	특별한 희생에 대한 공평배분 중시
전보기준	가해·하자와 상당인과관계 있는 모든 손해	정당한 보상(완전보상)
전보내용	재산상 손해, 비재산상 손해	재산상 손실
청구절차	임의적 결정전치주의	협의원칙, 불협의 시 행정소송
책임자	국가, 지방자치단체	사업시행자

2. 손해배상제도(국가배상제도) ★빈출개념

(1) 우리나라의 국가배상제도

① 헌법상의 국가배상제도
  ㉠ 헌법상 국가배상책임의 원칙 : 헌법 제29조 제1항에 "공무원의 직무상 불법행위로 손해를 받은 국민은 법률이 정하는 바에 의하여 국가 또는 공공단체에 정당한 배상을 청구할 수 있다. 이 경우 공무원 자신의 책임은 면제되지 아니한다."고 규정하여, 국가배상책임의 원칙을 선언하고 있음. 다만, 동조 제2항에서 규정하여 이중배상의 금지를 명시적으로 규정하고 있음
  ㉡ 헌법과 국가배상법의 규정상 차이

배상의 대상범위	헌법은 공무원의 직무상 불법행위에 대해서만 국가배상을 규정하고 있는데, 여기에 국가배상법 제5조의 규정에 따른 영조물의 설치·관리의 하자로 인한 국가배상도 그 청구대상으로 포함할 것인가에 대해서는 부정하는 것이 다수설임
배상의 주체	헌법에서는 배상주체로 '국가 또는 공공단체'를 규정하였으나, 국가배상법은 '국가 또는 지방자치단체'로 규정하고 있음. 지방자치단체 이외의 공공단체의 배상책임에 대하여는 민법에 의한다는 것이 지배적 견해임

SEMI-NOTE

행정상 손해배상과 손실보상의 구분
양자는 타인의 권리침해를 구제함으로써 실질적 법치주의의 이념을 달성하고자 도입된 제도라는 점에서는 같으나, 사후구제제도라는 점에서 행정절차 등의 사전구제제도와 구별되고, 실체법적 구제제도라는 점에서 행정쟁송 등의 절차적 구제제도와도 구별됨.

국가배상제도의 의의(국가배상법 제2조·제5조)
국가배상제도란 공무원의 위법한 직무집행행위 또는 국가나 지방자치단체의 공공영조물의 설치 또는 관리의 하자로 인하여 타인에게 손해를 가한 경우에 국가나 공공단체가 그 손해를 배상하는 것을 말한다.

국가배상청구권의 성격
헌법 제29조 제1항에 의한 국가배상청구권은 청구권적 기본권이라는 것이 통설이나, 이 규정은 어디까지나 입법자에 대한 명령규정으로 본다는 일부 견해도 있음

SEMI-NOTE

국가배상의 법 적용순서
'특별법 → 국가배상법(민법의 특별법) → 민법(보충적용)'

관련 판례
공무원의 직무상 불법행위로 손해를 받은 국민이 국가 또는 공공단체에 배상을 청구하는 경우 국가 또는 공공단체에 대하여 그의 불법행위를 이유로 손해배상을 구함은 국가배상법이 정한 바에 따른다 하여도 이 역시 민사상의 손해배상 책임을 특별법인 국가배상법이 정한 데 불과하다(대판 1972. 10. 10, 69다701).

관련 판례
헌법 제29조 제1항 단서는 … 공무원 개인의 구체적인 손해배상책임의 범위까지 규정한 것으로 보기는 어렵다(대판 1996. 2. 15, 95다38677 전합).

② 국가배상법의 성격
  ㉠ 국가배상에 관한 일반법
    • 국가배상법의 우선 적용 원칙 : 국가배상법 제8조에 "국가나 지방자치단체의 손해배상책임에 관하여는 이 법에 규정된 사항 외에는 민법에 따름. 다만, 민법 외의 법률에 다른 규정이 있을 때에는 그 규정에 따른다."고 규정하여, 국가 또는 지방자치단체의 불법책임에 관한 일반법임을 명시하고 있음
    • 우선 적용되는 특별법 : 무과실책임을 인정하는 원자력손해배상법 제3조 등과 무과실책임을 인정하지 않으나 배상금액을 경감 또는 정형화하는 우편법 제38조·제39조·제40조 등이 있음
  ㉡ 국가배상법의 법적 성격

공법설	국가배상사건에 대해 당사자소송을 제기할 수 있는 공법이라는 견해(다수설)
사법설	국가배상사건에 대해 민사소송을 제기할 수 있는 사법으로, 국가배상법은 일반법인 민법에 대한 특별사법이라고 보는 견해(판례)

  ㉢ 손해책임의 유형 : 공무원의 직무상 불법행위로 인한 손해배상은 과실책임주의를 적용받고(국가배상법 제2조), 영조물의 설치·관리의 하자로 인한 손해배상은 무과실책임주의를 적용받음(제5조)

(2) 공무원의 위법한 직무행위로 인한 배상책임 빈출개념

① 손해배상책임의 성질 : 학설에 따라 대위책임설, 자기책임설, 중간설(절충설)로 구분할 수 있음. 판례는 경과실인 경우에는 국가 등의 기관행위로 보아 국가의 자기책임으로 보았고, 고의 또는 중과실에 대해서는 공무원 개인의 손해배상책임을 인정하여 국가책임은 대위책임으로 보는 절충설의 입장을 취함
  ㉠ 선택적 청구권의 인정 여부(외부적 책임문제)
    • 헌법상 제29조 제1항 규정으로 공무원의 불법행위에 대해 국가 등이 배상책임을 지는 것 외에 가해공무원도 피해자에게 직접적으로 그 배상책임을 질 수 있는가의 여부
    • 판례 : 중간설(절충설, 제한적 긍정설)의 입장을 취함. 종래 판례는 선택적 청구를 인정하기도 하고 부정하기도 하는 등 혼란을 보이다가, 1996년 2월 전원합의체 판결을 통해 고의·중과실의 경우 공무원도 손해배상책임을 부담하나(선택적 청구가 가능하나), 경과실인 경우 공무원은 손해배상책임을 부담하지 않는다(선택적 청구가 불가능)고 최종 판결함(대판 1996. 2. 15, 95다38677)
  ㉡ 구상권(내부적 책임)

근거 규정	국가배상법 제2조 제2항에서 "제1항 본문의 경우에 공무원에게 고의 또는 중대한 과실이 있으면 국가나 지방자치단체는 그 공무원에게 구상할 수 있다"고 규정하고 있고, 또한 동법 제6조 제2항에서 "제1항의 경우에 손해를 배상한 자는 내부관계에서 그 손해를 배상할 책임이 있는 자에게 구상할 수 있다"고 하여, 구상권에 관한 명시적 규정을 두고 있음

| 구상권의 범위 | 판례는 제반사정을 참작하여 손해의 공평 분담과 신의칙상 상당하다고 인정되는 한도 내에서 구상권을 행사할 수 있다는 중간설(절충설)의 입장을 취함 |

② 배상책임의 요건
  ㉠ 공무원 또는 공무를 위탁받은 사인
   • 의미 : 국가공무원법·지방공무원법상의 공무원뿐만 아니라 널리 공무를 위탁받아 실질적으로 공무에 종사하는 모든 자(공무수탁사인)를 포함함(통설·판례). 여기의 공무원에는 국회·지방의회의원뿐만 아니라 기관이나 국회 자체도 포함되며, 일시적·한정적 공무위탁도 포함됨
   • 판례

국가배상법상 공무원에 해당하는 자	국가배상법상 공무원에 해당하지 않는 자
통장, 집행관, 소집 중인 향토예비군, 미군부대 카투사, 국회의원, 헌법재판소재판관, 판사, 검사, 일정 급료를 받는 부대차량 운전업무종사자, 지방자치단체의 청원경찰, 교통할아버지, 시청 소차운전자 등	한국토지공사(현 한국토지주택공사), 의용소방대원, 시영버스운전사, 단순노무자, 정부기관에서 아르바이트하는 자, 농협의 임직원, 한국은행총재 및 그 임직원, 서울대학교병원의 의사·간호사 등

관련 판례 국가배상법상의 공무원에 해당함

지방자치단체가 관할 동장으로 하여금 '교통할아버지'를 선정하게 하여 어린이 보호, 교통안내, 거리질서 확립 등의 공무를 위탁하여 집행하게 하던 중 '교통할아버지'로 선정된 노인이 위탁받은 업무 범위를 넘어 교차로 중앙에서 교통정리를 하다가 교통사고를 발생시킨 경우, 지방자치단체가 국가배상법 제2조 소정의 배상책임을 부담한다(대판 2001. 1. 5, 98다39060).

  ㉡ 직무행위
   • 직무행위의 범위

협의설 (권력작용설)	직무는 공법상 권력작용만을 의미한다는 견해
광의설 (관리작용설)	직무에는 권력작용과 비권력적 작용(관리작용)이 포함되고 사경제작용(국가배상법이 아닌 민법이 적용됨)은 제외된다는 견해(다수설·판례)
최광의설 (국고작용설)	직무에는 권력작용·비권력적 작용 및 사경제작용이 모두 포함된다는 견해

   • 직무행위의 내용
    – 입법·사법·행정작용을 불문하고 공행정작용은 모두 포함되며, 특히 행정작용에는 법률행위적·준법률행위적 행정행위는 물론 사실행위(행정지도 등), 부작위 등도 포함됨
    – 고유한 입법행위나 사법행위로 인한 손해에 대하여는 원칙적으로 국가배상책임을 인정하지 않음. 다만, 국회의원이나 법관의 고의·과실 내지 위법성 입증이 가능한 경우에는 국가의 배상책임이 인정된다고 함

관련 판례

한국토지공사는 이러한 법령의 위탁에 의하여 대집행을 수권받은 자로서 공무인 대집행을 실시함에 따르는 권리·의무 및 책임이 귀속되는 행정주체의 지위에 있다고 볼 것이지 지방자치단체 등의 기관으로서 국가배상법 제2조 소정의 공무원에 해당한다고 볼 것은 아니다(대판 2010. 1. 28, 2007다82950, 82967).

관련 판례

국가배상법이 정한 배상청구의 요건인 공무원의 직무에는 권력적 작용만이 아니라 행정지도와 같은 비권력적 작용도 포함되며, 단지 행정주체가 사경제주체로서 하는 활동만이 제외된다(대판 1998. 7. 10, 96다38971).

SEMI-NOTE	

관련 판례 직무행위의 내용

> 국회의원의 입법행위는 그 입법 내용이 헌법의 문언에 명백히 위배됨에도 불구하고 국회가 굳이 당해 입법을 한 것과 같은 특수한 경우가 아닌 한 국가배상법 제2조 제1항 소정의 위법행위에 해당한다고 볼 수 없고, … 국가가 일정한 사항에 관하여 헌법에 의하여 부과되는 구체적인 입법의무를 부담하고 있음에도 불구하고 그 입법에 필요한 상당한 기간이 경과하도록 고의 또는 과실로 이러한 입법의무를 이행하지 아니하는 등 극히 예외적인 사정이 인정되는 사안에 한정하여 국가배상법 소정의 배상책임이 인정될 수 있으며, 위와 같은 구체적인 입법의무 자체가 인정되지 않는 경우에는 애당초 부작위로 인한 불법행위가 성립할 여지가 없다(대판 2008. 5. 29, 2004다33469).

관련 판례

울산세관의 통관지원과에서 인사업무를 담당하면서 울산세관 공무원들의 공무원증 및 재직증명서 발급업무를 하는 공무원인 소외인이 울산세관의 다른 공무원의 공무원증 등을 위조하는 행위는 비록 그것이 실질적으로는 직무행위에 속하지 아니한다 할지라도 적어도 외관상으로는 공무원증과 재직증명서를 발급하는 행위로서 직무집행으로 보여지므로 결국 소외인의 공무원증 등 위조행위는 국가배상법 제2조 제1항 소정의 공무원이 직무를 집행함에 당하여 한 행위로 인정되고 …(대판 2005. 1. 14, 2004다26805)

- 직무집행행위 : 직무집행행위 자체뿐만 아니라 외형상으로 직무집행의 행위와 관련 있는 행위도 포함된다는 견해(외형설)가 다수설·판례의 입장임(대판 2001. 1. 5, 98다39060). 결국 통상적으로 공무원이 행하는 행위를 직무집행의 행위로 보는 것이 일반적임

ⓒ 고의 또는 과실로 인한 행위
- 의의 : 고의란 위법행위의 발생가능성을 인식하고 그 결과를 인용하는 것을 말하며, 과실이란 부주의로 인하여 위법을 초래하는 것을 말함
- 판단기준 : 고의·과실 유무의 판단기준은 공무원을 기준으로 판단하므로, 공무원에게 고의·과실이 없다면 국가는 배상책임이 없음. 다만, 공무원의 불법행위책임이 인정되는 경우에 국가는 그 공무원에 대한 선임·감독을 게을리하지 않았다 하더라도 배상책임을 진다는 점에서 민법 제756조의 사용자 배상책임의 경우와는 차이가 있음
- 과실의 객관화 : 판례는 여기서의 과실을 공무원이 직무수행에 있어 당해 직무를 담당하는 평균인이 통상 갖추어야 할 주의의무를 게을리한 것이라 봄. 또한 과실을 '담당공무원이 보통 일반의 공무원을 표준으로 하여 볼 때 객관적 주의의무를 결하여 그 행정처분이 객관적 정당성을 상실하였다고 인정될 정도'라고 하여, 공무원의 직종과 지위에 의하여 객관적으로 정해지는 객관적과실, 즉 주의의무를 게을리한 것을 말한다고 봄

관련 판례 과실의 객관화

> 그 행정처분의 담당공무원이 보통 일반의 공무원을 표준으로 하여 볼 때 객관적 주의의무를 결하여 그 행정처분이 객관적 정당성을 상실하였다고 인정될 정도에 이른 경우에 국가배상법 제2조 소정의 국가배상책임의 요건을 충족하였다고 봄이 상당할 것이며 …(대판 2003. 12. 11, 2001다65236)

관련 판례

공무원의 직무집행상의 과실이라 함은 공무원이 그 직무를 수행함에 있어 당해직무를 담당하는 평균인이 보통(통상) 갖추어야 할 주의의무를 게을리한 것을 말하는 것이고 …(대판 1987. 9. 22, 87다카1164)

- 가해공무원의 특정 불요 : 공무원의 행위로 손해가 발생하면, 가해공무원이 특정되지 않더라도 국가는 배상책임을 짐
- 고의·과실의 입증책임 : 입증책임은 원칙적으로 원고인 피해자 측에 있지만, 피해가 공무원의 직무수행에 의한 손해임을 입증하면 공무원의 과실이 있는 것으로 추정됨

| 관련 판례 | 공무원의 법령해석상의 잘못과 과실 인정 여부 |

법령에 대한 해석이 복잡·미묘하여 워낙 어렵고, 이에 대한 학설, 판례조차 귀일되어 있지 않는 등의 특별한 사정이 없는 한 일반적으로 공무원이 관계 법규를 알지 못하거나 필요한 지식을 갖추지 못하고 법규의 해석을 그르쳐 행정처분을 하였다면 그가 법률전문가가 아닌 행정직 공무원이라고 하여 과실이 없다고는 할 수 없다(대판 2001. 2. 9. 98다52988).

ㄹ) 법령위반(위법성)
- 의의 : 법령위반이란 위법성을 의미하는데 그것은 엄격한 의미의 법령(헌법·법률·법규명령·자치법규)위반은 물론 법의 일반원칙의 위반도 포함함

| 관련 판례 | 법령위반 |

국가배상책임에 있어 공무원의 가해행위는 법령을 위반한 것이어야 하고, 법령을 위반하였다 함은 엄격한 의미의 법령 위반뿐 아니라 인권존중, 권력남용금지, 신의성실과 같이 공무원으로서 마땅히 지켜야 할 준칙이나 규범을 지키지 아니하고 위반한 경우를 포함하여 널리 그 행위가 객관적인 정당성을 결여하고 있음을 뜻하는 것이므로 … 성폭력범죄의 수사를 담당하거나 수사에 관여하는 경찰관이 위와 같은 직무상 의무에 반하여 피해자의 인적사항 등을 공개 또는 누설하였다면 국가는 그로 인하여 피해자가 입은 손해를 배상하여야 한다(대판 2008. 6. 12. 2007다64365).

- 위반의 사례 : 위반이란 법령에 위배되는 것을 말하는 것으로, 그 위반형태는 작위에 의한 위반과 부작위에 의한 위반이 있음. 판례는 국민의 생명·신체·재산 등에 대하여 절박하고 중대한 위험상태가 발생하였거나 발생할 우려가 있는 경우에는 형식적 의미의 법령에 근거가 없더라도 국가나 관련 공무원에게 그러한 위험을 배제할 작위의무를 인정할 수 있다고 하였음

행정규칙의 위반	행정규칙은 원칙적으로 법규성은 부정되므로 손해배상청구를 할 수 없음(다수설·판례)
재량행위의 위반	재량행위의 위반은 부당으로 손해배상청구를 할 수 없지만, 재량권이 0으로 수축되어 그 권한의 행사(작위)만이 의무에 합당한 것으로 판단되면 그 부작위의 위법성이 인정됨. 즉 재량권행사의 일탈·남용으로 위법성이 인정된 경우 법령의 위반으로 손해배상을 청구할 수 있음
법령해석의 위반	관계 공무원이 그 직무와 관련하여 관계 법규를 알지 못하거나 법률 해석을 잘못하여 행정처분을 한 경우 법령의 위반으로 볼 수 있는가에 대해, 판례는 원칙적으로 과실책임을 인정하면서도 보통의 평균적 공무원에게 기대하기 어려운 경우라면 과실이 없다고 하여 법령의 위반을 부정하고 있음

- 국가배상법상 위법개념과 행정소송법상 위법개념

취소소송의 기판력과 국가배상소송	국가배상소송의 기판력과 취소소송
위법성이원론은 취소소송의 기판력은 국가배상소송에 영향을 미치지 않는다고 보며, 위법성일원론은 취소소송의 기판력은 국가배상소송에 영향을 미친다고 봄	국가배상청구소송은 오로지 그 청구권의 존재 여부를 대상으로 하는 것이므로 국가배상소송의 기판력은 취소소송에 영향을 미치지 않는다는 것이 지배적 견해

SEMI-NOTE

관련 판례

법령의 해석이 복잡 미묘하여 어렵고 학설, 판례가 통일되지 않을 때에 공무원이 신중을 기해 그 중 어느 한 설을 취하여 처리한 경우에는 그 해석이 결과적으로 위법한 것이었다 하더라도 국가배상법상 공무원의 과실을 인정할 수 없다(대판 1973. 10. 10. 72다2583).

관련 판례

국가배상법 제2조 제1항의 요건이 충족되어야 할 것인바, 여기서 '법령에 위반하여'라고 하는 것은 엄격하게 형식적 의미의 법령에 명시적으로 공무원의 작위의무가 규정되어 있는데도 이를 위반하는 경우만을 의미하는 것은 아니고 … (대판 2004. 6. 25. 2003다69652)

국가배상법상 위법개념과 행정소송법상 위법개념
- 위법성이원론(결과불법설) : 손해배상제도와 취소소송은 그 성질과 범위가 다르다는 견해로, 취소소송의 위법개념보다 포괄적으로 이해함
- 위법성일원론(행위위법설) : 양자를 동일한 개념으로 이해함

- 위법행위의 선결문제 : 행정행위의 위법성을 이유로 손해배상을 청구하는 경우에 그 행위의 취소나 무효확인의 판결을 받지 않고 손해배상청구를 할 수 있는지에 대해 민사법원은 선결문제로서 그 원인이 되는 행정행위의 위법성 여부를 심사할 수 있으므로 손해배상을 청구할 수 있음(다수설·판례)

ⓒ 타인에게 손해를 입혔을 것

타인	가해자인 공무원 및 그의 직무행위에 가세한 자 이외의 모든 자를 말함. 다만, 헌법 제29조 제2항과 국가배상법 제2조 제1항 단서에 규정된 군인·공무원·경찰공무원 등에 대해 이중배상청구가 금지됨
손해	피해자가 입은 모든 불이익을 의미하며, 그 손해가 재산적 손해이든 정신적 손해이든, 적극적 손해이든 소극적 손해이든 이를 구분하지 않음. 다만, 반사적 이익의 침해는 손해로 볼 수 없음
손해와 가해행위의 인과관계	가해행위와 손해의 발생은 상당인과관계가 있어야 하는데, 상당인과관계의 유무를 판단함에 있어서는 일반적인 결과발생의 개연성은 물론 직무상의 의무를 부과하는 법령 기타 행동규범의 목적이나 가해행위의 태양 및 피해의 정도 등을 종합적으로 고려하여야 함

③ 배상책임의 내용
  ㉠ 배상책임자
    - 국가와 지방자치단체 : 국가배상법 제2조 제1항 규정에 국가 또는 지방자치단체를 배상책임자로 규정하고 있으며, 지방자치단체를 제외한 공공단체는 다른 특별한 규정이 없는 한 민법 규정에 의하여 배상함
    - 비용부담자로서의 배상책임자 : 공무원의 선임·감독자(또는 영조물의 설치·관리를 맡은 자)와 봉급·급여 기타 비용부담자(또는 영조물의 설치·관리 비용을 부담하는 자)가 다른 경우 비용부담자도 손해를 배상함(국가배상법 제6조 제1항). 따라서 이 경우 양자에 대한 선택적 배상청구가 가능함(통설)
    - 기관위임사무의 손해배상책임자 : 판례에서는 기관위임사무의 경우 원칙적으로 위임자의 비용·책임으로 수행되므로 손해배상책임자는 위임자인 국가 또는 지방자치단체라 봄
    - 최종적 배상책임자 : 선임·감독자와 비용부담자가 다른 경우, 사무를 관리한 자가 책임을 져야한다는 관리자부담설(사무귀속자설)이 통설이며, 판례의 입장은 명확하지 않음
  ㉡ 기준액설 : 국가배상법 제3조 및 제3조의2의 규정은 단순한 기준규정이므로, 배상심의회의 배상금 지급기준을 정함에 있어 하나의 기준을 정한 것에 불과함(다수설·판례). 이 견해에 따르면 배상금이 규정된 금액을 초과할 수 있음
  ㉢ 손해배상청구의 주체와 시효
    - 손해배상청구자 : 공무원이 그 직무를 집행함에 대하여 고의 또는 과실로 법령에 위반하여 타인에게 손해를 가하는 경우, 손해를 입은 자는 누구든지 배상금지급을 신청할 수 있음

SEMI-NOTE

관련 판례

재산상의 손해로 인하여 받는 정신적 고통은 그로 인하여 재산상 손해의 배상만으로는 전보될 수 없을 정도의 심대한 것이라고 볼 만한 특별한 사정이 없는 한 재산상 손해배상으로써 위자(慰藉)된다(대판 1998. 7. 10, 96다38971).

관련 판례

지방자치단체의 장이 기관위임된 국가행정사무를 처리하는 경우, 그에 소요되는 경비의 실질적·궁극적 부담자는 국가라고 하더라도 당해 지방자치단체는 국가로부터 내부적으로 교부된 금원으로 사무에 필요한 경비를 대외적으로 지출하는 자이므로 이러한 경우 지방자치단체는 국가배상법 제6조 제1항 소정의 비용부담자로서 공무원의 불법행위로 인한 손해를 배상할 책임이 있다(대판 94다38137, 99다70600).

- 손해배상청구권의 제한(이중배상의 제한) : 헌법 제29조 제2항, 국가배상법 제2조 제1항 단서는 군인 등에 대한 이중배상을 배제하고 있음

제한대상자 및 요건	제한되지 않는 대상(판례)
국가배상법 제2조 제1항에서는 '군인·군무원·경찰공무원[전투경찰순경 포함(판례)] 또는 예비군대원이 전투·훈련 등 직무 집행과 관련하여 전사·순직하거나 공상을 입은 경우에 본인이나 그 유족이 다른 법령에 따라 재해보상금·유족연금·상이연금 등의 보상을 지급받을 수 있을 때'에는 이 법 및 민법에 따른 손해배상을 청구할 수 없다고 함	• 공익근무요원, 경비교도대원, 숙직 중 연탄가스를 마시고 순직한 경찰공무원은 군인 등에 해당하지 않아 이중배상청구가 금지되지 않음(대판 1997. 3. 28, 97다4036 등) • 이중배상이 제한되는 군인 등도 다른 법령의 규정에 의하여 재해보상금·유족연금·상이연금 등의 보상을 지급받을 수 없을 때에는 국가배상법에 따라 배상청구가 가능함(대판 1997. 2. 14, 96다28066)

- 손해배상청구권의 소멸시효 : 국가배상법에는 배상청구권의 소멸시효에 대한 명문규정이 없는바, 민법 제766조 규정에 의하여 손해배상청구권은 피해자나 그 법정대리인이 손해 및 그 가해자를 안 날로부터 3년, 불법행위를 한 날로부터 10년이 경과되면 시효로 소멸함

(3) 영조물의 설치·관리의 하자로 인한 손해배상

① 의의 및 성질
  ㉠ 의의(국가배상법 제5조) : 도로·하천, 그 밖의 공공의 영조물의 설치나 관리에 하자가 있기 때문에 타인에게 손해를 발생하게 하였을 때에는 국가나 지방자치단체는 그 손해를 배상하여야 함. 이 경우 제2조 제1항 단서(이중배상의 금지), 제3조(배상기준) 및 제3조의2(배상액의 공제액)의 규정을 준용함
  ㉡ 손해배상책임의 성질
    - 법적 성질 : 국가배상법 제5조의 배상책임은 민법 제758조의 공작물 배상책임과 같이 위험책임주의에 입각한 무과실책임에 해당함
    - 민법 제758조 제1항 공작물책임과의 관계 : 설치·관리의 대상에 있어 국가배상법은 민법의 공작물보다 그 범위를 확대하여 공작물에 한하지 않으며, 영조물 점유자의 면책사유를 인정하지 않는다는 점에서 차이가 있음
    - 무과실책임 : 국가나 지방자치단체가 영조물의 설치·관리에 하자가 없더라도 영조물 그 자체에 객관적 안정성이 결여되었다면 배상책임을 져야 함

② 손해배상책임의 요건
  ㉠ 공공의 영조물 : 영조물이란 공공목적에 공용되는 유체물, 즉 강학상의 공물(사실상의 관리를 하고 있는 경우도 포함)을 의미하는 것으로(대판 1995. 1. 24, 94다45302), 민법상 공작물보다는 포괄적 개념임. 따라서 인공공물과 자연공물, 동산·부동산 등도 포함함. 다만, 국·공유재산 중 일반재산(이전의 잡종재산)은 여기에서의 공공영조물에서 제외됨

SEMI-NOTE

자동차손해배상 보장법에 의한 책임
- 국가배상법 제2조 제항에 의해 국가나 지방자치단체는 자동차손해배상 보장법에 따라 손해배상의 책임이 있을 때에는 이법에 따라 그 손해를 배상하여야 한다고 함
- 무과실책임 : 자동차를 운행하는 자가 운행 도중 타인에게 손해를 끼친 경우 승객의 고의가 아닌 한 운행자의 과실 여부와는 상관없이 손해배상책임을 물음
- 국가배상책임 : 공무원이 공무를 위해 관용차를 운행한 경우, 공무원이 사적으로 관용차를 운행한 경우 모두 국가 등이 손해를 배상하여야 함
- 공무원이 자기를 위하여 운행하다 손해를 발생하였을 때에도 고의·중과실·경과실 여부를 따지지 않고 배상책임을 짐

설치·관리
- *설치* : 영조물(공물)의 설계에서 건조
- *관리* : 영조물의 건조 후의 유지·수선

| SEMI-NOTE |

관련 판례

안전성의 구비 여부를 판단함에 있어서는 … 설치·관리자가 그 영조물의 위험성에 비례하여 사회통념상 일반적으로 요구되는 정도의 방호조치의무를 다하였는지 여부를 그 기준으로 삼아야 하며 … 그 영조물의 결함이 영조물의 설치·관리자의 관리행위가 미칠 수 없는 상황 아래에 있는 경우임이 입증되는 경우라면 영조물의 설치·관리상의 하자를 인정할 수 없다(대판 2001. 7. 27, 2000다56822).

관련 판례

그 '하자' 유무는 객관적 견지에서 본 안전성의 문제이고 그 설치자의 재정사정이나 영조물의 사용목적에 의한 사정은 안전성을 요구하는 데 대한 정도 문제로서 참작사유에는 해당할지언정 안전성을 결정지을 절대적 요건에는 해당하지 아니한다(대판 1967. 2. 21, 66다1723).

ⓒ 설치나 관리의 하자 : 영조물 설치의 '하자'라 함은 영조물의 축조에 불완전한 점이 있어 이 때문에 영조물 자체가 통상 갖추어야 할 완전성을 갖추지 못한 상태에 있음을 말하는 것으로, 그 하자의 의미와 관련하여서는 견해가 나뉨

객관설	하자의 유무를 객관적으로 판단하여 사회통념상 영조물의 설치·유지·보관·수선 등에 불완전한 점이 있어 일반적으로 갖추어야 할 완전성을 결여하였음을 의미하는 것으로 보고, 그 하자발생에 고의·과실의 유무는 불문한다는 견해(통설)
주관설	하자를 관리자의 주관적 귀책사유의 존재로 보는 것으로, 공물주체의 관리와 관련하여 위험발생방지의무위반·해태를 하자로 보는 견해(의무위반설)
절충설	하자의 유무를 영조물 자체의 객관적 하자뿐만 아니라 관리자의 안전관리의무위반 또한 주관적 요소로 포함하여 하자를 이해하려는 견해
판례	종래 객관설에 입각한 판례가 주류적이었으나, 최근에는 주관설에 가까운 절충적 견해를 보이는 경향이 있음

ⓒ 타인에게 손해가 발생할 것
ⓔ 상당인과관계가 있을 것

③ 면책사유
  ㉠ 불가항력 : 객관설을 유지하면서도 예측가능성·회피가능성 결여를 면책사유로 인정함

관련 판례 불가항력

- 600년 또는 1,000년 발생빈도의 강우량에 의한 하천의 범람은 예측가능성 및 회피가능성이 없는 불가항력적인 재해로서 그 영조물의 관리청에 책임을 물을 수 없다(대판 2003. 10. 23, 2001다48057).
- 집중호우는 불가항력으로 볼 수 없음(대판 93다11678, 93다20702, 99다53247 등)

  ㉡ 재정적 사유 : 예산부족 등의 재정적 제약은 절대적 면책사유가 되지 않는다고 판시함

④ 경합문제
  ㉠ 국가배상법 제2조와 국가배상법 제5조의 경합 : 소방차의 하자와 운전자의 과실로 인하여 손해가 발생한 경우처럼 국가배상법 제2조(배상책임)와 국가배상법 제5조(공공시설 등의 하자로 인한 책임)가 경합된 경우 그 피해자는 선택적으로 배상청구를 할 수 있음(다수설·판례)
  ㉡ 제3자의 행위 및 자연력 간의 경합 : 판례는 '다른 자연적 사실이나 제3자의 행위 또는 피해자의 행위와 경합하여 손해가 발생한 경우도 설치·관리의 하자가 인정된다'고 판시함. 따라서 설치·관리의 하자와 제3자의 행위 및 자연력이 서로 경합하여 손해발생된 경우 각자 경합된 범위 안에서 행정상 손해배상책임이 있다고 보아야 함

⑤ 하자의 입증책임 : 하자의 입증책임은 원칙적으로 피해자인 원고에게 있으며, 일응추정의 법리를 적용해야 한다는 것이 지배적 견해이나, 판례는 불가항력에 대해서는 관리주체가 입증해야 한다고 함
⑥ 배상책임자
- 국가 또는 지방자치단체가 배상책임을 지며, 사무의 귀속주체에 따라서 배상책임자가 결정된다는 것은 국가배상법 제2조의 경우와 같음
- 영조물의 설치·관리자와 비용부담자가 다른 경우에는 피해자는 양자에게 선택적으로 청구할 수 있고, 이 경우 손해를 배상한 자는 내부관계에서 그 손해를 배상할 책임이 있는 자에게 구상할 수 있음(동법 제6조)

(4) 손해배상의 청구절차

① 행정절차에 의한 손해배상청구
  ㉠ 임의적 결정전치주의 : 국가배상법(제9조)에서는 번잡한 소송절차의 회피, 시간과 경비의 절약, 신속한 피해자 구제를 위해서 임의적 결정전치주의를 채택하고 있음
  ㉡ 손해배상심의회 : 합의제 행정관청
  ㉢ 심의·결정절차 : 배상신청, 배상금 지급·기각 또는 각하의 결정, 사전 지급 및 추인
  ㉣ 결정의 효력 : 배상심의회의 배상결정에 대하여 신청인이 동의하는 경우에는 배상결정이 효력을 발생함. 다만, 배상심의회의 배상결정은 행정처분에 해당되지 않으므로 행정소송의 대상이 아님(대판 1981. 2. 10, 80누317).
  ㉤ 재심신청
② 사법절차에 의한 손해배상청구 : 국가배상법을 공법으로 보는 공법설(다수설)은 행정소송(공법상의 당사자소송)에 의하여 행정법원이 제1심 법원이 된다고 보는 데 비해, 국가배상법을 사법으로 보는 사법설은 민사소송에 의하여 민사법원이 제1심법원이 된다고 함. 판례는 일관되게 소송실무상 민사소송으로 다루고 있음

3. 행정상 손실보상

(1) 의의

① 개념 : 공공필요에 의한 적법한 공권력 행사로 인하여 사인에게 과하여진 특별한 희생을 공평부담의 견지에서 행정주체가 보상하는 조절적인 재산적 전보제도
② 손실보상청구권의 성질
  ㉠ 학설

공권설 (통설)	손실보상의 원인행위가 공법적인 것이므로 그 효과 역시 공법으로 보며, 그에 관한 소송은 행정소송인 당사자소송에 의한다는 견해
사권설	손실보상의 원인은 공법적이나 그 효과는 사법적인 것으로 보고, 당해 청구권 행사를 위한 소송은 민사소송에 의한다는 견해

SEMI-NOTE

국가배상법 제9조(소송과 배상신청의 관계)
이 법에 따른 손해배상의 소송은 배상심의회에 배상신청을 하지 아니하고도 제기할 수 있다.

행정상 손실보상과 손해배상의 기초원리
손실보상은 단체주의 사상에 입각한 사회적 공평부담주의에 기초하나, 손해배상은 개인주의적 사상에 입각한 도덕적 과실책임주의에 기초함

ⓒ 판례

원칙	손실보상의 원인이 공법적일지라도 손실의 내용은 사권이라는 사권설을 취함
예외	법령에 별도의 규정이 있는 경우에는 행정소송의 대상으로 봄

관련 판례 손실보상청구권의 성질

구 공익사업을 위한 토지 등의 취득 및 보상에 관한 법률 제79조 제2항은 … 위 규정들에 따른 사업폐지 등에 대한 보상청구권은 공익사업의 시행 등 적법한 공권력의 행사에 의한 재산상의 특별한 희생에 대하여 전체적인 공평부담의 견지에서 공익사업의 주체가 그 손해를 보상하여 주는 손실보상의 일종으로 공법상의 권리임이 분명하므로 그에 관한 쟁송은 민사소송이 아닌 행정소송절차에 의하여야 할 것이다(대판 2012. 10. 11, 2010다23210).

(2) 손실보상제도의 실정법적 근거

① **헌법 제23조 제3항과 불가분조항** : 헌법 제23조 제3항의 규정은 재산권의 내재적 한계를 넘어선 특별한 희생에 대하여는 보상하여야 한다는 불가분조항으로 이해됨. 따라서 보상규정을 두지 않거나 불충분한 보상규정을 둔 법률은 헌법위반이 됨

② **개별법** : 공익사업을위한토지등의취득및보상에관한법률(제61조), 국토의계획및이용에관한법률(제131조), 도시개발법, 도시및주거환경정비기본법 등

③ **법적 근거로서의 헌법 제23조 제3항** : 개별법에 손실보상청구권에 대한 명문규정이 없는 경우 헌법 제23조 제3항에 의해 손실보상을 청구할 수 있는지의 여부

방침규정설	손실보상에 관한 헌법 규정은 재산권보장의 원칙을 선언한 입법에 대한 방침규정에 지나지 않으므로, 헌법 규정을 근거로 손실보상청구를 할 수 없다는 견해
직접효력설	헌법 제23조 제3항 규정은 국민에게 직접 효력이 있는 규정으로 개인의 손실보상의 청구는 개별법에 의한 보상규정이 없더라도 가능하다는 견해
위헌무효설 (입법자에 대한 직접효력설)	헌법 제23조 제3항의 규정은 국민이 직접 손실보상청구를 할 수 있는 규정으로는 볼 수 없고 입법자를 직접 구속하는 효력이 있는 규정인바, 보상규정이 없는 법률은 위헌무효라는 견해. 따라서 그 법률에 근거한 재산권의 침해행위는 불법행위가 되므로 손해배상을 청구할 수 있음(다수설)
유추적용설 (간접효력규정설)	법률에서 공용침해 등의 재산권침해를 규정하면서 보상규정을 두지 않은 경우 국민은 헌법 제23조 제1항("모든 국민의 재산권은 보장된다")과 제11조(평등원칙)를 근거로 하면서 동시에 헌법 제23조 제3항(보상규정) 및 기타 관련 법규상의 보상규정을 유추적용하여 보상청구권을 행사할 수 있다는 견해

SEMI-NOTE

관련 판례

개정 하천법 부칙 제2조와 특별조치법 제2조, 제6조의 각 규정들을 종합하면 … 위 규정들에 의한 손실보상금의 지급을 구하거나 손실보상청구권의 확인을 구하는 소송은 행정소송법 제3조 제2호 소정의 당사자소송에 의하여야 할 것이다(대판 2006. 5. 18, 2004다6207).

이론적 근거

행정주체가 공공목적을 위하여 개인에게 특별한 희생을 가한 경우에는 정의와 공평의 견지에서 보상하여야 한다는 특별희생설이 통설과 판례의 견해임

헌법 제23조 제3항

공공필요에 의한 재산권의 수용·사용 또는 제한 및 그에 대한 보상은 법률로써 하되, 정당한 보상을 지급하여야 한다.

관련 판례

공유수면매립사업의 시행자로서는 위 구 공공용지의취득및손실보상에관한특례법시행규칙 제25조의2의 규정을 유추적용하여 위와 같은 어민들에게 손실보상을 하여 줄 의무가 있다(대판 1999. 11. 23, 98다11529).

헌법재판소	위헌무효설과 가까운 입장에서 판시한 경우도 있고, 이른바 분리이론에 입각하여 보상이 아니라 보상입법의무의 부과를 통해 위헌문제를 해결하려는 입장을 보이는 판결도 있음
대법원	직접효력설과 방침규정설을 취하다가 최근에는 위헌무효이나 유추적용설을 통해 해결하려는 경향을 보이고 있음

(3) 행정상 손실보상의 요건

① 공공필요에 의한 재산권에 대한 적법한 침해일 것
  ㉠ **공공필요** : 순수 국고목적을 위한 것은 공공필요에 해당하지 않으며, 공공필요성이 입증되면 사기업을 위해서도 수용이 이루어질 수 있음
  ㉡ **재산권**
   • 재산권은 소유권과 그 밖에 법에 의해 보호되는 모든 재산적 가치 있는 권리를 말하는 것으로, 사법상이든 공법상이든 구분하지 않음
   • 지가상승에 따른 기대이익이나 문화적·학술적 가치는 원칙적으로 손실보상의 대상이 아님
   • 적법 건축물은 손실보상 대상으로서의 재산권에 포함됨. 다만, 판례는 위법건축물의 경우 손실보상과 건축물의 적법·위법 여부는 무관하므로 원칙적으로 위법 건축물도 손실보상의 대상이 된다고 하면서도, 보상이 제한될 수 있다고 함

> **관련 판례** 위법 건축물
>
> 주거용 건물이 아닌 위법 건축물의 경우 … 그 위법의 정도가 관계 법령의 규정이나 사회통념상 용인할 수 없을 정도로 크고 객관적으로도 합법화될 가능성이 거의 없어 거래의 객체도 되지 아니하는 경우에는 예외적으로 토지수용법상의 수용보상 대상이 되지 아니한다(대판 2001. 4. 13, 2000두6411).

  ㉢ **적법한 침해**

개념	침해란 재산권을 일체 박탈하는 '수용', 일시사용을 의미하는 '사용', 개인의 사용과 수익을 한정하는 '제한'을 의미하며, 넓은 의미로는 '공용침해'라 함
침해의 유형	법률에 의한 직접적인 침해인 법률수용과 법률의 수권에 따른 행정행위에 의한 침해인 행정수용이 있는데, 법률수용은 처분법률의 성질을 가지는 바 권리보호를 위해 예외적으로 허용됨. 따라서 개인의 구체적 재산권의 박탈은 행정수용에 의하여 이루어지는 것이 일반적 현상임
침해의 성격	적법성, 침해의 의도성(직접성), 침해의 현실성

SEMI-NOTE

> **관련 판례**
>
> 문화적·학술적 가치는 특별한 사정이 없는 한 … 손실보상의 대상이 될 수 없다(대판 1989. 9. 12, 88누11216).

> **관련 판례**
>
> 손실보상은 공공필요에 의한 행정작용에 의하여 사인에게 발생한 특별한 희생에 대한 전보라는 점에서 그 사인에게 특별한 희생이 발생하여야 하는 것은 당연히 요구되는 것이고, 공유수면 매립면허의 고시가 있다고 하여 반드시 그 사업이 시행되고 그로 인하여 손실이 발생한다고 할 수 없으므로, 매립면허 고시 이후 매립공사가 실행되어 관행어업권자에게 실질적이고 현실적인 피해가 발생한 경우에만 공유수면매립법에서 정하는 손실보상청구권이 발생하였다고 할 것이다(대판 2010. 12. 9, 2007두6571).

SEMI-NOTE

공용침해에 대한 경계이론과 분리이론의 중점

사회적 제약을 벗어난 공용침해에 있어, 분리이론은 당해 침해행위의 폐지를 주장함으로써 위헌적 침해를 억제하는 데 중점을 두지만, 경계이론은 이에 대한 보상을 통한 가치의 보장에 중점을 두고 있음

관련 판례

개발제한구역 지정으로 인하여 토지를 종래의 목적으로도 사용할 수 없거나 또는 더 이상 법적으로 허용된 토지이용의 방법이 없기 때문에 실질적으로 토지의 사용·수익의 길이 없는 경우에는 토지소유자가 수인해야 하는 사회적 제약의 한계를 넘는 것으로 보아야 한다(헌재 1988. 12. 24, 89헌마214).

관련 판례

헌법 제23조 제3항에서 규정한 '정당한 보상'이란 원칙적으로 피수용재산의 객관적인 재산가치를 완전하게 보상하여야 한다는 완전보상을 뜻하는 것이지만, 공익사업의 시행으로 인한 개발이익은 완전보상의 범위에 포함되는 피수용토지의 객관적 가치 내지 피수용자의 손실이라고는 볼 수 없다(대판 2000두2426, 헌재 2000헌바31).

실력UP 공용침해와 재산권의 내용·한계설정의 구분이론

- 헌법 제23조 제1항·제2항("모든 국민의 재산권은 보장되며, 그 내용과 한계는 법률로 정한다. 또한 재산권의 행사는 공공복리에 적합하도록 하여야 한다.")과 제3항("공공필요에 의한 재산권의 수용·사용 또는 제한 및 그에 대한 보상은 법률로써 하되, 정당한 보상을 지급하여야 한다.")의 구분과 관련하여 논의되는 이론
- **경계이론** : 헌법 제23조 제1항·제2항(재산권의 내용과 한계, 사회적 제약)과 제3항(공용침해)은 분리되는 제도가 아니라, 연속선상에 있어 '재산권 내용의 규정'이 일정한 경계(사회적 제약의 한계)를 벗어나면 보상의무가 있는 '공용침해'로 전환된다는 이론. 독일의 통상재판소와 우리나라의 대법원의 입장으로, 수용유사침해론으로 연결됨
- **분리이론** : 헌법 제23조 제1항·제2항과 제3항은 연속상에 있는 것이 아니라, 입법자의 의도에 따라 분리되는 별개의 제도라는 이론. 독일의 헌법재판소와 우리나라의 헌법재판소의 입장

② 침해가 특별한 희생일 것
　㉠ **특별한 희생의 의의** : 공공필요에 의한 공용침해의 범위가 사회적 제약을 벗어나 수인할 수 없는 정도에 이른 것을 말하며, 사회적 제약을 넘는 특별한 희생인 때에 한하여 손실보상의 대상이 됨
　㉡ **사회적 제약과 특별한 희생의 구별기준** : 손실보상을 요하지 않는 사회적 제약(재산의 내재적 제약)과 손실보상을 요하는 특별한 희생에 대한 명확한 한계가 없는 바, 이 양자의 구분기준과 관련하여 여러 견해가 있음

형식적 표준설	침해받은 자의 특정 여부, 즉 침해가 일반적인 것이냐 개별적인 것이냐에 따라 사회적 제약과 특별한 희생을 구분하는 견해(개별행위설, 특별희생설)
실질적 표준설 (중대설)	사회적 제약과 특별한 희생의 구별을 침해의 중대성과 범위를 기준으로 하여 결정하여야 한다는 입장으로, 그 침해의 정도가 사회적 제약의 한계를 넘는 경우에 특별한 희생으로 봄(수인한도설, 보호가치설, 사적 효용설, 목적위배설, 사회적 제약설, 상황구속성설)
절충설 (통설)	재산권침해에 대한 손실보상의 여부는 표준설을 함께 고려하여 판단하여야 한다는 견해

③ 보상규정이 존재할 것

보상규정이 있는 경우	공익사업을위한토지등의취득및보상에관한법률, 국토의계획및이용에관한법률, 도로법, 하천법 등의 다수 법규에서 규정하고 있음
보상규정이 없는 경우	최근 판례는 위헌무효설 또는 유추적용설을 통해 해결하려는 경향이 있음

(4) 손실보상의 내용

① 손실보상의 기준(범위)
　㉠ 헌법상의 기준(법률에 의한 정당한 보상) : 완전보상설(다수설·판례)
　㉡ 공익사업을위한토지등의취득및보상에관한법률("토지보상법")

ⓒ 개발이익환수에관한법률(개발이익의 배제 및 환수)(※ 후술)
ⓔ 공용제한의 보상기준 : 공용제한(계획제한·보전제한·사업제한·공물제한·사용제한 등)의 근거법으로는 국토의계획및이용에관한법률, 도로법, 하천법, 산림보호법, 철도법 등 다수의 개별법이 있으나, 대부분의 관련법은 공용제한을 사회적 제약의 일종으로 보아 보상규정을 두고 있지 않음. 손실보상 규정을 두고 있는 법으로는 산림보호법(제10조) 등이 있음

② 손실보상의 내용
ⓐ 대인적 보상 : 피수용자가 수용목적물에 대하여 갖는 주관적 가치의 보상
ⓑ 대물적 보상(재산권보상) : 피수용자의 수용목적물에 대한 객관적 시장가치를 기준으로 하는 보상으로, 여러 국가에서 기본적인 보상제도로 채택하고 있음
  • 토지 등의 보상
    – 공시지가의 보상 : 공시지가를 기준으로 하여 보상함(제70조 제1항)
    – 사업인정 후의 취득의 경우에 제1항에 따른 공시지가는 사업인정고시일 전의 시점을 공시기준일로 하는 공시지가로서, 해당 토지에 관한 협의의 성립 또는 재결 당시 공시된 공시지가 중 그 사업인정고시일과 가장 가까운 시점에 공시된 공시지가로 함(동조 제4항)
  • 부대적 손실보상

실비변상적 보상	재산권의 상실·이전에 따른 비용을 보상하는 것을 말함. 예로는 지상물건의 이전료, 과수 등의 이식료, 잔여지공사비보상, 가축의 운송비보상 등을 들 수 있음
일실 손실보상	토지 등의 재산권 수용에 부수하거나 독립적으로 사업을 폐지·이전하는 경우에 인정되는 보상을 말하며, 여기에는 영업시설 등의 가액이나 이전에 따른 손실에 대한 보상, 근로자에 대한 휴업·실질보상 등이 있음(무허가영업에 대해서는 보상하지 않음)

법 령 공익사업을 위한 토지 등의 취득 및 보상에 관한 법률

제75조(건축물 등 물건에 대한 보상) ① 건축물·입목·공작물과 그 밖에 토지에 정착한 물건에 대하여는 이전에 필요한 비용("이전비")으로 보상하여야 한다.
④ 분묘에 대하여는 이장(移葬)에 드는 비용 등을 산정하여 보상하여야 한다

ⓒ 생활보상
  • 의의

협의의 생활보상	현재 생활기반인 당해 장소에서 현실적으로 누리고 있는 총체적 생활이익의 상실로서 재산권보상으로 메꿔지지 않은 손실에 대한 보상을 말함. 이는 전혀 새로운 생활환경에서 요구되는 총체적 금액으로서의 의미를 지님
광의의 생활보상	생활보상을 수용 전과 같은 수준으로 보장해주는 보상을 말하는 바, 적어도 개발사업의 시행·수용이 없었던 것과 같은 생활재건을 실현시켜 재산권의 존속을 보장하는 것이어야 한다고 봄

SEMI-NOTE

공용제한
공익사업이나 기타 복리행정상의 수요를 충족하기 위하여 특정한 재산권에 대해 과하는 공법상의 제한(예 그린벨트 등의 개발제한구역, 소방도로계획구역 설정, 한옥보존지구설정 등)

보상액의 가격시점 등(공익사업을 위한 토지 등의 취득 및 보상에 관한 법률 제67조)
① 보상액의 산정은 협의에 의한 경우에는 협의 성립 당시의 가격을, 재결에 의한 경우에는 수용 또는 사용의 재결 당시의 가격을 기준으로 한다.
② 보상액을 산정할 경우에 해당 공익사업으로 인하여 토지등의 가격이 변동되었을 때에는 이를 고려하지 아니한다.

권리의 보상(공익사업을 위한 토지 등의 취득 및 보상에 관한 법률 제76조)
광업권·어업권 및 물용수시설을 포함한다) 등의 사용에 관한 권리에 대하여는 투자비용, 예상수익 및 거래가격 등을 고려하여 평가한 적정가격으로 보상하여야 한다.

생활보상의 특징
생활보상은 주관적 성격이 강한 대인보상에 비해 객관적 성격이 강하며, 대물보상에 비해 보상대상이 훨씬 넓음

- 변천 : 종래의 전통적인 손실보상이론은 주로 부동산에 대한 재산권보상에 관한 것이었으나, 오늘날에 와서는 생활근거의 상실에 따른 생활재건조치의 일환인 포괄적 생활보상으로 변천해 가고 있음(대인적 보상 → 대물적 보상 → 생활보상)
- 성격 : 생활권보상의 성격과 원상회복의 성격을 지니고 있음
- 내용

주거의 총체가치의 보상	• 주거의 총체가치에 상당하는 금액을 지불하는 보상을 말하는 것으로, 이주대책사업을 예로 들 수 있음 • 사업시행자는 공익사업의 시행으로 인하여 주거용 건축물을 제공함에 따라 생활의 근거를 상실하게 되는 자(이주대책대상자)를 위하여 대통령령으로 정하는 바에 따라 이주대책을 수립·실시하거나 이주정착금을 지급하여야 함(제78조 제1항)
이전료 보상	주거용 건물의 거주자에 대하여는 주거 이전에 필요한 비용과 가재도구 등 동산의 운반에 필요한 비용을 산정하여 보상하여야 함(제78조 제5항)
영업상 손실보상	• 토지 등의 수용과 인과관계에 있는 영업상 손실에 대한 보상 • 영업을 폐지하거나 휴업함에 따른 영업손실에 대하여는 영업이익과 시설의 이전비용 등을 고려하여 보상하여야 함(제77조 제1항) • 농업의 손실에 대하여는 농지의 단위면적당 소득 등을 고려하여 실제 경작자에게 보상하여야 함(동조 제2항) • 휴직하거나 실직하는 근로자의 임금손실에 대하여는 근로기준법에 따른 평균임금 등을 고려하여 보상하여야 함(동조 제3항)
간접 손실보상	공공사업의 시행·완성 후의 시설이 간접적으로 사업지 범위 밖에 위치한 타인의 토지 등의 재산에 손실을 가하는 경우의 보상(사업손실보상)

③ 개발이익의 배제 및 환수(개발이익환수에관한법률)
  ㉠ 의의 : 개발이익이란 개발사업의 시행이나 토지이용계획의 변경, 그 밖에 사회적·경제적 요인에 따라 정상지가상승분을 초과하여 개발사업을 시행하는 자(사업시행자)나 토지소유자에게 귀속되는 토지가액의 증가분을 말함(제2조)
  ㉡ 개발이익의 배제 : 개발이익은 피수용토지의 객관적 가치나 피수용자의 손실에 해당하지 않으므로 손실보상액 산정에서 배제됨
  ㉢ 개발이익의 환수 : 공익사업대상지역 안의 토지소유자 중 토지의 피수용자가 아닌 자가 향수하게 되는 개발이익을 환수하는 것을 말함. 개발이익환수를 위해 시행되는 제도로는 개발부담금(개발이익환수에관한법률 제2조 제4호), 양도소득세제 등이 있음. 다만, 종전 토지초과이득세제는 근거법인 토지초과이득세법의 폐지(1998. 12)로 함께 폐지됨

(5) 손실보상의 방법과 절차

① 행정상 손실보상의 방법
  ㉠ 사업시행자 보상
  ㉡ 사전보상의 원칙(선급원칙)
  ㉢ 현금보상의 원칙

SEMI-NOTE

관련 판례

생활권보상은 사회복지국가원리에 바탕을 둔 종전의 생활상태를 원상으로 회복시키면서 동시에 인간다운 생활을 보장하여 주기 위한 이른바 생활보상의 일환으로 국가의 적극적이고 정책적인 배려에 의하여 마련된 제도이다(대판 1994. 5. 24, 92다35783).

개발사업(개발이익환수에관한법률 제2조 제2호)

개발사업이란 국가나 지방자치단체로부터 인가·허가·면허 등(신고를 포함함)을 받아 시행하는 택지개발사업이나 산업단지개발사업 등의 사업을 말한다.

개발이익의 환수(개발이익환수에관한법률 제3조)

시장·군수·구청장은 제5조에 따른 개발부담금 부과대상사업이 시행되는 지역에서 발생하는 개발이익을 이 법으로 정하는 바에 따라 개발부담금으로 징수하여야 한다.

② 개인별 보상의 원칙(개별급 원칙)
③ 일괄보상의 원칙

② 손실보상액의 결정(공익사업을 위한 토지 등의 취득 및 보상에 관한 법률)
- ⊙ 당사자의 협의 : 사업시행자는 토지조서 및 물건조서의 작성, 보상계획의 공고·통지 및 열람, 보상액의 산정과 토지소유자 및 관계인과의 협의절차를 거쳐야 함(제26조)
- ⓒ 재결
  - 협의가 성립되지 않거나 협의를 할 수 없을 때에는 사업시행자는 사업인정고시가 된 날부터 1년 이내에 대통령령으로 정하는 바에 따라 관할토지수용위원회에 재결을 신청할 수 있음(제28조 제1항). 다만, 재결사항 중 손실보상의 경우에는 증액재결을 할 수 있음
  - 사업인정고시가 된 후 협의가 성립되지 아니하였을 때에는 토지소유자와 관계인은 대통령령으로 정하는 바에 따라 서면으로 사업시행자에게 재결을 신청할 것을 청구할 수 있음(제30조 제1항)
- ⓒ 이의신청(제83조) : 중앙토지수용위원회의 재결에 이의가 있는 자는 중앙토지수용위원회에 이의를 신청할 수 있으며, 지방토지수용위원회의 재결에 이의가 있는 자는 해당 지방토지수용위원회를 거쳐 중앙토지수용위원회에 이의를 신청할 수 있음
- ⓔ 이의신청에 대한 재결(제84조) : 중앙토지수용위원회는 이의신청을 받은 경우 재결이 위법·부당하다고 인정할 때에는 그 재결의 전부 또는 일부를 취소하거나 보상액을 변경할 수 있음
- ⓜ 행정소송의 제기(제85조) : 사업시행자, 토지소유자 또는 관계인은 재결에 불복할 때에는 재결서를 받은 날부터 90일 이내에, 이의신청을 거쳤을 때에는 이의신청에 대한 재결서를 받은 날부터 60일 이내에 각각 행정소송을 제기할 수 있음

> **관련 판례** 행정소송의 제기
>
> 구 토지수용법 제75조의2 제2항의 규정은 제1항에 의하여 이의재결에 대하여 불복하는 행정소송을 제기하는 경우, 이것이 보상금의 증감에 관한 소송인 때에는 이의재결에서 정한 보상금이 증액 변경될 것을 전제로 하여 기업자를 상대로 보상금의 지급을 구하는 공법상의 당사자소송을 규정한 것으로 볼 것이다(대판 1991. 11. 26, 91누285).

- ⓑ 입증책임 : 입증책임은 원고에게 있음

4. 새로운 행정구제제도

(1) 수용유사적 침해

① 의의 : 공공필요에 의하여 재산권 침해의 근거규정을 두면서도 그로 인해 발생된 특별한 희생에 대한 손실보상규정의 결여로, 그 공권력 행사가 위법하게 된 경우의 공용침해(주로 공용제한)를 말함

SEMI-NOTE

환매권(공익사업을 위한 토지 등의 취득 및 보상에 관한 법률 제91조)

- 토지의 협의취득일 또는 수용의 개시일("취득일")부터 10년 이내에 취득한 토지가 필요 없게 된 경우, 토지소유자 또는 포괄승계인("환매권자")은 토지 전부 또는 일부가 필요 없게 된 때부터 1년 또는 취득일부터 10년 이내에 그 토지 보상금에 상당하는 금액을 사업시행자에게 지급하고 그 토지를 환매할 수 있다.
- 취득일부터 5년 이내에 취득한 토지의 전부를 해당 사업에 이용하지 아니하였을 때에는 제항을 준용한다. 이 경우 환매권은 취득일부터 6년 이내에 행사하여야 한다.

관련 판례

구 토지수용법 제75조의2 제2항 소정의 손실보상금 증액청구의 소에 있어서 그 이의재결에서 정한 손실보상금액보다 정당한 손실보상금액이 더 많다는 점에 대한 입증책임은 원고에게 있다고 할 것이고 …
(대판 2004. 10. 15, 2003두12226)

SEMI-NOTE

관련 판례

국군보안사령부 정보처장이 언론통폐합조치의 일환으로 사인소유의 방송사 주식을 강압적으로 국가에 증여하게 한 것은 수용유사적 침해에 해당한다고 할 수 없다(대판 1993. 10. 26, 93다6409).

수용적 침해이론의 성립 배경

수용적 침해이론은 적법한 행정작용의 비의도적·부수적 효과로 발생한 재산권의 손실을 보상하기 위해 관습법적으로 발전되어 온 희생보상제도를 근거로 하여 독일 연방사법재판소가 고안해 낸 이론

② 구별 개념
  ㉠ 수용적 침해와의 구별
    - 수용유사적 침해는 '위법(위헌이 된다는 의미의 위법)·무책'의 침해를 요건으로 하나, 수용적 침해는 '적법·무책'의 침해를 요건으로 함
    - 수용유사적 침해는 예측할 수 있는 본질적·정형적 침해이나, 수용적 침해는 예측할 수 없는 부수적·비정형적 침해임
  ㉡ 국가배상과의 구별 : 수용유사적 침해는 국가 등에 대한 헌신의 대가(공공필요에 의한 재산권침해)이나, 손해배상은 불법행위에 대한 대가임
③ 법적 근거 : 다수설은 긍정설(손실보상으로 접근하는 견해)을 취하며, 판례는 현재까지 수용유사침해 이론을 채택하지 않는 것으로 보임(이견 있음)
④ 성립요건
  ㉠ 공공필요에 의하여 재산권에 대한 공용침해(수용·사용·제한)가 있어야 함
  ㉡ 그 공용침해는 위법행위여야 함
  ㉢ 공용침해로 인하여 재산권자에게 특별한 희생이 발생하여야 함

(2) 수용적 침해

① 의의 : 공공필요에 의하여 사인의 재산권에 적법한 직접적인 침해로서 의도되지 않은 특별한 희생이 부수적 효과로 발생하는 것
② 법적 근거 및 성질(수용유사적 침해와의 비교) : 수용유사적 침해이론과 그 법적 근거가 같으나, 수용유사적 침해가 위법·무책의 공용침해에 대한 책임과 관련되는 데 비해, 수용적 침해는 적법·무책의 침해로 발생한 의도되지 않은 특별한 희생에 대한 책임(결과책임)과 관련됨
③ 법리 인정 여부 : 긍정설(다수설)과 부정설의 다툼이 있으나 판례는 이를 채택하지 않고 있는 것으로 보임
④ 성립요건 : 공공필요에 의한 재산권에 대하여 적법한 공용침해(행정작용)가 있고, 이러한 침해의 부수적 효과로 사인의 특별한 희생이 발생되어야 함

(3) 희생보상청구권

① 의의 : 공공필요에 의한 적법한 공권력 행사에 의하여 생명·건강·명예·자유와 같은 개인의 비재산적 법익에 가해진 손실에 대한 보상청구권
② 법적 근거 : 희생보상청구권의 근거가 되는 실정법이나 판례는 아직 없음. 개별법으로는 소방기본법, 산림보호법, 감염병의예방및관리에관한법률 등이 있음
③ 성립요건 : 공공필요에 의하여 행정청이 적법한 절차에 따라 행한 비재산적 권리에 대한 권력적 침해로 인하여 특별한 희생이 발생하여야 함
④ 보상 : 침해를 통한 수익자가 보상의무자가 될 것이고, 수익자가 없다면 처분청이 속한 행정주체가 보상의무자가 될 것임. 독일의 판례는 비재산적 침해에 의한 재산적 결과에 대한 보상(치료비·소송비용·양육비 등)만을 포함시키고 있음. 따라서 위자료와 같은 정신적 침해에 대한 보상청구는 제외됨

(4) 행정상 결과제거청구권

① 의의
  ㉠ 개념 : 공행정작용의 결과로서 남아 있는 위법한 사실상태로 인하여 법률상의 이익을 침해받고 있는 자가 행정주체에게 그 위법한 상태를 제거해 줄 것을 청구하는 권리. 이 청구권은 원상회복 또는 방해배제청구권이라고도 함
  ㉡ 행정상 손해배상청구권과의 구별

구분	손해배상청구권	결과제거청구권
성질	채권적 청구권	물권적 청구권의 일종(다만, 비재산권 침해의 경우에도 발생)
요건	가해자의 고의·과실 요함	위법한(권원 없는) 물권적 침해상태의 존재(고의·과실 불요)
내용	금전배상	위법한 결과의 제거를 통한 원상회복

  ㉢ 성질
   • 개인적 공권 : 결과제거청구권은 행정청의 행정작용으로 인하여 야기된 위법한 상태를 제거함을 목적으로 하는 공권이라는 입장(다수설), 결과제거청구권은 권원 없는 행정작용으로 인하여 야기된 위법침해의 상태를 제거하는 것이므로 사인 상호 간에 있어서 동일한 법률관계로 취급할 수 있다는 점에서 사권이라는 입장(판례)이 있음
   • 물권적 청구권 : 물권적 지배권이 침해된 경우에 발생하는 물권적 청구권이라는 견해도 있으나, 신체나 명예 등과 같은 비재산권이 침해된 경우에도 발생할 수 있어 물권적 청구권에 한정할 것은 아님(다수설)
   • 원상회복청구권 : 결과제거청구권은 계속되는 위법 사실상태의 제거를 통해 원상으로 회복을 구하는 청구권일 뿐임. 따라서 일종의 보상청구권이라 할 수 있으나, 본질적으로는 손해배상이나 손실보상의 청구권과 구별됨

② 성립요건
  ㉠ 행정청의 공행정작용
  ㉡ 타인의 법률상 이익의 침해
  ㉢ 침해의 위법성
  ㉣ 위법한 침해상태의 계속
  ㉤ 결과제거의 가능성·허용성·수인가능성

③ 결과제거의 내용
  ㉠ **청구권의 상대방** : 위법한 상태를 야기한 공행정작용을 행한 행정주체에 대하여 행사함
  ㉡ **청구권의 내용** : 위법하게 된 상태의 제거를 그 목적으로 하며, 위법한 상태를 제거하여 침해가 없는 원래의 상태로 또는 그와 유사한 상태로 회복하는 것을 내용으로 함

SEMI-NOTE

결과제거청구권의 필요성
행정상 손해전보제도나 행정상 쟁송제도에 의하여 권리구제가 어렵거나 권리구제의 목적을 달성할 수 없는 경우 기존의 행정구제의 보완을 위하여 결과제거청구제도가 필요함

개인적 공권
다수설은 공권으로 보나, 소송실무상은 민사소송에 의하고 있음

행정상 결과제거청구권의 법적 근거
헌법상 법치행정의 원리(제108조), 기본권 규정(제10조·제11조) 등이 있음. 민법상 관계 규정(소유권방해제거청구권 등)은 유추적용의 범위 내에서 근거가 됨. 절차법적 근거로는 행정소송법의 관련 청구소송의 이송·병합에 관한 규정(제10조), 판결의 기속력에 관한 규정(제30조 제1항), 당사자소송에 관한 규정(제4장)을 들 수 있음

성립요건
공행정작용의 결과로 위법한 사실상태가 존재하여 타인의 법률상 이익을 침해하여야 하고, 그 침해가 계속적인 상태로 존재하여야 함. 행정청이 정당한 권원 없이 사인소유지인 도로를 계속하여 사용하고 있는 경우를 예로 들 수 있음

결과제거청구의 예
개인의 토지에 시가 쓰레기를 적치한 경우나 사유지의 지하에 시가 무단으로 하수도관을 매설한 경우, 토지수용처분이 취소된 후에도 사업시행자가 그 토지를 반환하지 않는 경우 등의 제거

SEMI-NOTE

결과제거청구권의 권리보호
행정상 결과제거청구권을 공권으로 보면 행정소송의 당사자소송에 의할 것이나(다수설), 사권으로 보면 민사소송에 의함(판례)

대한민국헌법 제107조
- **제2항** : 명령 · 규칙 또는 처분이 헌법이나 법률에 위반되는 여부가 재판의 전제가 된 경우에는 대법원은 이를 최종적으로 심사할 권한을 가진다.
- **제3항** : 재판의 전심절차로서 행정심판을 할 수 있다. 행정심판의 절차는 법률로 정하되, 사법절차가 준용되어야 한다.

행정소송법 제18조
- **제1항** : 취소소송은 법령의 규정에 의하여 당해 처분에 대한 행정심판을 제기할 수 있는 경우에도 이를 거치지 아니하고 제기할 수 있다. 다만, 다른 법률에 당해 처분에 대한 행정심판의 재결을 거치지 아니하면 취소소송을 제기할 수 없다는 규정이 있는 때에는 그러하지 아니하다.

ⓒ 행정상 결과제거청구권의 한계
- 위법한 상태의 제거가 사실상 또는 법적으로 불가능한 경우, 손해배상 · 손실보상의 문제가 됨
- 원상회복에 그 비용이 지나치게 소요되거나 신의성실의 원칙에 반하는 때에는 사정재결 · 사정판결 등을 통해 해결함(다수설). 이 경우 손해배상이나 손실보상으로 대신해야 함
- 위법한 상태의 발생에 피해자의 과실도 있는 경우, 민법(제396조)상의 과실상계규정이 적용되며, 결과제거청구권은 제한됨

04절 행정쟁송

1. 개설

(1) 의의

① 행정쟁송의 개념

광의의 행정쟁송	위법 또는 부당한 행정작용으로 인한 분쟁이 있을 경우에 이해관계인의 쟁송제기에 따라 권한 있는 기관이 그 분쟁을 판정하는 절차나 작용을 말함. 여기에는 행정심판과 행정소송이 포함됨
협의의 행정쟁송	광의의 행정쟁송 중 특별기관이 그 분쟁을 판정하는 절차(작용)만을 말하며, 이는 행정심판을 의미함

② **우리나라의 행정쟁송제도** : 우리나라는 영미식 사법심사제도를 취하여 행정사건도 일반법원에서 재판하도록 함(헌법 제107조 제2항). 다만, 행정의 자기통제성과 행정사건의 특수성, 권리구제의 간이성 · 신속성 등을 고려하여 대륙법계요소를 일부 가미하고 있는데, 임의적 · 예외적 행정심판전치주의(헌법 제107조 제3항, 행정소송법 제18조 제1항)와 민사소송절차와 구별되는 행정소송절차에서의 여러 특례규정(제소기간, 재판관할, 사정재결 등) 등이 있음

③ 제도적 기능
- ㉠ 법치국가의 행정원리는 적법하고 힙목직직이어야 함. 이러한 행정원리의 구현을 위한 행정의 자기통제수단, 또는 국민의 권리구제수단으로서 행정쟁송제도가 요청되고 있음
- ㉡ 고유한 의미의 행정심판은 행정의 자기통제 기능에 중심을 두며(대륙법계), 행정소송은 권리구제에 중심을 둔다(영미법계) 할 것이나, 오늘날에는 양자 모두 권리구제의 기능에 중심을 두고 행정의 자기통제 기능은 부수적인 것이라 봄

(2) 종류

① 정식쟁송과 약식쟁송(쟁송절차에 따른 분류)

정식쟁송	분쟁의 공정한 해결을 위해 당사자로부터 독립된 제3자의 기관에 의해서 판단되고, 당사자에게 구두변론의 기회가 보장된 쟁송(행정소송)
약식쟁송	정식쟁송의 두 가지 절차요건 중 어느 하나 또는 둘 모두를 결(缺)한 쟁송(즉결심판, 행정심판)

② 실질적 쟁송과 형식적 쟁송(분쟁을 전제로 하는지 여부에 따른 분류)

실질적 쟁송	위법 또는 부당한 행정작용으로 인한 분쟁의 존재를 전제로 이를 시정하기 위한 쟁송. 이는 사후절차로 유권적 판정절차를 의미하는 것이라 할 수 있음(행정심판, 행정소송 등)
형식적 쟁송	분쟁의 존재를 전제로 하지 않고 공권력 행사를 신중·공정하게 함으로써 분쟁의 발생을 미연에 방지하는 사전절차임(행정절차 등)

③ 주관적 쟁송과 객관적 쟁송(쟁송목적에 따른 분류)

주관적 쟁송	개인의 권리와 이익 구제를 목적으로 하는 쟁송(당사자소송, 항고쟁송)
객관적 소송	공공이익의 보호를 목적으로 하는 쟁송(민중쟁송, 기관쟁송)

④ 시심적(始審的) 쟁송과 복심적(覆審的) 쟁송(쟁송단계에 따른 분류)

시심적 쟁송	법률관계의 형성 또는 존부에 관한 최초의 행정작용 그 자체가 쟁송의 형식을 거쳐 행하여지는 쟁송(토지수용의 재결신청, 당사자소송의 1심, 형식적 쟁송 등)
복심적 쟁송	이미 행하여진 행정행위의 하자를 이유로 그에 대한 재심사를 구하는 경우의 쟁송(항고심판, 항고소송 등)

⑤ 당사자쟁송과 항고쟁송(쟁송성질에 따른 분류)

당사자 쟁송	양 당사자가 대등한 지위에서 법률상 분쟁을 다투는 쟁송(손실보상청구소송, 봉급청구소송, 토지수용재결청구 등)
항고쟁송	행정청이 우월한 지위(공권력 행사)에서 행한 처분의 취소 또는 변경을 구하는 쟁송(항고심판, 항고소송 등)

⑥ 민중쟁송과 기관쟁송(주체에 따른 분류)

민중쟁송	행정법규의 위법한 적용을 시정하기 위하여 일반민중 또는 선거인등에 제소권이 부여되는 쟁송(선거소청, 선거소송, 당선소송 등)
기관쟁송	국가 또는 공공단체의 기관 상호간에 있어서 권한의 존부 또는 그 행사에 관한 쟁송(지방자치단체장이 지방의회 의결에 대해 제기하는 소송 등)

SEMI-NOTE

행정심판과 행정소송(심판기관에 따른 분류)

- **행정심판** : 행정기관에 의하여 심리·재결되는 쟁송
- **행정소송** : 법원에 의하여 심리·판결되는 쟁송

당사자쟁송과 항고쟁송

당사자쟁송이 시심적 쟁송이 되는데 비해, 항고쟁송은 처분의 존재를 존재로 하므로 언제나 복심적 쟁송이 됨

2. 행정심판

(1) 개설

① 의의
  ㉠ 실질적 의미의 행정심판 : 특정한 실정법 제도와 관계없이 이론적 측면에서 파악
    • 광의의 행정심판 : 행정기관이 재결하는 행정쟁송뿐만 아니라 행정절차도 포함됨
    • 협의의 행정심판(일반적 의미) : 행정법적 분쟁을 행정기관이 재결하는 행정쟁송. 여기에는 행정심판법과 특별법에 의한 행정심판(이의신청, 심판·심사청구)이 있음
  ㉡ 형식적 의미의 행정심판 : 행정심판법에 의한 행정심판
② 행정심판의 성질 : 보편적으로 행정심판이란 행정법적 분쟁을 행정기관이 재결하는 행정쟁송(약식쟁송) 절차라 할 수 있음. 행정심판의 재결은 권익구제의 기능도 있으나, 행정법질서를 유지 또는 형성함으로써 행정목적을 실현한다는 점에서 그 자체가 하나의 행정작용, 즉 행정행위의 성질을 지님
③ 헌법과 행정심판 : 헌법 제107조 제3항에 "재판의 전심절차로서 행정심판을 할 수 있음. 행정심판의 절차는 법률로 정하되, 사법절차가 준용되어야 한다."고 규정함
④ 유사제도와의 구별
  ㉠ 이의신청과의 구별

공통점	행정소송의 전심절차로서 행정의 자기통제수단에 해당함. 쟁송형태는 항고쟁송이며, 복심적 쟁송임
차이점	• 행정심판은 소속 행정심판위원회에 제기하는 쟁송이나, 이의신청은 그 법률에서 규정하고 있는 위법 또는 부당한 처분 등에 한하여 그 처분청에 재심사를 구하는 쟁송임 • 이의신청은 임의적 절차이며, 이의신청의 결정에 대한 불복으로 다시 행정심판을 제기할 수 있음이 원칙임. 다만, 이의신청, 심사청구 또는 심판청구의 2단계의 행정심판을 규정하는 경우도 있음(국세기본법 제62조·제66조·제69조 등)

  ㉡ 행정소송과의 구별

공통점	• 위법한 처분이나 부작위로 법률상 이익이 침해된 자가 그 행정처분의 시정 및 권익구제를 위해 제기하는 실질적 쟁송 • 일정 기간 내에 당사자의 쟁송제기에 의하여 절차가 개시됨 • 그 외에 청구의 변경, 참가인제도, 직권심리, 집행부정지의 원칙, 불이익변경금지의 원칙, 사정재결(판결) 등

SEMI-NOTE

관련 판례

입법자가 행정심판을 전심절차가 아니라 종심절차로 규정함으로써 정식재판의 기회를 배제하거나, 어떤 행정심판을 필요적 전심절차로 규정하면서도 그 절차에 사법절차가 준용되지 않는다면 이는 헌법 제107조 제3항, 나아가 재판청구권을 보장하고 있는 헌법 제27조에도 위반된다(헌재 2000. 6. 1. 98헌바8).

이의신청 관련 국세기본법 조항
• 제62조 : 심사 청구 절차
• 제66조 : 이의신청
• 제69조 : 심판 청구 절차

집행부정지원칙(행정심판법 제30조, 행정소송법 제23조)

심판청구나 취소소송의 제기로 처분의 효력이나 그 집행 또는 절차의 속행에 영향을 주지 않는 것을 말한다(집행 등이 정지되지 않는 것을 말함).

차이점	· 제도의 본질 : 행정심판은 행정통제적(감독적) 성격이 강하나, 행정소송은 법원이 심판하는 행정구제적 성격이 강함 · 쟁송의 성질 : 행정심판은 형식적 의미의 행정작용에 해당되며, 행정소송은 형식적 의미의 사법작용에 해당됨 · 쟁송의 대상(쟁송사항) : 행정심판은 행정행위의 위법 · 부당(적법성 · 합목적성)을 그 심판대상으로 하나, 행정소송은 행정행위의 위법(법률문제의 판단)만을 소송대상으로 함. 다만, 행정쟁송의 대상인 법률문제에는 재량권의 남용 · 일탈이 포함됨 · 쟁송의 판정절차 : 행정심판은 약식절차(직권주의 · 비공개주의)로 서면심리주의와 구술심리주의가 병행하여 적용되는 데 비해, 행정소송은 정식절차(당사자주의 · 공개주의)로 구두변론주의가 적용됨 · 적극적 판단 여부 : 행정심판에는 의무이행심판이 인정되나, 행정소송에는 의무이행소송이 부인되고 부작위법확인소송이 인정됨

⑤ 행정심판제도의 필요성
  ㉠ 행정의 자기통제
  ㉡ 권리구제의 기능
  ㉢ 행정능률의 보장
  ㉣ 법원의 부담경감
  ㉤ 소송상 경제성 확보

(2) 우리나라 행정심판제도

① **행정심판법의 지위** : 헌법 제107조 제3항에서 행정심판절차의 헌법상 근거를 마련하고 있는바, 이에 대한 일반법으로 규정된 법이 행정심판법임. 행정심판법은 주로 항고심판을 중심으로 하여 규율함

② **행정심판제도의 특색(행정심판법)**
  ㉠ 의무이행심판의 인정
  ㉡ 재결 및 심의기관의 일원화(행정심판위원회에서 담당)
  ㉢ 심리절차의 대심구조화 내지 준사법화
  ㉣ 소송사항의 개괄주의, 이해관계인의 심판청구
  ㉤ 임의적 경유주의의 채택
  ㉥ 불고불리 및 불이익변경금지의 원칙
  ㉦ 집행부정지의 원칙 및 임시처분제도의 도입
  ㉧ 고지제도의 채택 등을 인정

③ **행정심판제도상의 문제점**
  ㉠ 청구인적격의 엄격성 및 심판청구기간의 단기성
  ㉡ 청구인의 자료요구권의 부인
  ㉢ 집행부정지원칙의 채택
  ㉣ 사정재결의 인정

SEMI-NOTE

행정심판과 청원과의 구별
· 행정심판이 사후적 권리구제를 위한 쟁송제도라면, 청원은 국정에 대한 국민의 정치적 의사표시보장제도임
· 효력 측면에서, 행정심판의 재결은 확정력(불가쟁력 · 불가변력) 등의 효력이 발생하나, 청원의 결정은 그러한 효력이 발생하지 않음

행정심판법의 목적(제1조)
이 법은 행정심판 절차를 통하여 행정청의 위법 또는 부당한 처분이나 부작위로 침해된 국민의 권리 또는 이익을 구제하고, 아울러 행정의 적정한 운영을 꾀함을 목적으로 한다.

(3) 행정심판의 종류

① 행정심판법상의 행정심판 ★ 빈출개념

㉠ 취소심판

의의	취소심판이란 행정청의 위법 또는 부당한 처분을 취소하거나 변경하는 행정심판을 말함(제5조 제1호)
성질	유효한 처분의 효력을 취소·변경하여 그 법률관계를 소멸·변경하는 형성적 쟁송이라는 것(형성적 쟁송설)이 통설·판례의 입장임
재결	재결기관은 취소심판의 청구에 이유가 있다고 인정되면 처분을 취소 또는 다른 처분으로 변경하거나 처분을 다른 처분으로 변경할 것을 피청구인에게 명함(제43조 제3항). 다만, 심판청구가 부적법하면 그 심판청구를 각하하며, 심판청구에 이유가 없다고 인정되면 기각함(동조 제1항·제2항)
특색	청구기간의 제한(제27조), 집행부정지의 원칙(제30조), 사정재결의 인정(제44조) 등

㉡ 무효등확인심판

의의	행정청 처분의 효력 유무 또는 존재 여부를 확인하는 행정심판을 말하며(제5조 제2호), 구체적으로는 무효확인심판, 유효확인심판, 실효확인심판, 부존재확인심판, 존재확인심판 등으로 분류됨. 또한 확인의 법률상 이익이 있다면, 그 외의 다른 확인심판도 인정될 수 있음
성질	무효등확인심판은 실질적으로 확인적 쟁송이나, 형식적으로는 처분의 효력 유무 또는 존재 여부를 대상으로 하는 형성적 쟁송의 성질을 아울러 가짐(통설)
재결	행정심판위원회는 무효등확인심판의 청구가 이유가 있다고 인정되면 처분의 효력 유무 또는 존재 여부를 확인하는 재결을 함(무효 및 유효확인·실효확인·존재 및 부존재확인의 재결)(제43조 제4항)
특색	무효등확인심판은 청구기간 및 사정재결에 관한 규정이 적용되지 않음(제27조 제7항, 제44조 제3항)

㉢ 의무이행심판

의의	의무이행심판이란 당사자의 신청에 대한 행정청의 위법 또는 부당한 거부처분이나 부작위에 대하여 일정한 처분을 하도록 하는 행정심판으로(제5조 제3호), 행정청의 소극적 행위로 인한 침해로부터 국민의 권리구제를 목적으로 함
성질	의무이행심판은 피청구인이 행정청에게 일정한 처분을 하도록 명하는 재결을 구하는 행정심판이므로, 이행쟁송으로서의 성질을 가짐. 다만, 민사소송(민사소송법 제251조)에서와 같은 장래의 이행쟁송은 허용될 수 없음
재결	의무이행심판의 청구에 이유가 있다고 인정하면 지체 없이 신청에 따른 처분을 하거나(처분재결), 처분을 할 것을 피청구인에게 명함(처분명령재결)(제43조 제5항). 처분의 이행을 명하는 재결이 있으면 행정청은 지체 없이 이전의 신청(원 신청)에 대하여 재결의 취지에 따라 처분을 하여야 함(제49조 제2항)
특색	• 거부처분에 대하여는 심판제기기간의 제한이 적용되나, 부작위에 대하여는 심판제기기간의 제한이 적용되지 않음(제27조 제7항) • 의무이행심판에도 사정재결이 인정됨(제44조) • 거부처분에 대한 의무이행심판에 불복하면 거부처분취소소송을 제기할 수 있고, 부작위에 대한 의무이행심판에 불복하면 부작위위법확인소송을 제기할 수 있음(의무이행소송은 인정되지 않음)

SEMI-NOTE

행정심판의 대상(행정심판법 제3조)

- 행정청의 처분 또는 부작위에 대하여는 다른 법률에 특별한 규정이 없는 한 행정심판법에 따라 행정심판을 청구할 수 있다.
- 대통령의 처분 또는 부작위에 대하여는 다른 법률에서 행정심판을 청구할 수 있도록 정한 경우 외에는 행정심판을 청구할 수 없다(행정소송의 대상).

행정심판법 제43조

① 위원회는 심판청구가 적법하지 아니하면 그 심판청구를 각하(却下)한다.
② 위원회는 심판청구가 이유가 없다고 인정하면 그 심판청구를 기각(棄却)한다.

장래의 이행을 청구하는 소(민사소송법 제251조)

장래에 이행할 것을 청구하는 소는 미리 청구할 필요가 있어야 제기할 수 있다.

② 개별법상의 행정심판
  ㉠ 이의신청 : 위법·부당한 행정처분으로 인해 권익을 침해당한 자의 청구에 대해 당해 처분청 자신이 처분을 재심사하는 절차로, 각 개별법령에서 규정한 처분에 대하여 인정됨
  ㉡ 기타 행정심판 : 국세기본법·관세법·지방세기본법상의 심사청구와 심판청구, 특허법상의 특허심판과 항고심판, 국가공무원법·지방공무원법상의 소청심사 등
  ㉢ 개별법상의 재심절차에 대한 행정심판법의 적용 : 판례는 토지수용재결에 대한 이의신청의 재결절차에 행정심판법이 일반법으로 적용된다고 판시함
③ 당사자심판(당사자 행정심판)

의의	• 공권력 행사를 전제로 하지 않고 행정법관계의 형성 또는 존부에 관하여 분쟁이 있는 경우에, 일방당사자가 타방당사자를 상대로 하여 권한 있는 행정기관에 재결을 구하는 심판으로, 시심적 쟁송에 해당함 • 실정법상 재결·재정·판정 등의 용어로 사용되며, 그 판정을 재결이라 함
법적 근거	일반법적인 근거는 없으며, 일부 개별법령에서 규정하고 있음
재결기관	재결의 신중성 및 공정성 확보를 위해 특별한 위원회를 두어 재결하도록 하고 있음(토지수용위원회 등)
재결의 종류	확인재결과 형성재결이 있음
재결에 대한 불복	각 개별법에서 규정한 불복기간 내에 당사자소송을 제기할 수 있음

(4) 행정심판기관

① 의의 : 행정심판의 청구를 수리하여 이를 심리·재결하는 권한을 가진 행정기관
② 행정심판위원회의 설치(제6조)

해당 행정청 소속 행정심판위원회	• 감사원, 국가정보원장, 그 밖에 대통령령으로 정하는 대통령 소속 기관의 장 • 국회사무총장·법원행정처장·헌법재판소사무처장 및 중앙선거관리위원회사무총장 • 국가인권위원회, 그 밖에 지위·성격의 독립성과 특수성 등이 인정되어 대통령령으로 정하는 행정청
중앙 행정심판위원회	• 해당 행정청 소속 행정심판위원회에서 심리·재결하는 행정청을 제외한 국가행정기관의 장 또는 그 소속 행정청 • 특별시장·광역시장·특별자치시장·도지사·특별자치도지사(해당 교육감 포함) 또는 특별시·광역시·특별자치시·도·특별자치도(시·도)의 의회(의장, 위원회의 위원장, 사무처장 등 의회 소속 모든 행정청 포함) • 국가·지방자치단체·공공법인 등이 공동으로 설립한 행정청

SEMI-NOTE

실정법상 이의신청
이의신청은 실정법상 재심사청구, 재결신청 등으로 표현되고 있음

항고행정심판의 유형
취소심판, 무효등확인심판, 의무이행심판, 이의신청, 소청심사, 심사청구, 심판청구 등

관련 판례
토지수용위원회의 수용재결에 대한 이의절차는 실질적으로 행정심판의 성질을 갖는 것이므로 구 토지수용법에 특별한 규정이 있는 것을 제외하고는 행정심판법의 규정이 적용된다고 할 것이다(대판 1992. 6. 9, 92누565).

행정심판기관의 설치
종전에는 행정심판위원회와 재결청으로 구분하였으나, 2008년 행정심판법의 개정으로 이를 행정심판위원회로 일원화함. 현재의 행정심판위원회는 행정심판 청구사건을 심리·재결하기 위한 합의제 행정관청의 성격을 지니며, 이는 소청심사위원회나 중앙노동위원회, 조세심판원, 토지수용위원회 등의 성격과 유사함

SEMI-NOTE

시·도지사 소속 행정심판위원회	• 시·도 소속 행정청 • 시·도의 관할구역에 있는 시·군·자치구의 장, 소속 행정청 또는 시·군·자치구의 의회(의장, 위원회의 위원장, 사무국장, 사무과장 등 의회소속 모든 행정청 포함) • 시·도의 관할구역에 있는 둘 이상의 지방자치단체·공공법인 등이 공동으로 설립한 행정청
특별 행정심판위원회	공무원의 소청에 대한 심리·재결을 담당하는 소청심사위원회(국가공무원법 제9조, 지방공무원법 제13조), 조세심판기관인 조세심판원(국세기본법 제67조) 등

③ 행정심판위원회의 구성 등

행정심판위원회의 구성(제7조)	중앙행정심판위원회의 구성(제8조·제9조)
• 구성 : 위원장 1명 포함 50명 이내의 위원 • 위원장 : 해당 행정심판위원회가 소속된 행정청 • 직무대행 : 위원장이 사전에 지명한 위원, 지명된 공무원인 위원(2명 이상인 경우 직급 또는 직무등급, 위원 재직기간, 연장자 순서로 함)의 순서 • 회의 : 위원장과 위원장이 회의마다 지정하는 8명의 위원(위촉위원은 6명 이상으로 하되, 위원장이 공무원이 아닌 경우 5명 이상으로 함) • 의결 : 회의 구성원 과반수의 출석과 출석위원 과반수의 찬성	• 구성 : 위원장 1명 포함 70명 이내의 위원(상임위원은 4명 이내) • 위원장 : 국민권익위원회의 부위원장 중 1명 • 직무대행 : 상임위원(재직기간이 긴 순서, 재직기간이 같은 경우 연장자 순서) • 상임위원 : 일반직 공무원으로서 중앙행정심판위원회 위원장의 제청으로 국무총리를 거쳐 대통령이 임명함. 임기는 3년, 1차에 한하여 연임 가능 • 회의 : 위원장, 상임위원 및 위원장이 회의마다 지정하는 비상임위원 포함 총 9명 • 의결 : 구성원 과반수의 출석과 출석위원 과반수의 찬성

④ 위원의 제척·기피·회피(제10조) : 위원에 대한 제척, 기피신청은 그 사유를 소명(疏明)한 문서로 하여야 함

⑤ 행정심판위원회의 권한 및 권한 승계
  ㉠ 행정심판위원회의 권한
   • 심리·재결권
   • 직접처분권 : 위원회는 피청구인이 처분을 하지 아니하는 경우에는 당사자가 신청하면 서면으로 시정을 명하고 이행하지 아니하면 직접 처분을 할 수 있음. 직접 처분 사실을 해당 행정청에 통보하여야 하며, 그 통보를 받은 행정청은 위원회가 한 처분을 자기가 한 처분으로 보아 관계 법령에 따라 관리·감독 등 필요한 조치를 하여야 함(제50조)
   • 시정조치 요청권
  ㉡ 행정심판위원회의 권한 승계(제12조)

(5) 행정심판의 당사자(청구인·피청구인) 및 관계인

① 청구인
  ㉠ 의의 : 처분 또는 부작위에 불복하여 그의 취소·변경 등을 위하여 심판청구를 제기하는 자. 행정청은 심판청구인이 될 수 없음

제척(除斥)

재판 등의 공정을 보장하기 위해, 구체적인 사건에서 사건 자체 또는 사건의 당사자와 특수한 관계를 가진 사람을 직무집행으로부터 배제하는 것

행정심판위원회의 기타 권한

청구인의 지위 승계 허가권, 피청구인 경정 결정권, 대리인선임 허가권, 심판참가 허가권, 심판참가 요구권, 청구의 변경 허가권, 집행정지 및 집행정지결정 취소권, 심판청구 보정 요구 및 직권 보정권, 자료제출·의견진술·의견서제출 요구권, 증거조사권 등

- ⓒ **청구인적격(심판청구인의 자격)** : 처분의 상대방뿐만 아니라 제3자도 행정심판을 청구할 법률상 이익이 있는 경우
- ⓒ **청구인의 지위보장**
    - 법인이 아닌 사단 또는 재단으로서 대표자나 관리인이 정하여져 있는 경우에는 그 사단이나 재단의 이름으로 심판청구를 할 수 있음(제14조)
    - 선정대표자 : 다수의 청구인이 공동으로 심판청구 시 청구인들 중 3명 이하의 선정대표자 선정 가능. 행정심판위원회도 선정을 권고 가능. 선정대표자가 선정된 때 다른 청구인들은 선정대표자를 통해서만 사건에 관한 행위가 가능(제15조)
- ⓔ **청구인의 지위승계(제16조)**

당연승계	청구인이 사망한 경우, 법인인 청구인이 합병으로 소멸하였을 경우
허가승계	심판청구의 대상과 관계되는 권리나 이익을 양수한 자는 위원회의 허가를 받아 청구인의 지위승계 가능

② **피청구인** : 행정심판의 당사자로서, 심판청구인으로부터 심판제기를 받은 행정청
- ⓐ **피청구인의 적격** : 처분을 한 행정청(의무이행심판의 경우, 신청을 받은 행정청). 다만, 심판청구의 대상과 관계되는 권한이 다른 행정청에 승계된 경우 권한을 승계한 행정청(제17조 제1항)
- ⓑ **피청구인의 경정**
    - 의의 : 피청구인을 잘못 지정한 경우 위원회는 직권으로 또는 당사자의 신청에 의해 결정으로써 피청구인을 경정할 수 있음(동조 제2항)
    - 경정결정의 효과 : 종전의 피청구인에 대한 심판청구는 취하되고, 종전의 행정심판이 청구된 때에 새로운 피청구인에 대한 행정심판이 청구된 것으로 봄(동조 제4항)
    - 권한 승계 시의 경정 : 위원회는 행정심판이 청구된 후에 심판청구의 대상과 관계되는 권한이 다른 행정청에 승계된 경우 직권으로 또는 당사자의 신청에 의해 피청구인을 경정함(동조 제5항)

③ **관계인(참가인)** : 행정심판의 결과에 대하여 이해관계가 있는 제3자 또는 행정청
- ⓐ **심판참가**
    - 행정심판의 결과에 이해관계가 있는 제3자나 행정청은 해당 심판청구에 대한 의결이 있기 전까지 위원회의 허가나 참가요구에 따라 그 사건에 대하여 심판참가를 할 수 있음(제20조·제21조)
    - 심판참가를 하려는 자는 참가의 취지와 이유를 적은 참가신청서를 위원회에 제출하여야 하며, 위원회는 허가 여부를 결정해야 함(제20조 제2항·제5항)
- ⓑ **참가인의 지위(제22조)** : 행정심판 당사자가 할 수 있는 심판절차상의 행위를 할 수 있음

SEMI-NOTE

관련 판례

행정심판청구인이 아닌 제3자라도 당해 행정심판청구를 인용하는 재결로 인하여 권리 또는 법률상 이익을 침해받게 되는 경우에는 그 재결의 취소를 구할 수 있으나, 이 경우 법률상 이익이란 당해 처분의 근거 법률에 의하여 직접 보호되는 구체적인 이익을 말하므로 … (대판 2000. 9. 8, 98두13072)

제16조 제8항

신청인은 위원회가 제5항의 지위승계를 허가하지 아니하면 결정서 정본을 받은 날부터 7일 이내에 위원회에 이의신청을 할 수 있다.

(6) 행정심판의 청구

① 심판청구의 요건

㉠ 심판청구의 대상

개괄주의	행정청의 처분 또는 부작위에 대하여 이 법에 따라 행정심판을 청구할 수 있음
제외 대상	대통령의 처분 또는 부작위, 다른 법률에서 행정심판을 청구할 수 있도록 정한 경우, 그밖에 통고처분, 검사의 불기소처분 등

㉡ 심판청구의 기간(제27조)

- 적용범위 : 행정심판청구기간의 규정은 취소심판청구에 해당됨
- 청구기간

원칙	• 행정심판은 처분이 있음을 알게 된 날부터 90일 이내(불변기간) • 행정심판은 처분이 있었던 날부터 180일 이내
예외	• 청구인이 천재지변, 전쟁, 사변(事變), 그 밖의 불가항력으로 인하여 90일 이내에 심판청구를 할 수 없었을 때에는 그 사유가 소멸한 날로부터 14일(국외에서 청구하는 경우는 30일) 이내에 행정심판 청구가능(불변기간임) • 정당한 사유가 있는 경우에는 180일이 경과한 후라도 청구 가능

- 복효적 행정행위(이중효과적 행정행위) : 제3자의 경우도 행정심판청구기간이 적용됨

관련 판례 복효적 행정행위

처분의 상대방이 아닌 제3자는 일반적으로 처분이 있는 것을 바로 알 수 있는 처지에 있지 아니하므로 처분이 있은 날로부터 180일이 경과하더라도 특별한 사유가 없는 한 구 행정심판법 제18조 제3항 단서 소정의 정당한 사유가 있는 것으로 보아 심판청구가 가능하다고 할 것이나, 그 제3자가 어떤 경로로든 행정처분이 있음을 알았거나 쉽게 알 수 있는 등 행정심판법 제18조 제1항 소정의 심판청구기간 내에 심판청구가 가능하였다는 사정이 있는 경우에는 그때로부터 90일 이내에 행정심판을 청구하여야 한다(대판 1997. 9. 12, 96누14661).

- 오고지(誤告知) · 불고지(不告知)와 청구기간

오고지	행정청이 심판청구기간을 90일 이내보다 긴 기간으로 잘못 알린 경우 그 기간에 심판청구가 있으면 그 행정심판은 규정된 기간에 청구된 것으로 봄
불고지	행정청이 심판청구 기간을 알리지 않은 경우에는 처분이 있었던 날부터 180일 이내에 취소심판이나 의무이행심판을 제기할 수 있음

㉢ 심판청구의 방식

- 서면주의(요식행위) : 심판청구는 서면(심판청구서)으로 해야 함
- 심판청구서의 제출 : 심판청구서를 작성하여 피청구인이나 위원회에 제출. 이 경우 피청구인의 수만큼 심판청구서 부본을 함께 제출하여야 함
- 심판청구서 등의 접수 · 처리(제24조) : 피청구인의 심판청구 접수 및 송부

SEMI-NOTE

행정청의 처분 또는 부작위
- 행정청의 처분 : 행정청이 행하는 구체적 사실에 관한 법집행으로서의 공권력의 행사 또는 그 거부, 그 밖에 이에 준하는 행정작용
- 행정청의 부작위 : 행정청이 당사자의 신청에 대하여 상당 기간 내에 일정한 처분을 하여야 할 법률상 의무가 있는데도 처분을 하지 않는 것

부당한 처분의 쟁송대상성
행정심판의 대상에는 포함되나 행정소송의 대상에는 포함되지 않음(행정심판법 · 행정소송법 제1조)

'처분이 있음을 안 날'과 '처분이 있은 날'의 의미(판례)
'처분이 있음을 안 날(처분이 있음을 알게 된 날)'이란 처분이 있었음을 현실적으로 알게 된 날을 의미하며(대판 2002두3850), '처분이 있은 날(처분이 있었던 날)'이란 처분이 고지 등에 의하여 외부에 표시되어 그 처분의 효력이 발생한 날을 의미함(대판 77누185)

가 있으면 10일 이내에 심판청구서와 답변서를 위원회에 보내야 함. 다만, 심판청구를 취하한 경우에는 예외임
- 피청구인의 직권취소 등(청구의 인용)(제25조)
  - 피청구인은 그 심판청구가 이유 있다고 인정하면 심판청구의 취지에 따라 직권으로 처분을 취소·변경 또는 확인을 하거나 신청에 따른 처분(직권취소 등)을 할 수 있음. 이 경우 서면으로 청구인에게 알려야 함
  - 직권취소를 하였을 때에는 취하한 경우가 아니면 심판청구서·답변서를 보낼 때 직권취소 등의 사실을 증명하는 서류를 위원회에 함께 제출하여야 함

② 심판청구의 변경과 취하
  ㉠ 심판청구의 변경(제29조)

요건	청구의 기초에 변경이 없어야 하고, 심판청구가 계속되고 위원회의 재결이 있기 전이어야 하며, 위원회의 허가를 얻어야 함
사유	행정심판이 청구된 후에 새로운 처분을 하거나 심판청구의 대상인 처분을 변경한 경우에는 청구인은 새로운 처분이나 변경된 처분에 맞추어 청구의 취지나 이유를 변경할 수 있음(제2항)

  ㉡ 심판청구의 취하(제42조 제1항·제2항)

③ 심판청구의 효과
  ㉠ 집행부정지원칙

의의	행정심판청구가 제기되었더라도 그것은 당해 처분의 효력이나 그 집행 또는 절차의 속행을 정지하지 않는 것
근거	행정행위의 공정력의 결과로 보는 견해가 있으나, 입법적 견지에서 과다한 심판제기를 억제하고 행정의 신속하고 원활한 운용을 위한 것이라는 견해가 통설

  ㉡ 예외적인 집행정지
  - 의의 : 위원회는 처분, 처분의 집행 또는 절차의 속행 때문에 중대한 손해가 생기는 것을 예방할 필요성이 긴급하다고 인정할 때 처분의 효력, 처분의 집행 또는 절차의 속행의 전부 또는 일부의 정지(집행정지)를 결정할 수 있음(제30조 제2항)
  - 요건

적극적 요건	집행정지 대상인 처분이 존재하여야 하고, 그 심판청구가 계속 중이어야 하며, 중대한 손해예방의 필요가 있어야 하고, 그 필요성이 긴급해야 함
소극적 요건	집행정지가 공공복리에 중대한 영향을 미칠 우려가 없어야 함(동조 제3항)

  - 결정권자 및 결정절차 : 위원회는 당사자의 신청 또는 직권에 의해 집행정지 결정 가능
  - 집행정지결정의 취소 : 위원회는 집행정지가 공공복리에 중대한 영향을 미치거나 그 정지사유가 없어진 경우에는 직권으로 또는 당사자의 신청에 의해 집행정지결정을 취소 가능(동조 제4항)

SEMI-NOTE

심판청구의 취하(제42조 제1항·제2항)
청구인은 심판청구에 대한 의결이 있을 때까지 서면으로 심판청구를 취하할 수 있으며, 참가인은 의결이 있을 때까지 서면으로 참가신청을 취하할 수 있다.

위원회에 대한 구속
행정심판위원회는 심판청구서가 송부되거나 피청구인의 답변서가 제출된 경우 지체 없이 심리·재결하여야 함

집행정지결정의 효력
처분의 효력·처분의 집행·절차의 속행의 전부 또는 일부가 정지되며, 당사자뿐만 아니라 제3자에도 미치며, 결정주문에 규정된 시간까지 지속됨

SEMI-NOTE

임시처분의 도입취지
가구제 제도로서의 집행정지는 권익구제에 있어 소극적·현상유지적 수단에 그치며, 위법한 부작위나 처분의 경우 등에 있어 적절한 구제수단이 되지 못함. 이러한 문제를 보완·해결하기 위한 구제수단으로 도입된 것이 임시처분 제도

사법절차의 준용(헌법 제107조 제3항)
심리절차에 있어서 대심주의, 구술심리주의를 채택하고 있음

심리기관의 권한
- 보정요구 및 직권보정
- 자료의 제출요구
- 증거조사
- 절차의 병합 또는 분리
- 심리기일의 지정과 변경
- 직권심리

당사자의 절차적 권리
심판청구의 당사자는 심판을 받을 권리 이외에 위원·직원에 대한 기피신청권(제10조 제2항), 구술심리신청권(제40조 제1항), 보충서면제출권(제33조), 증거서류제출권(제34조), 증거조사신청권(제36조) 등의 권리가 법령에 규정되어 있음. 다만, 관계 자료의 열람·복사청구권은 인정하고 있지 않음

ⓒ 임시처분(제31조)

의의	위원회는 처분 또는 부작위가 위법·부당하다고 상당히 의심되는 경우로서 당사자가 받을 우려가 있는 중대한 불이익이나 당사자에게 생길 급박한 위험을 막기 위하여 임시지위를 정하여야 할 필요가 있는 경우에는 직권으로 또는 당사자의 신청에 의하여 임시처분을 결정할 수 있음(제1항)
요건	• 적극적 요건 : 심판청구가 계속되고, 처분 또는 부작위가 위법·부당하다고 상당히 의심되며, 처분 또는 부작위로 인한 중대한 불이익이나 급박한 위험을 막기 위한 필요가 있어야 하며, 공공복리에 중대한 영향을 미칠 우려가 없어야 함 • 소극적 요건(보충성) : 임시처분은 집행정지로 목적을 달성할 수 있는 경우에는 허용되지 않음(제3항)

(7) 행정심판의 심리

① 의의 : 재결의 기초가 될 분쟁대상의 사실관계 및 법률관계를 명확히 하기 위해 당사자와 관계인의 의견진술을 듣고, 그러한 주장을 정당화시켜 주는 각종의 증거, 기타 자료를 수집·조사하는 일련의 절차

② 심리의 내용과 범위

내용	• 요건심리(형식적 심리) : 행정심판의 제기요건을 갖춘 적법한 심판청구인지의 여부를 심리하는 것. 일반적으로 본안재결 전까지 요건심리가 가능함(본안심리 중에도 심판청구에 대한 요건심리가 가능함). 요건심리 결과 심판제기의 요건을 갖추지 못해 부적법한 경우 각하가 원칙이지만, 그 요건을 보정할 수 있는 경우에는 청구인에게 보정을 요구할 수 있으며 보정을 한 경우에는 처음부터 적법하게 행정심판이 청구된 것으로 봄(제32조) • 본안심리(실질적 심리) : 요건심리 결과 심판제기의 요건이 구비되어 적법한 것으로 인용한 경우 당해 심판청구의 내용에 대하여 실질적으로 행정처분의 위법·부당 여부를 심리하는 것. 그 본안심리의 결과 청구가 이유 있다면 인용재결을, 그렇지 않으면 기각재결을 함
범위	• 심판청구의 대상인 처분이나 부작위에 관하여 적법·위법의 판단(법률문제)뿐만 아니라, 재량행위에 있어서 당·부당의 판단을 포함한 사실문제에 대하여도 심리할 수 있음 • 재결의 범위에 있어 불고불리의 원칙과 불이익 변경금지의 원칙(제47조)은 심리의 범위에도 적용됨

③ 심리절차의 기본원칙

대심주의	심판청구 당사자를 대립관계로 정립하여, 분쟁당사자들이 서로 대등한 입장에서 심리를 진행하는 제도. 행정심판은 이를 채택하고 있음
직권심리주의	• 개념 : 심리의 진행을 직권으로 함과 동시에 심리에 필요한 증거조사와 당사자가 주장하지 않은 사실에 대하여 직권으로 수집·조사하는 제도 • 행정심판법에서 위원회는 필요하면 당사자가 주장하지 않은 사실에 대하여도 심리할 수 있으며(제39조), 직권으로 증거조사를 할 수도 있음(제36조 제1항)

서면심리주의와 구술심리주의	심리는 구술심리나 서면심리로 하되, 당사자가 구술심리를 신청한 경우 서면심리만으로 결정할 수 있다고 인정되는 경우 외에는 구술심리를 하여야 함(제40조 제1항)
비공개주의	비공개주의 원칙을 채택하고 있음

(8) 행정심판의 재결(裁決)

① 의의 및 성질

의의	청구에 대한 심리의 결과에 따라 행하는 행정심판위원회의 종국적 판단(의사표시)
성질	위원회의 종국적 의사표시로서 확인행위·기속행위·준사법행위의 성질을 지님. 다만, 판례는 형성적 재결(취소·변경재결)의 결과통보는 행정처분이 아니라 판시함

② 재결의 종류

㉠ 각하재결 : 청구의 제기요건에 대해 흠결 여부를 심리하는 재결. 제기요건에 흠결이 있는 부적법한 심판청구에 대해 본안심리를 거절하는 각하재결을 함

㉡ 본안재결

기각 재결	본안심리의 결과 청구가 이유 없다고 인정하여 그 심판청구를 기각하는 재결. 원 처분이 적법하고 타당함을 인정하는 재결
인용 재결	• 본안심리의 결과 심판청구가 이유 있다고 인정하여 처분 또는 부작위의 위법·부당함이 판단되어 청구인의 주장을 받아들이는 내용의 재결 • 취소·변경재결, 무효등확인재결, 의무이행재결이 있음

㉢ 사정재결(제44조)

의의	위원회는 심판청구가 이유가 있다고 인정하는 경우에도 이를 인용하는 것이 공공복리에 크게 위배된다고 인정하면 기각하는 재결을 할 수 있음
요건	• 위원회는 재결의 주문(主文)에서 그 처분 또는 부작위가 위법하거나 부당하다는 것을 구체적으로 밝혀야 함 • 공공복리의 요건을 엄격하고 제한적으로 해석해야 함
구제 방법	위원회는 사정재결을 할 경우 청구인에 대하여 상당한 구제방법을 취할 것을 피청구인에게 명할 수 있음
적용	취소심판과 의무이행심판에만 적용하며, 무효등확인심판에는 적용하지 않음

③ 재결의 기간·방식·범위 등

㉠ 재결 기간

- 피청구인이나 위원회가 심판청구서를 받은 날부터 60일 이내, 부득이한 사정이 있는 경우 위원장 직권으로 30일 연장 가능(제45조 제1항)
- 보정기간은 재결 기간에 산입하지 않음(제32조 제5항)

㉡ 재결의 범위(제47조)

- 불고불리(不告不理)의 원칙 : 심판청구의 대상이 되는 처분 또는 부작위 외의 사항에 대하여는 재결하지 못함(제1항)
- 불이익변경금지의 원칙 : 위원회는 청구의 대상이 되는 처분보다 청구인에게 불리한 재결을 하지 못함(제2항)

SEMI-NOTE

관련 판례

재결청으로부터 '공장설립변경신고 수리처분을 취소한다'는 내용의 형성적 재결을 송부 받은 처분청이 당해 처분의 상대방에게 재결결과를 통보하면서 공장설립변경신고 수리 시 발급한 확인서를 반납하도록 요구한 것은 사실의 통지에 불과하고 항고소송의 대상이 되는 새로운 행정처분이라고 볼 수 없다(대판 1997. 5. 30, 96누14678).

취소·변경재결

취소는 전부취소 또는 일부취소를 할 수 있고, 변경은 원처분에 갈음하여 새로운 처분으로 대체한다는 적극적 의미로 해석됨

사정판결에서의 법원의 권한

법원은 사정판결의 경우에 있어서 구제방법을 취하거나 명할 수 있는 권한이 없으며, 다만, 미리 원고가 입게 될 손해정도와 배상방법 등을 조사하여야 함

재결의 방식

서면(재결서)으로 하여야 하는 요식행위 (제46조 제1항)

ⓒ 재결의 송달과 효력 발생(제48조)
- 위원회는 당사자에게 재결서의 정본을, 참가인에게 재결서의 등본을 각각 송달하여야 함. 중앙행정심판위원회는 재결 결과를 소관 중앙행정기관의 장에게 알려야 함
- 제3자가 심판청구를 한 경우 위원회는 재결서의 등본을 지체 없이 피청구인을 거쳐 처분의 상대방에게 송달하여야 함
- 청구인에게 재결서의 정본 또는 등본이 송달되었을 때에 그 효력이 생김

④ **재결의 효력** ★ 빈출개념

㉠ 기속력(제49조)
- 의의 : 기속력(구속력)은 재결의 취지에 따르도록 구속하는 효력을 말함. 심판청구를 인용하는 재결은 피청구인과 기타 관계 행정청을 기속하므로(제1항), 피청구인 등은 재결의 내용을 실현하여야 할 의무를 짐. 다만, 각하재결·기각재결의 경우 인정되지 않음
- 내용
  - 반복금지의무(소극적 의무)
  - 재처분의무(적극적 의무)
  - 결과제거의무
  - 취소·변경의 공고·고시·통지의무
- 범위

주관적 범위	인용재결은 피청구인인 행정청뿐만 아니라 그 밖의 관계행정청을 기속함
객관적 범위	재결주문 및 재결이유 중 전제가 된 요건사실의 인정과 판단에만 미침

㉡ 형성력 : 재결에 따라 새로운 법률관계의 발생이나 종래의 법률관계의 변경·소멸을 가져오는 효력으로 심판청구의 당사자뿐만 아니라 제3자에게도 효력이 미침(대세적 효력)

관련 판례 재결의 형성력

행정심판 재결이 처분청에게 처분의 취소를 명하는 것이 아니라 재결청이 스스로 처분을 취소하는 것일 때에는 그 재결의 형성력에 의하여 당해 처분은 별도의 행정처분을 기다릴 것 없이 당연히 취소되어 소멸되는 것이다(대판 1998. 4. 24, 97누17131).

⑤ **재결에 대한 불복** : 재결이 있으면 그 재결 및 같은 처분 또는 부작위에 대하여 다시 행정심판을 청구할 수 없음(제51조). 원 처분의 위법을 이유로 그 원 처분의 취소·변경을 구하는 행정소송을 제기할 수 있을 뿐임

SEMI-NOTE

제49조 2항
재결에 의하여 취소되거나 무효 또는 부존재로 확인되는 처분이 당사자의 신청을 거부하는 것을 내용으로 하는 경우에는 그 처분을 한 행정청은 재결의 취지에 따라 다시 이전의 신청에 대한 처분을 하여야 한다.

관련 판례
재결의 기속력은 재결의 주문 및 그 전제가 된 요건사실의 인정과 판단, 즉 처분 등의 구체적 위법사유에 관한 판단에만 미친다고 할 것이고 … 종전 처분 시와는 다른 사유를 들어서 처분을 하는 것은 기속력에 저촉되지 않는다(대판 2005. 12. 9, 2003두7705).

(9) 고지제도

① 의의

개념	행정청이 처분의 상대방에게 해당 처분에 대하여 행정심판의 청구 가능 여부와 심판청구 절차 및 심판청구기간 등을 알리는 것
법적 성질	고지는 비권력적 사실행위로서 그 자체는 아무런 법적 효과도 발생시키지 않음. 다만, 행정심판법 제58조의 고시규정에 대해 훈시규정이라 보는 견해(훈시규정설)도 있으나, 행정심판의 청구기회를 보장하고 행정의 적정화를 위한 강행규정 또는 의무규정으로 보는 견해(강행규정설·의무규정설)가 다수의 입장임

② 종류
  ㉠ 직권에 의한 고지
  ㉡ 신청(청구)에 의한 고지
③ **고지의무위반의 효과** : 고지의무를 위반해도 처분 그 자체의 효력에는 영향이 없음

3. 행정소송

(1) 개설

① **의의** : 행정법관계에 관한 분쟁과 관련한 당사자의 소 제기에 의하여 법원이 심리·판단하는 정식쟁송절차
② **성질** : 행정소송의 대상은 행정사건에 대해 구체적·법률적 다툼에 대한 법률적 해석 및 적용을 통하여 해결하는 사법적 작용이라는 것이 지배적
③ 유사제도와의 구별
  ㉠ **민사소송과 형사소송** : 행정소송은 공법상 분쟁을 그 대상으로 하는 데 비해 민사소송은 사법상 권리관계에 관한 소송이고, 형사소송은 국가형벌권의 존부·범위에 관한 소송이라는 점에서 구별됨
  ㉡ 행정심판

구분	행정심판	행정소송
성질	행정작용, 약식쟁송	사법작용, 정식쟁송
재판기관	행정심판위원회	법원(행정법원, 고등법원, 대법원)
쟁송사항 (대상)	• 위법·부당한 처분 • 공익문제(당·부당 문제) • 법률문제(적법·위법 문제) • 사실문제	• 위법한 처분 • 공익문제는 재량권의 남용·일탈인 경우에만 대상이 됨 • 법률문제(적법·위법문제) • 사실문제
절차	구술심리·서면심리 모두 가능, 비공개원칙	구술심리주의, 공개의 원칙
재소기간	처분이 있음을 알게 된 날부터 90일, 처분이 있었던 날부터 180일 이내에 행정심판을 청구하여야 함	처분이 있음을 안 날로부터 90일(행정심판을 거친 경우 재결서정본을 송달받은 날로부터 90일), 처분이 있은 날로부터 1년 이내에 제기해야 함

SEMI-NOTE

고지의 필요성
행정불복절차 등 행정심판의 청구기회를 보장하고 행정처분에 신중을 기하게 함으로써 행정의 적정화를 도모

행정심판의 고지내용(제58조 제1항)
• 해당 처분에 대한 행정심판 청구가능 여부
• 행정심판을 청구하는 경우의 심판청구 절차 및 심판청구 기간

관련 판례
고지절차에 관한 규정은 행정처분의 상대방이 그 처분에 대한 행정심판의 절차를 밟는 데 있어 편의를 제공하려는 데 있으며 처분청이 고지의무를 이행하지 아니하였다고 하더라도 경우에 따라서는 행정심판의 제기기간이 연장될 수 있는 것에 그치고 이로 인하여 심판의 대상이 되는 행정처분에 어떤 하자가 수반된다고 할 수 없다(대판 1987. 11. 24, 87누529).

행정심판과 행정소송의 공통점
쟁송사항의 개괄주의 채택, 사정판결과 재결, 집행부정지, 불고불리와 불이익변경금지의 원칙, 직권증거조사 등

④ 행정소송의 기능 : 권리구제의 기능, 행정통제의 기능
⑤ 우리나라의 행정소송제도(행정소송법)
  ㉠ 행정쟁송제도의 유형 : 사법심사제도를 취하고 있음
  ㉡ 법적 근거 : 헌법 제101조 제1항 및 제2항, 제107조의 규정 취지에 따라 일반법으로서 행정소송법을 두고 있음. 특별법으로는 공직선거법, 공익사업을위한토지등의취득및보상에관한법률, 특허법 등이 있음
  ㉢ 특색 : 행정소송은 정식쟁송절차에 의한 사법작용이라는 점에서 민사소송과 그 본질을 같이하여 민사소송의 여러 요소를 규정하고 있음. 동시에 행정소송은 공익실현을 위한 공권력 행사에 대한 통제를 통한 권리구제라는 특성도 있는바, 민사소송과는 다른 여러 제도를 두고 있음
  ㉣ 문제점
    • 의무이행소송의 부인(부작위위법확인소송만 인정)
    • 가구제절차의 불비(집행정지 요건의 엄격성, 가처분제도 미채택)
    • 자료제출요구제도의 미흡(행정심판기록 제출명령신청권만 인정)
    • 단체소송의 미채택 등
⑥ 행정소송의 종류
  ㉠ 내용에 의한 분류
    • 법정소송

SEMI-NOTE

권리구제와 행정통제의 관계

행정소송의 목적은 권리구제에 있으므로, 행정통제는 개인의 권리구제 범위 내에서 이루어져야 하는 것이 권력분립의 원칙에 합당할 것임

헌법재판소법 제2조(관장사항)

• 법원의 제청에 의한 법률의 위헌 여부 심판
• 탄핵의 심판
• 정당의 해산심판
• 국가기관 상호 간, 국가기관과 지방자치단체 간 및 지방자치단체 상호 간의 권한쟁의에 관한 심판
• 헌법소원에 관한 심판

한눈에 쏙~

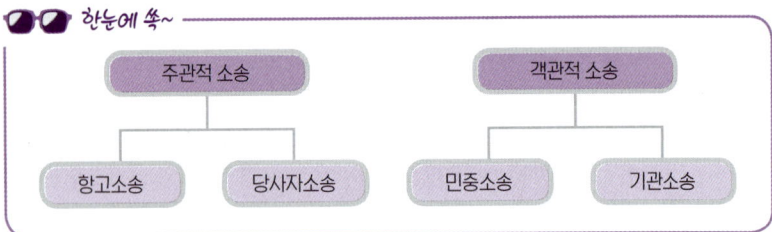

항고소송	행정청의 처분 등이나 부작위에 대하여 제기하는 소송, 즉 행정청이 우월한 지위에서 행하는 공권력의 행사·불행사를 다투는 소송. 항고소송에는 취소소송, 무효등확인소송, 부작위위법확인소송이 있음.
당사자소송	행정청의 처분 등을 원인으로 하는 법률관계에 관한 소송 그 밖에 공법상의 법률관계에 관한 소송으로서 그 법률관계의 한쪽 당사자를 피고로 하는 소송을 말함(동법 제3조 제2호). 실질적 당사자소송과 형식적 당사자소송으로 구분됨
민중소송	국가 또는 공공단체의 기관이 법률에 위반되는 행위를 한 때에 직접 자기의 법률상 이익과 관계없이 그 시정을 구하기 위하여 제기하는 소송
기관소송	국가 또는 공공단체의 기관 상호 간에 있어서의 권한의 존부 또는 그 행사에 관한 다툼이 있을 때에 이에 대하여 제기하는 소송. 다만, 헌법재판소법 제2조의 규정에 의하여 헌법재판소의 관장사항으로 되는 소송은 제외함(제3조 제4호).

- 무명항고소송(비법정항고소송)

의미	행정소송법 제4조에 명문으로 규정된 항고소송 이외의 항고소송(의무이행소송, 예방적 부작위소송 등)
판례	제4조를 열거규정으로 보아 무명항고소송을 부정하는 소극설을 취하여 항고소송 이외의 무명항고소송을 인정하지 않고 있음

ⓒ 성질에 의한 분류

형성의 소	기존의 법률관계를 변경·소멸하거나 새로운 법률관계를 발생시키는 판결을 구하는 소송으로서 항고소송 중 취소소송이 해당됨
이행의 소	이행청구권의 확정과 피고에게 이행명령을 구하는 소송으로서 의무이행소송이나 일정한 이행명령을 구하는 당사자소송이 해당됨
확인의 소	권리 또는 법률관계의 존재 또는 부존재의 확정·선언을 구하는 소송으로서 항고소송 중 무효등확인소송 및 부작위법확인소송, 공법상 법률관계의 존부확인을 구하는 당사자소송 등이 해당됨

⑦ 행정소송의 한계
  ㉠ 사법권의 본질에서 오는 한계 : 행정소송의 대상은 당사자 간 구체적인 권리·의무에 관한 다툼(구체적 사건성)으로, 법령의 해석·적용을 통해 해결할 수 있는 분쟁(법적 해결가능성)이어야 함

구체적 사건성	• 사실행위 – 행정소송 ×, 권력적 사실행위 – 행정소송 ○ • 반사적 이익 – 행정소송 × • 추상적 규범통제 – 행정소송 × • 객관적 소송 – 행정소송 ×, 개별법상 명문규정이 있는 경우 – 행정소송 ○
법 적용상의 한계	• 학문·문화적·예술적 차원의 분쟁 – 행정소송 × • 행정상 방침규정(훈시규정) – 행정소송 × • 재량행위 – 행정소송 ×, 재량권 일탈·남용의 경우 – 행정소송 ○ • 특별권력관계 – 오늘날에는 법률상 이익에 관한 분쟁이면 사법심사 가능 • 통치행위 – 사법심사가 허용되지 않으나, 그 범위는 축소되는 경향 • 기타(검사의 불기소처분, 통고처분, 행정지도, 공법상 계약 등) – 행정소송 ×

  ㉡ 권력분립에서 오는 한계 : 사법부가 행정부에 대한 적극적 이행 또는 형성, 부작위를 요구하는 판결을 함으로써 행정부의 고유한 권한을 침해할 수 없음
    • 의무이행소송 : 신청에 대해 행정청이 일정한 처분을 할 법적 의무가 있음에도 불구하고 이를 거부하거나 부작위를 한 경우, 법원에 처분을 명하는 판결을 구하는 소송. 판례는 행정청에 대해 행정상의 처분을 구하는 청구는 특별한 규정이 없는 한 행정소송의 대상이 될 수 없다고 판시함

> 관련 판례 **의무이행소송**
>
> 검사에게 압수물 환부를 이행하라는 청구는 행정청의 부작위에 대하여 일정한 처분을 하도록 하는 의무이행소송으로 현행 행정소송법상 허용되지 아니한다(대판 1995. 3. 10, 94누14018).

SEMI-NOTE

> 관련 판례
>
> 현행 행정소송법상 의무이행소송이나 의무확인소송은 인정되지 않으며, 행정심판법이 의무이행심판청구를 할 수 있도록 규정하고 있다고 하여 행정소송에서 의무이행청구를 할 수 있는 근거가 되지 못한다(대판 1992. 2. 11, 91누4126).

행정소송의 본질적 한계
행정소송 그 자체가 법률의 해석·적용에 대한 법 판단작용으로서 사법작용의 성격을 가지고 있어 권력분립의 원칙상 사법권이 미치는 한계 내에서만 이루어져야 함. 따라서 이러한 측면에서 행정소송에는 사법권의 본질에서 오는 한계와 권력분립의 원칙에서 오는 일정한 한계가 있음

> 관련 판례
>
> 행정처분의 직접 상대방이 아닌 제3자라 하더라도 당해 행정처분으로 인하여 법률상 보호되는 이익을 침해당한 경우에는 그 처분의 취소나 무효확인을 구하는 행정소송을 제기하여 그 당부의 판단을 받을 자격이 있으며, 여기에서 말하는 법률상 보호되는 이익은 당해 처분의 근거 법규 및 관련 법규에 의하여 보호되는 개별적·직접적·구체적 이익을 말한다(대판 2006. 7. 28, 2004두6716).

> 관련 판례
>
> 행정주체가 행정계획을 입안·결정함에 있어서 이익형량을 전혀 행하지 아니하거나 이익형량의 고려 대상에 마땅히 포함시켜야 할 사항을 누락한 경우 또는 이익형량을 하였으나 정당성과 객관성이 결여된 경우에는 위법하다(대판 2006. 9. 8, 2003두5426).

- 예방적 부작위소송(예방적 금지소송) : 행정청이 특정한 행정행위나 그 밖의 행정작용을 하지 않을 것을 구하는 내용의 행정소송. 판례는 소극설을 취함(대판 2006. 5. 25, 2003두11988)
- 작위의무확인소송 : 행정청에 대해 일정한 행위를 할 작위의무가 있음의 확인을 구하는 소송. 이에 대해 판례는 허용되지 않는다고 판시함

(2) 취소소송

① 개설

의의	행정청의 위법한 처분 등을 취소 또는 변경하는 소송
종류	위법한 처분과 재결(재결 자체에 고유한 위법이 있음을 이유로 함)에 대한 취소·변경의 소를 구할 수 있음. 처분취소소송과 처분변경소송·재결취소소송과 재결변경소송, 판례상 인정된 무효인 처분에 대하여 무효선언을 구하는 취소소송으로 구분
성질	주관적 소송으로, 그 법적 성질에 대해 통설과 판례는 취소소송은 위법처분으로 발생한 위법상태를 제거하고 유효한 처분 등의 효력을 소멸시킨다는 형성소송설을 취함
소송의 대상 (소송물)	통설과 판례는 '그 취소원인이 되는 위법성 일반'이라 하여(대판 89누5386) 행정행위의 위법성 그 자체를 소송대상으로 봄

② 취소소송의 재판관할

심급관할	지방법원급인 행정법원을 제1심법원으로 하며, 그 항소심을 고등법원, 상고심을 대법원이 담당하는 3심제를 채택하고 있음
사물관할	심판권은 판사 3인으로 구성된 합의부에서 함. 다만, 단독판사가 심판할 것으로 행정법원 합의부가 결정한 사건의 심판권은 단독판사가 행함
토지관할	• 보통관할 : 피고인 행정청의 소재지를 관할하는 행정법원이 그 관할법원임. 중앙행정기관, 중앙행정기관의 부속기관과 합의제행정기관 또는 그 장과 국가의 사무를 위임 또는 위탁받은 공공단체나 그 장에 해당하는 피고에 대하여 취소소송을 제기하는 경우에는 대법원소재지를 관할하는 행정법원에 제기할 수 있음(행정소송법 제9조 제1항, 제2항). • 특별관할 : 토지의 수용 기타 부동산 또는 특정의 장소에 관계되는 처분에 대한 취소소송은 그 부동산 또는 장소의 소재지를 관할하는 법원에 이를 제기할 수 있음(동조 제3항) • 토지관할은 전속관할이 아니고 임의관할임. 따라서 민사소송법상의 합의관할과 변론관할 등의 규정이 적용됨
관할법원에의 이송	• 법원은 소송이 그 관할에 속하지 아니함이 인정될 때에는 관할법원에 이송함. 원고의 법원은 고의 또는 중대한 과실 없이 행정소송이 심급을 달리하는 법원에 잘못 제기된 경우에도 이송함(제7조)

ⓓ 관련청구소송의 이송 및 병합
- 의의 : 행정소송법 제10조는 취소소송과 관련된 소송에 대하여 변론을 병합하거나 취소소송이 계속된 법원에 이송할 수 있도록 하고 있음. 여기서의 관련청구소송에는 처분 등과 관련되는 손해배상, 부당이득반환, 원상회복 등 청구소송, 당해 처분 등과 관련되는 취소소송이 있음

SEMI-NOTE

관련 판례

피고 국가보훈처장 등에게, 독립운동가들에 대한 서훈추천권의 행사가 적정하지 아니하였으니 … 잘못된 부분을 고쳐 다시 전시 및 배치할 의무가 있음의 확인을 구하는 청구는 작위의무확인소송으로서 항고소송의 대상이 되지 아니한다(대판 1990. 11. 23, 90누3553).

토지관할(土地管轄)
소재지를 달리하는 동종의 법원 사이에 소송사건(계속 사건)의 분담 관계를 정해 놓은 것

관련청구소송의 이송 및 병합의 취지
상호관련성이 있는 여러 청구를 하나의 절차에서 심판함으로써 심리의 중복, 재판의 모순저촉을 방지하고 신속하게 재판을 진행시키기 위한 제도임

- 관련청구소송의 이송 : 취소소송과 관련청구소송이 각각 다른 법원에 계속되는 경우에 관련청구소송이 계속된 법원이 상당하다고 인정하는 때에는 이를 취소소송이 계속된 법원으로 이송할 수 있다(제10조 제1항).
- 관련청구소송의 병합 : 취소소송에는 사실심의 변론종결 시까지 소송을 병합하거나 피고 외의 자를 상대로 한 관련청구소송을 취소소송이 계속된 법원에 병합하여 제기할 수 있다(동조 제2항).

③ 취소소송의 당사자와 참가자 ★빈출개념
  ㉠ 당사자의 의의 : 취소소송에서 이해가 대립되는 원고와 피고, 참가인을 말함. 당사자능력이란 소송 당사자가 될 수 있는 능력을 말하며, 자연인과 법인, 법인격 없는 사단·재단도 대표자 또는 관리인이 있으면 단체의 이름으로 당사자가 됨
  ㉡ 원고적격
    - 원고적격의 의의 : 취소소송에서 처분 등의 취소를 구할 법률상 이익이 있는 자(제12조)
    - 법률상 이익의 주체 : 법률상 이익이 있는 자는 자연인과 법인, 법인격 없는 사단이나 재단도 포함되며, 이중효과적 행정행위에 있어서 처분의 직접 상대방이 아닌 법률상 이익이 침해된 제3자도 포함됨(대판 2004두6716). 다만, 행정심판의 피청구인 행정청이 인용재결을 한 경우 재결의 기속력으로 인해 취소소송을 제기할 수 없음(대판 97누15432)

| 관련 판례 | 원고적격 |

제3자라 하더라도 당해 행정처분으로 인하여 법률상 보호되는 이익을 침해당한 경우에는 그 처분의 취소나 무효확인을 구하는 행정소송을 제기하여 그 당부의 판단을 받을 자격, 즉 원고적격이 있고, 여기에서 말하는 법률상 보호되는 이익은 당해 처분의 근거 법규 및 관련 법규에 의하여 보호되는 개별적·직접적·구체적 이익을 말하며, 원고적격은 소송요건의 하나이므로 사실심 변론종결 시는 물론 상고심에서도 존속하여야 하고 이를 흠결하면 부적법한 소가 된다(대판 2007. 4. 12, 2004두7924).

  - 법률상 이익의 학설

권리구제설 (권리향유회복설)	권리를 침해당한 자만이 법률상 이익을 갖는다는 견해
법률상보호이익 구제설	관계법규의 목적 또는 취지가 개인의 이익도 보호하고자 하는 경우에만 법률상 이익을 갖는다는 견해(통설·판례)
보호가치이익 구제설	법에 의해 보호되는 이익이 아니라고 하여도 그 이익의 실질적인 내용이 재판상 보호할 가치가 있다고 판단되는 경우에도 법률상 이익이 있다는 견해
적법성보장설	당해 처분이 적법성을 침해하는 것이라고 판단되면 원고적격을 인정해야 한다는 견해
판례의 입장	보호가치이익설을 따른 듯한 판례도 있지만 원칙상 법률상 보호이익설에 입각하고 있음. 다만, 판례는 범위를 점차 넓혀가는 경향이 있음

SEMI-NOTE

관련 판례

다른 업자에 대한 면허나 인·허가 등의 수익적 행정처분에 대하여 이미 같은 종류의 면허나 인·허가 등의 수익적 행정처분을 받아 영업을 하고 있는 기존의 업자는 경업자에 대하여 이루어진 면허나 인·허가 등 행정처분의 상대방이 아니어도 당해 행정처분의 취소를 구할 원고적격이 있다(대판 2006. 7. 28, 2004두6716).

관련 판례

행정소송법 제12조에서 말하는 법률상 이익이란 당해 행정처분의 근거 법률에 의하여 보호되는 직접적이고 구체적인 이익을 말하고 당해 행정처분과 관련하여 간접적이거나 사실적·경제적 이해관계를 가지는 데 불과한 경우는 여기에 포함되지 아니하나, 행정처분의 직접 상대방이 아닌 제3자라 하더라도 당해 행정처분으로 인하여 법률상 보호되는 이익을 침해당한 경우에는 취소소송을 제기하여 그 당부의 판단을 받을 자격이 있다(대판 2007. 1. 25, 2006두12289).

- 법률상 이익의 기준시점 : 법률상 이익의 유무판단의 기준시는 행정행위의 성립 시를 기준으로 하는 것이 아니라, 사실심변론종결시를 표준으로 함
- 법률상 이익의 존부판단 : 당해 법률과 관계 법률의 규정과 취지, 기본권규정도 고려하여야 한다는 것이 통설이나, 판례는 법규 또는 조리를 고려하여야 한다는 입장임
- 협의의 소익(권리보호의 필요성) : 승소판결에 의하여 원고의 권익구제가 불가능하다면 소의 이익이 인정되지 않음. 다만, 행정소송법 제12조에 근거하여 법률상 이익이 있는 한 부수적인 이익이라도 소익이 인정됨
  - 처분의 효력이 소멸한 경우

원칙	당해 처분의 취소를 통하여 회복할 법률상 이익이 없어 소익이 인정되지 않음(예 영업정지처분에 대한 취소소송계속 중 정지기간이 도과한 경우)
예외	• 법규에 가중처분이 규정되어 있는 경우 • 대통령령·부령 형식의 행정규칙에 가중처분이 규정되어 있는 경우

관련 판례 대통령령·부령 형식의 행정규칙에 가중처분이 규정되어 있는 경우

제재적 행정처분이 제재기간의 경과로 인하여 그 효과가 소멸되었으나, 부령인 시행규칙 또는 규칙의 형식으로 정한 처분기준에서 선행처분을 받은 것을 가중사유나 전제요건으로 삼아 장래의 후행처분을 하도록 정하고 있는 경우 … 규칙이 정한 바에 따라 선행처분을 받은 상대방이 그 처분의 존재로 인하여 장래에 받을 불이익, 즉 후행처분의 위험은 구체적이고 현실적인 것이므로, 상대방에게는 선행처분의 취소소송을 통하여 그 불이익을 제거할 필요가 있다[대판 2006. 6. 22, 2003두1684(전합)].

  - 처분 등이 취소되어도 원상회복이 불가능한 경우 : 원칙적으로 소의 이익이 없음. 부수적 이익이 있는 경우는 소익이 인정됨
  - 처분 후의 사정변경에 의해 이익침해가 해소된 경우 : 취소를 구할 소의 이익이 없음
- ⓒ 피고적격 : 행정소송법 제13조 제1항은 "취소소송은 다른 법률에 특별한 규정이 없는 한 그 처분 등을 행한 행정청을 피고로 한다."고 규정. 처분청이 합의제 행정청인 경우 합의제 행정청 자체가 피고가 됨. 예외사항은 다음과 같음
- 권한승계 : 처분 후 처분 등에 관계되는 권한이 다른 행정청에 승계된 때에는 이를 승계한 행정청을 피고로 함(제13조 제1항 단서)
- 기관폐지 : 처분청이나 승계한 행정청이 없게 된 때에는 그 처분 등에 관한 사무가 귀속되는 국가 또는 공공단체를 피고로 함(동조 제2항)
- 다른 법률의 규정 : 피고적격에 대해 다른 법률이 정하고 있으면 그에 따름

처분청	피고
대통령	소속장관
대법원장	법원행정처장
헌법재판소장	헌법재판소사무처장

SEMI-NOTE

관련 판례

신청에 대한 거부행위가 항고소송의 대상이 되는 행정처분에 해당하려면, 행정청의 행위를 요구할 신청권이 그 국민에게 있어야 하고, 근거 없이 한 신청을 행정청이 받아들이지 아니한 경우에는 그 거부로 인하여 신청인의 권리나 법적 이익에 어떤 영향을 주는 것이 아니므로 이를 항고소송의 대상이 되는 행정처분이라고 할 수 없다(대판 2003. 10. 23, 2002두12489).

관련 판례

건축사 … 업무정지처분을 받은 후 새로운 업무정지처분을 받음이 없이 1년이 경과하여 실제로 가중된 제재처분을 받을 우려가 없어졌다면 위 처분에서 정한 정지기간이 경과한 이상 특별한 사정이 없는 한 그 처분의 취소를 구할 법률상 이익이 없다(대판 2000. 4. 21, 98두10080).

합의제 행정청

토지수용위원회, 공정거래위원회

중앙선거관리위원회 위원장	중앙선거관리위원회사무총장
국회의장	• 공무원에 대한 징계 기타 불이익처분의 경우 : 국회규칙이 정하는 소속기관의 장 • 그 밖의 처분의 경우 : 국회사무총장

- 위임·위탁 : 현실적으로 처분을 한 수임·수탁청이 피고가 되는데(제2조 제2항), 내부위임의 경우에 처분의 명의기관이 피고가 됨
- 대리 : 원칙적으로 대리관계를 밝히고 처분을 한 경우 원 행정청이 피고가 되고, 대리관계를 밝히지 않고 자신명의로 처분한 경우에는 처분한 행정청이 피고가 됨

관련 판례 · 대리에서의 피고적격

자신의 명의로는 행정처분을 할 권한이 없는 행정청의 경우 대리관계를 밝힘이 없이 그 자신의 명의로 행정처분을 하였다면 … 처분명의자는 물론 그 상대방도 그 행정처분이 피대리 행정청을 대리하여 한 것임을 알고서 이를 받아들인 예외적인 경우에는 피대리 행정청이 피고가 되어야 한다(대판 2006. 2. 23, 2005부4).

- 지방의회와 지방자치단체장
  - 지방의회의 의장선거, 지방의회의장에 대한 불신임의결, 지방의회의원에 대한 징계의결 등에 대한 항고소송은 지방의회가 피고가 됨
  - 처분적 조례에 대한 항고소송은 조례를 공포한 지방자치단체장이 피고가 되며(대판 1996. 9. 20, 95누8003), 그 조례가 교육에 관한 것인 때에는 시·도교육감이 피고가 됨
ⓒ 피고경정(被告更正) : 피고로 지정된 자를 다른 자로 변경하는 것으로, 이는 소송진행의 효율성을 제고하기 위하여 도입된 제도
  - 원고가 피고를 잘못 지정한 경우 : 법원은 신청에 의하여 결정으로써 피고의 경정을 허가할 수 있고, 결정의 정본을 새로운 피고에게 송달하여야 함. 피고의 잘못 지정에 대한 원고의 고의·과실 유무는 불문함
  - 권한승계 등의 경우 : 법원은 당사자의 신청 또는 직권에 의하여 피고를 경정함
  - 경정허가의 효과 : 종전의 피고에 대한 소송은 취하된 것으로 보며, 경정결정이 있은 때에는 새로운 피고에 대한 소송은 처음에 소를 제기한 때에 제기된 것으로 봄
  - 경정각하 : 경정신청을 각하하는 결정에 대하여는 즉시항고할 수 있음
ⓓ 소송참가
  - 제3자의 소송참가

의의	법원은 소송에 따라 권리 또는 이익의 침해를 받을 제3자가 있는 경우에는 당사자 또는 제3자의 신청 또는 직권에 의하여 결정으로써 그 제3자를 소송에 참가시킬 수 있음(예 이중효과적 행정행위나 취소판결의 제3자적 효력이 있는 경우 등)

SEMI-NOTE

행정소송법 제2조 제2항

이 법을 적용함에 있어서 행정청에는 법령에 의하여 행정권한의 위임 또는 위탁을 받은 행정기관, 공공단체 및 그 기관 또는 사인이 포함된다.

관련 판례

원고가 피고를 잘못 지정하였다면 법원으로서는 당연히 석명권을 행사하여 원고로 하여금 피고를 경정하게 하여 소송을 진행케 하였어야 할 것임에도 불구하고 이러한 조치를 취하지 아니한 채 피고의 지정이 잘못되었다는 이유로 소를 각하한 것이 위법하다(대판 2004. 7. 8, 2002두7852).

소송참가의 의의

소송 외의 제3자가 타인 간의 소송의 결과에 따라 법률상 이익에 영향을 미치게 될 경우에 취소소송과 이해관계가 있는 제3자나 다른 행정청을 소송에 참여시키는 제도. 취소소송 이외의 항고소송, 당사자소송, 민중소송 및 기관소송에도 준용됨

요건	타인 간에 소송이 계속 진행 중이어야 하고, 소송의 결과에 따라 법률상 이해관계에 있는 자로서 법률상 이익의 침해를 받게 될 자이어야 함. 법률상 이익의 침해에는, 판결의 형성력 자체에 의해 권리·이익을 침해받는 경우뿐만 아니라 판결의 기속력에 따른 행정청의 새로운 처분에 의해 권리·이익을 침해받는 경우도 포함됨
절차	제3자의 소송참가는 신청 또는 직권에 의함. 법원이 참가결정을 하고자 할 때에는 미리 당사자 및 제3자의 의견을 들어야 함
지위	참가인은 공동소송적 보조참가인의 지위와 유사함(통설)

- 타 행정청의 소송참가

의의	법원은 당사자 또는 당해 행정청의 신청 또는 직권에 의하여 결정으로써 그 행정청을 소송에 참가시킬 수 있음
요건	타인의 소송이 계속 중이어야 하고, 참가행정청은 피고 행정청이 아닌 다른 행정청이어야 하며, 법원이 소송에 참가시킬 필요가 있다고 인정하여야 함
절차	법원은 참가결정을 하고자 할 때에는 당사자 및 당해 행정청의 의견을 들어야 함. 참가 여부의 결정에 관하여는 당사자나 참가행정청 모두 불복할 수 없음
지위	참가행정청은 보조참가인의 지위를 가짐

ⓑ 소송대리인 : 민사소송의 경우와 같이 소송대리인이 당연히 적용됨. 다만, 국가를당사자로하는소송에관한법률에 의하면 법무부장관과 행정청의 장은 소송수행자를 지정할 수도 있고, 변호사를 소송대리인으로 선임할 수도 있음

④ 취소소송의 제기 ★빈출개념

㉠ 취소소송의 대상

- 처분
  - 학설 및 판례 : 학설에는 실체법상 개념설(일원설), 쟁송법상 개념설(이원설)이 있으며, 판례는 원칙상 행정행위를 항고소송의 주된 대상으로 봄(실체법상 개념설). 다만, 예외적으로 행정행위가 아닌 권력성이 있는 행위에도 항고소송의 대상이 될 수 있는 여지를 남겨 두고 있다고 할 수 있음(대판 1993. 12. 10, 93누12619)
  - 요소

행정청	행정소송법상 행정청에는 입법·사법기관은 물론 법령에 의하여 행정권한의 위임 또는 위탁을 받은 행정기관, 공공단체 및 그 기관 또는 사인이 포함됨(제2조 제2항)
구체적 사실	관련자가 개별적이고, 규율대상이 구체적이어야 함을 의미하는바, 일반적·추상적 규율을 행하는 행정입법은 처분에 해당되지 않음. 다만, 일반처분은 불특정 다수인을 대상으로 하는 것이나, 구체적 사실을 규율하는 행위이기 때문에 처분에 해당함

SEMI-NOTE

관련 판례

항고소송의 대상이 되는 처분이라 함은 행정청의 공법상의 행위로서 특정사항에 대하여 법규에 의한 권리의 설정 또는 의무의 부담을 명하거나 기타 법률상 효과를 발생하게 하는 등 국민의 권리의무에 직접 관계가 있는 행위를 가리키는 것이고, 상대방 또는 기타 관계자들의 법률상 지위에 직접적인 법률적 변동을 일으키지 아니하는 행위 등은 항고소송의 대상이 되는 처분이 될 수 없다(대판 1997. 5. 9, 96누5933).

법집행행위	행정소송법상 처분은 법집행으로서 공권력 행사, 즉 법적 행위이어야 함
공권력행사	사법행위, 공법상 계약, 공법상 합동행위, 행정지도 등은 처분으로 볼 수 없어 취소소송의 대상이 되지 않음
공권력 행사의 거부	공권력 행사의 거부란 실정법상 간주거부도 거부처분에 포함됨. 거부의 의사표시는 행정청이 외부적으로 표시하는 것이 일반적이나, 묵시적 거부, 즉 상대방에게 그 의사표시가 직접 고시되지 않았다 하더라도 상대방이 이를 알았거나 알 수 있었을 때에 거부처분한 것으로 봄(대판 1991. 2. 12, 90누5825)
그 거부에 준하는 행정작용	개별적·추상적 규율이나 대물적 행정행위 등은 처분에 해당하나, 보류처분(유보처분)은 처분으로 볼 수 없음. 실질적으로 국민에게 계속적으로 사실상 지배력을 미치는 행정작용, 즉 형식적 행정행위에도 그 처분성을 인정할 것인가에 대해서는 견해가 대립됨

- 재결(裁決)
  - 재결의 의의 : 재결은 위법·부당한 처분으로 인하여 권리·이익을 침해당한 자가 행정기관에 대하여 시정을 구하는 행정심판법상 재결과 그 밖에 당사자심판이나 이의신청에 의한 재결도 포함함.
  - 원처분주의의 채택 : 행정소송법상 재결에 대한 취소소송은 재결 자체에 고유한 위법이 있음을 이유로 하는 경우에 한함(제19조). 원처분주의에 반하여 소송을 제기하면 기각판결을 하여야 함(대판 1994. 1. 25, 93누16901)
  - 재결소송의 사유 : 재결 자체에 주체·절차·형식 또는 내용상의 위법이 있는 경우에 한한다 할 것인바, 원 처분의 위법을 이유로 재결의 취소를 구할 수 없음
  - 재결소송의 대상인 재결 : 형성재결인 취소재결은 '그 재결 외에 그에 따른 행정청의 별도의 처분이 있지 않기 때문에 재결 자체를 쟁송대상으로 할 수밖에 없다'(대판 1997. 12. 23, 96누10911)고 판시하였고, 명령재결인 취소명령재결 또한 소의 대상으로 봄

관련 판례 재결소송의 대상인 재결

재결청이 취소심판의 청구가 이유 있다고 인정하여 처분청에게 처분의 취소를 명하면 처분청으로서는 그 재결의 취지에 따라 처분을 취소하여야 하지만, 그렇다고 하여 그 재결의 취지에 따른 취소처분이 위법할 경우 그 취소처분의 상대방이 이를 항고소송으로 다툴 수 없는 것은 아니다(대판 1993. 9. 28, 92누15093).

  - 원처분주의에 대한 예외 : 감사원법 제40조, 구 토지수용법 제75조의2 등에서 재결을 취소대상으로 규정하는 경우가 있는데, 이를 재결주의라 함. 이 경우에 해당하는 경우 모두 소의 제기가 가능하다는 것이 판례의 태도임

SEMI-NOTE

관련 판례

징계혐의자에 대한 감봉 1월의 징계처분을 견책으로 변경한 소청결정 중 그를 견책에 처한 조치는 재량권의 남용 또는 일탈로서 위법하다는 사유는 소청결정 자체에 고유한 위법을 주장하는 것으로 볼 수 없어 소청결정의 취소사유가 될 수 없다(대판 1993. 8. 24, 93누5673).

감사원법 제40조(재심의의 효력)

① 청구에 따라 재심의한 사건에 대하여는 또다시 재심의를 청구할 수 없다. 다만, 감사원이 직권으로 재심의한 것에 대하여는 재심의를 청구할 수 있다.
② 감사원의 재심의 판결에 대하여는 감사원을 당사자로 하여 행정소송을 제기할 수 있다. 다만, 그 효력을 정지하는 가처분결정은 할 수 없다.

SEMI-NOTE

처분성 인정 여부가 변경된 사례

- 지적공부소관청의 지목변경신청반려 행위가 항고소송의 대상이 되는 행정처분인지 여부 : 처분성 부정(대판 80누456, 94누4295 등) → 처분성 인정 (대판 2003두9015)
- 교원재임용거부 취지의 임용기간만료 통지가 항고소송의 대상이 되는 처분에 해당하는지 여부 : 처분성 부정(대판 96누4305) → 처분성 인정(대판 2000두7735)
- 소득금액변동통지가 행정처분에 해당하는지 여부 : 처분성 부정(대판 83누589) → 처분성 인정(대판 2002두1878)

행정소송법 제20조(제소기간)

① 취소소송은 처분 등이 있음을 안 날부터 90일 이내에 제기하여야 한다. 다만, 제18조 제1항 단서에 규정한 경우와 그 밖에 행정심판청구를 할 수 있는 경우 또는 행정청이 행정심판청구를 할 수 있다고 잘못 알린 경우에 행정심판청구가 있은 때의 기간은 재결서의 정본을 송달받은 날부터 기산한다.
② 취소소송은 처분 등이 있은 날부터 1년(제1항 단서의 경우는 재결이 있은 날부터 1년)을 경과하면 이를 제기하지 못한다. 다만, 정당한 사유가 있는 때에는 그러하지 아니하다.
③ 제1항의 규정에 의한 기간은 불변기간으로 한다.

ⓒ 처분 등의 존재의 의미 : 취소소송을 제기하기 위하여는 처분 등이 존재하여야 하므로 처분 등이 부존재하거나 무효라면 이는 취소소송의 대상으로 볼 수 없고, 단지 무효등확인소송의 대상이 될 뿐임

실력UP 처분성의 인정 여부 관련 판례

- **처분성 인정**
  - 표준지공시지가결정(대판 2008. 8. 21, 2007두13845)
  - 국가인권위원회의 성희롱결정 및 시정조치권고(대판 2005. 7. 8, 2005두487)
  - 민주화운동관련자명예회복및보상심의위원회의 보상금 등의 지급 결정[대판 2008. 4. 17, 2005두16185(전합)]
  - 국토의계획및이용에관한법률에 따른 토지거래 허가구역지정(대판 2006. 12. 22, 2006두12883)
  - 청소년유해매체물 결정 및 고시(대판 2007. 6. 14, 2004두619)
  - 국민건강보험공단의 사위 등에 의한 재심 요양급여비 환수결정처분[대판 2008. 9. 11, 2008두6981 · 6998(병합)]
  - 유역환경청장의 토지매수 거부행위(대판 2009. 9. 10, 2007두20638)
  - 친일반민족행위자재산조사위원회의 재산조사개시결정(대판 2009. 10. 15, 2009두6513)
  - 건축물에 관한 건축물대장의 직권말소행위(대판 2010. 5. 27, 2008두22655)
  - 납골시설에 관한 도시관리계획의 입안제안 반려처분(대판 2010. 7. 22, 2010두57)
  - 과세관청의 질문조사권이 행해지는 세무조사결정(대판 2011. 3. 10, 2009두23617)
  - 산업집적활성화및공장설립에관한법률에 따른 산업단지 입주계약 해지통보(대판 2011. 6. 30, 2010두23859)

- **처분성 부정**
  - 혁신도시의 최종입지 선정행위(대판 2007. 11. 15, 2007두10198)
  - 한국마사회의 기수에 대한 징계처분(대판 2008. 1. 31, 2005두8269)
  - 관할관청의 무허가건물관리대장에서의 삭제행위(대판 2009. 3. 12, 2008두11525)
  - 과세관청이 직권으로 행한 실사업자명의로의 정정행위(대판 2011. 1. 27, 2008두2200)

ⓒ 제소기간

- 의의 : 소송을 제기할 수 있는 시간적 간격. 취소소송은 일정한 제소기간 내에 제기하여야 하며 이 제소기간의 경과로 당해 행정처분은 불가쟁력을 발생함. 그러나 그것이 위법한 처분 등이 적법한 것으로 전환되는 것은 아니며, 처분청은 직권취소를 할 수 있고 하자의 승계에는 아무런 영향이 없음
- 행정소송의 제소기간
  - 있음을 안 날로부터 90일 이내
  - 있은 날로부터 1년 이내

관련 판례 정당한 사유의 범위

행정소송법 제20조 제2항 소정의 "정당한 사유"란 불확정 개념으로서 그 존부는 사안에 따라 개별적, 구체적으로 판단하여야 하나 민사소송법 제160조의 "당사자가 그 책임을 질 수 없는 사유"나 행정심판법 제18조 제2항 소정의 "천재, 지변, 전쟁, 사변 그 밖에 불가항력적인 사유"보다는 넓은 개념이라고 풀이되므로, 제소기간도과의 원인 등 여러 사정을 종합하여 지연된 제소를 허용하는 것이 사회통념상 상당하다고 할 수 있는가에 의하여 판단하여야 한다(대판 1991. 6. 28, 90누6521).

ⓔ 소장(訴狀) : 민사소송법 제249조 규정에 의한 형식을 갖춘 소장에 의하여 제기해야 함
ⓕ 행정심판전치주의 : 위법·부당한 처분 등에 대하여 법령이 행정심판을 인정하고 있는 경우에 그 행정심판을 거치는 것을 행정소송의 제기를 위한 필요적인 전심절차로 하는 제도. 행정소송법 제18조제1항에서 "취소소송은 법령의 규정에 의하여 당해 처분에 대한 행정심판을 제기할 수 있는 경우에도 이를 거치지 아니하고 제기할 수 있다."고 규정하여 임의적 전치주의를 명시하고 있음

- 요건
  - 심판청구의 적법성과 전치요건 : 행정처분의 취소를 구하는 항고소송의 전심절차인 행정심판청구가 부적법한 경우에는 행정소송 역시 전치의 요건을 충족치 못한 것이 되며, 이 점은 행정청이 그 부적법을 간과한 채 실질적 재결을 하였다 하더라도 행정심판전치의 요건을 충족치 못하였다는 것이 판례의 입장임
  - 전치요건의 충족시기 : 행정심판을 거치지 않고 소를 제기하였으나 그 뒤 사실심변론종결 전까지 행정심판전치의 요건을 갖추었다면 흠이 치유되며(대판 63누9), 또한 행정심판의 재결이 있기 전에 제기된 취소소송은 부적법하나, 소가 각하되기 전에 재결이 있으면 그 흠은 치유됨(대판 65누57).

- 필요적(예외적) 행정심판전치주의 : 행정심판전치주의가 필요적(예외적)인 경우(제18조 제1항 단서)에 해당하더라도, 이를 강행하면 국민의 권익을 침해하는 결과가 되는 경우도 있어 예외 규정을 인정할 필요가 있음

필요적 전치의 예외 근거	사유
행정심판법 제18조 제2항 ("다음의 사유가 있는 때에는 행정심판의 재결을 거치지 아니하고 취소소송을 제기할 수 있다.")	• 행정심판청구가 있은 날로부터 60일이 지나도 재결이 없는 때 • 처분의 집행 또는 절차의 속행으로 생길 중대한 손해를 예방하여야 할 긴급한 필요가 있는 때 • 법령의 규정에 의한 행정심판기관이 의결 또는 재결을 하지 못할 사유가 있는 때 • 그 밖의 정당한 사유가 있는 때
행정심판법 제18조 제3항 ("다음의 사유가 있는 때에는 행정심판을 제기함이 없이 취소소송을 제기할 수 있다.")	• 동종사건에 관하여 이미 행정심판의 기각재결이 있은 때 • 서로 내용상 관련되는 처분 또는 같은 목적을 위하여 단계적으로 진행되는 처분 중 어느 하나가 이미 행정심판의 재결을 거친 때 • 행정청이 사실심의 변론종결 후 소송의 대상인 처분을 변경하여 당해 변경된 처분에 관하여 소를 제기하는 때 • 처분을 행한 행정청이 행정심판을 거칠 필요가 없다고 잘못 알린 때

SEMI-NOTE

민사소송법 제249조(소장의 기재사항)
① 소장에는 당사자와 법정대리인, 청구의 취지와 원인을 적어야 한다.
② 소장에는 준비서면에 관한 규정을 준용한다.

행정심판전치주의의 인정 이유
통상 소송절차에 비해 간편한 절차로 시간·비용을 절약가능. 행정심판은 국민의 이익을 위한 것이고, 사전절차를 통해 원칙적으로 권리구제가 강화됨. 법원의 입장에서도 행정심판절차에서 심판청구인의 목적이 달성되거나 사실상·법률상의 쟁점이 많이 정리되어 행정소송의 부담이 경감됨

특별법상의 행정심판전치주의에 대한 특례(예외적 행정심판전치주의)
- 심사청구 또는 심판청구(국세기본법·관세법)
- 소청심사위원회에 소청심사청구(국가공무원법·지방공무원법)
- 교원소청심사위원회에 소청심사청구(교원지위향상을 위한 특별법)
- 중앙노동위원회에 재심신청(노동위원회법)
- 운전면허의 취소·정지처분의 행정심판(도로교통법)
- 사용료·수수료·분담금의 부과·징수처분에 대한 이의신청(지방자치법)
- 징발보상심의회에 재심청구(징발법)

SEMI-NOTE

행정소송법 제42조(소의 변경)
제21조의 규정은 당사자소송을 항고소송으로 변경하는 경우에 준용한다.

소의 종류변경의 의의
법원은 취소소송을 당해 처분 등에 관계되는 사무가 귀속하는 국가 또는 공공단체에 대한 당사자소송 또는 취소소송 외의 항고소송으로 변경하는 것이 상당하다고 인정할 때에는 청구의 기초에 변경이 없는 한 사실심의 변론종결 시까지 원고의 신청에 의하여 결정으로써 소의 변경을 허가할 수 있음

처분변경에 따른 소의 변경 인정이유
원고에게 과실 등이 없는 사유로 인하여 발생하는 불합리한 절차의 반복을 피하고, 신속하게 권리구제를 받도록 하기 위해서 인정됨

– 적용의 범위 : 행정심판전치주의가 적용되는 소송은 취소소송과 부작위위법확인소송임

제3자소송	행정심판전치주의가 적용됨. 다만, 행정심판을 거치지 못한 정당한 사유가 있는 경우 제기기간은 연장됨(대판 1985. 5. 9. 88누5150)
2단계 이상의 행정심판절차가 규정된 경우	행정심판전치주의는 행정의 자기통제성의 확보와 간편·신속한 권리구제를 목적으로 하는 바, 하나의 절차만 거치면 족하다는 것이 지배적 견해

ⓗ 소의 변경 : 소송의 계속 중에 원고가 종전의 청구를 새로운 청구로 변경하거나 추가시키는 것
• 소의 종류변경

인정 범위	• 취소소송을 무효등확인소송 또는 부작위위법확인소송으로 변경하거나 당사자소송으로 변경하는 경우 • 무효등확인소송을 취소소송 또는 당사자소송으로 변경하는 경우 • 부작위위법확인소송을 취소소송 또는 당사자소송으로 변경하는 경우 • 당사자소송을 당해 처분 등을 한 행정청에 항고소송으로 변경하는 경우
변경절차	원고의 신청이 있어야 하고, 소의 변경허가를 하는 경우 피고를 달리하게 될 때에는 법원은 새로이 피고로 될 자의 의견을 들어야 하며, 소의 변경으로 피고가 변경된 때에는 그 결정의 정본을 새로운 피고에게 송달하여야 함
효과	소의 변경을 허가하는 결정이 있은 때에는 새로운 피고에 대한 소송은 처음에 소를 제기한 때에 제기된 것으로 보며, 종전의 소송은 취하된 것으로 봄
불복	소의 종류변경에 대한 법원의 허가결정에 대하여는 즉시항고할 수 있음

• 처분의 변경으로 인한 소의 변경

요건	신청은 처분의 변경이 있음을 안 날로부터 60일 이내에 하여야 하며, 변경되는 청구는 제18조 제1항 단서의 규정에 의한 요건을 갖춘 것으로 봄. 따라서 재결을 거치지 않고 청구할 수 있음
인정범위	소의 변경은 취소소송과 무효등확인소송 및 당사자소송에서만 가능하며, 부작위위법확인소송은 변경될 처분이 존재하지 않음
효과	소 변경의 허가결정이 있으면 구소가 처음 제기된 때에 새로운 소가 제기되고, 동시에 구소는 취하된 것으로 봄

- 처분사유의 추가·변경

인정 여부	• 긍정설 : 처분사유의 추가·변경을 넓게 인정하는 견해 • 부정설 : 처분사유의 추가·변경을 허용하지 않는 견해 • 제한적 긍정설 : 기본적 사실관계가 동일성이 있다고 인정되는 한도 내에서만 다른 사유를 추가·변경할 수 있다는 견해(통설·판례)
시간적 한계	사실심변론종결 시까지 처분사유 추가·변경 가능(대판 2001. 10. 30, 2000두5616)

ⓐ 소 제기의 효과
- 법원에 대한 효과(주관적 효과) : 취소소송이 제기되면 당해 사건은 법원에 계속되며 법원은 당해 사건을 심리하고 판결할 구속을 받는 동시에, 당사자는 동일한 사건에 대하여 다시 소를 제기하지 못함(민사소송법 제259조)
- 처분에 대한 효과(객관적 효과) : 원칙적으로 '집행부정지의 원칙'을 채택하고 있음(행정소송법 제23조 제1항). 다만 예외적으로 집행정지결정을 할 수 있게 규정하고 있음

ⓒ 가구제 : 원고가 승소해도 집행이 종료되어 회복 불가능한 손해를 입는 것을 예방하기 위하여 일정한 요건하에서 잠정적으로 권리를 보호하기 위한 제도. 가구제에는 집행정지제도와 가처분이 있는데, 행정소송법에서는 집행정지에 대해서만 규정하고 있음

- 집행정지
  - 성질 : 집행정지는 사법작용·소극적 작용이며, 잠정적인 보전처분으로서의 성질을 가짐
  - 요건

적법한 본안소송이 계속 중일 것	집행정지는 본안에 대한 판결이 확정되기까지 잠정적인 권리보호를 위한 제도이므로, 본안소송의 계속을 전제로 함(대판 1975. 11. 11, 75누97)
처분 등이 존재할 것	처분이 이미 종료된 때에는 집행정지가 불가능함. 거부처분의 경우에는 그 효력을 정지하여도 신청 시의 상태로 돌아가는 것에 그치므로 집행정지의 대상이 될 수 없음(대판 1995. 6. 21, 95두26)
회복하기 어려운 손해를 예방하기 위한 것이어야 할 것	금전보상이 불가능한 경우뿐만 아니라 금전보상으로는 사회관념상 행정처분을 받은 당사자가 수인할 수 없거나 수인하기 어려운 유·무형의 손해를 말함(대판 1997. 2. 26, 97두3). 한편, 금전납부(과징금납부명령의 처분)로 인한 손해도 회복하기 어려운 손해에 해당할 수 있음(대판 2001. 10. 10, 2001무29).
긴급한 필요가 있을 것	시간적으로 절박하여 판결을 기다릴 만한 여유가 없는 경우

SEMI-NOTE

관련 판례

실질적 법치주의와 국민에 대한 신뢰보호라는 견지에서, 처분청은 당초 처분의 근거로 삼은 사유와 기본적 사실관계가 동일성이 있다고 인정되는 한도 내에서만 다른 사유를 추가하거나 변경할 수 있다(대판 2003. 12. 11, 2003두8395).

집행부정지의 원칙의 취지

공행정의 원활하고 영속적인 수행을 위하여 정책적 고려의 결과 집행부정지의 원칙을 채택하고 있음

집행정지의 의의

취소소송이 제기된 경우에 처분 등이나 그 집행 또는 절차의 속행으로 인하여 생길 회복하기 어려운 손해를 예방하기 위하여 긴급한 필요가 있다고 인정할 때에는 본안이 계속되고 있는 법원은 당사자의 신청 또는 직권에 의하여 처분 등의 효력이나 그 집행 의 정지를 결정할 수 있음(제23조 제2항). 이는 무효확인소송에도 준용되나, 부작위위법확인소송에는 준용되지 않음(제38조)

집행정지의 소극적 요건

공공복리에 중대한 영향을 미칠 우려가 없을 것, 본안청구의 이유 없음이 명백하지 않을 것

집행정지 요건의 주장 및 입증책임

집행정지의 적극적 요건에 관한 주장·소명책임은 원칙적으로 신청인 측에 있으며, 소극적 요건에 대한 주장·소명책임은 행정청에게 있음(대결 1999. 12. 20, 자99무42).

SEMI-NOTE

집행정지의 절차
집행정지결정의 관할법원은 본안이 계속되어 있는 법원임. 집행정지는 당사자의 신청 또는 법원의 직권에 의하여 개시되며, 신청인은 그 신청의 이유에 관하여 소명하여야 함(제23조 제4항)

- 효과

형성력	집행정지결정 중 효력정지결정은 효력 그 자체를 소멸시켜 행정처분이 없었던 원래 상태를 가져오고, 집행과 절차속행의 정지결정은 처분의 효력에는 영향을 미치지 아니하나 집행만의 정지효과를 가져옴. 따라서 집행정지결정에 위배된 후속행위들은 무효임
기속력 (대인적 효력)	집행정지결정의 효력은 당해 처분·재결의 당사자인 행정청과 관계 행정청뿐만 아니라 제3자에 대하여도 미침(제23조 제6항, 제29조 제2항)
시간적 효력	집행정지결정의 효력은 집행정지 결정시점부터 발생하며, 결정주문에서 정한 시기까지 존속함. 결정주문에 정함이 없는 때에는 본안판결이 확정될 때까지 그 효력이 존속됨(대결 1962. 4. 12, 4294민상1541)

- 집행정지결정의 불복과 취소

불복	집행정지결정이나 기각의 결정 또는 집행정지결정의 취소결정에 대하여는 즉시항고할 수 있음. 이 경우 즉시항고에는 결정의 집행을 정지하는 효력이 없음(제23조 제5항).
취소	집행정지결정이 확정된 후 집행정지가 공공복리에 중대한 영향을 미치거나 그 정지사유가 없어진 때에는 당사자의 신청 또는 직권에 의하여 당해 집행정지결정을 한 법원은 집행정지결정을 취소할 수 있다(제24조 제1항).

• 가처분

민사집행법 제300조(가처분의 목적)
① 다툼의 대상에 관한 가처분은 현상이 바뀌면 당사자가 권리를 실행하지 못하거나 이를 실행하는 것이 매우 곤란할 염려가 있을 경우에 한다.
② 가처분은 다툼이 있는 권리관계에 대하여 임시의 지위를 정하기 위하여도 할 수 있다. 이 경우 가처분은 특히 계속하는 권리관계에 끼칠 현저한 손해를 피하거나 급박한 위험을 막기 위하여, 또는 그 밖의 필요한 이유가 있을 경우에 하여야 한다.

의의	금전 이외의 급부를 목적으로 하는 청구권의 집행을 보전하거나 다툼이 있는 법률관계에 관하여 잠정적으로 임시의 지위를 보전하는 것을 목적으로 하는 가구제
인정 여부	행정소송법은 집행정지만을 규정하고 있어서 가처분을 인정할 것인지의 여부에 대해, 판례는 '보전처분은 민사판결절차에 의하여 보호받을 수 있는 권리에 관한 것이므로, 민사소송법상 가처분으로써 행정청의 어떠한 행정행위의 금지를 구하는 것은 허용되지 아니한다'(대결 1992. 7. 6, 자92마54)고 판시하여 부정설을 취함

⑤ 취소소송의 심리
  ㉠ 의의 : 소에 대한 판결을 하기 위하여 그 기초가 되는 소송자료를 수집하는 절차
  ㉡ 심리의 내용
    • 요건심리

당사자적격
개별적·구체적 사건에서 원고나 피고로서 소송을 수행하고 본안판결을 받을 수 있는 자격

의의	법원에 제기된 소가 소송제기요건을 갖추었는지의 여부를 심리하는 것
심리대상	관할권, 제소기간, 전심절차, 당사자적격 등 형식적 요건에 관한 것
직권 조사사항	요건 존부의 판단은 법원의 직권조사사항임. 다만, 제소 당시에는 소송요건이 결여되었더라도 사실심의 변론종결 시까지 이를 구비하면 족하고 소송제기요건을 구비하지 못하였다면 법원은 이를 각하함

- 본안심리 : 본안심리는 요건심리의 결과 적법한 것으로 수리된 소의 실체적 내용을 심리하여 원고의 청구가 이유 있는지 여부를 심사하는 것을 말하는 바, 원고의 청구가 이유 있다면 인용판결을, 없다면 기각판결을 하게 됨

ⓒ 심리의 범위
- 법률문제·사실문제 : 행정처분이나 재결의 실체면·절차면 및 법률문제·사실문제 등을 심리하는 것이 원칙이며, 전문적·기술적인 지식을 요하는 사항인 경우 법원의 심리를 제한하는 입법례가 있음
- 자유재량행위의 위반문제 : 재량권의 문제는 법원의 심리대상에서 제외된다는 것이 원칙. 다만, 행정청의 재량에 속하는 처분이라도 재량권의 한계를 넘거나 그 남용이 있는 때에는 법원은 이를 취소할 수 있음(제27조)
- 불고불리의 원칙과 그 예외 : 취소소송의 경우에도 민사소송과 같이 불고불리의 원칙이 적용되는바, 법원은 소 제기가 없으면 재판할 수 없고, 또한 그 청구의 범위를 넘어서 심리·판단할 수 없다 할 것임. 다만, 법원은 필요하다고 인정할 때에는 당사자가 주장하지 아니한 사실에 대하여도 판단할 수 있음(제26조)

㉣ 심리의 절차
- 일반원칙 : 처분권주의, 변론주의, 공개심리주의, 구술심리주의
- 행정소송법상 특칙
  - 직권탐지주의(직권조사주의) : 행정소송법 제26조에 변론주의에 대한 예외를 규정하고 있음. 학설은 당사자가 주장하지 아니한 사실에 대하여만 탐지할 수 있다는 변론주의보충설과 당사자가 주장하지 아니한 사실에 대하여 당연히 탐지할 수 있는 직권탐지주의설이 대립하고 있음. 판례는 변론주의보충설을 취하고 있음
  - 행정심판기록제출명령 : 법원은 당사자의 신청이 있는 때에는 결정으로써 재결을 행한 행정청에 대하여 행정심판에 관한 기록의 제출을 명할 수 있고, 제출명령을 받은 행정청은 지체 없이 당해 행정심판에 관한 기록을 법원에 제출하여야 함(제25조)

㉤ 주장책임과 입증책임
- 주장책임 : 주장책임이란 분쟁의 주요한 사실관계를 주장하지 않음으로 인하여 당사자 일방의 불이익 내지 부담을 말하는 것으로, 이러한 주장책임의 완화의 의미로 직권조사주의가 있음
- 입증책임 : 분쟁의 중요한 사실관계의 존부가 확정되지 아니한 때, 불리한 법적 판단을 받게 되는 일방 당사자의 불이익 내지 위험을 누가 부담하여야 하는지의 문제

원고책임설 (적법성추정설)	행정행위에는 공정력이 있어 원고가 행정행위 위법성을 입증하여야 한다는 견해
피고책임설 (적법성담보설)	법치주의 원리상 행정행위의 적법성은 행정주체가 담보하여야 하므로, 입증책임은 피고에게 있다는 견해

SEMI-NOTE

행정소송법 제8조(법적용례)
① 행정소송에 대하여는 다른 법률에 특별한 규정이 있는 경우를 제외하고는 이 법이 정하는 바에 의한다.
② 행정소송에 관하여 이 법에 특별한 규정이 없는 사항에 대하여는 법원조직법과 민사소송법 및 민사집행법의 규정을 준용한다.

관련 판례
행정소송법 제26조가 규정하는 바는 행정소송의 특수성에서 연유하는 당사자주의, 변론주의에 대한 일부 예외규정일 뿐, 법원이 아무런 제한 없이 당사자가 주장하지 아니한 사실을 판단할 수 있는 것은 아니고, 일건 기록상 현출되어 있는 사항에 관하여서만 직권으로 증거조사를 하고 이를 기초로 하여 판단할 수 있을 따름이다(대판 1994. 4. 26, 92누17402).

SEMI-NOTE

관련 판례

- 자유재량에 의한 행정처분이 그 재량권의 한계를 벗어난 것이어서 위법하다는 점은 그 행정처분의 효력을 다투는 자가 이를 주장·입증하여야 하고, 처분청이 그 재량권의 행사가 정당한 것이었다는 점까지 주장·입증할 필요는 없다(대판 1987. 12. 8, 87누861).
- 행정처분이 위법함을 내세워 그 취소를 구하는 항고소송에 있어서 그 처분의 적법성에 대한 주장 입증책임은 처분청인 피고에게 있다(대판 1983. 9. 13, 83누288).

사정판결의 인정 이유

사정판결은 행정의 법률적합성의 원칙의 예외적인 현상으로, 이익형량의 원칙에 입각하여 공익을 사익에 우선시키는 제도이므로, 제한적으로만 허용되어야 함

행정소송독자분배설	행정소송에서의 특수성을 감안하여 권리제한이나 의무부과는 피고가 적법성의 입증책임을, 권리와 이익의 확장이나 재량일탈·남용은 원고가 입증책임을 부담하여야 한다는 견해
법률요건분류설	민사소송의 일반원칙에 따라 원고와 피고에게 입증책임이 분배되어야 하는 것으로 보고, 권한행사규정의 요건사실은 그 처분권한의 행사를 주장하는 자가, 권한불행사규정의 요건사실은 그 처분권한의 불행사를 주장하는 자가 각각 입증책임을 진다고 보는 견해(다수설·판례)

관련 판례 입증책임

과세처분에 관한 행정소송에 있어서 과세원인 및 과세표준금액 등 과세요건이 되는 사실에 관하여는 다른 특별한 사정이 없는 한 과세관청에 그 입증책임이 있다(대판 1981. 5. 26, 80누521).

ⓑ 위법판단의 기준 시

처분시설	행정처분이 있을 때의 법령과 사실상태를 기준으로 하여 위법여부를 판단하여야 한다는 견해(통설·판례). 다만, 판례는 부작위위법확인소송의 경우에는 판결시설을 취함(대판 91누7631)
판결시설	위법 여부는 사실심의 최종구두변론종결 당시의 법령과 사실상태를 기준으로 판단하여야 한다는 견해

⑥ 취소소송의 판결 ★ 빈출개념

㉠ 의의 : 법원이 당해 소송사건에 대해 변론을 거쳐 무엇이 법인가를 판단·선언하는 사법적 작용

㉡ 판결의 종류와 내용

중간판결		종국판결을 하기 전 소송진행 중에 생긴 쟁점을 해결하기 위한 확인적 성질의 판결
종국판결	소송판결	소송요건의 결여로 각하하는 판결(각하판결)
	본안판결	본안심리의 결과 청구의 전부 또는 일부를 인용(인용판결)하거나 기각하는 판결(기각판결)

- 각하판결 : 소송요건을 구비하지 못하여 부적법한 소라고 여겨 본안심리를 거부하는 판결
- 기각판결 : 본안심리의 결과 원고의 청구에 합리적 이유가 없다고 하여 배척하는 판결
- 사정판결
  - 의의 : 사정판결이란 원고의 청구가 이유 있다고 인정하는 경우에도 처분 등을 취소하는 것이 현저히 공공복리에 적합하지 아니하다고 인정하는 때에 법원이 원고의 청구를 기각하는 판결을 말함(제28조)

- 요건

취소소송일 것	사정판결은 당사자소송, 객관적 소송, 무효등확인소송, 부작위위법확인소송에서는 인정되지 않고 취소소송에서만 인정된다는 것이 통설 및 판례의 입장
처분 등이 위법할 것	원고의 청구가 이유 있다고 인정하는 경우이어야 하므로 처분이 위법하여야 함
처분 등의 취소가 현저히 공공복리에 적합하지 않을 것	위법한 처분을 취소하여 개인의 권익을 구제할 필요와 그 취소로 인하여 발생할 수 있는 공공복리에 대한 현저한 침해를 비교형량하여 결정하여야 함

- 주장 및 입증책임 : 피고행정청에 있음. 다만, 판례는 당사자의 주장이 없더라도 직권으로 사정판결을 할 수 있다고 봄
- 판단의 기준 시 : 처분 등의 위법 여부는 <u>처분 시를 기준으로 판단</u>하고, 공공복리를 위한 사정판결의 필요성은 판결 시(사실심 구두변론종결 시)를 기준으로 판단하여야 함
- 판결의 효과

위법명시	사정판결을 하는 경우 법원은 그 판결의 주문에서 그 처분 등이 위법함을 명시하여야 함(제28조 제1항). 이로써 처분의 위법성에 대하여는 기판력이 발생함
소송비용	사정판결에 의해 원고의 청구가 기각된 경우 소송비용은 피고의 부담으로 함(제32조)
권리구제	원고는 피고인 행정청이 속하는 국가 또는 공공단체를 상대로 손해배상, 제해시설의 설치 그 밖에 적당한 구제방법의 청구를 당해 취소소송 등이 계속된 법원에 병합하여 제기할 수 있음(제28조 제3항). 법원이 사정판결을 함에 있어서는 미리 원고가 그로 인하여 입게 될 손해의 정도와 배상방법 그 밖의 사정을 조사하여야 함(동조 제2항)

• 인용판결 : 청구가 이유 있다고 인정하여 그 청구의 전부 또는 일부를 받아들이는 판결. 즉, 인용판결은 처분을 취소·변경하는 형성판결임. 여기서의 처분을 '변경'하는 판결이 소극적 변경(일부취소)을 의미하는지 적극적 변경을 의미하는지에 대해 견해의 대립이 있으나, 통설·판례는 소극적 변경으로 봄

ⓒ 취소판결의 효력
• 자박력(불가변력) : 판결이 일단 선고되면 선고법원 자신은 이를 취소·변경할 수 없는 기속을 받게 되는데 이를 자박력이라고 함
• 형식적 확정력(불가쟁력) : 판결에 대하여 불복이 있는 경우에는 상소를 통하여 그의 효력을 다툴 수 있는데, 이때 상소기간이 경과하거나 당사자가 상소를 포기하는 등 기타의 사유로 상소할 수 없게 된 상태를 판결의 형식적 확정력이라 함

SEMI-NOTE

사정판결에 대한 불복
사정판결은 취소인용판결이 아니라 기각판결임. 따라서 원고는 이에 대하여 상소를 제기할 수 있음

SEMI-NOTE

기판력의 취지
기판력을 인정하는 취지는 소송절차의 반복과 모순된 재판의 방지라는 법적 안정성의 요청에 따라 인정되는 것임

관련 판례
어떠한 행정처분에 위법한 하자가 있다는 이유로 그 취소를 소구한 행정소송에서 그 행정처분을 취소하는 판결이 선고되어 확정된 경우에 처분행정청이 그 행정소송의 사실심변론종결 이전의 사유를 내세워 다시 확정판결에 저촉되는 행정처분을 하는 것은 확정판결의 기판력에 저촉되어 허용될 수 없고 이와 같은 행정처분은 그 하자가 명백하고 중대한 경우에 해당되어 당연무효이다(대판 1989. 9. 12, 89누985).

기판력과 기속력의 성질·범위 구분
기판력은 소송법상의 구속력으로 인용·기각판결 모두에 인정되나, 기속력은 실체법상 구속력으로 인용판결에만 인정됨

- 실질적 확정력(기판력)
  - 의의 : 기판력이란 판결이 확정된 때에는 후에 동일한 사건이 소송상 문제가 되었을 경우 소송당사자는 이에 저촉되는 주장을 할 수 없으며 법원도 이에 저촉되는 판단을 하지 못하게 하는 효력을 말함. 즉 전소의 확정판결이 후소에 미치는 구속력을 말함
  - 효력범위

주관적 범위	기판력은 당사자 및 당사자와 동일시할 수 있는 승계인에게만 미치고, 제3자에게는 미치지 않음. 다만, 피고인 행정청이 속하는 국가 또는 공공단체에는 미침(대판 1998. 7. 24, 98다10854).
객관적 범위	기판력은 판결의 주문에 표시된 소송물에 관한 판단에만 미치고 판결이유에 설시된 개개의 위법사유에 관한 판단에는 미치지 않음
시간적 범위	기판력은 사실심의 변론종결 시를 표준 시로 하여 발생함(대판 1995. 9. 29, 94다46817).

관련 판례 실질적 확정력(기판력)
• 확정판결의 기판력은 소송물로 주장된 법률관계의 존부에 관한 판단의 결론 그 자체에만 미치는 것이고 그 전제가 되는 법률관계의 존부에까지 미치는 것이 아니며, 소송판결은 그 판결에서 확정한 소송요건의 흠결에 관하여 기판력이 발생하는 것이다(대판 1996. 11. 15, 96다31406).
• 행정처분에 위법이 있어 행정처분을 취소하는 판결이 확정된 경우 그 확정판결의 기판력은 거기에 적시된 위법사유에 한하여 미치는 것이므로, 행정관청이 그 확정판결에 적시된 위법사유를 보완하여 행한 새로운 행정처분은 확정판결에 의하여 취소된 종전의 처분과는 별개의 처분으로서 확정판결의 기판력에 저촉된다고 할 수 없다(대판 1997. 2. 11, 96누13057).

  - 기판력의 적용

취소판결의 무효확인소송에 대한 기판력	취소판결의 국가배상청구소송에 대한 기판력
취소소송에서의 기각판결이 확정되면 당해 처분에 하자가 없다는 점에 기판력이 생기므로 후소로 무효확인소송을 제기하면 기판력에 반하게 됨(대판 2001. 6. 12, 99다46805). 이에 반하여 무효확인소송에서 기각판결이 확정되었다 하더라도 당해 처분이 무효가 아니라는 점에 기판력이 발생하는 것이므로 취소소송을 제기할 수 있음	취소소송의 판결이 그 후에 제기된 국가배상소송에 미치는가에 대하여 관련분쟁의 통일적 해결을 위하여 기판력이 미친다는 기판력긍정설, 양자는 소송물이 다르므로 기판력이 미치지 아니한다는 기판력부정설, 기각판결의 기판력은 국가배상소송에 영향을 미치지 아니하므로 패소한 원고가 다시 국가배상소송을 제기할 수 있다는 제한적 긍정설의 대립이 있음

- 기속력(구속력)

의의	처분이나 재결을 취소하는 확정판결이 그 내용에 따라 소송당사자와 관계 행정청에게 판결의 취지에 따라 행동할 의무를 지우는 효력을 말함. 기속력은 취소판결뿐만 아니라 무효등확인소송과 부작위법확인소송 및 당사자소송의 판결에도 인정됨

성질	기속력이 기판력과 동일하다는 기판력설과 취소판결의 실효성을 확보하기 위하여 행정소송법에서 특별히 인정하는 효력이라는 특수효력설(통설)이 대립함. 판례의 입장은 명확하지 않음

- 기속력(구속력)의 내용
  - 반복금지효(소극적 효력, 부작위의무) : 청구인용판결에 대하여만 인정되며, 기각판결에는 인정되지 않음. 따라서 기각판결의 경우에는 행정청이 직권으로 동일한 처분을 취소할 수 있음
  - 재처분의무(적극적 효력) : 거부처분이 취소된 경우 처분을 행한 행정청은 다시 이전의 신청에 대한 처분을 하여야 하며, 인용처분이 절차상의 위법을 이유로 취소된 경우 행정청은 적법한 절차에 의하여 이전의 신청에 대한 처분을 다시 하여야 함(제30조 제2항). 거부처분이 취소된 경우를 세분하면 다음과 같음

거부처분이 실체법상 위법을 이유로 취소된 경우	기속행위, 재량권이 0으로 수축된 경우	행정청은 원칙적으로 원고의 신청을 인용하는 처분을 하여야 함
	재량행위	신청된 대로 처분하거나 다른 이유로 거부처분 가능
거부처분이 절차상 위법을 이유로 취소된 경우		적법한 절차를 거친 뒤, 신청된 대로 처분하거나 거부처분 가능

  - 원상회복의무(결과제거의무) : 행정청은 처분의 취소판결이 있으면 결과적으로 위법이 되는 처분에 의하여 초래된 상태를 제거하여야 하는 의무를 짐
  - 범위

주관적 범위	당사자인 행정청뿐만 아니라 그 밖의 모든 관계 행정청에 미침
객관적 범위	판결의 주문뿐만 아니라 이유에 명시된 사실인정과 법률문제에 대한 판단에까지 미침. 다만, 판결의 결론과 직접 관계가 없는 간접사실의 판단에는 미치지 않음
시간적 범위	기속력은 처분 당시까지 존재하던 사유에 대하여만 미치고 그 이후에 생긴 사유에는 미치지 않음

  - 위반의 효과 : 기속력에 위반하여 한 행정청의 행위는 당연무효가 됨(통설·판례)

- 형성력(제3자에 대한 효력)

의의	판결의 형성력이란 판결의 취지에 따라 법률관계의 발생·변경·소멸을 가져오는 효력을 말함. 즉, 처분이나 재결을 취소하는 내용의 판결이 확정되면 그 처분이나 재결의 효력은 처분청의 별도의 행위를 기다릴 것 없이 처분 또는 재결 시에 소급하여 소멸되어 처음부터 이러한 처분이 없었던 것과 같은 효력을 가져옴
제3자효 (대세효)	형성력은 당해 소송의 당사자뿐만 아니라 소송에 관여하지 않은 제3자에게도 미침. 이러한 대세적 효력은 취소판결뿐만 아니라 무효등확인소송 및 부작위위법확인소송의 판결에서도 인정됨

SEMI-NOTE

관련 판례

행정소송법 제30조 제2항의 규정에 의하면 행정청의 거부처분을 취소하는 판결이 확정된 경우에는 그 처분을 행한 행정청이 판결의 취지에 따라 이전의 신청에 대하여 재처분할 의무가 있으나, 이때 확정판결의 당사자인 처분 행정청은 그 행정소송의 사실심변론종결 이후 발생한 새로운 사유를 내세워 다시 이전의 신청에 대한 거부처분을 할 수 있고 그러한 처분도 위 조항에 규정된 재처분에 해당된다(대판 1997. 2. 4, 96두70).

관련 판례

행정처분을 취소한다는 확정판결이 있으면 그 취소판결의 형성력에 의하여 당해 행정처분의 취소나 취소통지 등의 별도의 절차를 요하지 아니하고 당연히 취소의 효과가 발생한다(대판 1991. 10. 11, 90누5443).

SEMI-NOTE

관련 판례

거부처분에 대한 취소의 확정판결이 있음에도 행정청이 아무런 재처분을 하지 아니하거나, 재처분을 하였다 하더라도 그것이 종전 거부처분에 대한 취소의 확정판결의 기속력에 반하는 등으로 당연무효라면 이는 아무런 재처분을 하지 아니한 때와 마찬가지라 할 것이므로 이러한 경우에는 행정소송법 제30조 제2항, 제34조 제항 등에 의한 간접강제신청에 필요한 요건을 갖춘 것으로 보아야 한다(대판 2002. 12. 11, 2002무22).

피고적격(행정소송법 제13조)

① 취소소송은 다른 법률에 특별한 규정이 없는 한 그 처분 등을 행한 행정청을 피고로 한다. 다만, 처분 등이 있은 뒤에 그 처분 등에 관계되는 권한이 다른 행정청에 승계된 때에는 이를 승계한 행정청을 피고로 한다.
② 제1항의 규정에 의한 행정청이 없게 된 때에는 그 처분 등에 관한 사무가 귀속되는 국가 또는 공공단체를 피고로 한다.

항소, 상고

- 항소 : 하급법원에서 받은 제1심의 판결에 불복할 때 그 파기 또는 변경을 직접 상급법원인 고등법원 또는 지방법원 합의부에 신청하는 것
- 상고 : 항소심의 종국 판결이 확정되기 전에 법령의 해석적용면에서 심사를 구하는 불복신청(제2심 판결에 대한 상소)

- 집행력

의의	이행판결에서 명령된 이행의무를 강제집행절차로써 실현할 수 있는 효력. 형성판결인 취소판결은 집행력이 없어 행정소송법에서는 거부처분취소에 따른 재처분의무의 실효성을 확보하기 위하여 간접강제 제도를 규정하고 있음. 이는 부작위위법확인소송에도 준용됨
간접강제	행정청이 거부처분취소판결의 취지에 따라 처분을 하지 아니하는 때에는 제1심 수소법원은 당사자의 신청에 의하여 결정으로써 상당한 기간을 정하고 행정청이 그 기간 내에 이행하지 아니한 때에는 그 지연기간에 따라 일정한 배상을 할 것을 명하거나 즉시 손해배상을 할 것을 명할 수 있음

㉣ 위헌·위법판결의 공고 : 행정소송에 대한 대법원판결에 의하여 명령·규칙이 헌법 또는 법률에 위반된다는 것이 확정된 경우에는 대법원은 지체 없이 그 사유를 행정안전부장관에게 통보하여야 하고, 통보를 받은 행정안전부장관은 지체 없이 이를 관보에 게재하여야 함(제6조)

⑦ 판결에 의하지 않는 취소소송의 종료

소의 취하	원고가 자신이 제기한 소의 전부 또는 일부를 철회하는 법원에 대한 일방적 의사표시
청구의 포기·인낙	청구의 포기란 원고가 자기의 소송상의 청구가 이유 없음을 자인하는 법원에 대한 일방적 의사표시이며, 청구의 인낙이란 피고가 원고의 소송상의 청구가 이유 있음을 자인하는 법원에 대한 일방적 의사표시
소송상 화해	소송계속 중 당사자 쌍방이 소송물인 권리관계의 주장을 서로 양보하여 소송을 종료시키기로 하는 합의
당사자의 소멸	• 원고가 사망하고 소송물인 권리관계의 성질상 이를 승계할 자가 없는 경우 소송은 종료됨 • 피고인 행정청이 없게 된 때에는 그 처분 등에 관한 사무가 귀속되는 국가 또는 공공단체가 피고가 되므로 소송은 종료되지 않음

⑧ 상소와 재심

상소	행정소송의 제1심 관할법원은 피고의 소재지를 관할하는 행정법원이기 때문에, 제1심 판결에 대하여 불복하는 자는 고등법원·대법원에 항소·상고할 수 있음
재심	• 의의 : 확정된 종국판결에 일정사유가 있어 판결법원에 다시 심사를 구하는 것 • 제3자에 의한 재심 – 재심사유 : 처분 등을 취소하는 판결에 의하여 권익의 침해를 받은 제3자는 자기에게 책임 없는 사유로 소송에 참가하지 못함으로써 판결의 결과에 영향을 미칠 공격 또는 방어방법을 제출하지 못한 때에는 이를 이유로 확정된 종국판결에 대하여 재심청구를 할 수 있음(제31조 제1항) – 재심청구의 기간 : 확정판결이 있음을 안 날로부터 30일 이내, 판결이 확정된 날로부터 1년 이내에 제기하여야 하며, 그 기간은 불변기간임(제31조 제2항·제3항)

(3) 무효등확인소송

① 개설

의의	행정청의 처분·재결의 효력 유무 또는 존재 여부를 확인하는 소송
성질	처분의 무효나 부존재를 확인하는 점에서 확인소송의 성질을 가지나, 형식적으로 처분 등의 효력 유무나 존재 유무를 다툰다는 점에서 항고소송의 성질도 가지므로 '준항고소송'으로 봄(통설·판례). 그러나 행정소송법은 이를 항고소송의 일종으로 규정함
종류	처분 또는 재결에 대하여 각각 무효확인소송, 유효확인소송, 실효확인소송, 존재확인소송, 부존재확인소송 등이 있음
준용규정	취소소송에 관한 규정이 대부분 준용됨. 다만, 예외적 행정심판전치주의(제18조), 제소기간(제20조), 간접강제(제34조), 사정판결(제28조)에 관한 규정은 준용되지 않음. 한편, 무효선언으로서의 취소소송의 경우는 예외적 행정심판전치주의와 제소기간제한의 적용을 받는다는 것이 통설·판례의 입장임

② 소송요건

재판관할	무효등확인소송의 제1심 관할법원은 피고인 행정청의 소재지를 관할하는 행정법원이 되며(제9조), 관할의 이송(제7조), 관련청구소송의 이송 및 병합(제10조) 등은 취소소송과 동일함
소송의 대상	무효등확인소송의 대상도 취소소송과 같이 '처분 등'임(제19조, 제38조)
당사자 및 참가인	• 원고적격 : 무효등확인소송은 처분의 효력 유무 또는 존재 여부의 확인을 구할 법률상 이익이 있는 자가 제기할 수 있음(제35조). 무효등확인소송도 확인의 소이기 때문에 민사소송법의 확인의 소에서 요구되는 확인의 이익도 요하는가가 문제됨 - 종전 판례 : 필요설의 입장에서 민사소송에서와 같이 별도의 확인의 이익이 있어야 무효등확인소송의 제기가 가능하다고 봄(보충성이 적용됨) - 최근 판례 : 다른 직접적인 구제수단의 존재 여부와 관계없이 무효등확인을 구할 법률상 이익이 있으면 동 소송의 제기가 가능하며, 이와는 별도의 확인의 이익이 그 소송요건으로 요구되는 것은 아니라 하여 동 소송에서의 보충성의 적용을 배제하였음[대판 2008. 3. 20, 2007두6342(전합)] • 피고적격 : 무효등확인소송도 취소소송과 같이 처분청을 피고로 함

③ 심리

㉠ **심리의 내용과 범위 등** : 취소소송과 같음. 따라서 직권심리주의의 가미, 행정심판기록의 제출명령에 관한 규정이 적용되며, 위법판단의 기준 시도 취소소송의 경우와 마찬가지로 처분 시임(통설·판례)

㉡ **입증책임** : 견해의 대립이 있음. 판례는 무효원인에 대한 주장·입증책임은 취소소송의 경우와는 달리 원고가 부담한다고 판시하고 있음

SEMI-NOTE

무효등확인소송의 필요성

무효인 처분 등도 처분으로서의 외관은 존재하고 있고, 또한 처분의 무효원인과 취소원인의 구별은 상대적이어서 당해 처분청이 유효한 것으로 판단하여 집행할 우려가 있음. 따라서 무효인 처분의 상대방이나 이해관계인은 그 처분이 무효임을 공적으로 확인받을 필요가 있음

관련 판례

행정처분의 근거 법률에 의하여 보호되는 직접적이고 구체적인 이익이 있는 경우에는 행정소송법 제35조에 규정된 '무효확인을 구할 법률상 이익'이 있다고 볼 수 있으며, 이와 별도로 무효등확인소송의 보충성이 요구되는 것은 아니므로 행정처분의 무효를 전제로 한 이행소송 등과 같은 직접적인 구제수단이 있는지 여부를 따질 필요가 없다고 해석함이 타당하다[대판 2008. 3. 20, 2007두6342(전합)].

관련 판례

행정처분의 당연무효를 주장하여 그 무효확인을 구하는 행정소송에 있어서는 원고에게 그 행정처분이 무효인 사유를 주장·입증할 책임이 있다(대판 2000. 3. 23, 99두11851).

ⓒ 선결문제
- 의의 : 행정소송법에서 선결문제라 함은 처분 등의 효력 유무 또는 존재 여부가 민사소송의 본안판결의 전제가 되어 있는 쟁송을 말함
- 심리권의 소재 : 취소할 수 있는 행정행위의 경우에는 행정행위의 공정력에 의하여 민사사건의 수소법원은 선결적인 판단이 불가능하나, 무효인 행정행위의 경우에는 행정행위의 공정력이 부인되므로 선결적인 판단이 가능함

> **관련 판례** 심리의 선결문제
>
> 국세 등의 부과 및 징수처분과 같은 행정처분이 당연무효임을 전제로 하여 민사소송을 제기한 때에는 그 행정처분이 당연무효인지의 여부가 선결문제이므로 법원은 이를 심사하여 그 행정처분의 하자가 중대하고도 명백하여 당연무효라고 인정될 경우에는 이를 전제로 하여 판단할 수 있으나 그 하자가 단순한 취소사유에 그칠 때에는 법원은 그 효력을 부인할 수 없다 (대판 1973. 7. 10, 70다1439).

- 준용규정 : 처분 등의 효력 유무 또는 존재 여부가 민사소송의 선결문제가 되어 당해 민사소송의 수소법원이 이를 심리·판단하는 경우에는 행정청의 소송참가(제17조), 행정심판기록의 제출명령(제25조), 직권심리(제26조) 및 소송비용에 관한 재판의 효력(제33조)의 규정들이 준용됨(제11조)

④ 판결
ⓐ 판결의 효력 : 무효확인소송의 판결에 대해서는 취소소송에 관한 규정이 원칙적으로 준용됨. 따라서 판결의 효력으로서 제3자효와 기속력이 인정됨(제29조, 제38조)
ⓑ 사정판결의 인정 여부 : 판례는 부정설을 취하고 있음

> **관련 판례** 사정판결의 인정 여부
>
> 행정처분이 무효인 경우에는 존치시킬 효력이 있는 행정행위가 없기 때문에 행정소송법 제28조의 사정판결을 할 수 없다(대판 1992. 11. 10, 91누8227).

⑤ 취소소송과의 관계
ⓐ 무효사유에 대해 취소소송을 제기한 경우 : 취소소송을 제기하였지만 심리 결과 처분의 하자가 중대·명백한 당연무효의 사유로 밝혀진 경우에는 무효선언으로서의 취소판결을 할 수 있음. 다만, 전심절차와 제소기간의 준수 등 취소소송의 제소요건을 갖추어야 함
ⓑ 취소사유에 대해 무효확인소송을 제기한 경우
- 취소소송의 제기요건을 갖춘 경우 : 판례에 의하면 취소판결을 할 수 있음
- 취소소송의 제기요건을 갖추지 못한 경우 : 청구기각판결을 내려야 함

(4) 부작위위법확인소송

① 개설

| 의의 | 행정청의 부작위가 위법하다는 것을 확인하는 소송 |

SEMI-NOTE

행정소송법 제29조(취소판결 등의 효력)
① 처분 등을 취소하는 확정판결은 제3자에 대하여도 효력이 있다.
② 제1항의 규정은 제23조의 규정에 의한 집행정지의 결정 또는 제24조의 규정에 의한 그 집행정지결정의 취소결정에 준용한다.

취소소송과 무효확인소송의 관계
취소소송과 무효확인소송은 보충의 관계에 있는 것이 아니라 서로 병렬관계에 있음. 따라서 원고는 취소소송과 무효확인소송을 예비적으로 병합하여 제기할 수 있음. 다만, 판례는 취소소송의 청구기각판결의 기판력이 무효확인소송에도 미친다고 보고 있음

부작위위법확인소송 제도적 취지
행정청의 위법한 부작위에 대한 가장 직접적이고 바람직한 구제수단은 적극적인 의무이행소송일 것이지만, 권력분립원칙 및 행정청의 1차적 판단권과의 관련상 우회적인 권리구제수단으로 인정된 것임

성질	법원에 부작위가 위법하다는 확인을 구하는 확인소송의 성질을 가지며, 공권력 발동이 없음을 다투는 것으로 이 또한 공권력 발동에 관한 소송이므로 항고소송의 범주에 속함
준용규정	취소소송에 관한 대부분의 규정이 준용됨. 다만, 제22조(처분변경으로 인한 소의 변경), 제23조(집행정지), 제28조(사정판결), 제32조(피고의 소송비용부담)에 관한 규정은 준용되지 않음

② 소송요건
  ㉠ **재판관할** : 부작위위법확인소송의 제1심 관할법원은 피고인 행정청의 소재지를 관할하는 행정법원이 되며(제9조), 관할의 이송(제7조), 관련청구소송의 이송 및 병합(제10조) 등은 취소소송과 동일함
  ㉡ **소송의 대상** : 부작위위법확인소송의 대상은 부작위임

부작위의 의의	행정청이 당사자의 신청에 대하여 상당한 기간 내에 일정한 처분을 하여야 할 법률상 의무가 있음에도 불구하고 이를 하지 아니하는 것
부작위의 성립요건	• 당사자의 신청이 있을 것 • 상당한 기간이 지날 것 • 행정청에 처분을 하여야 할 법률상 의무가 존재할 것 • 행정청이 아무런 처분을 하지 않을 것 　- 부작위는 처분으로 볼 만한 외관 자체가 존재하지 아니한 상태를 말하는바, 거부처분이 있거나 외관적 존재가 있는 무효인 행정처분의 경우는 부작위가 성립되지 않음 　- 간주거부의 경우에도 거부처분취소소송으로 다투어야 하는 것이며, 부작위위법확인소송은 허용되지 않음 　- 부작위위법확인소송의 계속 중(판결 시까지) 행정청이 처분을 함으로써 부작위 상태가 해소되면 소의 이익이 상실되므로 각하판결을 내리게 됨(대판 1990. 9. 25, 89누4758)

관련 판례 부작위위법확인소송

행정소송은 구체적 사건에 대한 법률상 분쟁을 법에 의하여 해결함으로써 법적 안정을 기하자는 것이므로 부작위위법확인소송의 대상이 될 수 있는 것은 구체적 권리의무에 관한 분쟁이어야 하고 추상적인 법령에 관하여 제정의 여부 등은 그 자체로서 국민의 구체적인 권리의무에 직접적 변동을 초래하는 것이 아니어서 그 소송의 대상이 될 수 없다(대판 1992. 5. 8, 91누11261).

㉢ 당사자 및 참가인

원고적격	처분의 신청을 한 자로서 부작위의 위법의 확인을 구할 법률상 이익이 있는 자만이 제기할 수 있음(제36조). 판례도 법규상 또는 조리상의 신청권을 갖는 자에 대해서만 원고적격이 인정된다고 봄
피고적격	부작위위법확인소송도 취소소송과 같이 처분청을 피고로 함
소송참가	취소소송의 제3자 소송참가(제16조)와 행정청의 소송참가(제17조), 공동소송제도(제15조)도 부작위위법확인소송에 준용됨(제38조)

SEMI-NOTE

관련 판례

행정청이 당사자의 신청에 대하여 거부처분을 한 경우에는 거부처분에 대하여 취소소송을 제기하여야 하는 것이지 행정처분의 부존재를 전제로 한 부작위위법확인소송을 제기할 수 없다(대판 1992. 4. 28, 91누8753).

관련 판례

부작위위법확인의 소에 있어 당사자가 행정청에 대하여 어떠한 행정행위를 하여 줄 것을 요구할 수 있는 법규상 또는 조리상 권리를 갖고 있지 아니한 경우에는 원고적격이 없거나 항고소송의 대상인 위법한 부작위가 있다고 볼 수 없어 그 부작위위법확인의 소는 부적법하다(대판 1999. 12. 7, 97누17568).

> ② 제소기간 : 부작위위법확인소송에 대해서는 부작위의 성질상 원칙적으로 제소기간이 인정될 수 없음(다수설). 그러나 부작위에 대해서도 행정심판으로서 의무이행심판을 제기할 수 있으므로 이러한 경우에는 행정심판재결서의 정본을 송달받은 날로부터 90일 이내에 소송을 제기하여야 함(제20조, 제38조 제2항)
> ⑩ 행정심판전치주의 : 부작위위법확인소송에 있어서도 취소소송과 같이 예외적 행정심판전치주의가 적용됨(의무이행심판이 전치됨)

③ 심리
  ㉠ 심리권의 범위
   - 소극설(절차적 심리설) : 행정청이 행할 처분내용까지 심리한다면 의무이행소송을 인정하는 결과가 되므로, 부작위의 위법성 여부를 확인하는 데 그쳐야 한다는 견해(다수설·판례)
   - 적극설(실체적 심리설) : 부작위의 위법성 여부뿐만 아니라 실체적 내용도 심리하여 행정청의 처리방향까지 제시하여야 한다는 견해
  ㉡ 심리의 내용과 범위 등 : 취소소송과 같음. 따라서 직권심리주의의 가미, 행정심판기록의 제출명령에 관한 규정이 적용됨
   - 입증책임 : 입증책임은 원고에게 있으나, 상당한 기간이 경과한 것을 정당화할 만한 특별한 사유(부작위의 정당화 사유)에 대한 입증책임은 피고인 행정청에 있음
   - 위법성판단의 기준 시 : 부작위위법확인소송에서는 행정청에 법규상 의무가 있음을 다투는 것이므로, 판결 시를 기준으로 위법 여부를 판단하여야 할 것임

> **관련 판례** 위법성판단의 기준 시
> 부작위위법확인의 소는 판결 시(사실심의 구두변론 종결 시)를 기준으로 그 부작위의 위법을 확인함으로써 행정청의 응답을 신속하게 하여 부작위 내지 무응답이라고 하는 소극적인 위법상태를 제거하는 것을 목적으로 하는 것이고, … 최종적으로는 국민의 권리이익을 보호하려는 제도이므로, 소제기의 전후를 통하여 판결 시까지 행정청이 그 신청에 대하여 적극 또는 소극의 처분을 함으로써 부작위상태가 해소된 때에는 소의 이익을 상실하게 되어 당해 소는 각하를 면할 수가 없는 것이다(대판 1990. 9. 25, 89누4758).

④ 판결
  ㉠ 판결의 효력 : 부작위위법확인판결에는 취소판결의 제3자효와 기속력에 관한 규정 및 거부처분취소판결의 간접강제에 관한 규정이 준용됨(제29조, 제38조).
  ㉡ 사정판결의 인정 여부 : 소극적인 부작위상태의 위법의 확인을 목적으로 하는 부작위위법확인소송에서는 사정판결이 있을 수 없음

SEMI-NOTE

소의 이익의 여부
부작위위법확인판결을 받더라도 원고의 권리와 이익 보호가 불가능하게 되었다면 소의 이익이 없음. 또한 부작위위법확인소송의 계속 중 행정청이 신청에 대하여 처분을 하게 되어 부작위 상태가 해소된다면 소의 이익을 상실하게 되어 각하된다는 것이 판례의 입장임

관련 판례
부작위위법확인의 소는 행정청이 당사자의 신청에 대하여 상당한 기간 내에 신청을 인용하는 적극적 처분 또는 각하하거나 기각하는 등의 소극적 처분을 하여야 할 법률상 응답의무가 있음에도 불구하고 이를 하지 아니하는 경우 그 부작위가 위법하다는 것을 확인함으로써 행정청의 응답을 신속하게 하여 부작위 또는 무응답이라고 하는 소극적 위법상태를 제거하는 것을 목적으로 하는 제도이다(대판 2000. 2. 25, 99두11455).

부작위위법확인 소송 중 행정청의 일정한 처분 시
처분 등에 대한 취소소송으로 소의 변경이 가능하며 부작위위법확인소송을 당사자소송으로 변경할 수도 있음. 그러나 처분변경으로 인한 소의 변경은 준용되지 아니함

(5) 당사자소송

① 개설
  ㉠ 의의 : 행정청의 처분 등을 원인으로 하는 법률관계에 관한 소송, 그 밖에 공법상의 법률관계에 관한 소송으로서 그 법률관계의 한쪽 당사자를 피고로 하는 소송
  ㉡ 타 소송과의 구별
   • 항고소송과의 구별 : 항고소송은 공권력의 행사 또는 불행사 자체를 다투는 소송으로서 행정청의 우월적 지위의 존재를 전제로 하나, 당사자소송은 공법상의 법률관계 자체를 다투는 소송으로서 원고와 피고의 대등한 관계를 전제로 함
   • 민사소송과의 구별 : 민사소송은 사법상의 법률관계를 대상으로 하지만, 당사자소송은 공법상의 법률관계를 대상으로 함
  ㉢ 성질 : 당사자소송은 시심적 쟁송의 성질을 가지며, 소송절차면에서 민사소송과 그 본질을 같이 하나(제8조 제2항), 공법원리가 지배하게 되어 민사소송에 대한 여러 가지 절차적 특례가 인정됨
  ㉣ 준용규정
   • 준용되는 규정 : 취소소송과 관련한 제14조(피고경정), 제15조(공동소송), 제16조(제3자의 소송참가), 제17조(행정청의 소송참가), 제22조(처분변경으로 인한 소의 변경), 제25조(행정심판기록의 제출명령), 제26조(직권심리), 제30조(취소판결 등의 기속력) 제1항, 제32조(소송비용의 부담) 및 제33조(소송비용에 관한 재판의 효력)의 규정
   • 준용되지 않는 규정 : 제소기간, 원고적격과 피고적격, 행정심판전치주의, 사정판결, 집행정지, 제3자의 재심청구 등은 준용되지 않으며, 국가를 상대로 하는 당사자소송의 경우 가집행선고는 인정되지 않음

② 당사자소송의 종류
  ㉠ 실질적 당사자소송 : 실질적 당사자소송이란 대립되는 대등한 당사자 사이의 공법상의 법률관계에 관한 다툼으로서 그 일방당사자를 피고로 하는 소송을 말함. 대부분의 당사자소송은 이에 속하며, 그 종류는 다음과 같음
   • 처분 등을 원인으로 하는 법률관계에 관한 소송 : 판례는 이러한 소송들을 민사소송으로 봄
   • 기타 공법상 법률관계에 관한 소송
    - 공법상 계약에 관한 소송 : 판례는 공법상의 당사자소송형식으로 그 의사표시의 무효확인을 청구할 수 있다고 하였음

> **관련 판례** 공법상 계약에 관한 소송
>
> 전문직 공무원인 공중보건의사 채용계약해지의 의사표시에 대하여는 대등한 당사자 간의 소송형식인 공법상의 당사자소송으로 그 의사표시의 무효확인을 청구할 수 있는 것이지 이를 항고소송의 대상이 되는 행정처분이라는 전제에서 그 취소를 구하는 항고소송을 제기할 수는 없다고 할 것이다(대판 1996. 5. 31, 95누10617).

SEMI-NOTE

민사소송과 당사자소송의 공통점

모두 대등한 당사자의 존재를 전제로 하며, 공권력 행사 자체를 다투는 것이 아니라는 점에서 같음. 이러한 점에서, 공법상 당사자소송의 성격을 지니는 국가배상청구나 손실보상청구, 결과제거청구 등이 소송실무상 민사소송으로 처리되고 있음

관련 판례

서울특별시립무용단 단원의 위촉은 공법상의 계약이라고 할 것이고 따라서 그 단원의 해촉에 대하여는 공법상의 당사자소송으로 그 무효확인을 청구할 수 있다(대판 1995. 12. 22, 95누4636).

SEMI-NOTE

관련 판례
- 수도료부과처분의 무효로 인한 채무부존재 확인소송(대판 1977. 2. 22, 76다2517)
- 태극무공훈장을 수여받은 자임의 확인을 구하는 소송(대판 1990. 10. 23, 90누4440)
- 영관생계보조기금 권리자임의 확인을 구하는 소송(대판 1991. 1. 25, 90누3041)
- 구 도시재개발법에 의한 재개발조합에 대하여 조합원 자격확인을 구하는 소송(대판 1996. 2. 15, 94다31235)

당사자소송과 취소소송 소송요건
당사자소송의 소송요건은 본질적으로 취소소송의 경우와 큰 차이가 없고, 다만 행정심판의 전치와 제소기간제한이 적용되지 않는다는 점에서 차이가 있음

- 공법상 금전지급청구소송 : 판례는 원칙적으로 민사소송으로 취급하나, 다음의 판례에서는 당사자소송으로 봄

관련 판례 공법상 금전지급청구소송

- 공무원연금법상 유족부조금청구소송(대판 1970. 10. 30, 70다833)
- 공무원의 보수지급청구소송(대판 1991. 5. 10, 90다10766)
- 광주민주화운동관련자보상등에관한법률상 관련자 및 유족들이 갖는 보상청구소송(대판 1992. 12. 24, 92누3335)
- 구 석탄산업법상 석탄가격안정지원금 지급청구의 소(대판 1997. 5. 30, 95다28960)
- 공무원연금법령개정으로 퇴직연금 중 일부금액의 지급이 정지되어서 미지급된 퇴직연금의 지급을 구하는 소송(대판 2004. 12. 24, 2003두15195)
- 하천법상 손실보상청구소송(대판 2006. 11. 9, 2006다23503)

- 공법상의 신분·지위 등의 확인소송 : 판례도 당사자소송으로 취급함
- 공법상의 결과제거청구권에 관한 소송 : 판례는 민사소송으로 취급함

ⓒ 형식적 당사자소송
- 의의 : 실질적으로는 행정청의 처분 등을 다투는 것이나, 형식적으로는 처분 등의 효력을 다투지도 않고, 처분청을 피고로 하지도 않으며, 그 대신 처분 등으로 인해 형성된 법률관계를 다투기 위해 관련 법률관계의 일방당사자를 피고로 하여 제기하는 소송
- 실정법상의 근거 : 보상금증감청구소송은 공익사업을위한토지등의취득및보상에관한법률 제85조, 지적재산권에 관한 소송은 특허법, 실용신안법, 디자인보호법, 상표법 등에 규정

③ 소송요건
㉠ 재판관할 : 제1심 관할법원은 항고소송처럼 피고의 소재지를 관할하는 행정법원이 됨. 다만, 국가 또는 공공단체가 피고인 경우에는 관계 행정청의 소재지를 피고의 소재지로 봄(제40조)
㉡ 당사자 및 참가인

원고적격	행정소송법에서는 규정이 없으나, 민사소송과 같이 권리보호의 이익이 있는 자가 원고가 됨(제8조 제2항)
피고적격	당사자소송은 국가·공공단체 그 밖의 권리주체를 피고로 함(제39조). 국가가 피고인 경우 법무부장관이 국가를 대표하며(국가를당사자로하는소송에관한법률 제2조), 지방자치단체가 피고가 되는 때에는 당해 지방자치단체의 장이 대표함
소송참가	취소소송의 제3자 소송참가(제16조)와 행정청의 소송참가(제17조), 공동소송제도(제15조)도 당사자소송에 준용됨(제44조 제1항)

ⓒ 제소기간 : 취소소송에서의 제소기간제한은 당사자소송에는 적용되지 않으며, 법령에 정하여져 있는 경우에는 그에 의하고 그 기간은 불변기간으로 함(제41조)
② 행정심판전치제도 : 당사자소송은 시심적 소송으로서 행정심판전치제도가 적용되지 않음
⑩ 관련청구소송의 이송과 병합, 소의 변경 : 취소소송에 관한 규정이 준용됨(제44조)
④ 심리 : 취소소송의 경우와 같음. 따라서 행정심판기록의 제출명령(제25조, 제44조 제1항), 직권심리주의 및 직권탐지주의(제26조, 제44조 제1항) 등이 인정되며, 입증책임은 민사소송법상의 일반원칙인 법률요건분류설에 의함
⑤ 판결
  ㉠ 판결의 종류 : 판결의 종류는 기본적으로 취소소송의 경우와 같음. 다만, 사정판결의 제도가 없음은 취소소송의 경우와 다름
  ㉡ 판결의 효력 : 판결의 효력으로 자박력·기판력·기속력을 가짐. 다만, 판결의 제3자효(제29조), 재처분의무(제30조), 간접강제(제34조) 등은 당사자소송에는 적용되지 않음
  ㉢ 가집행선고 : 국가를 상대로 하는 당사자소송에 있어서는 가집행선고를 할 수 없음(제43조). 그러나 동 조항과 같은 취지인 소송촉진등에관한특례법 제6조가 평등원칙 위반을 이유로 위헌결정됨으로써(헌재 88헌가7), 동 조항의 효력에 대하여도 논란이 있음. 다만, 국가가 민사상 당사자인 경우 가집행선고가 가능함

(6) 객관적 소송

① 의의 : 법률의 공익적 관점에서 행정의 적법성 보장을 목적으로 하는 소송. 객관적 소송에는 민중소송과 기관소송이 있음
② 민중소송

의의	국가 또는 공공단체의 기관이 법률에 위반되는 행위를 한 때에 직접 자기의 법률상 이익과 관계없이 그 시정을 구하기 위하여 제기하는 소송(제3조 제3호)
성격	행정작용의 적법성을 확보하거나 선거 등의 공정성을 확보하기 위함임
종류	국민투표무효의 소송, 주민투표소송, 선거소송 및 당선소송, 주민소송
재판관할	국민투표, 시·도 주민투표, 대통령선거·국회의원선거와 시·도지사선거 및 비례대표 시도의원선거에 관한 선거소송·당선소송 등의 경우 대법원이 관할법원이 됨
준용규정	민중소송은 민중소송을 인정하는 개별법률에서 정한 사항을 제외하고는 행정소송법의 규정을 준용함(제46조)

> SEMI-NOTE

> **관련 판례**
> 행정소송법 제8조 제2항에 의하면 행정소송에도 민사소송법의 규정이 일반적으로 준용되므로 법원으로서는 공법상 당사자소송에서 재산권의 청구를 인용하는 판결을 하는 경우 가집행선고를 할 수 있다(대판 2000. 11. 28. 99두3416).

> **행정소송법 제45조(소의 제기)**
> 민중소송 및 기관소송은 법률이 정한 경우에 법률에 정한 자에 한하여 제기할 수 있다.

> **행정소송법 제46조(준용규정)**
> ① 민중소송 또는 기관소송으로써 처분등의 취소를 구하는 소송에는 그 성질에 반하지 아니하는 한 취소소송에 관한 규정을 준용한다.
> ② 민중소송 또는 기관소송으로써 처분등의 효력 유무 또는 존재 여부나 부작위의 위법의 확인을 구하는 소송에는 그 성질에 반하지 아니하는 한 각각 무효 등 확인소송 또는 부작위법확인소송에 관한 규정을 준용한다.
> ③ 민중소송 또는 기관소송으로서 제1항 및 제2항에 규정된 소송외의 소송에는 그 성질에 반하지 아니하는 한 당사자소송에 관한 규정을 준용한다.

SEMI-NOTE

③ 기관소송

의의	국가 또는 공공단체의 기관 상호 간에 있어서의 권한의 존부 또는 그 행사에 관한 다툼이 있을 때에 이에 대하여 제기하는 소송(제3조 제4호)
인정 범위	국가기관 상호 간, 국가기관과 지방자치단체 간 및 지방자치단체 상호 간의 권한쟁의에 관한 심판은 헌법재판소의 관장사항으로 되는 소송으로 기관소송에서 제외됨(제3조 제4호). 따라서 행정소송법상 기관소송은 주로 지방자치단체의 기관 상호 간의 영역에서 그 필요성이 인정됨
소의 제기	객관적 소송은 법률분쟁이 아닌 까닭에 법원의 심사대상이 될 수 없다는 것이 원칙이나, 권한쟁의에 적당한 해결기관이 없거나 특히 공정한 제3자의 판단을 요하는 경우 등으로서, 기관소송은 법률이 정한 경우에 법률에 정한 자에 한하여 제기할 수 있음(제45조)
종류	• 지방자치법상의 기관소송 : 지방자치단체의 장이 지방의회에 이유를 붙여 재의를 요구하는 경우 재의결된 사항이 법령에 위반된다고 판단될 때 대법원에 제소 가능 • 지방교육자치에관한법률상의 기관소송
당사자	지방자치단체의 장(지방자치법), 교육감(지방교육자치에관한법률)이 각각 원고가 되며, 지방의회(지방자치법), 시·도의회 또는 교육위원회(지방교육자치에관한법률)가 각각 피고가 됨
준용 규정	기관소송을 인정하는 개별법률에서 정한 사항을 제외하고는 행정소송법의 규정을 준용함(제46조)